Theory and Practice of CRISIS COUNSELING

위기상담의
이론과 실제

머리말

우리가 살아가는 21세기의 세계는 하루가 다르게 빠른 속도로 변화하고 있다. 새롭게 진화하는 인공지능(AI)은 어느새 시공간을 초월하여 사용되고, 대화 전문 인공지능 챗GPT는 사회 곳곳에서 활용되며, 다양하게 구축된 미디어의 세계는 인간생활의 전반을 지배하고 있는 실정이다.

현대사회의 눈부신 경제발전과 산업의 첨단화, 과학화 등은 우리 인간에게 엄청난 물질적 풍요와 함께 생활의 편리함을 가져다주고 있다. 그럼에도 불구하고 사회 곳곳에서 발생하는 극한적 위기상황은 예나 지금이나 변함이 없다. 삶의 진정한 의미와 가치를 상실하게 만드는 자살률의 증가, 코로나와 같은 새로운 질병의 출현, 자연재해와 사회적 재난의 위기 등 일일이 열거할 수 없을 정도로 다양하고 복잡한 극한 위기의 환경에 노출된 채 살아간다.

인간의 위기는 삶의 여정에서 누구나 경험하는 심리사회적 위기와 예기치 못한 환경에서 맞닥뜨리는 극한 상황적 위기가 있다. 심리사회적 발달단계에 따라 발생하는 삶의 위기는 일반적 위기에 해당한다. 어릴 적 학교를 다니면서 경험하는 또래 친구와의 갈등, 결혼을 하고 가정을 꾸려 삶을 살아가는 과정에서 겪는 이혼의 아픔, 사랑하는 사람과의 갑작스런 사별의 고통, 직장에서의 대인관계 갈등과 실직, 노년기의 경제적 빈곤 등은 살아가면서 누구나 겪는 위기이다.

이러한 위기는 심리사회적 발달과제의 이행과 충족을 통해 대부분 보다 나은 사람으로 성장하는 데 기여한다. 위기를 통해 오히려 인생의 참 의미와 가치를 발견하여 위기경험 이전보다 더 큰 성장을 이룬다. 그러나 예기치 못하고 갑자기 발생하는 자살시도, 성폭력 피해, 재난, 급성 스트레스, 마약 및 미디어중독 등과 같은 극한 위기를 맞닥뜨리면 부정적 파국을 맞는다.

2023년 2월 6일 서아시아와 남유럽에 걸쳐있는 튀르키예(Türkiye)에서 7.8규모의 강진이 발생해 수만 명의 사람이 붕괴된 건물더미에 매몰되는 사건이 일어났다. 2022년 10월 29일에는 우리나라 서울 이태원에서 159명이 압사하는 믿기지 못할 사건이 발생되기도 하였다. 이 외에도 세월호 침몰사건, 천안함 폭침사고, 제천 화재참사, 경주 지진 등 충격적이고 심각한 극한 위기적 사건이 끊이지 않고 일어 났다.

이러한 극한 위기사건이 발생하면 위기상황에 신속히 개입하여 빠른 조치를 통해 피해자의 심리·신체적 고통을 최소화하는 것이 무엇보다 중요하다. 그러나 우리는 이러한 극한 위기상황에 신속하고 적절히 대처하지 못해 오히려 피해를 키 운 부끄러운 사례 등도 있다.

충분히 예측 가능한 위기 상황임에도 불구하고 이를 제대로 인식하지 못해, 골 든타임을 놓쳐 귀중한 생명을 보호하지 못한 안타까운 사례 등이 지금도 우리 주 변에서 계속 일어나고 있다는 점에서 심각성을 더해준다.

본서는 21세기 개인의 심리사회적 발달과정에서 나타나는 일반적 위기와 극한 위기에 체계적으로 대처하여 위기피해를 최소화하는 데 도움을 주기 위해 쓰여졌 다. 예측하기 어려운 다양하고 변화무쌍한 극한 위기상황을 맞닥뜨릴 때, 한치의 실수나 과오없이 슬기롭게 대처하는 데 본 저서가 큰 도움이 되었으면 하는 바람 이 크다.

극한 위기 피해자의 심리적 고통을 치유하는 상담방법론을 찾는 전문가와 다 양한 위기 극복 프로그램을 찾는 교육자, 상담심리를 전공으로 하는 대학(원)생, 극한 직업전선에서 활동하는 군·경찰·소방공무원, 극한 위기를 경험한 위기피해 자 등에게 본 저서가 많은 도움이 되기를 기대한다.

본서는 총 3부로 구성되었다.

극한 위기를 경험함으로써 발생하는 심리적 어려움과 고통, 갈등, 혼란 등을 상 담 매뉴얼을 통해 해결 가능하도록 위기상담의 기본쟁점과 핵심내용을 개관하였 다. 위기의 기본개념과 원리를 포함하여 위기의 다양한 이론을 수록하였으며, 위기 유형별 상담전략과 집단상담프로그램 등을 담았다.

제1부는 위기상담의 본질을 다루고 있다. 위기상담의 기본개념과 이론적 배경, 상담접근모형 등을 설명한다.

- CHAPTER 1에서는 위기의 일반적인 개념을 다루고 있다. 위기의 특성과 위기의 원인, 위기모델, 위기평가와 평가도구 등을 살펴본다.
- CHAPTER 2에서는 위기상담을 실시하는데 적용하는 이론을 설명한다. 정신분석, 행동주의, 인간중심, 인지치료이론 등을 다룬다.
- CHAPTER 3에서는 위기상담의 특징을 언급하고 있다. 상담의 개념과 단계, 기술 등을 자세히 설명한다.
- CHAPTER 4에서는 위기상담의 접근모형을 다루고 있다. 위기상담을 실시하는데 필요한 개인상담, 단기상담, 해결중심상담, 집단상담 등의 모형을 안내한다.

제2부는 유형별 극한위기 상담방법론을 언급하고 있다. 자살위기를 비롯해 성폭력 피해자의 심리적 위기, 재난피해 위기, PTSD, 미디어중독위기 등을 담았다.

- CHAPTER 5에서는 자살위기 상담방법을 설명하고 있다. 자살의 이론적 배경을 포함한 자살위기상담 방법론을 자세히 살펴본다.
- CHAPTER 6에서는 성폭력피해 위기상담을 알아보고 있다. 데이트 성폭력과 친족 성폭력의 특징을 살펴보고 성폭력 피해자를 대상으로 하는 위기상담방법을 안내한다.
- CHAPTER 7에서는 재난위기상담을 소개하고 있다. 재난의 유형과 특징, 재난 트라우마의 증상과 원인을 살펴보고, 재난피해자 위기상담방법을 다룬다.
- CHAPTER 8에서는 PTSD 위기상담을 다루고 있다. 외상의 개념, PTSD의 증상, PTSD의 원인, PTSD 위기상담방법을 살펴본다.
- CHAPTER 9에서는 중독위기상담을 다루고 있다. 중독의 개념을 설명하고 있으며, 마약중독의 원인과 미디어중독의 특징을 언급한 후, 중독위기 상담전략을 안내한다.

제3부는 극한위기 상담에 적용하는 프로그램을 소개한다. 현장중심의 상담과 관련한 전문가는 물론 다양한 분야의 상담 전문가들이 유형별 극한위기 상담을 효과적으로 조력하는 데 도움이 되도록 구성하였다.

· CHAPTER 10에서는 자살 위기상담 프로그램을 안내한다.
· CHAPTER 11에서는 성폭력 위기상담 프로그램을 다룬다.
· CHAPTER 12에서는 극한 스트레스 위기상담 프로그램을 담았다.
· CHAPTER 13에서는 재난 위기상담 프로그램을 소개한다.
· CHAPTER 14에서는 PTSD 위기상담 프로그램을 다룬다.
· CHAPTER 15에서는 미디어중독 위기상담 프로그램을 설명한다.

그동안 본서를 만들고자 노력하는 과정에서 많은 분들의 도움과 헌신이 있었다. 집필기간 내내 본서 발간의 의미와 가치를 상기하고 어려운 고비마다 힘을 실어준 많은 분들께 진심으로 감사한 마음을 드린다. 집필에 필요한 각종 자료를 흔쾌히 제공해 주신 분들의 정성에도 깊은 감사를 드린다.

본서를 만들고자 노력하고 애쓰는 과정에서 훌륭한 위기상담 저서가 탄생하도록 온 역량을 다해 심혈을 기울여 주신 강소현·김관형·김현주·손정미·원진숙·조현지·주지향·주희헌·차보연·최봉희·최혜빈 공동저자님들께 고마운 마음을 전한다.

이 외에도 집필과정 내내 따뜻한 관심과 지지, 격려를 아끼지 않으신 많은 분들과 함께 본서 발간의 기쁨과 즐거움을 함께 나눈다. 본서가 출간되도록 배려해 주신 박영스토리 대표님과 관계자 분들께도 깊은 감사를 드린다.

2023년 12월
대표저자 심윤기

차례

PART 02 유형별 극한위기 상담방법론

CHAPTER 09 중독 위기상담 / 232

PART 03 극한위기 집단상담 프로그램

P/A/R/T

01

위기상담의
이론적 기초

위기의 이해

인간은 누구나 주어진 삶을 살아가는 동안 다양한 종류의 위기상황에 직면한다. 질병에 의한 위기를 경험하기도 하고, 예기치 못한 사고를 당하는 절망적 위기에 봉착되기도 한다. 특수한 사회문화적 환경에서 살아가는 경우에는 지역적 특성과 문화적 특수성으로 위기를 경험하기도 한다.

이러한 위기상황에 처한 사람들은 대부분 위기를 성공적으로 극복하지만 위기를 원만히 해결하지 못하는 사람들도 존재한다. 이러한 경우에는 위기를 경험하기 이전보다 예후가 훨씬 좋지 않은 방향으로 이어져, 더 극한 위기상황에 놓이기도 한다.

이 장에서는 위기와 극한 위기의 정의, 위기심리, 위기의 반응 등에 대한 개념을 개관한다. 그런 다음, 다양한 위기의 유형을 알아보고 위기와 관련된 이론적 모형을 살펴본 후, 위기에 효과적으로 개입하기 위해 실시하는 위기심리평가에 대해 알아본다.

제1절 위기의 정의

1. 개요

위기는 개인의 자원과 대처기제를 압도하는 견딜 수 없는 힘든 어려움과 같은 상황으로 개인의 신체적·정서적·인지적 균형을 깨뜨리는 내·외부적 사건에 기인한 개인의 반응을 말한다 개인의 대처자원으로 해결할 수 없는 위기는 심각한 정서적·인지적·행동적 역기능을 일으키며, 공포와 두려움, 공허감, 좌절감, 상실감 등과 같은 급격한 정서변화를 가져와 자살로 이어지기도 한다(심윤기 외, 2020).

위기(危機, Crisis)의 용어는 그리스어인 'Krisis'에서 유래되었다. 결정(decision) 혹은 전환점(turning point)이라는 의미를 내포하고 있는 데, 한자어로는 위험(危)과 기회(機)라는 두 가지의 뜻이 합쳐진 복합어로 사용되고 있다. 이러한 의미와 견해를 고려하면 위기는 위험한 고비나 시기 혹은 상황을 의미하며, 이를 해결해야 하는 하나의 전환점으로 사용되고 있음을 알 수 있다.

위기는 삶의 여정에서 경험하는 일반적인 발달적 위기와 예기치 못한 상황과 환경에서 맞닥뜨리는 극한 위기로 구분한다. 에릭슨(Erikson)이 말한 사회적 발달단계에 따라 나타나는 삶의 위기는 일반적으로 누구나 경험하는 위기다. 어릴 적 학교를 다니면서 경험하는 또래 친구와의 갈등, 결혼을 하고 가정을 꾸려 삶을 살아가는 여정에서 겪는 이혼, 사별, 직장에서의 대인관계 갈등, 실직, 노년기의 경제적 빈곤 등은 삶을 살아가면서 겪는 일반적인 위기에 해당한다.

이러한 일반적 위기는 다양한 발달과제와 과정이 존재한다. 발달과제를 잘 감당하고 극복하는 노력을 통해 대부분 보다 나은 사람으로 성장한다. 위기경험을 통해 오히려 인생의 참 의미와 가치를 발견하여 위기 이전보다 더 큰 성장을 이룬다. 그러나 자살, 학교폭력, 성폭력, 재난피해, 외상 후 스트레스 장애(이하: PTSD) 등과 같은 예기치 못한 상황적 극한 위기에 맞닥뜨리면 부정적 파국을 초래한다.

본서에서 말하는 "극한 위기"란 자신에게 닥친 극한 위기적 상황과 위기문제의 심각성을 스스로 인식하지 못하고, 위기문제를 해결할 의지가 약할 뿐만 아니라, 사회적 자원까지도 부족해 위기전문가의 즉각적 개입이 필요한 위기로 정의한다. 극한 위기는 다양한 유형이 존재한다. 본서에서는 예기치 못한 극한적 상황에서 발생하는 청소년 자살, 친족 및 데이트 성폭력, 재난 트라우마, PTSD, 미디어중독

위기 등으로 한정해 서술한다.

삶의 여정에서 맞닥뜨리는 일반적인 발달과정상의 위기이든 혹은 예기치 못한 상황에서 경험하는 상황적 극한 위기이든 한 개인을 압도하고 위협하는 상황임은 분명하다. 이러한 상황에서 긍정적이고 건전한 방향으로 삶을 전개할 수 있는 전환점의 기회로 인식하여 삶의 서사를 새롭게 쓸 수 있어야 한다.

1) 위기, 외상, 응급의 관계

위기와 외상, 응급은 하나의 스펙트럼에 위치한다. 서로 중복되고 일치하는 부분이 있고 구분되는 다른 측면도 존재한다. 정신의학적 측면에서는 [그림 1-1]과 같이 응급, 위기, 외상으로 구분하여 설명한다.

응급은 손상을 막기 위한 즉각적인 대처가 필요한 매우 위급한 상황으로 규정한다. 위기는 응급과 같이 위급한 상황이지만 응급보다 그 범위가 광범위하고 개인의 심리내적 불균형이 나타난다는 점이 특징이다. 위기의 심리적 반응은 공통적으로 우울, 불신, 과각성, 악몽, 알코올 및 약물사용의 증가, 수면장애, 분노 등이 나타난다.

외상은 자연재난이나 사회적 재난으로 유발된 신체적 상처나 충격으로 심리적 고통과 손상을 유발하는 특징이 있다.

● 그림 1-1 **중복모델**

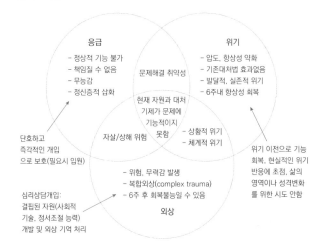

출처: Callahan, 1994.

2) 위기의 심리·신체적 반응

위기에 처한 사람의 반응은 각기 다르게 나타난다. 일반적인 반응은 심리적 균형상태가 무너지고 적응력이 감소한다. 자신의 정체성이 흐려지고 부정성이 확대되며, 삶의 의미와 가치, 목표 등이 상실되기도 한다. 정서적 측면에서는 불안이나 두려움, 분노, 죄책감, 수치감 등이 나타난다.

생리적 측면에서는 혈압이 상승하고 숨이 차며, 현기증, 두통, 편두통, 소화기 궤양 등과 같은 문제를 동반한다. 인지적인 측면에서는 주의집중이 어렵고 지각이나 감각 왜곡이 나타날 뿐만 아니라, 정상적인 정보처리와 인지처리가 곤란해진다. 행동적인 측면에서는 과도하게 근육이 긴장되어 행동이 불편하고 유연성이 떨어져 일정한 행동을 강박적으로 반복하기도 한다(심윤기, 2016).

정원식과 박성수(1983)는 위기에 처한 사람의 정서적 반응을 세 가지로 설명하고 있다.

첫째, 위기에 처한 사람은 절망감을 느낀다. 이러한 절망감은 희망을 상실하여 위기를 극복하기보다는 포기하게 만드는 상황으로 발전하는 데 영향을 준다.

둘째, 위기를 경험하면 긴장과 불안, 두려움이 고조된다. 이러한 정서적 반응은 위기에 대처하는 경험이나 지식이 없을 때 더 심각하게 나타나며 공포와 무력감을 동반한다.

셋째, 위기에 처한 사람은 비통에 빠진다. 비통은 삶을 살아가는 과정에서 중요한 관계에 있거나 친밀한 관계 또는 특별한 유대관계에 있는 사람이 위기에 처하면 생기는 정서적 반응이다.

이러한 비통은 대개 공허, 허탈, 긴장, 불안 등의 정서적 반응과 신체적 고통이 반복되는 특징이 있다. 정상적인 비통은 4주에서 6주 정도의 기간이 지나면 끝나지만 병리적인 비통은 장기간에 걸쳐 왜곡된 형태로 나타나기도 한다. 이러한 위기반응을 정리하면 다음과 같다.

구분	내용
신체적 반응	식욕변화, 두통, 복통, 성적 충동, 상실, 심한 근육긴장, 메스꺼움, 설사, 불면증, 위궤양, 소화 장애, 고혈압, 심장박동 증가 등
정서적 반응	두려움, 불안, 혼돈, 신경과민, 긴장, 피로, 적개심, 분노, 심한 우울, 비탄, 공황, 죄의식, 편집증세, 울음 등
행동적 반응	주의집중 상실, 과거 몰입, 실언, 부정, 망상 혹은 환각, 행동습관의 변화, 지나친 요구와 의존, 과음, 알코올 및 약물중독, 범죄행위, 옷차림의 부주의 등

출처: Gilliland & James, 2000.

2. 위기의 발생

1) 위기의 발생단계

인간이 경험하는 위기는 어떤 외적인 위험에 대한 내적 반응이다. 패터슨 등 (Patterson et al., 1999)은 위기발생을 다음과 같이 4단계로 나누어 설명한다.

| ① 위기경험 → ② 위기평가 → ③ 위기대처 → ④ 위기발생 |

첫 번째는 죽음이나 상실과 같은 외적인 상황과 정서적으로 위협이 되는 사건을 경험하는 단계이다. 두 번째 단계는 위기상황에 대한 개인의 평가가 이루어지는데, 이때에는 개인의 지식과 신념, 생각과 기대뿐만 아니라, 여러 경험적인 요소들이 복합적으로 상호작용하여 평가가 이루어진다. 세 번째 단계는 위기에 대처하기 위해 노력하는 과정이 이루어진다. 위기대처의 목적은 위험의 감소 내지 제거에 있기 때문에 대응책의 적절성에 따라 위기를 지각하는 정도가 다르게 나타난다. 마지막으로 네 번째 단계는 위험한 상황을 해결하지 못해 삶이 무너지는 위기가 발생한다.

한편, 또 다른 위기전문가 카플렌(Caplan)은 위기발생과정을 다음과 같이 설명하고 있다.

1단계는 평탄하게 살아오던 삶의 과정에 어떤 위기사건이 갑자기 발생하면 심한 긴장과 불안이 엄습하고, 정신적 혼란이 급격하게 높아진다.

2단계는 촉발된 위기사건으로 발생한 긴장과 불안, 두려움, 혼란 등을 스스로의 힘으로 해결하기 위해 노력한다. 이 과정에서 대부분의 사람이 위기 이전의 기능을 회복하여 정상적인 삶을 유지한다.

3단계는 위기를 극복하지 못한 사람은 주위 사람에게 도움을 요청하는 등 가능한 모든 수단을 동원하는 과정이 이루어진다. 하지만 위기가 해결되지 않으면 불안과 두려움, 혼란, 심리적 고통 등이 심화되어 나타난다.

4단계는 위기를 해결하지 못하는 시간이 점점 길어지며 위기가 절정에 이른다. 삶을 지탱하던 정신적 의지가 무너지며, 삶을 포기하는 절망적인 상태로 이어진다.

● 표 1-2 **위기의 발생단계**

구분	내용
1단계	위기사건이 발생하면 긴장과 불안수준이 올라간다. 동시에 이러한 긴장과 불안을 제거하거나 감소시키기 위해 해결방법을 찾는다.
2단계	위기해결 방법이 실패하고 불안을 일으키는 내적 반응이 지속적으로 나타난다.
3단계	불안을 감소시키고 위기를 해결하기 위해 가능한 모든 수단을 동원한다.
4단계	위기를 해결하지 못해 불안과 긴장은 감당할 수 없을 정도로 증가하고, 아무 일도 하지 못하는 절망상태에 이른다.

출처: Caplan, 1964.

2) 위기의 주요 특징

위기는 원인과 결과로 설명할 수 있는 단순한 문제가 아니다. 위기는 자살이나 타살을 일으킬 가능성이 있는 비정상적인 상태에 놓인 위험한 상황임이 분명하다. 그럼에도 불구하고 이를 원만히 잘 극복하면 한 차원 높은 성장과 발전의 기회를 얻는다. 이처럼 위기는 단순한 것 같지만 쉽게 이해하기 어려운 복잡하게 엉킨 실타래와 같이 다양한 증상이 나타나 위기전문가가 관여하고 개입해야 한다.

우리는 삶을 살아가는 과정에서 많은 위기를 경험한다. 성장과정에서 오는 필연적인 발달과정상의 위기를 포함하여 우발적으로 발생하는 상황적 극한 위기에 이르기까지 다양한 위기를 경험한다. 위기는 직면하는 사건의 내용과 개인의 반응에 따라 다르게 지각되며 공통적으로 큰 충격과 혼란에 빠진다. 김동일 등(2014)은 위기의 특징에 대해 다음과 같이 설명한다.

● 표 1-3 위기의 특징

- 위기는 대체로 인과관계가 존재한다.
- 위기는 개입의 결정적 시기가 존재한다.
- 위기는 사건의 발생에서 회복에 이르기까지 일정한 단계와 과정을 거친다.
- 위기는 병리적 사건이 아니다. 위기는 위험한 상황에 대한 정상적인 사람의 반응이다.
- 위기는 예방과 중재활동이 가능하며 다양한 대처방법에 따라 효과가 나타난다.
- 제한된 시간 안에 단기적이고 집중적인 개입의 여부가 위기상담의 성패를 좌우한다.
- 위기상황에서는 심리적으로 매우 불안정하여 변화에 대한 의사결정이 용이하다.
- 위기는 성장과 발전의 기회며 문제해결역량을 향상시킬 수 있는 기회이다.

출처: 김동일 외, 2014.

이 외에도 위기를 설명하는 내용은 다양하다. 위기에 대응하는 방법이 많고 다양할수록 위기를 경험할 가능성은 그만큼 줄어든다. 하지만, 대처할 수단이 마땅치 않거나 사회적 자원이 충분치 않은 사람은 위기를 더 심각하게 경험하는 것으로 알려지고 있다.

위기를 해결하는 과정도 위기를 성공적으로 해결하여 좋은 결과를 가져오는 경우가 있고, 더 나쁜 결과를 초래하는 경우가 있다. 위기상황에서 모든 사람이 위기문제를 잘 해결하는 것도 아니다. 위기를 성공적으로 대처한 경험이 있는 사람은 새로운 위기상황에서 이를 성공적으로 극복할 가능성이 높다.

제2절 위기의 원인

1. 위기의 발생원인

위기는 자신의 삶에 중대한 위협을 받을 때 공포와 함께 두려운 감정을 느끼도록 한다. 삶의 의지의 대상을 상실했을 때에는 눈앞이 캄캄해지는 절망감을 느낀다. 위협적인 사건을 만나거나 지위 또는 역할의 변화가 있을 때에도 위기는 찾아

온다. 위기가 발생하는 원인은 대체로 다음과 같다.

1) 친밀한 대상과 관계가 단절될 때

인간은 감정을 가진 존재이다. 감정이 깊게 통하는 사람이나 대상에게는 애착을 느끼는데 이는 생존에 필수적으로 작용한다. 그 중에서도 부모와 자식 간은 깊은 애정으로 뭉쳐진 관계로 서로 동일시와 일체감을 느낀다. 일체감을 느끼는 대상에게 즐거운 일이 일어나면 나도 즐겁고, 그가 상처를 받으면 나도 고통을 느낀다.

인간은 누구나 이와 같은 관계 속에서 살아가려고 노력한다. 하지만 갑자기 위기가 찾아와 이러한 관계가 단절되는 경우에는 위기에 처한다. 2022년 10월 발생한 이태원 참사사고와 같이 예기치 못한 큰 사고로 사랑하는 사람을 잃으면 상상하기 힘든 정신적 충격과 함께 심리적 균형이 붕괴된다.

정서적으로 밀착된 관계에 있는 사람이 오해나 갈등으로 관계가 위협 받거나 손상될 때에도 큰 상처와 충격을 받는다. 일체감을 느끼는 대상과의 관계가 단절되면 더 큰 위기의식을 느끼며, 심리적 공황상태에 빠진다. 일상생활 중 자신의 역할이 변하여 친밀한 대상과의 관계가 단절되는 경우에도 위기를 경험한다.

2) 일상의 위협적인 일에 직면할 때

우리는 자신의 존재에 위협적인 인물이나 사건에 직면하면 위기를 경험한다. 군에 입대하는 장병은 군 입대 자체가 큰 위협적인 사건으로 지각되어 불안과 두려움을 느낀다. 은퇴 후 새로운 삶의 진로를 선택해야 하는 사람은 직업과 일이 위협적인 사건으로 지각되어 위기를 경험한다.

학비를 담당해야 하는 압박과 졸업 후, 취업을 준비해야 하는 상황에서 아무것도 할 수 없는 휴식은 위기로 인식될 수 있다. 결혼도 위기로 작용되기도 한다. 서로 전혀 다른 생활을 해 오면서 나름대로 자신만의 삶의 방식과 사고방식을 유지해 오던 사람이 부부라는 공동체를 형성하면서 갑자기 낯선 환경에 처하면 위기를 경험한다.

혼자서 결정하던 사소한 일까지 부부가 함께 의논해야 하고, 일상의 행동에 대한 통제를 받기 때문이다. 그래서 우리는 결혼의 위기를 극복하지 못하고 부부관계를 끝내는 경우를 주위에서 종종 목격한다.

3) 지위와 역할의 변화가 클 때

위기는 지위와 역할의 변화에서도 찾아온다. 대부분의 사람은 일과 관련된 지위와 역할을 갖고 최선을 다하며 살아간다. 오랫동안 한 가지 방면의 일에 종사하는 동안에는 자신도 모르는 사이에 일과 일체감을 형성하며 살아간다.

우리는 자신을 다른 사람에게 소개할 때 자신이 현재 무엇을 하는 사람인가를 말하며 명함을 건넨다. 이것은 자신의 일과 역할을 자신의 삶과 동일시하고 있다는 것을 의미하는 행동이다.

오늘날 많은 사람이 퇴직한 후에 자신의 할 일이 없어져 삶이 끝나 버리는 것 같은 두려움을 느꼈다고 말하는 것을 종종 듣는다. 실제로 필자가 잘 아는 선배 한 명도 전역 후 취업이 되지 않아 스스로 목숨을 끊는 안타까운 일이 발생되기도 하였다. 이러한 경우가 지위와 역할의 변화에 제대로 대처하지 못해 발생한 위기에 해당한다.

4) 예기치 못한 극한 상황적 사건에 노출될 때

위기는 삶의 여정에서 일반적인 발달과정상의 위기로 찾아오기도 하지만, 전혀 예기치 못한 상황과 환경에서 극한 위기로 다가오기도 한다. 발달과정에서 나타나는 삶의 위기는 일반적으로 누구나 경험한다. 학교 또래 친구와의 갈등, 이혼, 직장에서의 대인관계 갈등, 노년기의 경제적 빈곤 등은 누구나 살아가면서 겪는 일반적인 위기에 해당한다. 그러나 전혀 예기치 못한 극한 상황에서 일어나는 학교폭력, 자살, 성폭력, 재난, PTSD 등과 같은 상황에 직면하면 극한적 위기가 발생한다.

2. 위기의 유형

위기는 사고, 죽음, 재난, 성폭력과 같은 외상사건이나 정서적으로 위험한 상황에 처한 사건 혹은 발달과정의 급격한 변화로 나타나는 것이 대부분이다. 일반적으로 위기는 내·외부적으로 위협을 느끼는 사건으로부터 발생한다. 개인의 위기대처능력이 약하거나 부족해도 위기가 발생하는데, 이전에 경험한 외상사건이 존재하면 더욱 큰 영향을 받는다.

위기는 위기를 유발하는 요인에 따라 다양한 형태로 구분한다. 발달과정의 위기와 상황적 위기로 구분하고, 발달적·상황적·존재적·환경적 위기로 구분하기도 한다. 정신 병리의 정도에 따라서는 소인적·변환기적·외상적·발달적·정신병리적 위기와 정신병적 위급상황으로 구분하기도 한다(심윤기 외, 2020).

본서에서는 정신병리적인 측면의 위기개입을 통한 치료적 목적보다는 일상생활 중에서 경험할 수 있는 일반적인 위기와 예기치 못한 상황과 환경에서 발생하는 극한 위기유형을 중심으로 살펴보고자 한다.

1) 발달적 위기

발달적 위기는 인간의 성장과 발달의 단계에서 신체적·심리적·사회적 역할의 급격한 변화로 나타나는 위기를 일컫는다. 발달은 다음 단계로의 성장과 변화를 촉진하지만 새로운 과제와 기대로 과도한 스트레스를 받으면 위기로 이어진다. 발달과 적응이 조화롭지 못할 때 위기가 발생한다.

가령, 청소년의 발달적 위기는 흔히 정서적 불안과 충동, 자기조절 능력이 부족해서 나타난다. 갑자기 자신감이 넘치다가도 쉽게 열등감에 빠지고, 자기 자신의 감정을 조절하거나 통제를 제대로 하지 못하게 되면 발생되기도 한다.

2) 상황적 위기

상황적 위기는 전혀 예기치 못한 충격적인 사건이 우발적으로 발생하는 극한 위기를 말하는데 자살, 폭력, 성폭행, 재난 등 감당할 수 없는 큰 사건을 통해 발생한다. 이태원 압사사고, 세월호 침몰사고, 대형 화재사고 등이 상황적 극한 위기에 해당한다.

상황적 위기는 전혀 뜻밖에 갑작스럽게 일어나 사건에 대한 대처가 늦다. 뿐만 아니라, 가족이나 자신, 동료, 중요한 타인에게 영향력이 크게 미친다. 만약, 청소년이 상황적 위기에 노출되면 무기력과 절망감으로 극단적인 자해나 자살을 시도할 가능성이 크다. 그러므로 상황적 극한 위기에 대처하는 최선의 방법은 사전에 위기 상황별 대처 매뉴얼을 준비하여 대비하는 일이다.

3) 환경적 위기

환경적 위기는 미리 예측할 수 없는 홍수나 화재, 지진과 같이 흔하지 않은 환경적인 변화를 일으키는 사건으로 발생하는 극한 위기를 말한다. 예를 들어, 화재나 가스폭발, 테러, 전쟁, 폭동 등과 같은 유형이 환경적 위기에 해당한다. 몇 해 전 일본에서 발생한 쓰나미나 우리나라 포항과 경주에서 발생한 지진, 제천에서 발생한 대형 화재사건이 환경적 위기에 해당한다.

환경적 위기는 삶을 살아가면서 누구나 한번쯤 겪는 위기이기도 하다. 주로 자연재난과 사회적 재난으로부터 비롯되는데, 이러한 극한 위기를 성공적으로 대처하기 위해서는 평소에 위기대처능력을 기르는 것이 무엇보다 필요하다.

4) 실존적 위기

실존적 위기는 실존주의에서 말하는 실존적 불안과 관련이 깊다. 삶의 목적과 가치, 의미 등 인간 존재와 관련한 중요한 내적 갈등이나 실존적 불안에서 파생하는 위기라서 이를 실존적 위기라고 말한다.

필자는 군복무를 마친 전역간부를 대상으로 EAP상담을 진행하던 중 삶과 죽음을 심각하게 고민하는 한 내담자를 만날 수 있었다. 많은 시간 동안 그와 죽음의 의미에 대한 이야기를 깊이 나누면서 상담을 진행하였다. 그로부터 며칠이 지난 후, 내담자로부터 감사하다는 전화를 받을 수 있었는데, 무의미하게 느껴졌던 자신의 삶이 상담을 마치고 난 후 새롭게 다가왔고, 미래 삶의 기대와 희망이 생겨 무척 기쁘다는 이야기였다. 이 같은 경우는 실존적 위기를 잘 극복한 사례에 해당한다.

5) 사회문화적 위기

사회문화적 위기는 사회갈등이나 사회구조의 변화에서 기인한 위기와 문화적 가치규범의 충돌로 발생하는 위기를 말한다. 이상과 현실 간의 모순과 괴리, 불공정한 사회의 구조적인 모순과 갈등을 경험하며 가치관의 혼란으로 발생하는 위기이다.

여러 사회적 불안 요인으로 비롯되어 발생하는 위기가 곧 사회문화적 위기에 해당한다. 이민이나 유학으로 다른 나라 문화권에서 생활하고 있을 때, 대체로 문화적 충격(cultural shock)을 경험하게 되는데, 이 같은 경우도 사회문화적 위기에 해당한다.

제3절 이론적 모형

위기이론은 크게 기본위기이론과 확장위기이론으로 구분한다. 기본위기이론은 주로 상실의 아픔과 슬픔을 다루는데 정신분석모델을 비롯하여 다양한 이론적 모델이 존재한다. 반면, 확장위기이론은 위기를 발생하는 사회적·환경적·상황적 요인을 기본위기이론이 제대로 설명하지 못하면서 발전하였다.

1. 기본위기이론

기본위기이론은 상실로 인해 깊은 슬픔에 빠진 사람의 행동을 이해하고, 비탄과 애도(grief)에 대한 개입을 설명하는 이론이다. 사랑하는 가족을 잃은 사람은 사별 가족에 대한 몰입, 죄의식, 분노 등의 반응을 보이지만 이러한 반응이 비정상적이고 병리적인 것으로 여기지 않는다.

기본위기이론은 상실 이후에 나타나는 비탄적인 반응 해결에 초점을 두고, 상실의 아픔과 슬픔으로 고통스러워 하는 위기자를 효율적으로 조력하는 데 기여해 왔다. 뿐만 아니라, 애도와 관련된 행동이 정상적인지, 일시적인지 또는 단기개입을 통해 경감될 수 있는 것인지를 인지하고 이에 대처해 왔다.

대부분의 위기이론은 이러한 기본위기이론을 바탕으로 하고 있다. 정신분석모델, 평형모델, 생활모델, 인지모델 등이 모두 기본위기이론에 해당한다. 한편, 정신분석모델(psychoanalytic model)은 위기에 동반하는 심리적 불균형을 이해하기 위해서는 개인의 무의식적 사고나 과거의 정서적 경험에 초점을 두어야 한다는 관점에 기초한다.

정신분석모델의 이론적 가설은 다음과 같다.

첫째, 정신적 결정론이다.

인간의 모든 행동에는 원인이 있다. 그것은 의식과 관계가 없고 개인의 과거 경험에 원인이 있다고 가정한다.

둘째, 정신적 에너지의 불균형 상태를 위기로 여긴다.

개인의 위기에 동반되는 불균형 상태는 개인의 무의식적인 사고와 과거의 정서적인 경험 요인을 제대로 탐색해야 이해가 가능하다고 주장한다.

하나의 사건이 왜 위기가 되느냐 하는 것은 유아기의 심리성적 발달단계로 설명한다. 위기의 극복은 자신의 행동에 대한 역동과 원인에 대한 통찰을 통해 가능하다고 주장한다. 또한 개인에 억압된 감정을 의식 밖으로 표출하는 감정정화와 자유연상기법의 활용을 중요시한다.

● 표 1-4 **기본위기이론의 모델**

정신분석모델	개인의 무의식적 사고나 과거의 정서적 경험에 초점을 두는 모델이다. 자신의 행동에 대한 역동과 원인에 대한 통찰로 위기극복이 가능하다고 주장한다.
평형모델	위기에 처한 사람은 불균형 상태에 있어 자신을 통제하지 못해 자살과 같은 파국적 선택을 시도한다. 따라서 위기자를 안정시키는 데 초점을 두고 있다.
생활모델	위기에 대한 즉각적인 욕구에 민감히 반응할 수 있도록 자신의 생활능력을 확장하는 것이 필요하다고 설명하는 모델이다.
인지모델	위기는 잘못된 생각과 신념으로 부터 기인한다고 전제한다. 비합리적인 신념을 논박하여 합리적이고 긍정적인 사고를 갖도록 하는 데 초점을 두고 있다.

출처: 심윤기 외, 2020.

2. 확장위기이론

확장위기이론은 위기를 단순히 개인에게만 존재한다고 여기지 않는다. 사람과 위기사건의 상호관계와 사회적 환경의 영향을 주로 다룬다. 학습과 사회적 환경의 변화, 심리내적 자원을 활용하는 것을 중요하게 다루는데 체계모델, 적응모델, 대인관계모델, 혼란모델 등이 있다.

1) 체계모델(systems model)

체계모델은 위기가 발생할 때 개인에게 무엇이 일어났는가를 탐색하기보다는 사람과 위기사건 사이의 상호관계를 알아보는 것을 더 중요하게 다룬다. 이 모델은 모든 요소가 서로 관계가 있다는 전제하에서 출발한다. 서로 관계가 있는 부분에서 어느 한 부분이 변화가 일어나면 전체 체계의 변화를 가져온다는 생태체계학개념과 유사하다.

위기는 원인과 결과에 따라 영향을 받는 단선적이고 개별적인 것이 아닌 전체적이고 관계적인 그물망처럼 연결된 것으로 봐야 한다고 강조한다. 사회적 환경체계와 개인 체계 간의 불균형으로 위기상황이 발생한다고 여긴다. 뿐만 아니라, 이러한 위기상황은 체계의 균형상태를 유지하여 해결할 수 있다고 주장한다.

위기발생으로 흔들린 개인의 체계를 다시 원상태로 돌리거나 또는 예전의 생활이 가능하도록 균형있는 체계로 조정하는 것이 체계모델의 핵심이다(김동일 외, 2014). 그렇기 때문에 이 모델에서는 사회적 맥락을 중요하게 다룬다.

스트레스 사건에 대한 개인의 지각은 사건이 유발하는 사회적 맥락에 따라 좌우되며, 위기를 성공적으로 해결하는 개인의 능력도 사회적 맥락에 달려 있다는입장이다. 이렇게 체계이론 지지자들은 사회체계가 위기상황을 유발하고, 동시에위기를 해결하는 기능을 동시에 제공한다고 주장한다.

2) 적응모델(adaptation model)

적응모델은 행동주의에 기초한다. 이 모델은 개인의 위기가 부적응적인 행동으로 발생한다고 여기며, 부적응적인 행동이 적응적 행동으로 변화될 때 곧 위기가감소한다고 주장한다. 부적응적인 행동수정은 부정적인 방어기제의 사슬을 끊고,적응적으로 기능할 수 있는 긍정적인 행동을 강화하는 것을 의미한다.

적응모델 지지자들은 부적응적인 대처행동이 학습을 통해서 이루어진 것처럼적응적 대처행동 역시 학습을 통해 가능하다고 언급한다. 그래서 적응모델의 개입과정에서 자기파괴적인 행동을 자기성장적인 행동으로 대치시키는 방법을 상담자와 함께 학습하며, 새로운 행동을 적용해 보는 연습을 중요하게 다룬다.

3) 대인관계모델(interpersonal model)

대인관계모델은 자아존중감을 증진시키는 개방성과 신뢰, 공감, 무조건적 긍정적 존중, 감정이입, 진실성과 같은 로저스의 이론에 기초한다. 이 모델에서는 대인관계의 준거틀에서 의사소통을 중요하게 다룬다. 자기 자신을 좋게 생각하는 사람은 타인도 좋게 생각하고, 자긍심이 결여된 사람은 타인을 무가치하게 여긴다고 주장한다.

대인관계모델의 핵심은 자신과 타인을 믿으며 자기실현을 이루도록 하는 것이다. 위기를 극복할 수 있다는 긍정적인 자기개념이 있으면 어떠한 힘든 위기상황도 극복할 수 있다고 말한다. 궁극적으로 이 모델은 자아존중감과 자긍심을 높여 위기를 극복하는 것을 주요 목표로 한다.

4) 혼돈모델(chaos model)

혼돈모델은 혼돈과 복잡성의 이론이라고도 말한다. 어떤 위기사건이 갑자기 일어나는 현상은 질서 없이 혼란스럽게 발생하는 것처럼 보이지만, 이를 자세히 살펴보면 우주의 질서를 내포한다는 입장이다. 혼돈모델은 인간의 위기행동 예측이 어렵지만 전체적이고 포괄적인 큰 차원에서 바라보면 복잡한 체계의 근원을 발견할 수 있다고 강조한다.

위기해결이 어렵고 혼란스럽게 보여도 주의 깊게 살펴보고 이해하려고 노력하면 위기문제의 근원을 발견하고 이를 극복할 수 있다는 입장이다. 위기가 발생하면 혼란한 상황이 전개되지만 그 혼란에 대해 주의 깊게 살펴보면 포괄적인 메시지를 발견할 수 있다고 여긴다. 이러한 과정을 통해 위기극복에 필요한 동기와 동력을 얻으며, 그 결과 위기극복의 새로운 변화를 가져온다고 설명한다.

제4절 위기의 평가

1. 개요

위기는 개인이 어떻게 평가하느냐에 따라 다르게 지각한다. 위기평가는 위기에 효과적으로 개입하기 위해 실시하는 것이므로 정확한 정보와 판단이 필요하다. 위기평가는 일반적으로 다음과 같이 이루어진다.

첫째, 위기평가는 현재에 초점을 둔다. 그 이유는 최근 위기사건으로 나타난 미해결 갈등이나 심리적 상처를 내포하고 있기 때문이다.

둘째, 위기평가는 개인의 대인관계문제와 대처능력에 초점을 두고 효율적으로 이루어질 수 있어야 한다.

셋째, 위기평가는 치료적이어야 한다. 이는 평가과정을 통해 위기경험을 개념화하고 조직화하는 것이 문제해결에 도움이 되기 때문이다.

넷째, 위기평가는 촉발된 위기사건의 주요 내용을 포함한다. 촉발된 위기사건의 시간과 장소, 사건의 특징, 사건에 대한 감정적 반응 등을 평가한다.

다섯째, 정서적 위기의 원인에 관한 정보를 얻기 위한 심리평가는 자살을 포함한다. 위기에 처한 사람은 정서적으로 혼란한 상태이므로 자살생각, 자살계획, 자살시도에 대한 평가가 동시에 이루어지는 것이 타당하다(심윤기 외, 2014).

한편, 위기상담 과정에서 객관적이고 과학적인 심리평가도구의 사용은 위기상황에 대한 객관적 측정에 도움을 준다. 뿐만 아니라, 다양한 전문가의 의사소통체계를 강화시킴으로써 즉각적인 위기개입의 효과를 극대화 하는 데 기여한다. 김동일 등(2014)은 위기평가도구를 사용함에 있어 다음과 같이 언급하고 있다.

먼저, 객관적이고 과학적인 척도 사용을 강조한다. 위기자는 큰 충격과 혼란상태에 있어 평가도구에 적절히 반응하지 못하는데, 이는 위기평가의 시기를 적절히 고려해야 한다는 의미를 내포한다. 위기평가를 실시할 때는 객관적이고 과학적인 척도를 사용하되 위기자가 편안한 상태에서 이루어져야 하고, 어떠한 경우라도 부담을 주는 일이 있어서는 바람직하지 않다.

기본적인 정신건강과 우울 정도를 평가하기 위해서는 MMPI－2와 간이정신진단검사인 SCL－90－R(김광일 외, 1984)을 사용한다. 외상 후 스트레스 증상을 진단하기 위해서는 한국판 외상 후 스트레스 진단 척도인 K－PDS(남보라, 2008)와 한국판 사건충격척도인 K－IES－R(은헌정 외, 2005)을 사용하면 무난하다.

극한 스트레스 평가 결과를 해석할 때는 경과 시간을 고려한다. 스트레스는 첫 주에 반응이 나타났다가 그 주가 지나면 반응이 완화되는 경향이 있어 스트레스 반응은 시간적 완화 정도를 살펴가며 평가하고 해석하는 것이 바람직하다.

2. 위기평가의 내용

위기는 여러 가지 부정적인 행동변화를 일으키며 삶을 위협하고 파탄에 이르게 한다. 그래서 어느 누구든 극한 위기상황에 놓이면 즉각적으로 개입하여 위기평가가 이루어지도록 하는 것이 중요하다. 위기를 평가할 때에는 일반적으로 위기사건의 특성과 개인적 특성, 환경적 특성을 종합적으로 평가한다.

1) 위기사건의 특성

위기사건은 사건의 특성에 따라 개인반응이 다르게 나타나는데 어떤 위기사건이든 예측 불가하고 통제가 곤란하다는 특성이 있다. 통상 위기사건은 두 가지의 형태로 구분한다. 단순하고 일회적인 위기사건은 Type I 사건이라 하고, 장기적으로 반복되는 위기사건인 경우에는 Type II 사건이라 말한다.

Type I 사건의 경우에는 선명하지 못한 기억과 지각 오류가 주요 증상으로 나타나는 반면, Type II 의 사건에서는 주로 부정, 마비, 멍해짐, 해리, 분노 등의 증상이 나타난다(Terr, 1991).

한편, 근접성의 원리를 통해 위기를 평가하기도 하는데 근접한 거리에서 위기를 겪은 사람이 생명의 위협을 더 느끼며, 강한 외상반응을 보이는 경향이 있다. 이러한 이유로 위기사건이 일어난 현장 가까이에서 위기를 경험한 사람을 우선적으로 진단하고 분류한다(김동일 외, 2014).

2) 개인의 심리적 특성

개인의 특성은 단순한 기본정보의 수준을 넘어 위기상황을 지각하는 개인의 독특한 방식과 구체적인 지지체계 등을 주로 탐색한다. 위기반응은 연령에 따라 다르게 나타나므로 자아발달, 인지수준, 기질 특성 등을 정확히 파악한다.

위기상담자가 관심을 가져야 할 위기내담자(이하: 위기자) 개인 특성은 주로 다음과 같다.

① 위기반응성

위기상담자는 위기자의 위기반응성 강도를 가능한 빨리 파악하는 것이 좋다.

극한 위기상황은 위기자의 심리적 변화에 큰 영향을 주기 때문에 위기반응성의 강도가 객관적으로 평가되어야 하며, 위기자의 심리적 기능이 구체적이고 상세하게 파악되어야 한다.

특히, 위기사건을 경험하면 위기에 부정적으로 대처하는 사람과 긍정적으로 대처하는 사람의 반응이 서로 달라 위기해결에 다른 영향을 미친다.

⬤ 표 1-5 **위기자의 반응**

부정 반응	긍정 반응
· 위기문제가 있음을 거부한다.	· 위기문제를 당당히 직면한다.
· 위기문제를 회피한다(술, 약물복용).	· 위기문제를 이해하려고 노력한다.
· 도움을 거부하고 받아들이기를 거부한다.	· 부정 감정을 해소하려고 노력한다.
· 부정적 감정을 참으려고 하지 않는다.	· 위기를 극복하기 위해 대안을 찾는다.
· 위기문제의 해결방안을 찾지 않는다.	· 자기를 도울 수 있는 사람과 대화의 문을 열
· 위기극복책임을 다른 사람에게 전가한다.	어 놓는다.
· 친구나 가족 또는 자기를 도울 수 있는 사	· 작은 문제라도 건설적으로 대처하기 위하여 단
람을 멀리한다.	계를 밟는다.

출처: Clinebell, 1991.

② 인지상태

위기상담자는 인지상태 평가를 기초로 위기자의 왜곡되거나 혼란한 사고체계를 바로잡고 위기에 대처할 수 있는 능동적이고 생산적인 신념체계를 발달시킬 수 있어야 한다. 뿐만 아니라, 위기자가 현실감 있게 위기를 받아들이고 있는지도 객관적으로 평가해야 한다.

위기를 지나치게 합리화하거나 왜곡하여 받아들이는 것은 아닌지? 위기에 대처하기 위해 개인의 신념을 수정하려는 노력은 어느 정도인지? 등의 요소는 위기자의 인지상태를 평가하는 중요한 자료에 해당한다.

③ 정서상태

위기상담자는 위기자의 민감한 정서 상태를 정확히 평가할 수 있어야 한다. 정상적이지 않은 정서 상태는 위기평가에서 중요하게 다룬다. 과도한 정서적 반응을 보인다거나 반대로 무감각하거나 무심한 모습 혹은 의기소침하거나 아무 의욕이 없는 모습은 매우 위험하다는 징표이다.

위기상담자는 위기자의 정서반응이 위기상황을 부정하거나 피하는 것은 아닌지? 정서적인 반응이 위기적 상황에 맞는 적합한 반응인지? 유사한 위기상황에서도 비슷한 반응을 보이는지? 등을 파악한다.

④ 감정상태

위기에 처하면 감정적 에너지가 고갈되어 위기를 극복하는 힘이 약화된다. 만약, 위기에 처한 사람이 우울 증상을 호소한다면 그는 낮은 감정 에너지를 지니고 있다는 증거다. 절망감이나 무기력함이 보인다면 적은 양의 감정 에너지를 갖고 있다는 의미다. 이와 같은 위기자는 자신의 현재와 과거에 대해 왜곡된 생각을 할 뿐만 아니라, 미래지향적인 생각은 거의 하지 못하는 특징을 보인다.

대개, 감정 에너지의 양이 낮은 사람일수록 심리적 고통을 심하게 느끼며, 미래에 희망이 없다고도 말한다. 감정 에너지의 양을 측정하는 개방적 질문으로는 위기를 어떻게 느끼고 있습니까?, 어떠한 느낌이십니까?, 지금의 느낌이 위기상황 당시의 느낌과 어떻게 다릅니까?, 지금의 위기를 극복한 후, 당신은 어떤 생각을 할 것 같습니까?, 그때 당신은 무엇을 하고 있을 것 같습니까?라고 묻는다.

3) 환경적 특성

환경적 특성을 평가하는 이유는 사회적 지지체계를 분석하여 위기자의 안전을 확보하기 위해서다. 위기상담자는 위기자 스스로 대처방안을 찾을 수 있도록 적절한 질문을 한다.

"위기이전 상태로 회복하기 위해서 지금 어떤 선택을 하는 것이 현명할까요?, 현재 상태에서 어떠한 행동이 가장 현실적일까요?, 지금 ○○님에게 도움을 줄 수 있는 사회적 자원은 무엇이라고 생각합니까?" 등과 같은 질문을 한다. 이러한 질문을 통해 얻어진 대안은 위기자와 함께 평가한 후, 여러 대안 가운데 가장 적합한 것을 선택한다.

CHAPTER

이론적 접근

위기와 관련한 상담이론은 인간에 대한 과학적 근거에 기초하여 여러 가지 사실과 현상에 대한 기술, 설명, 예언 등의 정보를 제공한다. 위기상담이론은 지금도 이러한 정보를 기초로 지속적으로 연구 및 발전되고 있다. 상담의 기초이론을 제대로 이해하지 못하면 위기상담을 어떤 방향으로 어떻게 진행해야 할지 몰라 상담이 실패로 돌아갈 가능성이 크다. 따라서 상담전문가는 상담의 기초가 되는 이론을 충분히 이해하고, 이를 효과적으로 적용할 수 있는 역량을 갖추어야 한다.

이 장에서는 상담의 기초이론을 모두 다룰 수가 없어, 위기에 도움이 되는 몇 가지 이론을 정리하여 담았다. 위기상담에 적용 가능한 네 가지 이론의 주요 개념과 상담과정, 상담기법 등을 고찰한다.

제1절 정신분석적 접근

정신분석은 지그문트 프로이트(Sigmund Freud)가 창시한 이론이다. 정신(psycho)과 분석(analysis)의 합성어인 정신분석이라는 용어는 1896년부터 프로이트 본인이 먼저 사용하기 시작하였는데, 이때를 정신분석의 출발점으로 여긴다.

프로이트는 초기에 히스테리와 같은 신경증 치료를 위한 최면에 관심을 가졌다. 그러나 이후에는 자신의 이야기를 떠오르는 대로 자유롭게 이야기하는 자유연상이 치료에 더 도움이 된다는 사실을 깨닫고 이를 적극적으로 활용하였다.

정신분석은 문제증상의 원인이 되는 무의식적 동기를 분석하여 이를 깨닫도록 함으로써 새로운 통합과 치유에 이르도록 하는 이론이다. 그는 어린 시절의 경험이 성격 형성에 지대한 영향을 미친다고 주장하며, 정신적 결정론과 무의식적 동기를 강조한다.

1. 인간에 대한 기본관점

프로이트의 인간관은 비관적이고 결정론적이며 환원론적이다. 인간은 근본적으로 비도덕적이고 비합리성을 지닌 상태로 태어나는 관계로 긍정적인 존재와는 거리가 멀다는 입장을 취한다.

인간은 생물학적 욕구와 충동의 지배를 받는 부정적인 존재이며, 인간의 행동은 무의식적 동기와 어릴 적 경험으로 결정된다고 주장한다(Freud, 1915). 이러한 프로이트의 인간관이 성립하는 데에는 정신적 결정론과 무의식적 동기라는 두 가지 기본가정을 전제로 하는데 이를 살펴보겠다.

1) 정신적 결정론(psychic determinism)

프로이트에 따르면 아무 원인도 없이 저절로 일어나는 일이란 결코 없다고 말한다. 자연현상과 마찬가지로 인간의 정신현상도 우연히 일어나는 일은 없으며, 반드시 선행사건이라는 원인이 작용한다고 주장한다.

단지, 자신이 모르고 있을 뿐이지 그 어떤 힘이 작용하기 때문에 기쁘고, 슬프고, 괴롭고, 힘든 것을 느끼는 것이라고 언급한다. 이러한 정신적 결정론은 특히, 7세 이전의 성(性)과 관련된 심리적 외상에 의해 나타난다고 말한다.

정신적 결정론의 관점에서 보면 사람이 겪는 심리적인 문제는 그 사람의 정신 내부에 존재하는 어떤 원인이 작용한 결과로 보는 것이 합당하다. 그 사람의 심리 내적 원인이 멈추지 않는 한 심리적 증상은 멈추지 않을 것이며, 그 원인이 멈출 때에야 비로소 심리적 건강을 찾을 수 있다고 말한다.

2) 무의식적 동기(unconscious motivation)

우리는 간혹 '빙산(氷山)의 일각(一角)'이라는 말을 한다. 바다에 떠 있는 빙산 은 전체의 일부분에 지나지 않는다는 것을 언급하고자 할 때 사용한다. 겉으로 보기에는 떠 있는 것이 전부인 것처럼 보이지만 실제로 빙산의 대부분은 수면 아래에 가라앉아 있다.

우리 인간의 눈에는 겉으로 드러난 것만 보이고 속에 감추어진 것은 보이지 않는 것처럼 인간의 마음도 동일하다고 프로이트는 주장한다. 인간의 마음에 있는 것 중 본인이 스스로 알고 있는 부분을 의식이라 하고, 자신의 내부에 존재하지만 이를 깨닫지 못하는 부분을 무의식이라고 주장한다.

2. 주요 개념

1) 의식과 무의식

의식은 어떤 순간에 알거나 느낄 수 있는 모든 경험과 감각을 말한다. 지각을 통해 외부세계와 접촉함과 동시에 꿈·심상·사고 등과 같은 개인의 내적 세계와 접촉한다. 정신분석에서는 이러한 의식을 수면 위에 떠오른 빙산의 일부분에 지나지 않으며 정신의 중심이 아니라고 주장한다.

한편, 전의식은 어느 순간에 있어서는 의식이 되지 않으나 조금만 노력하면 알 수 있는 기억을 의미한다. 지난 일을 돌이켜 생각하면 알 수 있는 것들이 모두 이에 해당한다. 지금의 의식 속에는 없지만 기억과 회상의 노력을 통해 의식으로 상기할 수 있는 정신세계의 일부로 언급한다. 이러한 전의식은 알고 있는 의식과 알지 못하는 무의식을 연결해 주는 통로 역할을 한다고 프로이트는 말한다.

무의식은 정신세계의 가장 깊은 곳에 감추어져 있는 빙산의 아랫부분에 해당한다. 정신세계의 가장 하부에 존재하는 기억하지 못하고, 알지 못하는 영역이다. 프로이트는 이곳이 본능과 충동, 억압된 관념이 잠재되어 있는 곳으로 규정하며, 이러한 무의식이 인간의 정신활동을 주관한다고 주장한다.

2) 성격의 구조

원초아(id)는 세상에 태어날 때부터 가지고 태어나는 생득적인 정신에너지의 근원이다. 이는 전 생애동안 성격의 기초가 되는 요인으로 성욕, 공격성과 같은 충동을 일으키는 정신에너지다. 억압을 무시하고 인내하지 못하며, 즉각적으로 방출하는 등 본능과 쾌락의 원칙에 따라 움직인다.

자아(ego)는 원초아와 다르게 현실원칙에 따라 작동한다. 외부 현실과 초자아의 통제를 고려하여 원초아의 욕구를 충족시키는 정신기제이다. 원초아가 가진 본능적인 욕구와 충동을 사회적으로 용인할 수 있는 조건으로 성숙될 때까지 지연시켜 만족을 얻게 하는 성격의 집행자이다.

반면, 초자아(super-ego)는 현실보다는 이상을, 쾌락보다는 완벽을 추구하며 양심과 자아 이상을 갖고 있다. 초자아의 기능은 사회가 용납하지 않는 원초아의 성적·공격적인 충동을 억제한다. 이상과 완벽을 추구하고 현실적인 목표를 도덕적인 목표로 전환하도록 자아를 설득하는 특성이 있다.

3) 본능과 불안

프로이트는 인간의 본능을 삶의 본능과 죽음의 본능으로 규정한다. 삶의 본능은 생물학적인 삶을 살아가는 힘으로 배고픔과 성적 충동을 의미한다. 죽음의 본능은 인간의 부정적이고, 파괴적인 힘으로 살인과 전쟁, 자살 등을 일으키는 데 영향을 준다.

한편, 불안은 현실적 불안과 신경증적 불안 그리고 도덕적 불안으로 구분한다. 현실적 불안은 위협에 대한 정서적 반응 혹은 외적 환경에서 오는 위협을 지각할 때 나타나는 불안이며, 신경증적 불안은 원초아의 충동이 의식화 될 것이라는 위협으로 생기는 반응이다. 도덕적 불안은 자아가 초자아로부터 위협을 받을 때 나타나는 정서반응으로 자아가 죄책감과 수치감을 경험하고 양심으로부터 위험을 인식할 때 나타난다.

4) 자아의 방어기제

자아가 불안을 합리적인 방법으로 해결하지 못할 때에는 스스로 현실을 부정하거나 왜곡하며, 무의식적으로 불안을 제거하려고 노력하는데 이를 방어기제라고 한다(Freud, 1915).

방어기제는 대체로 다음과 같은 것이 있다.

- 억압의 방어기제는 불안을 야기하는 충동 및 기억을 의식으로 떠오르지 못하도록 억누르는 것을 말한다.
- 투사는 개인이 어떤 사건이나 행동의 결과를 받아들일 수 없을 때 무의식적으로 타인과 환경의 탓으로 돌리는 것을 의미한다.
- 고착은 발달단계의 어느 한 시기에 고정되어 그 이후의 발달이 멈추는 것이다.
- 동일시는 다른 사람의 것을 받아들여 자신의 한 부분으로 합치는 것을 의미한다.
- 승화는 정서적 긴장, 충동을 사회적으로 인정될 수 있는 행동방식으로 바꾸는 것이다. 예를 들어, 폭력 사용보다는 격투기나 권투시합 등을 통해 행동방식을 변화시키는 것이다.
- 반동형성은 불안을 일으키는 성적·공격적 충동, 생각, 감정을 억제하지 않고 의식의 수준에서 그 반대의 태도를 취하는 것을 말한다. '미운 놈 떡 하나 더 준다'는 옛말이 이에 해당한다.
- 내면화는 개인이 어떤 사람이나 대상에 대한 감정을 버리고, 상상된 형태의 신념과 가치관을 내면적으로 자기 것으로 받아들이는 것을 의미한다.
- 퇴행은 생의 초기에 사용했던 생각, 감정, 행동에 의지하여 자기 자신의 불안이나 위협을 해소하려는 방어기제이다.

5) 심리성적 발달단계

프로이트는 심리성적 발달단계를 거쳐 인간의 성격이 형성된다고 주장한다. 심리성적 발달은 구순기, 항문기, 남근기, 잠복기, 생식기 단계로 발달하는데, 이를 도표로 제시하면 다음과 같다.

● 표 2-1 **심리성적 발달단계**

구분	내용
구순기	출생부터 생후 18개월 사이에 해당하며 구순이 쾌락의 주요 원천이 된다. 입으로 빨고, 삼키고, 깨무는 자극을 통해 쾌감을 얻는다.
항문기	생후 18개월에서 3세에 해당하는 시기로 항문이 성적으로 가장 흥분되는 신체 부위가 된다. 배설물을 보유하거나 방출함으로써 쾌감을 얻는다.
남근기	4-5세 사이에 아동의 리비도적 관심이 새로운 성감대인 생식기로 옮겨가는 시기이다. 남아는 오이디푸스 콤플렉스, 여아는 엘렉트라 콤플렉스를 경험한다.
잠복기	6세부터 사춘기까지의 기간으로 성적인 수면상태에 해당하는 시기이다. 이때는 리비도가 무의식 속에 억압되어 잠복상태에 놓여 있어 안정상태를 유지한다.
생식기	사춘기가 되면 생식기관이 발달하고 성(性)호르몬의 분비가 많아지면서 성적 충동을 현실적으로 수행할 신체적·생리적 능력을 갖추는 시기이다.

출처: Freud, 1915.

3. 심리적 문제의 원인

정신분석에서는 인간의 심리적 문제의 원인을 다음과 같이 설명한다.

첫째, 프로이트는 무의식에 억압된 감정과 욕구에서 심리적 문제가 기인한다고 보았다. 의식 중에 있는 위험한 기억과 감정, 생각 등이 억지로 무의식 안으로 들어가고, 이것이 다시 의식 밖으로 나오지 못하도록 억압하는 데서 정신적 문제가 발생한다고 여긴다.

억압은 고통스러운 생각을 누르기 위한 방어기제로 불안을 회피하는 하나의 방식이며, 위협적이거나 고통스러운 감정을 의식하지 못하게 하는 수단이다. 이와 같이 무의식적 충동이 표출되지 못하도록 차단하여 의식할 수 없도록 만들 때 심리적인 문제가 발생한다고 주장한다.

둘째, 정신분석에서는 인간의 마음을 원초아·자아·초자아로 구분하는데, 이들 간의 균형이 깨질 때 심리적 문제가 발생한다는 입장이다. 원초아(id)는 본능적인 욕구를 추구하고 이를 즉각적으로 충족하고자 하며, 쾌락의 원리에 따라 움직인다. 그러나 초자아는 이와 반대로 바람직하고 이상적인 것을 추구한다. 이렇게 원초아와 초자아는 추구하는 것이 상대적이라서 서로 충돌한다.

이때, 자아는 원초아와 초자아의 충돌을 피하고 균형을 유지하기 위해 원초아의 욕구를 고려하면서도 초자아의 압력을 수용하는 방안을 찾아내, 이 둘 간의 갈등을 적절한 수준에서 해결하려고 노력한다. 그러나 이러한 갈등을 중재하는 자아의 힘이 약하거나 부족하면 원초아 또는 초자아로 에너지가 쏠려 심리적 갈등이 일어난다고 주장한다.

셋째, 정신분석은 유아기의 성(性)과 관련된 충격적인 외상이 존재하는 경우에 심리적 문제가 발생한다고 본다. 본래 어린 아이는 약한 존재라서 따뜻한 돌봄과 관심, 애정과 보호가 필요하다. 그러나 방임되거나 버림을 받고, 성적(性的) 외상 등을 경험하면 이후의 삶의 과정에서 심리적 문제가 나타난다고 말한다.

4. 상담의 방법

1) 상담의 목표

정신분석의 일반적인 상담목표는 위기자의 증상과 관련된 무의식을 의식화하고, 성격 구조 중 자아의 기능을 강화하여 현실에서 보다 잘 적응하도록 돕는 것이다. 이를 위해서는 억압된 감정이나 충동을 자유롭게 표현하도록 안내하는 것이 중요하다. 원초아의 충동과 초자아의 압력을 적절히 조절하고 통제하는 자아의 기능을 강화하여 자아가 자신을 주도하도록 조력하는 데 목표를 둔다.

2) 상담의 과정

정신분석의 상담과정은 일반적인 상담과정과 다르지 않다. 위기자의 무의식 속에 억압되어 있는 생각과 감정, 경험을 무의식 밖으로 꺼내어 위기자가 그것을 인식하고, 이해하며, 수용하도록 조력한다.

위기자가 꿈 분석이나 자유연상을 통해 언급한 무의식의 단서를 종합적으로 탐색한 다음, 위기자 스스로 자신의 문제를 이해하는 시점에서 그 의미를 해석한다. 특히, 위기자가 어린 시절 부모와의 관계에서 경험한 감정이 위기상담자에게 전이가 나타나도록 안내한다.

전이가 일어나면 분석을 통해 위기자가 부모와의 관계에서 경험했던 정서적인 갈등이 무엇인지 그리고 그것이 현재 생활에 어떤 영향을 주는지 깨닫는다. 이 과정에서 주의해야 할 것은 위기자가 자신의 문제에 대한 통찰을 얻었다 해도 한순간에 많은 변화가 이루어지는 것이 아니기 때문에 통찰이 지속적이고 반복적으로 일어나도록 훈습을 지속하는 것이 중요하다.

3) 상담의 기법

(1) 자유연상(free association)

자유연상이란 위기자로 하여금 아무리 부끄러운 일이라 하더라도 마음속에 떠오르는 것이면 무엇이든 이야기하도록 함으로써 혼자서는 의식화할 수 없는 개인의 무의식을 의식화하는 방법이다.

먼저, 위기상담자는 위기자를 조용한 상담실의 편한 쇼파에 누워 이야기하도록 안내한다. 위기상담자는 쇼파 옆이나 뒤편에 앉아 위기자와 눈을 마주치지 않은 상태에서 온화하고 따뜻한 태도로 위기자와 이야기를 나눈다.

만약, 상담자와 위기자의 눈이 마주치거나 또는 위기자의 말을 판단 혹은 평가하는 반응을 보이면 위기자는 상담자를 의식해 자유연상이 이루어지지 않을 수도 있으므로 주의한다.

위기상담자는 위기자가 말하는 내용을 해석할 필요가 있을 때나, 위기자의 말이 끊어질 때는 연상의 흐름에 개입하여 말한 내용의 의미에 대해 해석하거나 질문을 한다. 이러한 과정을 통해 위기자는 혼자서 떠올리기 힘든 자신의 무의식적 동기를 이해하고 통찰하는 것이 가능하다.

(2) 전이(transference)의 해석

정신분석 상담과정에서 전이가 나타나지 않으면 정신분석이 아니라고 말할 정도로 전이는 매우 중요한 기술이다. 전이는 위기자가 어릴 때 자신에게 결정적인 영향을 미친 중요한 타인에 대해 가졌던 여러 가지 복잡한 감정을 상담자에게로 옮기는 과정이다.

이러한 과정은 무의식적으로 이루어져 위기자는 이를 잘 의식하지 못한다. 이러한 과정을 통해 위기자는 전이 관계의 참된 의미를 각성함과 동시에 억압된 감정과 갈등을 이해하고, 자신의 과거 경험이 현재 어떻게 작용하는지 통찰이 이루어진다.

(3) 꿈 분석

프로이트는 꿈을 무의식에 이르는 왕도라고 언급한다. 꿈 해석은 현재 꿈의 내용을 자유연상법으로 분석하여 꿈이 나타내는 참된 의미를 알아내는 것이다. 꿈은 잠재적 내용과 현시적 내용의 두 가지 의미를 내포한다. 잠재적 내용은 스스로 알 수 없는 무의식적인 동기로 구성된 것으로 실제 내용이 가장되고 숨겨져 있다. 현시적 내용은 잠재적 내용이 너무 고통스럽고 위협적이라서 무의식적 충동이 용납될 수 있도록 변형되어 나타난다.

(4) 저항(resistance)의 해석

저항은 상담을 거부하고 상담자에게 협조하지 않으려는 위기자의 무의식적인 거부 행동이다. 상담과정에서 위기자가 침묵을 유지한다거나 상담을 방해하고, 심리적 문제가 없다고 상담을 회피하는 행동과 극단적으로 상담 중단을 요구하는 행위 등이 저항에 해당한다.

이러한 저항은 불안으로부터 자아를 방어하기 위해 나타난다. 저항은 무의식에 숨겨진 원초적 충동과 욕구가 의식의 표면으로 올라오려고 할 때, 그 고통을 직면하지 않으려는 태도가 반영되어 나타난다.

위기상담자는 무의식적 내용의 각성을 방해하는 것이 저항이라는 점을 위기자에게 지적할 수 있어야 한다. 위기자가 보이는 가장 뚜렷한 저항에 대해 관심을 갖게 한 다음, 위기자가 이를 수용하도록 따뜻하게 공감하고 배려하며 저항을 해석한다.

제2절 행동주의적 접근

행동주의 이론은 그 역사가 무척 길다. 20세기 초 러시아 생리학자인 파블로프 (Ivan Pavlov)의 개의 소화과정에 대한 실험이 행동주의 탄생에 기여하였다. 파블로프의 연구는 행동주의 선구자로 칭송받는 왓슨(John B. Watson)에게 영향을 주어 인간행동을 이해하는 새로운 길이 열리게 되었다.

손다이크(Edward Thorndike)는 어떤 목표에 도달하기 위한 확실한 방안이 없는 경우, 목표에 도달하기까지 여러 번 실수를 되풀이하다 우연히 그 방법이 학습된다는 '시행착오학습'을 제안하였다. 이후 스키너(Burrhus. F. Skinner)는 실험연구를 통해 행동에 대한 보상이 학습을 가능하게 한다는 '조작적 조건형성' 원리를 제안하였다.

이러한 배경하에 1950년대부터 행동주의가 상담장면에 적극 활용되기 시작하였다. 1960년대에는 반두라(Albert Bandura)가 관찰학습의 개념을 근거로 사회학습이론을 제안하면서 이 흐름에 합류하였다.

이후, 행동주의를 기반으로 한 상담은 급속도로 확장되었고, 이를 실생활에 적용시키는 방법 또한 다양하게 전개되었다. 대표적인 이론가로는 앞서 언급한 학자 외에 Lazarus, Wolpe, Thoresen, Krumboltz 등이 있다. 이들은 모두 자기 나름의 이론과 기법을 개발하여 행동주의 이론이 확장하는 데 기여하였다.

1. 인간에 대한 기본관점

행동주의자들은 초기부터 객관적인 관찰과 측정이 가능한 과학적인 연구에 의해 인간 행동을 설명할 수 있다고 주장하였다. 인간의 행동이 복잡하기는 하나 예측 가능하다고 여긴 것이다.

행동주의의 초기 인간관은 기계론적이고 결정론적이었다. 이후, 인간은 흰 백지와 같이 태어나 어떠한 환경에 처하느냐에 따라 선하게도 혹은 악하게도 된다는 견해를 취하였다. 환경에 대한 중요성을 강조하면서 인간을 환경적이고 유전적인 영향에 전적으로 결정되는 운명론적인 존재, 즉 인간의 행동은 유전과 환경의 상호작용으로 나타나는 결과물로 바라 보았다.

이후, 인간의 자유와 의지적인 선택을 중심으로 한 인간의 능동적인 측면을 강조하기 시작하였으며, 인간 스스로 자신의 행동을 바꿀 수 있고 수정할 수 있다는 인지적인 측면을 받아들이는 변화가 이루어졌다.

2. 주요 개념

행동주의는 당시 지배적이던 정신분석의 관점에서 분리하여 1950년대부터 활동하였다. 1960년대 초기에는 사회의 각 분야에 널리 활용되기 시작하였으며, 그로부터 대략 50여 년간 그 영향력이 크게 지속되었다.

행동주의의 대표적인 이론은 고전적 조건형성이론과 조작적 조건형성이론, 사회학습이론 등이 있는데 이를 살펴보겠다.

1) 고전적 조건형성이론(classical conditioning theory)

러시아의 유명한 생리학자인 파블로프는 1900년대 초, 개의 침샘 일부를 적출하여 개가 먹이를 먹을 때마다 분비되는 침의 양을 측정하는 연구를 시도하였다. 연구가 진행되는 과정에서 개가 먹이를 주는 사람의 발소리를 듣거나, 빈 밥그릇을 볼 때마다 침을 흘린다는 사실을 발견하였는데, 이것이 고전적 조건형성이론이 탄생하는 출발점이 되었다.

개는 사람의 발소리와 그릇이 먹이와 함께 나타난다는 일종의 '연합'이 이루어진다는 사실을 알았다. 침 분비와 아무 상관이 없는 사람의 발소리와 그릇이 먹이와 같은 효과를 제공한다는 사실을 발견하였다. 이후, 파블로프는 먹이를 주기 전 불빛을 비추어 불빛이 먹이와 같은 효과가 있는지도 알아보았는데, 실험 결과는 그가 예상한 대로 나타났다.

최초에는 먹이라는 무조건 자극에 의해 침 분비라는 무조건 반응이 일어난다. 그러나 무조건 자극과 조건 자극(불빛)이 계속 제시되면 조건 자극만으로도 무조건 반응과 동일한 조건 반응을 이끌어내는 것이 가능하다. 이러한 고전적 조건형성이 일어나는 이유는 환경에 대한 적응 때문이라는 사실을 새롭게 발견한 것이다.

한편, 조건 형성된 반응도 무조건 자극이 없이 조건 자극만 계속 제공하게 되면 없어진다는 사실도 발견하였다. 먹이 없이 계속 불빛만 제시되는 경우에는 개가 불빛(CS)에 침을 흘리는 반응이 없어지는 소거(extinction)가 일어난다. 하지만 일정한 기간이 지난 이후에 다시 불빛을 제시하면 소거된 침 분비가 다시 일어나는 자발적 회복(spontaneous recovery)이 이루어진다.

원래의 조건 자극이 아닌 그와 유사한 자극을 주더라도 조건 반응이 일어나게 되는데 이를 자극 일반화라고 설명한다. 실험 개로 하여금 침을 분비하게 만드는 과정을 제시하면 다음과 같다.

● 표 2-2 **고전적 조건형성과정**

구분	내용
1. 무조건 자극 (US: unconditional stimulus)	자동적, 생득적 반응을 유발하는 자극(예: 먹이)
2. 무조건 반응 (UR: unconditional response)	학습되지 않은 자동적, 생득적 반응(예: 먹이에 대한 침 분비)
3. 조건 자극 (CS: conditional stimulus)	무조건 자극과 짝지어진 새로운 반응, 무조건 반응을 유발하는 자극(예: 발소리, 빈 밥그릇, 또는 불빛)
4. 조건 반응 (CR: conditional response)	조건 자극으로 새로 형성된 반응(예: 발소리, 빈 밥그릇, 또는 불빛에 대한 침의 분비)

출처: 심윤기, 2016.

2) 자극-반응결합 이론(S-R association theory)

손다이크는 어떤 자극(S)에 대해 생명체가 보이는 특정 반응(R)의 결합으로 학습이 이루어진다고 주장하였다. 그에 의하면 학습은 많은 시행착오를 거쳐 자극과 반응(S-R)의 결합이 강화되면서 이루어진다고 말한다.

그는 고양이를 활용한 실험을 통해 동물들의 학습이 시행착오 행동으로 일어난다는 사실을 발견하였는데, 손다이크는 이를 시행착오학습이라고 제안하였다. 손다이크는 어떤 만족스러운 결과는 자극과 반응이 강화되지만 불만족스런 결과는 자극과 반응의 결합이 약화된다고 주장하였다.

어떤 반응에 보상이 주어지면 그에 상응하는 자극-반응의 연합이 강화되지만 반응에 보상이 없거나 처벌이 주어지면 그 연합은 약화된다는 원리를 강조하였다. 이러한 손다이크의 자극－반응 결합이론은 이후 Hall에 의하여 자극－반응 강화이론으로 발전하는데 기여하였다.

3) 조작적 조건형성이론(operant conditioning theory)

스키너는 조건반사의 원리에 입각한 학습을 연구하여 발전시킨 행동주의 학자이다. 우리에게 널리 알려진 스키너 상자(skinner box)는 그가 만든 훌륭한 실험 연구용 작품으로 스키너는 몇 가지 장치를 해둔 상자 속에 쥐를 넣고 관찰하였다. 지렛대·전등·먹이 접시를 상자 안에 설치하였는데 쥐가 지렛대를 누를 때에만 먹이가 나오도록 만들었다.

상자 안에 있는 쥐가 갖가지 행동을 하다 우연히 지렛대를 누른 결과 먹이가 나오자, 그 다음에도 같은 행동을 되풀이한다는 사실을 발견하였다. 지렛대를 누르는 횟수는 먹이가 나오는 경우가 그렇지 않은 경우보다 증가되어 나타난다는 사실을 알게 되었다.

스키너는 이러한 현상이 나타나는 이유가 먹이라는 강화물(reinforcement) 때문이라는 사실을 알았다. 그는 강화물로 어떤 행동을 반복되게 할 수 있는데 그것은 사람도 마찬가지라고 설명한다. 유기체의 특정한 반응에 대해 보상이나 벌 등의 강화를 주면 행동 변화가 가능하다고 말한다(Skinner, 1977).

고전적 조건형성이론에서는 행동이 일어나기 전 자극을 줌으로서 행동변화가 일어나는 반면, 스키너의 조작적 조건형성이론에서는 행동이 일어난 후, 강화에 의해 행동변화가 일어난다는 점이 다르다.

고전적 조건형성이론에서는 무조건적 자극(예, 파블로프의 개 실험에서 먹이)이 보상이 되지만, 조작적 조건형성이론에서는 자극에 대한 반응(예, 스키너의 쥐 실험에서 지렛대 누르기)이 이루어질 때 보상이 주어진다는 점도 다르다.

4) 관찰학습이론(observational learning)

반두라의 관찰학습은 타인의 모습을 관찰하는 것만으로도 학습이 이루어진다는 이론이다. 반두라는 자신의 직접 경험에서 강화를 받으면 학습되지만 타인의 행동을 의식적으로 관찰하고 모방하는 대리적 경험을 통해서도 학습된다고 주장하였다. 관찰학습은 모방학습, 대리학습, 모델링의 이름으로 불리기도 한다.

관찰학습은 관찰자가 모델의 사고, 태도, 외현적인 행동을 모방하거나 순응해 이루어지는데, 이러한 관찰학습의 모델은 실제 인물이거나 상징적인 이미지도 가능하다. 상징적인 모델로는 언어 혹은 그림, 정신적 심상, 책이나 TV의 주요 인물, 만화나 영화의 등장인물, 종교적 인물 등이 대표적이다.

이러한 상징적 모델은 실제생활 속의 모델보다 훨씬 더 많이 존재한다. 관찰자가 의도적으로 자기 자신을 모델로 사용할 수도 있는데 이를 자기모델링(self-modeling)이라고 한다. 반두라의 이론은 행동주의적 접근을 취하면서도 학습자의 인지적 기능을 반영하고 있다는 점이 다르다. 즉, 행동주의와 인지주의 이론을 반영한 절충적인 입장을 취하고 있다.

관찰학습은 관찰에서 행동에 이르기까지 4단계 과정으로 이루어진다.

첫 번째 단계는 집중하는 단계로 관찰자의 주의를 끌고 집중하는 과정이 이루어진다.

두 번째 단계는 관찰을 통해 학습된 정보를 기억하는 과정이다. 이 과정은 인지과정으로 학습한 정보가 내적으로 기억되고 강화가 이루어진다.

세 번째 단계는 저장된 기억을 재생하는 작업이 이루어지는 과정이다. 학습한 내용과 관찰자의 행동이 일치하도록 자기 수정이 이루어진다.

네 번째 단계는 학습한 내용을 행동으로 옮기기 전 기대감을 갖는 동기화 과정이 이루어진다. 동기화가 이루어지면 관찰한 행동을 재현한다.

3. 심리적 문제의 원인

행동주의에서는 심리적 문제의 원인을 다음과 같이 설명한다.

첫째, 고전적 조건형성에서는 위기행동이 조건형성으로 학습된다고 말한다. 중성자극이 무조건 자극과 결합하여 조건 자극이 되는 조건형성의 원리가 위기문제를 발생하게 하는 원인이라고 여긴다.

예를 들어, 어느 한 공무원이 조직의 상사로부터 늘 지적과 꾸중을 받아 조직 생활에 대한 불평불만이 있다면, 직장 상사의 지적과 꾸중이 조직에 대한 불평불만을 갖게 한 원인으로 작용한다고 설명한다.

둘째, 조작적 조건형성에서는 위기행동이 강화에 의해 학습된다고 말한다. 잘못된 특정 행동을 한 후에 그 행동이 강화를 받으면 위기문제가 발생하는 원인으로 작용한다.

셋째, 사회학습이론에서는 다른 사람의 위기행동을 보고 그 대상이 어떤 보상을 받는가에 따라 학습이 이루어지는데 이를 모델링이라고 한다. 모델링은 긍정적인 모습뿐만 아니라, 부정적인 모습도 모델링이 이루어지는데, 부적응적인 위기행동이 모델링 되면 결과적으로 위기문제가 발생한다.

4. 상담의 방법

1) 상담목표

행동주의 상담목표는 위기자의 위기행동을 제거하고 바람직한 행동을 강화하는 데 둔다. 잘못 학습되었다고 생각하는 위기행동의 소거와 바람직한 행동을 학습하는 데 도움이 되는 조건을 찾아내거나 이러한 조건을 형성한다.

행동주의 위기상담의 목표는 일반상담과 마찬가지로 분명하고 명확하게 설정되어야 한다. 구체적이면서도 확실하게 목표를 설정하며 측정 가능한 행동 용어로 진술한다. 이를테면, 욱하며 화를 잘 내는 사람인 경우에는 하루에 화를 참는 것을 몇 회로 할 것인지를 구체적인 목표로 서술한다.

여러 개의 상담목표를 설정할 경우에는 한 번에 한 가지 목표에 집중하여 이를 달성한 후, 다음 목표를 위한 행동으로 이어지도록 하는 것이 바람직하다. 그래야 상담자와 위기자가 어떠한 방향으로 상담이 이루어지고, 또한 목표에 얼마나 진전되는지를 명확히 알 수 있다.

상담자와 위기자 두 사람이 합의하여 목표달성을 위한 구체적인 방법과 절차를 적용하고 달성 여부도 평가한다. 위기자가 진정으로 원하는 목표인지, 상담자가 효과적으로 도울 수 있는지도 평가한다. 위기자가 상담과 학습의 결과로 얼마만큼 목표에 도달할 수 있는지도 평가한다.

2) 상담과정

행동주의 상담과정은 이론에 따라 다소 차이가 있다. 다양한 여러 이론을 상담에 적용하는 행동주의적 접근에서는 통일된 하나의 상담과정을 제시하기가 매우 어려운 것이 사실이다. 본 장에서는 일반상담에서 이루어지는 상담과정을 모델로 하여 방법론을 제시하고자 한다.

(1) 신뢰관계 형성

행동주의 위기상담의 첫 단계는 일반상담에서와 같이 상담 초기에 신뢰관계를 형성한다. 위기자와 신뢰감을 형성하고 심적 고통을 없애는 데 역점을 둔다. 위기자의 현재 상태나 심리적 문제를 포함하여 신상에 관한 가벼운 질문을 하며 상담을 시작한다. 상담자는 초기 상담과정에서 자신이 건네는 말 한마디가 상담과정에 지대한 영향을 미친다는 점을 명심하고 절제된 언어를 사용한다.

상담과정에서 범하기 쉬운 잘못은 위기자와의 신뢰관계가 충분히 형성되기도 전에 행동을 바꾸기 위한 상담기술을 적용하려고 시도한다는 점이다. 위기자와 신뢰관계가 형성되었다면 위기문제해결을 위한 상담기술이 필요하겠지만 신뢰관계가 형성되기도 전에 적용하는 것은 바람직하지 않다.

따라서 상담자는 가치판단 없이 위기자를 전적으로 수용하고 이해하는 모습을 통해 위기자가 자신을 신뢰하도록 조력한다. 온정적이고 공감적이며 진실한 모습으로 위기자에게 다가갈 때 신뢰관계 형성은 빠른 시간에 이루어진다.

(2) 위기문제 탐색

상담자와 위기자의 신뢰관계가 형성되면 더욱 깊고 진솔한 대화를 통해 위기행동을 탐색한다. 무엇이 위기문제인지 규명하는 데 역점을 둔다. 위기문제행동의 탐색은 호소하는 문제유형과 상담접근 방법에 따라 달라진다.

간혹, 무엇이 위기문제인지 파악하기 힘든 경우가 발생하기도 한다. 이러한 경우에 상담자는 위기자 스스로 자신의 위기문제를 확실히 이해하도록 여러 상담기술을 적용하는데 주력한다.

위기자의 신념을 구체적인 행동으로 보일 수 있도록 안내하고, 상세한 질문을 통해 핵심문제 중심으로 상담을 진행한다. 위기자의 문제행동을 파악하는 것은 무척 중요한 과제이다. 현재 위기자의 반응 수준이나 문제행동과 관련된 증상을 상담장면에서 관찰 가능한 현재 상태를 통해 심층깊게 파악한다.

(3) 행동 실천

위기문제와 관련된 행동실천은 상담자와 위기자가 함께 협의하고 논의하여 결정한다. 상담 초기에 세운 상담목표를 달성하기 위해 위기자의 구체적인 행동실천을 어떻게 할 것인가에 대한 행동계획을 수립한다. 이 단계에서 중요한 것은 위기자가 변화되고 싶어 하는 구체적인 행동을 고려하여 조력해야 한다.

조력방법으로는 무슨 일이 있어도 바람직하지 않은 행동은 절대 하지 않도록 하고, 바람직한 행동은 더 확장되도록 강화한다. 자신의 행동을 스스로 통제하고 지도할 수 있도록 안내하는데, 이러한 조력 방법은 WDEP기법을 활용하는 것이 효과적이다.

WDEP기법은 위기자가 바라는 것이 무엇인지 탐색하고(Want), 그것을 위해 현재 무엇을 해왔는지(Doing), 그 행동이 어느 정도 가치가 있는지를 평가하고 (Evaluation), 더 나은 삶을 위한 계획을 세우는 과정(Plan)으로 이루어지는 현실치료기법이다.

(4) 상담결과 평가 및 종결

상담결과 평가는 상담을 얼마나 잘 진행했는지, 상담기술을 얼마나 효과적으로 적용하였는지, 상담목표는 어느 수준으로 달성되었는지를 평가하는 과정이다. 상담종결은 목표행동에 대한 최종평가가 이루어진 후 실시한다.

추가적인 상담이 필요한지에 대한 탐색과 그동안 이루어진 상담내용을 정리하고 요약하는 과업도 이루어진다. 위기자가 도출한 문제해결 방안을 격려하고 지지하며, 위기자에게 믿음과 희망을 주는 과제를 이행한 후, 상담을 종결한다.

3) 상담기법

행동주의 상담기법은 다양하다. 주로 사용하는 기법은 학습의 기본원리를 적용하여 인간의 행동을 바람직한 방향으로 수정하는 방법과 이들을 응용한 방법이 있다. 기본원리를 그대로 적용한 기술은 바람직한 행동의 강화, 부적절한 행동의 소거, 학습된 행동의 일반화, 자극에 따라 반응을 달리하는 변별학습, 행동조형 등이 있다.

행동주의 원리를 좀 더 확장한 응용기법으로는 다음과 같은 기술을 적용한다.

(1) 정서심상법

정서심상법은 상호제지를 변형한 방법으로 위기자의 불안과 두려움을 제거하는 데 도움을 주는 기술이다. 어느 주어진 장면에서 느끼는 공포와 두려움을 차단하기 위해 사랑, 긍지, 애정 그리고 환희와 같은 긍정적인 느낌이 일어나도록 안내한다.

(2) 체계적 둔감법

행동주의 상담에서 널리 활용되는 기법으로 불안이나 공포로 인해 야기된 부적응 행동이나 회피행동을 수정하는 효과적인 방법이다. 이 기법은 불안을 일으키는 자극을 행동적으로 분석한 후, 불안을 유발하는 상황에 대한 위계목록을 작성한 다음, 이완훈련을 실시하고 불안을 유발하는 상황을 상상을 통해 제거한다.

(3) 내파방법

불안을 일으키는 무시무시한 결과를 아주 생생하게 상상하도록 함으로써 불안을 극복하는 방법이다. 이 기술은 어떤 장면과 관련된 결과에 대한 불안을 최대로 노출하여 경험하도록 함으로써 오히려 역설적으로 불안을 낮추는 노출기술이다.

(4) 심적포화

심적포화는 정적강화를 주는 자극이다. 이 기술은 자극을 끊임없이 계속적으로 주면 포화상태에 이르게 되어 효과가 감소하는 원리를 기반으로 한다. 정적강화 자극으로서의 기능이 상실되면 오히려 그 반대의 효과가 나타나는 점을 이용하는 방법이다.

(5) 행동계약

두 사람 혹은 그 이상의 사람이 정해진 기간 내에 각자의 행동을 분명하게 정해 놓은 후, 그 내용을 서로가 지키기로 약속한다. 주로 상담자와 위기자 간 또는 상담자와 위기자의 부모 간 계약이 이루어진다.

(6) 자기지시

불안이나 위기행동에 대해 불안을 줄이거나 적응적 행동을 하도록 자기 자신에게 스스로 명령을 하거나 스스로에게 지시하는 기술이다. 자기지시는 정서적 안정을 위한 근육이완을 하는 지시, 비합리적 생각을 합리적 생각으로 바꾸는 지시, 구체적이고 명확한 행동을 하는 지시 등 다양하게 적용할 수 있는 이점이 있다.

제3절 인간중심적 접근

인간중심상담이론은 1940년대 로저스(Rogers, C. R)에 의해 창시되었다. 이 이론은 처음에 비지시적 상담으로 지칭하였으나 이론의 발전과정에서 내담자중심 상담으로 명칭을 바꾸었고, 최종적으로는 인간중심 상담으로 변경하였다. 이 이론은 구체적인 문제해결보다 내담자에 대한 상담자의 태도를 중시한다.

인간중심상담이론은 독특한 인간관에 기초한다. 인간은 정신분석에서 주장하는 것처럼 자신도 인식하지 못하는 무의식에 지배되는 그런 비관적인 인간이 아님을 강조한다. 자기를 성장시킬 수 있는 기본적인 동기와 능력을 갖고 태어나는 긍정적인 존재가 바로 인간이라고 말한다(심윤기 외, 2022).

다만, 삶을 살아가는 과정에서 그러한 능력이 가려지는 것일 뿐이라고 말한다. 인간은 과거에 얽매인 부정적인 존재가 아니라, 밝은 미래를 향해 노력하는 긍정적인 존재라고 언급한다. 인간은 자신의 가능성과 잠재력을 지속적으로 발견하고 실현하는 긍정적인 존재로써 그 무엇이든 성취하고 이룰 수 있는 가능성이 있는 존재로 규정한다.

1. 인간에 대한 기본관점

인간중심상담이론은 실존주의 철학으로부터 출발한다. 인간중심의 근간이 되는 인본주의 심리학은 실존주의에서 강조하는 '성장'이라는 개념을 바탕으로 한다. 인간은 항상 무엇인가 더 나은 존재가 되려고 노력하는 성장지향적인 존재라는 철학적 전제하에 인간을 이해한다.

로저스는 인간을 자기 스스로 자신을 발전시키는 존재이자, 성장하는 방향으로 자신의 능력을 발휘하는 존재로 규정한다(Rogers, 1951). 인간은 계속적으로 성장하려고 노력하는 성장지향적인 존재일 뿐만 아니라, 누구나 건강하고 창조적인 성장을 위한 무한한 잠재력을 가진 존재라고 주장한다.

창가에 놓아둔 감자가 적절한 빛과 수분 등 최소한의 성장 조건만 갖추어지면 아무도 돌보지 않아도 스스로 싹을 내고 자라듯, 인간도 적절한 환경만 제공되면 자신이 지닌 잠재력 발휘가 가능하고 창조적인 성장을 이룰 수 있다고 말한다.

인간의 본성 안에는 스스로 자기이해와 자기지향적인 성향이 내재되어 있어 자신의 삶과 미래 창조가 가능하다고 주장한다. 인간은 자신의 인생목표와 행동방향을 스스로 결정하고, 그 결정에 따르는 책임을 수용하는 능동적이고 자유로운 존재라고도 언급한다. 인간은 현실적이고 합리적인 존재라서 보다 자유로워질 때 더욱 선천적인 자아실현의 경향성이 강해진다고 로저스는 말한다.

자기실현을 적극 실천하는 사람은 건강한 사람으로 언급하며, 자신의 잠재력을 인식하고 자신에 대한 충분한 이해와 경험을 풍부하게 하는 방향으로 나아가는 사람은 충분히 기능하는 사람(fully functioning person)으로 규정한다.

2. 주요 개념

1) 현상학적 장(phenomenal field)

현상학적 장은 개인의 주관적인 경험의 세계를 말한다. 특정한 순간에 개인이 지각하고 경험하는 모든 것을 의미한다. 로저스는 이를 가리켜 동일한 현상이라도 개인에 따라 지각하는 것과 느끼고 경험하는 것이 다르므로 계속적으로 변화하는 경험 세계의 중심은 개인이라고 말한다.

현상학적 장은 개인적 현실(individual reality)의 장이다. 개인이 의식적으로 지각하는 것과 지각하지 못하는 것 모두 현상학적 장 안에 있다. 개인은 객관적 현실보다는 자신의 현상학적 장에 입각해서 살아가기에 이 세상은 오직 현상학적 장만 존재한다고 주장한다(Rogers, 1951).

인간은 환경 자극에만 반응하는 그런 단순한 존재가 아닌 전체적으로 조직화된 시스템에 따라 행동하는 체계적인 존재라고도 말한다. 이처럼 로저스는 인간행동에 대한 현상학적 관점과 전체론적 입장에서 인간을 규정한다.

2) 유기체(organism)

유기체의 사전적 의미는 물질이 유기적으로 구성되어 생활 기능을 수행하는 조직체로 설명한다. 유기체는 많은 하위 부분이 한 가지 목적 아래 통합되어 전체가 서로 유기적인 관계를 유지하며, 스스로 호흡하고 배설하는 생물이다. 로저스는 인간이 이러한 유기체와 같이 체계적으로 기능하는 존재로 보았다.

인간이라는 유기체는 한 개인의 생각, 행동 및 신체적 존재 모두를 포함하는 전체로서의 개인을 의미한다. 유기체는 그 자체 내의 어떤 한 부분의 변화가 있더라도 다른 부분의 변화를 유발하는 특성이 있어 모든 경험의 소재지로 간주한다.

유기체는 현재 순간에 느끼는 경험의 세계에 살면서 그 경험의 세계를 바탕으로 행동하며, 언제나 전체적인 구조로 된 시스템으로 움직인다. 각 개인에게 주어진 순간순간을 의식적이든 무의식적이든 총체적으로 알아채고 느낀다.

3) 자기개념(self concept)

자기(self)는 로저스 이론의 핵심 개념이다. 자기 혹은 자기개념은 개인의 현상학적인 장이 분화된 한 부분으로 개인이 자신의 존재를 스스로 인식하는 것을 의미한다. 즉, 현재 자신이 어떤 존재인지에 대해서 개인이 갖는 관념으로 자기 자신에 대한 자기 상(self image)을 말한다.

인간은 처음에는 나와 내가 아닌 것을 잘 구분하지 못하다가 차츰 이 두 가지의 차이를 구별하면서 자기개념을 형성한다. 현상학적 장을 구분하는 과정, 즉 어떤 것이 나의 것이고, 어떤 것이 나의 것이 아닌지를 구분하는 과정에서 자기를 형성한다. 이렇게 형성된 자기는 스스로에 대한 인식으로 성격 구조의 중심으로 자리매김 한다.

로저스는 자기개념을 크게 현실적 자기(real self)와 이상적 자기(ideal self)로 구분하여 설명하고 있다. 현실적 자기는 현재 자신의 모습에 대한 인식이며, 이상적 자기는 한 개인이 가장 높은 가치를 부여하는 자기개념, 즉 자신이 스스로에게 바라는 이상적인 모습을 의미한다.

인간은 현실적 자기와 이상적 자기개념이 서로 불일치할 때 불안을 경험한다고 로저스는 말한다. 불일치가 심한 경우에는 병리적인 성격으로 이어진다. 하지만 이 두 가지의 자기개념이 일치할 때는 적응적이고 건강한 성격을 형성한다고 주장한다.

4) 자기실현 경향성(self actualization)

자기실현 경향성은 모든 유기체가 가진 특성으로 세상에 태어날 때 갖고 태어난다. 인간은 다양한 욕구를 가진 존재지만 그 욕구는 모두 자신을 유지하고 자기를 향상시키며, 자기를 실현시키는 목적성을 지니고 있다.

인간이 살아가면서 고통을 겪는다 할지라도 성장하려는 지향성이 있어 극복이 가능하다. 현실 지각이 왜곡되어 있거나 자아분화 수준이 낮은 경우에는 성장지향적인 성향보다 퇴행적인 성향이 더 높게 나타난다. 하지만 로저스는 모든 인간이 퇴행적인 성향을 갖고 있으나 그보다는 성장지향적인 성향이 더 강해 모든 인간은 결국 성장을 향해 나아간다고 주장한다.

설령, 어떤 한 사람이 부적응을 겪는다고 하더라도 그것은 적응력이 부족해서가 아니라, 자신의 잠재력을 발견하지 못하고 실현하지 못해서 나타나는 현상으로 여긴다. 이러한 이유로 이 이론에서는 전문적인 기법을 동원해 위기문제를 해결하려고 노력하기보다는 위기자 스스로 자신의 문제를 이해하고 해결하도록 촉진하는 역할에 집중한다.

5) 지금-여기

로저스는 지금—여기에서 사람이 어떻게 생각하고 느끼고 있느냐가 행동을 결정하는 유일한 요소라고 말한다. 인간 존재의 의미는 '거기—그때'에 있는 것이 아니라 '지금—여기'에 있다고 말한다. 현재의 자기 속에서 참된 가치를 발견하는 것이 의미 있는 것이지, 이미 지나간 과거는 중요하지 않다고 말한다.

설령, 어제와 그제 실수를 했다 하더라도 오늘 이 자리에 앉아 있는 나 자신이 바로 현재의 나를 결정짓는 기준이다. 현재의 자기 속에서 발견하는 가치가 실현 경향성과 일치할 때 인간의 발전과 성장이 가능하다고 주장한다.

3. 심리적 문제의 원인

인간중심상담에서는 심리적 문제의 원인을 다음과 같이 설명하고 있다.

첫째, 인간이 유기체의 경험을 정확하게 지각하지 못하면 심리적 문제가 발생한다. 인간은 이 세상에 태어나 성장하면서 사회화되기 때문에 자신의 욕구와 감정이 기대하는 유기체의 경험을 무시하며 살아간다.

자신의 생각과 감정을 신뢰하지 못하고, 자신 내부의 목소리에 귀를 기울이지 않을 뿐만 아니라, 내적 감각의 민감성마저 잃어버리는 등 유기체의 경험을 지각하지 못하면 심리적 문제가 발생한다.

둘째, 인간은 자신의 가치를 높게 지각하는 이상적 자기와 사회적 현실에 입각해 지각하는 현실적 자기를 자기개념의 틀 안에 저장하고 있다. 심리적 문제는 이러한 이상적 자기와 현실적 자기의 부조화 때문에 발생하며, 심리적 불안 역시도 이러한 자기개념의 부조화 때문에 발생한다.

🌑 그림 2-1 **자기의 관계(출처: 심윤기 외, 2022)**

출처: 심윤기 외, 2022.

셋째, 로저스는 유기체가 한 가지의 뚜렷한 경향성, 즉 자아를 실현하고 유지하며 증진하는 경향성을 가지고 태어난다고 주장한다. 그래서 힘들고 어렵더라도 누구나 성장을 위해 노력하며, 그 과정에서 자신의 성장경험이 가치 있는 것이라는 것을 본능적으로 알게 된다고 말한다.

이러한 인간의 본능적인 실현경향성은 성장과정에서 환경과의 상호작용을 통해 '자기'라는 구조를 형성한다. 일단 '자기' 구조를 형성하면 그에 일치하는 행동방식을 선택하고, 그에 일치하는 경험을 자신의 것으로 받아들인다. 그러나 '자기개념'과 일치하지 않는 경험은 부정하게 되는데, 그것이 누적되면 심리적 문제를 일으킨다(김동일 외, 2014).

4. 상담의 방법

1) 상담목표

인간은 누구나 자기 본연의 모습으로 살아가기를 희망한다. 하지만 살아가는 과정에서 자신의 진정한 모습을 숨기고 거짓과 가식적인 모습으로 꾸미고 살아가기도 한다. 이러한 사람에게 가면이 아닌 거울을 비추어 참된 자아를 찾아가도록 도와주는 것이 인간중심상담의 목표다.

상담목표 달성을 위해서는 우선, 내면화된 자신의 부정적인 모습과 가면을 벗는다. 부정적인 생각과 그에 따른 왜곡되고 변형된 자기개념을 변화시켜야 한다. 이를 위해서는 현실의 장에서 이루어지는 모든 경험을 불안 없이 자신의 것으로 받아들일 수 있어야 한다.

그래야 지금－여기에서 진행되는 모든 경험을 왜곡 없이 수용하여 자신이 성장하는 기회의 장으로 삼는 것이 가능하며, 그 결과 그동안 보지 못했던 자신의 참된 모습을 발견할 수 있다.

2) 상담과정

인간중심상담은 어떠한 틀 안에서 개인을 평가하고 삶의 방향을 제시하지 않는다. 상담이 이루어지는 과정은 개인마다 독특하고 역동적이지만 절차와 순서는 일반상담과 별반 다르지 않다. 식물이 자라나는 과정을 공식화하여 일정한 상태를 가정하듯, 상담에서 변화를 촉진하기 위해서는 무조건적 긍정적 존중과 공감적 이해, 진실성 등을 기본조건으로 한다.

(1) 수용 및 촉진

수용 및 촉진은 상담자가 위기자의 부정적인 감정을 수용하는 것을 의미한다. 상담자는 위기자의 부정적인 감정의 원인에 대해 해석하거나 논의하지 않는다. 단지, 그러한 감정을 공감하고 수용하며 의사를 말로 명확히 전달한다. 즉, 위기자의 감정을 하나의 사실로서 수용하고 그 표현을 분명히 한다.

위기자의 부정적인 표현을 비난하지 않고 적극 수용하면 역설적이게도 현실생활에 대한 기대와 희망의 표현이 따라온다. 부정적인 모습과 긍정적인 표현, 공격적인 태도와 수용적인 모습, 소극적인 자세와 자신감 있는 모습 등 상대적으로 다른 양쪽 모두를 수용해 가면서 진정한 자신의 참 모습을 발견한다.

상담자는 위기자가 지닌 자신의 부정적인 감정을 회피하지 않아야 하고 긍정적인 감정을 과대평가하지도 않아야 한다. 자기 자신의 깊은 이해와 통찰로 성격통합을 이루어가도록 촉진적인 역할을 충실히 수행하는데 주력한다.

(2) 통찰 및 성장

통찰 및 성장은 위기자가 경험하는 두려운 감정을 받아들이고 앞으로 나아갈 수 있는 용기를 촉진하는 과정이다. 강요하거나 비난 혹은 조언하지 않으면 비록 강도는 약하지만 차츰 위기자의 행동이 긍정적이고 적극적으로 변화한다.

불안하고 위축된 모습에서 벗어나고자 하는 능동적인 모습도 나타난다. 이러한 과정이 지속되면 자신의 참 모습을 깊이 발견하고, 이를 폭넓게 수용하는 등 보다 긍정적이고 바람직한 행동을 보인다.

위기자의 통찰은 새로운 각도에서 자신을 이해하고 수용하는 기반으로 작용하여 긍정적인 모습으로 변화하는 데 기여한다. 지금까지 자기개념에 맞추기 위해 여러 가지 현실을 왜곡하거나 부정했던 자신의 감정, 사고, 욕구 등을 이해하고 받아들이며, 그것들의 참된 의미를 새롭게 깨닫는다.

자신의 성격특성과 관련된 현상을 부정하고 왜곡해 왔던 여러 가지 사고와 감정, 충동까지도 부정하거나 비난하지 않고, 긍정적이고 가치가 있다는 것을 인식한다(천성문 등, 2010). 이렇게 어느 한 부분에 통찰이 이루어지면 그 통찰에 의해 또다시 새로운 부분의 통찰이 이루어진다.

(3) 상담종결

위기자의 완전한 자기이해와 충분히 기능하는 사람이 되도록 조력하는 마지막 상담과정이다. 부적응의 모습에서 적응 및 성장의 모습으로 이어지도록 촉진하고, 자기 자신과 타인에 대한 이해를 확장하는 데 주력한다.

지금-여기에서의 두려움이 사라지고 자신에 대해서도 존중하는 마음이 생성되며, 심리적 문제와 갈등, 혼란 등을 위기자 스스로 이겨낼 수 있다는 자신감과 확신을 가지면 상담을 종결한다.

3) 상담기법

로저스는 위기자의 긍정적인 변화를 이루는 필요충분조건으로 다음과 같은 세 가지의 상담자 태도를 제안한다. 위기자의 심리적 문제해결과 인간적 성장을 위해서는 상담자의 진실성, 무조건적 긍정적 존중, 공감적 이해가 중요하다고 강조한다. 상담자가 위기자와의 관계에서 이러한 세 가지의 태도를 일관성 있게 유지해 나갈 때 긍정적인 변화가 일어난다고 여긴다.

(1) 진실성(genuineness)

진실성은 상담자가 위기자를 대함에 있어 가식이나 왜곡 그리고 신분의 구분 없이 인간 대 인간으로 솔직하게 대하는 것이다. 상담자는 위기자의 심리적 문제를 해결하고 성장을 조력하기 위해 반드시 진실성을 갖춘 사람이어야 한다. 이러한 진실성은 위기자의 감정과 반응을 정확히 지각하도록 촉진한다.

상담자가 진실한 모습을 보일 때 위기자는 그 모습을 통해 자신이 누구인지 이해하려고 노력한다. 긍정적이든 부정적이든 상담자 자신의 행동이나 감정에 솔직해야 위기자는 부정적 감정을 숨기지 않고 표현하며 적극적으로 자기를 개방한다. 모르면 모른다 하고, 이해할 수 없으면 이해되지 않는다고 상담자는 솔직히 말할 수 있어야 한다.

(2) 무조건적 긍정적 존중(unconditional positive regard)

무조건적 긍정적 존중은 상담자가 위기자를 평가하거나 비난 혹은 판단하지 않고, 위기자의 감정이나 행동 특성을 그대로 수용하며 소중히 여기는 태도다. 위기자의 변화를 가져오기 위한 무조건적 존중의 세 가지 의미는 다음과 같다.

- **무조건인 의미다**

무조건적으로 존중한다는 것은 쉬운 일이 아니다. 무조건적인 의미는 위기자의 부정 왜곡까지 수용하고 위기자의 행동을 아무런 조건 없이 바라보는 것이다. 상담자의 무조건적인 태도는 위기자로 하여금 자기를 탐색하고, 자신의 감정이나 경험 등을 자유롭게 표현하도록 촉진한다.

- **따뜻함의 의미다**

따뜻함의 의미는 위기자로 하여금 편안함을 갖고 마음의 안식처를 찾은 것 같은 느낌을 갖도록 하는 것이다. 상담자의 언어나 시선, 태도나 행동에서 느껴지는 따뜻함은 위기자와의 신뢰관계형성을 돕고 위기자의 자기탐색을 촉진하는 데 기여한다.

- **비소유의 의미다**

소유의 관계는 상대방을 하나의 살아 있는 인격체로 대하지 않는 것을 말한다. 그러나 비소유는 자신이 소중한 것처럼 다른 사람도 동일한 가치와 대우를 받을 만한 하나의 독립된 인격체로 인정한다는 것을 의미한다. 위기자는 상담자로부터 존중받지 못하고, 제대로 된 대우를 받지 못하고 있다고 느끼면 그 순간부터 마음의 문을 닫고 상담을 회피한다.

(3) 공감적 이해(empathic understanding)

공감은 인지적 공감과 정서적 공감 등 두 가지가 있는데, 상담자가 위기자의 감정에 빠져들지 않으면서 위기자의 감정을 자신의 것처럼 느끼는 것이다. 위기자의 눈으로 보는 것처럼 보고, 위기자의 귀로 듣는 것처럼 듣고, 위기자의 코로 냄새를 맡는 것처럼 하는 것을 의미한다.

공감적 이해는 상담자가 위기자의 내면 세계를 정확히 감정이입의 태도로 경험하는 것이다. 위기자가 느끼는 아픔과 슬픔, 두려움, 우울, 공포, 분노 등의 감정을 정확히 이해하여 다시 위기자에게 되돌려 주는 것을 말한다.

주의할 사항은 상담자의 주관적인 생각이나 판단이 개입되지 말아야 한다는 점이다. 위기자의 내면에 자리하고 있는 생각이나 감정을 있는 그대로 받아들이고 이해할 때, 위기자는 진정으로 자신이 수용 받고 있다는 사실을 깨닫고 상담에 적극 참여한다.

제4절 인지치료의 접근

인지치료이론은 1950년대 미국에서 태동하였다. 이론의 개념적인 기초가 튼튼하고 치료적 절차도 정교하게 이루어져 여러 방면에서 활용되고 있다. 인지치료이론은 개인이 현재 보이는 문제증상의 원인이 어떤 특정한 사건 때문이 아니라, 그 사건을 바라보는 개인의 사고와 신념체계에서 비롯된다는 입장이다.

상담과정은 내담자의 역기능적이고 비합리적인 신념에 대한 논박을 통해 합리적인 신념으로 변화되도록 하는 데 초점을 둔다. 내담자의 인지적 사고의 틀이나 내용을 재구성함으로써 우울이나 불안과 같은 정서적 문제를 해결하는 데 주력한다(심윤기 외, 2021).

본 절에서는 인지치료이론을 대표하는 엘리스(Ellis)의 인지·정서·행동치료와 벡(Beck)의 인지치료를 중심으로 살펴보겠다.

1. 인지·정서·행동치료

인지치료이론 중 가장 널리 활용되는 이론은 1950년대 엘리스에 의해 창안된 인지·정서·행동치료이다. 이 이론은 개인의 신념체계를 바꿈으로써 행동의 변화를 가져오게 한다는 내용으로 심리적 문제를 야기하는 비합리적인 신념을 합리적 신념으로 변화시키는 과정을 중시한다.

인지·정서·행동치료 이론은 처음에 인지적 치료(Rational Therapy: RT)라는 이름으로 출발하였다. 이후, 인지정서치료(Rational Emotive Therapy: RET) 이름으로 사용되다가, 1993년에 행동주의 원리를 이론에 포함시키면서 인지·정서·행동치료(Rational Emotive Behavioral Therapy: REBT)라는 이름으로 바뀌었다.

1) 인간에 대한 기본관점

엘리스가 바라본 인간은 선하기도 하고 악하기도 하다는 중립적인 견해를 취한다. 합리적·논리적인 가능성과 비합리적·비논리적인 가능성을 동시에 갖고 태어나는 존재로 규정한다. 인간은 가치를 보존하고 행복을 누리며, 사고하고 사랑하며, 다른 사람과 친밀감을 맺을 뿐만 아니라, 스스로 성장하고 자아를 실현하는 경향성을 가진 존재라고 말한다.

인간은 스스로를 파괴하고 실수를 반복하며 일을 미루고, 미신 세계에 빠져들기도 하며, 참을성이 없고, 완벽을 추구하고, 자기 자신을 비난하는 존재다(Ellis, 1987). 외부의 어떤 조건에 의해서가 아니라 자기 스스로 정서적 혼란을 일으키는 존재다. 정서적 혼란을 가져오는 신념을 스스로 만들고, 그 신념에 따라 스스로가 정서적 혼란을 경험한다. 인간은 사실을 왜곡하고 정서적 혼란을 일으키는 선천적인 경향성을 가진 존재다.

인간은 생각하고, 느끼고, 행동하는데 이 세 가지가 서로 영향을 주고받으며 총체적으로 기능하는 존재로 규정한다. 아울러 인간은 자신의 사고와 정서 및 행동을 바꿀 수 있는 능력도 동시에 지닌 존재라고 말한다.

2) 주요 개념

엘리스는 인간을 이루는 세 가지의 핵심 영역인 인지·정서·행동이 서로 상호작용하는 과정에서 인지가 주축이 되어 정서와 행동에 영향을 준다고 말한다. 인지는 정신건강과 부적응에 대한 중요한 역할을 담당한다. 부적응 행동은 인간이 비합리적 신념을 갖고 상황에 접근하여 발생하는 것이므로 치료 방향 역시 왜곡된 인지를 변화시키는 것으로부터 출발해야 한다는 입장이다.

인지·정서·행동치료 이론에서 주장하는 기본 원리는 대체로 다음과 같은 여섯 가지가 있다(박경애, 2004).

첫째, 인지이다. 인지는 인간 정서의 가장 중요한 핵심 요소로 '우리는 생각한대로 행동한다.'는 말로 함축이 가능하다. 어떤 외부적 사건이나 타인이 우리 기분을 좋게 하거나 나쁘게 만드는 것이 아니라, 우리 스스로가 그렇게 만든다.

둘째, 역기능적 사고다. 이는 정서 장애의 중요한 결정요인에 해당한다. 역기능적 정서나 정신 병리의 많은 부분은 역기능적 사고에서 비롯되어 나타난다. 이러한 역기능적 사고는 과장, 과잉 일반화, 잘못된 추론 그리고 절대적인 관념 등이 존재한다.

셋째, 인간은 생각하는 존재라서 인간의 사고와 신념체계의 분석부터 시작되어야 한다. 만약, 우리가 지닌 고통이 불합리한 신념의 산물이라면 그 고통을 가장 잘 해결하는 길은 신념을 변화시키는 일이다.

넷째, 비합리적 사고와 정신 병리를 유도하는 원인은 유전적이고 환경적인 영향을 포함하는 다중요소가 영향을 미친다. 인간은 선천적으로 불합리하게 생각하는 경향성을 갖고 태어난다.

다섯째, 인지·정서·행동치료는 과거보다 현재에 초점을 둔다.

여섯째, 신념은 변화한다. 불합리한 신념은 쉽게 변화되지 않지만 적극적이고 지속적인 노력을 통해 변화가 가능하다.

3) 상담의 방법

(1) 상담목표

상담목표는 위기자의 비합리적 신념을 합리적 신념으로 바꾸는 것이다. 상담자는 위기자가 합리적 사고를 통해 긍정 정서를 느끼도록 조력한다. 위기심리의 문제가 되는 주된 원인인 위기자의 신념이나 가치관을 새롭게 정립하여 문제 증상의 근원을 없애는 데 초점을 둔다. 인지·정서·행동치료의 궁극적인 상담목표는 위기자의 비합리적인 신념을 합리적 신념으로 변화시키는 것에 있다.

(2) 상담과정

인지·정서·행동치료의 상담과정은 대부분 ABCDE 모형으로 설명한다. ABCDE 모형에서 A(activating event)는 위기자의 불안 정서를 유발시킨 어떤 위기사건이나 현상을 말한다. B(belief system)는 어떤 위기사건이나 현상 등과 같은 환경적 자극에 대해 각 개인이 갖는 신념체계이다.

C(consequence)는 A에 따른 정서적·행동적 결과다. 이 결과는 긍정 혹은 부정적일 수 있다. 극한 우울과 슬픔, 두려움과 같은 정서적 반응(C)은 어떤 사건의

발생(A) 그 자체에 의한 것이 아니라, 그 사건에 대해 개인이 갖는 신념체계(B)에서 비롯된다.

D(dispute)는 논박이다. D는 비현실적이고 자기 파괴적인 가설을 논리적으로 논박해서 포기하도록 만드는 핵심 요인이다. 이러한 논박이 성공하면 위기자의 문제행동이 E(effect)의 긍정적인 효과로 나타난다.

이렇게 ABCDE 모형은 인간의 정서적 반응이나 위기문제 행동을 일으키는 비합리적 신념을 어떻게 바꾸어야 하는지 그 방법을 위기자에게 제시한다. ABCDE 모형을 그림으로 설명하면 다음과 같다.

◉ 그림 2-2 ABCDE 모형

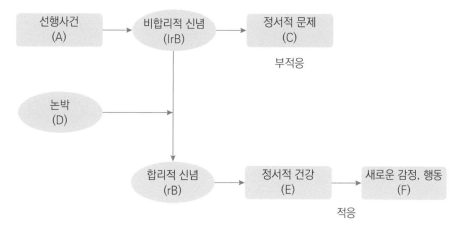

출처: 심윤기 외, 2023.

(3) 상담기법

인지·정서·행동치료는 인지적 기법과 정서적 기법, 행동적 기법 등이 있는데, 이를 활용하는 측면에서는 통합적 입장을 취하는 것이 바람직하다. 이러한 기법을 적용하는 방법론을 살펴보겠다.

첫째, 인지적 기법이다.

위기자가 생각하는 방식에 심리적 변화가 일어날 때 정서와 행동 모두에 긍정적인 효과가 나타나도록 하는 기술이다. 이러한 인지적 기법은 비합리적 생각을 합리적이고 긍정적인 생각으로 바꾸도록 하는 데 목적을 두기 때문에 논박과정은 치료의 중요한 역할을 한다.

논박은 주로 교육적인 방식과 소크라테스 방식으로 진행한다. 소크라테스 방식은 계속되는 질문에 답하면서 위기자 자신의 생각과 감정, 행동이 어디서 어떻게 왔는지 깨닫도록 하는 방법이다.

소크라테스 방식의 논박은 다음과 같은 네 가지의 유형이 있다(박경애, 2004).

① 기능적 논박

위기자가 지닌 신념, 행동, 정서가 추구하는 목표를 성취하는 데 얼마나 도움이 되는가를 평가하는 논박이다. 기능적 논박의 최종상태는 자신의 신념이 원하는 목표달성에 방해되고 있다는 점을 깨닫도록 한다.

② 경험적 논박

이 방법은 신념의 사실적인 근거를 평가하는 논박이다. 경험적 논박을 통해 위기자는 근거 없는 믿음, 전혀 말도 되지 않는 신념 등을 자신이 그동안 고집하여 왔다는 점을 깨닫도록 한다.

③ 논리적 논박

위기자의 비합리적인 신념이 자리하는 비논리적인 추론에 의문을 제기하는 논박이다.

④ 철학적 논박

바로 앞의 당면 문제에만 몰두하고 있어 다른 부분을 보지 못하는 경우를 비롯해, 자신의 실존이 위협받을 것이라 생각하는 위기자를 대상으로 이루어지는 논박이다.

둘째, 정서적 기법이다.

인지적 기법을 보완하기 위해 사용하는 기술로 새로운 정서 패턴을 만드는 방법이다. 인지적 기법을 통해서 얻은 사고의 긍정적인 변화를 좀 더 활성화하고 강화하여 자신을 개방하도록 하는 데 기여하는 기술이다(한재희, 2006). 정서적 기법은 문제가 될 수 있는 대인관계 상황에 유용하게 적용할 수 있는 이점이 있다. 자신의 잘못된 지각으로 만들어진 자기비하가 얼마나 쉽게 파괴적인 결과를 가져올 수 있는지를 학습하는 데에도 기여하는 기법으로 유머, 합리적 정서 상상, 부끄러움 공략 등이 있다.

① 유머

인지·정서·행동치료에서 가장 재미있게 활용하는 기법 중의 하나가 유머다. 엘리스는 많은 사람이 너무 진지하게 생활하는 관계로 유머 감각을 잃어버려 정서적 혼란이 생긴다고 말한다.

② 합리적 정서 상상

특정 상황에서 부적절한 정서를 느끼는 자기 자신을 상상하도록 한 다음, 적절하고 바람직한 정서로 대체시키는 자신을 생생하게 떠올린다. 이 방법은 명상과 같은 원리를 활용한다.

③ 부끄러움 공략

부끄러움 공략은 역설적 기술의 일환이다. 정서적·행동적 요소를 포함하는 기법으로 위기자로 하여금 창피하거나 부끄러움을 느끼도록 하는 방식으로 행동하도록 과제를 준다. 이를 통해 위기자는 자신이 생각하는 것만큼 다른 사람이 민감하게 반응하지 않는다는 사실을 깨닫는다. 다른 사람의 비난에 대해서도 과도하게 영향을 받을 필요가 없다는 사실을 알게 된다.

셋째, 행동적 기법이다.

행동적 기법은 위기자에게 어떤 행동을 하도록 조력하여 행동을 통해 그의 신념체계를 변화시키는 기법이다. 변화된 신념체계를 통해 얻어진 인지적 결과를 더욱 강화시켜 보다 생산적인 행동을 하도록 도움을 주는 데 기여한다.

뿐만 아니라, 위기자의 사고나 신념을 포함한 인지체계를 바꾸는 데에도 기여한다. 위기자에게 어떤 행동을 하게 하여 이를 통해 그의 신념체계를 변화시키고, 변화된 신념체계를 통해 부적절한 정서에서 벗어나도록 한다. 행동적 기법에는 역할연습과 합리적 역할 바꾸기 등이 있다.

① 역할연습

상담자가 보는 가운데 자신이 새롭게 통찰한 합리적 신념과 일치되는 새로운 행동을 연습하도록 하는 방법이다.

② 합리적 역할 바꾸기

상담자가 위기자의 비합리적 신념을 모델로 해서 고집스럽게 우기고 주장하는 기술이다. 위기자는 상담자가 고집스럽게 우기는 주장을 다시 상담자의 입장에서 합리적으로 이야기해보도록 하는 역설적 기술이다.

2. 인지치료

아론 벡(Aaron Beck)의 인지치료는 인간이 의미를 추구하는 존재라는 철학적인 관점에서 출발한다. 인간은 주변 환경에 의미를 부여함으로써 세상을 구성하는 능동적인 존재라는 점을 강조한다. 인간의 감정과 행동은 환경이라는 자극보다 자극 그 자체에 부여한 의미로 결정된다고 설명한다.

아론 벡(Beck, 1997)의 인지치료는 인간의 삶에 대해 구성주의적이고 현상학적인 입장이다. 이 이론은 우울, 자살행동, 일반화된 불안장애, 사회공포증, PTSD, 성격장애 등의 임상치료에 광범위하게 활용되고 있다.

1) 주요 개념

인지치료는 개인의 자기 파괴적인 사고를 버리게 한다는 점에서 엘리스의 인지·정서·행동치료와 유사하다. 우울이나 정서장애의 원인은 자신이 현실을 해석할 때 자신을 부정적으로 바라보는 비합리적인 신념의 결과인 인지적 왜곡에 있다고 말한다. 인지치료는 자신의 부정적 사고를 현실적인 사고로 대치하도록 학습하는 것을 기본으로 한다.

(1) 역기능적 인지도식(dysfunctional cognitive schema)

인간은 살아가면서 자기 나름대로 자신과 세상에 대한 이해의 틀을 발달시켜 간다. 자기가 어떤 사람인지, 어떻게 살아야 하는지, 인생은 무엇인지 등에 관한 지식을 계속해서 쌓아간다.

이러한 지식은 아주 어린 시절부터 시작해서 삶을 살아가는 과정에 체계화되어 하나의 덩어리를 형성하게 되는데 이것이 인지도식이다. 인지도식은 세상을 살아가는 과정에서 형성된 삶에 관한 이해의 틀이자 인간관의 틀로 기능한다.

이러한 인지도식은 한 개인 내에 여러 가지 형태로 존재하며, 위계구조를 이루고 조직화되어 있다. 어떤 도식은 높은 핵심적인 위치를 차지하는 반면, 어떤 도식은 하위의 위치에서 기능한다.

어떤 도식이 활성화되느냐에 따라 경험을 구조화하고 조직화하는 방식도 달라진다. 어떤 도식은 오랜 기간 활성화되지 않다가 어떤 특정한 스트레스나 우울 등의 상황에서 돌발적으로 나타나기도 한다.

역기능적 인지도식은 개인이 현실에 적응하는 데 도움이 되지 않는 부정적인 내용으로 이루어진 생각의 덩어리이다. 스트레스 상황에서 활성화되어 인지적 오류를 유발하는 틀로 작용한다. 역기능적 인지도식을 지닌 사람은 스트레스 사건을 경험할 때 부정적인 자동적 사고가 떠오르며 문제증상을 경험한다.

역기능적 인지도식이 활성화되면 인지적 오류방식의 정보처리가 유발되고 도식이 좀 더 강력해져 사고의 체계적인 오류와 현실에 대한 왜곡이 심해지기도 하는데 정작 본인은 이를 잘 모른다.

(2) 자동적 사고(automatic thoughts)

인지치료에서는 사람의 감정이나 행동에 대해 개인이 어떻게 해석하느냐에 따라 영향을 받는다고 가정한다. 사람의 감정과 행동을 결정하는 것은 상황 그 자체가 아니라, 개인이 상황을 어떻게 해석하느냐의 방식에 달려 있다.

인간은 한 사건을 접하면 자동적으로 어떤 생각을 떠올린다. 그리고 그 생각은 때때로 인식하지 못할 정도로 빠르게 형성화한다. 벡은 이렇게 미리 계획하거나 논리적인 숙고과정 없이 자동적으로 빠르게 머릿속을 스쳐가는 평가적 사고를 자동적 사고(Beck, 1997)라고 말한다. 자동적 사고를 도식화하면 다음과 같다.

● 그림 2-3 인지도식의 네 가지 수준

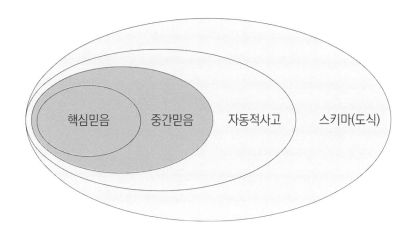

핵심믿음 중간믿음 자동적사고 스키마(도식)

출처: 심윤기 외, 2023.

　자동적 사고는 핵심믿음(core belief)에서 출발한다. 핵심믿음은 유아기에 부모와의 관계에서 생성되어 살아가는 동안 자신과 타인, 세상에 대한 신념으로 발전한다. 이러한 신념이 내면 깊숙히 자리 잡으면 개인에게 절대적 진리로 받아들인다.

　핵심믿음과 자동적 사고 사이에는 중간믿음(intermediate beliefs)이 존재한다. 중간믿음은 핵심믿음과 연결되어 개인의 규칙과 태도 등을 결정짓는 역할을 하는데, 어느 특정상황에서는 중간믿음이 자동적 사고를 유발한다.

(3) 인지적 오류(cognitive error)

　정보처리과정의 체계적인 잘못을 인지적 오류 또는 인지적 왜곡이라고 한다. 자신과 주변의 현실을 다른 사람보다 부정적인 방향으로 현저하게 왜곡하여 해석하고, 자신의 미래와 주변의 환경까지도 비관적으로 생각하고 왜곡한다.

　벡이 제시한 인지적 오류의 주요 특징을 살펴보면 다음과 같다.

① 개인화

　개인화는 죄의식과 죄책감의 어머니라고도 말한다. 외부적 사건을 자신과 관련

지을 근거가 없음에도 불구하고 이를 자신과 연결 짓는다. 어떤 발생한 사건에 대한 책임이 자신에게 없는데도 자신의 잘못이나 무능함 때문이라고 결론 내린다.

② 자의적 추론

어떤 결론을 지지하는 증거나 근거하는 사실적 자료가 없음에도 불구하고 자의적으로 결론 내리는 것을 말한다. 혼자 소설 쓰고 있다고 종종 빈정대는 말로 표현되기도 한다.

③ 선택적 추상

전체 맥락에서 벗어나 한 가지의 세부 특징적인 것에만 초점을 기울이는 것을 말한다. 전체를 보지 못하고 전체의 특성을 무시한 채, 어느 특정한 부분과 단편적이고 세부적인 것에만 초점을 둔다.

④ 과잉일반화

한 가지 이유를 들어 전체가 그런 것인 양 확대하는 것을 말한다. 하나 혹은 그 이상의 사건에 기초하여 일반적인 법칙이나 결론을 도출하고 그 개념을 관련되지 않는 상황으로까지 광범위하게 적용하는 오류의 패턴이다.

⑤ 이분법적 사고

모든 경험을 이것 아니면 저것이라는 양극단의 하나로 평가한다. 이를테면, 취업하지 못하면 실패자고, 순결을 지키지 않으면 불결한 자라고 하는 것 등이 이에 해당한다. 이러한 이분법적 사고가 인간의 내면 깊숙이 자리하면 합리적 사고를 크게 왜곡하는 경향이 있다.

2) 상담의 방법

(1) 상담목표

인지치료의 상담목표는 자동적 사고를 변화시키고 인지도식을 재구성하는 것이다. 새롭게 변화된 인지적 틀로 새로운 사고를 갖게 하여 인지적 오류가 발생되지 않도록 하는 것에 목표를 둔다.

(2) 상담과정

상담자는 위기자의 잘못된 정보처리를 탐색하고 문제행동과 부정 정서를 유지하는 모든 가정을 찾아간다. 위기자의 자동적 사고에 관심을 기울여 위기자 스스로 자신의 생각을 들여다보도록 안내한다. 자신의 생각이 자신의 정서와 행동에 어떠한 영향을 미치는지를 인식하도록 한 후, 위기자가 보이는 자동적 사고와 인지적 오류를 탐색하고, 역기능적인 가정을 찾아간다.

위기자가 스스로 자신의 자동적 사고를 구체적으로 인식하면 그것을 보다 긍정적이고 합리적인 사고로 바꾸도록 논박한다. 그런 다음에는 위기자의 내면 깊이 자리 잡고 있으면서 절대적 진리로 작용하는 핵심신념을 찾아간다.

핵심신념에 대한 논박과정을 통해 이를 재구성함으로써 역기능적인 인지도식이 변화되도록 한다. 이 과정에서 위기자의 자동적 사고가 변화되고 인지도식을 재구성하는 등 새로운 모습을 보이면 행동으로 실천할 수 있는 과제를 부여하여 변화의 연속성이 유지되도록 한다.

인지치료 상담은 대체로 다음과 같은 여섯 단계의 과정을 거쳐 이루어진다.

- 1단계 : 문제가 되는 사고와 감정 이해하기
- 2단계 : 자동적 사고 찾기
- 3단계 : 자동적 사고 논박하기
- 4단계 : 핵심신념 찾기
- 5단계 : 핵심신념 논박하기
- 6단계 : 변화 유지하기

(3) 상담기법

인지치료 기법은 자동적 사고를 다루어 증상을 낮추고 역기능적인 인지도식을 발견해, 이를 변화시킴으로써 정서적 고통에 대한 취약성을 낮추는 데 역점을 둔다. 인지치료 기법은 다음과 같은 몇 가지의 기술이 있다.

① 절대성에 도전하기

'언제나, 기필코, 반드시, 항상, 절대' 등과 같은 말을 위기자가 할 때, 스스로 그 의미를 깨닫도록 하는 기술이다. 절대성에 대한 위기자의 생각과 말이 잘못되었음을 깨닫도록 하는 교정기술이다.

② 재귀인 하기

귀인은 상황이나 사건에 대한 자신의 책임이 없음에도 그 책임을 자기 자신에게 돌리는 것을 말한다. 재귀인은 부적절한 귀인으로 인한 고통에서 벗어나도록 자신이 어느 정도의 책임이 있는지를 깨닫도록 하는 기술이다.

③ 인지왜곡 명명하기

상담자가 위기자에게 인지왜곡의 전체 목록을 보여주고 위기자의 생각에서 흔히 일어나는 인지왜곡이 무엇인지 명명하는 기술이다. 위기자는 이러한 인지왜곡 명명하기를 통해 자신이 사용하는 인지왜곡을 탐색하여 자신의 생각을 방해하는 자동적 사고를 범주화하는 것이 가능하다.

④ 흑백논리 도전하기

우리가 사는 이 우주는 낮과 밤이 공존하는 세계다. 우리의 생활 속에서도 양쪽 측면이 존재한다. 경험하는 상황도 긍정적인 면과 부정적인 면이 동시에 존재한다. 위기자가 만약 어느 한쪽 측면에만 치우쳐 있는 경우에는 다양한 측면이 존재한다는 사실을 제시하며 일깨운다.

⑤ 파국에서 벗어나기

위기자가 어떤 결과가 일어나지 않을 상황임에도 불구하고 이를 두려워하는 경우, 위기자로 하여금 이 상황에 대한 예측 근거 등을 다시 찾도록 함으로서 두려움을 줄이는 기술이다.

CHAPTER

위기상담의 기술

인간은 누구나 삶을 살아가는 과정에서 크고 작은 위기를 만난다. 위기는 개인적인 문제로 만날 수도 있고, 뜻하지 않은 환경적인 문제로도 만난다. 인간이 경험하는 위기는 대부분 대인관계 갈등을 비롯한 특수한 문화적 환경과도 관련이 깊다. 위기를 만나게 되었을 때 어떤 사람은 이를 잘 극복하고 성장의 기회로 삼는 반면, 어떤 사람은 힘든 고통과 어려움을 겪기도 한다. 이렇게 위기는 어떤 사람이냐를 떠나 어떻게 해결하느냐에 따라 한 사람의 세계관과 인생의 방향이 결정되어진다.

이 장에서는 위기상담의 개념과 중점을 먼저 살펴본다. 그리고 위기상담의 과정과 단계를 다룬다. 마지막으로 위기상담의 기술과 위기상담자의 역량에 대해서 살펴볼 것이다.

제1절 위기상담의 개념

일반상담은 내담자의 다양한 심리적 증상과 심리적 고통을 해소하고, 정신적 혼란을 막아 정상적인 상태로의 적응능력을 회복하는 것에 목적을 둔다. 내담자의 정신적 고통이 부정적인 면이 아닌 건설적이고 긍정적인 성장의 기회가 되도록 돕는 데 초점을 둔다(심윤기 외, 2020).

위기상담은 절망과 좌절, 무기력, 통찰력을 상실한 상태에 있는 위기자를 돕는 과정이다. 위기상담과정에서 가장 먼저 해야 할 일은 따뜻한 격려와 지지를 보내고, 위기를 이겨낼 수 있는 힘과 용기, 희망, 자신감 등을 부여하는 일이다.

1. 기본원리

위기상담은 위기자가 처한 절망적인 심리상태가 더 이상 악화되지 않도록 방지하고, 빠른 기간에 심리적 혼란을 해결하기 위해 이루어진다. 상담과정에서 중요하게 다루어야 할 점은 극한 위험에 처한 위기자의 심리적 반응을 정확하고 신속하게 진단 및 평가하는 일이다. 이 외에도 위기상담은 다음과 같은 몇 가지의 상담원칙(심윤기 외, 2020)이 있다.

1) 즉각적 개입

위험에 처한 위기자는 심각한 불안과 두려움을 느끼고, 혼란상태에 있어 즉각적인 개입이 요구된다. 자살과 같은 극단적인 사고로 이어지는 것을 예방하기 위해 즉각적 개입이 무엇보다 필요하다. 지금−여기에서의 위기상황을 기점으로 즉각적인 개입을 통해 현재의 위기를 신속히 극복하는 데 온 역량을 집중한다.

2) 단기적 해결

위기상담은 즉각적인 개입과 함께 단기 해결이 요구되는 특성을 지니고 있다. 위기상담은 주로 단기상담과정을 통해 빠른 해결이 이루어져야 한다. 위기상황에 놓여 있는 시간이 길수록 자해나 자살과 같은 사고로 이어질 가능성이 높아지기 때문이다. 위기상황에 처해있는 현재의 시간을 가장 중요한 결정적인 시간으로 인식하고 단기간 해결에 역량을 집중한다.

3) 신중한 접근

위기자가 겪는 대부분의 심리적 위기는 몇 단계의 과정을 거쳐 나타난다. 충격적인 사건을 경험하면 불안과 스트레스 수준이 높아지고, 정신적으로 혼란한 상태에 놓인다. 이러한 상태에서 긴장과 불안, 두려움을 이겨내기 위해 위기자는 스스로 나름의 노력을 기울이지만 위기는 쉽게 해결되지 않는다.

위기자의 우울과 절망감은 깊어지고 심리적 갈등과 혼란은 더욱 심해진다. 한 달 이상 이러한 상태가 지속되면 위기가 절정에 달해 심리적 균형이 붕괴되고 자해나 자살시도로 이어진다. 위기상담이 신중히 접근되어야 하는 이유가 여기에 있다.

4) 24시간 위기관리

위기자의 가까운 위치에 조력자가 있을 때 위기해결은 그만큼 빨라지고 정상기능으로 회복하는 데 효과적이다. 위기자가 위치하고 있는 상황과 공간에 조력자가 가까이 있으면서 24시간 관리가 가능하면 위기상태 관찰이 가능하고, 심리적 위기상태가 악화되는 것을 예방할 수 있어 보호가 가능하다.

2. 위기상담의 유형

위기상담은 시간이 매우 중요하다. 위기자의 문제에 신속히 개입함과 동시에 단기간에 위기문제를 해결하는 것이 핵심이다. 위기상담의 방법론은 다양하다. 무기력 증상과 심리적 소진이 확장되는 것을 차단하고, 극단적인 자살시도와 같은 사고로 이어지지 않도록 하는 것에 초점을 둔다. 위기상담은 대체로 다음과 같은 세 가지의 유형이 있다.

1) 개인특성 중심의 위기상담

개인특성 중심의 위기상담은 개인의 심리적 위기문제를 중점적으로 다루는 모형이다. 위기는 개인이 평소에 사용하던 대처기제로는 해결하기 어려워 발생한다. 위험에 처한 위기자가 즉각적인 도움을 받지 못하면 오히려 부적절한 대처양식을 습득할 가능성이 커진다.

그러므로 위기자의 심리내적인 특성을 탐색하고 개입과정에서 적절한 대처양식을 습득하는 것이 중요하다. 왜 특정 사건이 이 사람에게만 위기로 작용하는지, 과거에 경험한 위기가 있다면 그 위기는 어떻게 극복하였는지, 이전의 위기해결능력은 어느 정도의 수준이었는지 등 개인특성의 강·약점을 진단하고 평가한다.

진단 후 이루어지는 상담은 위기상황에 처하게 된 원인을 자신의 내면에서 찾는 탐색과정이 집중적으로 다루어진다. 아울러 그에 대처하는 방법론을 중점적으로 적용하는데 주로 비지시적인 상담으로 이루어진다.

2) 과제해결 중심의 위기상담

과제해결 중심의 위기상담은 일정한 기한 내 이루어야 할 과업을 미리 설정해 놓고, 이를 이행함으로써 위기문제 해결을 시도하는 계획적이며 조직적인 상담방법이다.

과제해결 중심의 위기상담은 위기자의 위기문제를 해결하기 위해 수행해야 할 과업을 미리 설정하고 이를 달성하기 위해 세부적이고 구체적인 과제수행 활동에 중점을 둔다. 위기자에 대한 지지와 격려, 허용적인 분위기에서의 논리적인 대화 및 합리적인 의사소통 등 협력적인 방법으로 이루어진다.

3) 극단적 사고예방 중심의 위기상담

극단적 사고예방중심의 위기상담은 위기자의 심리내적 문제를 심층 깊게 다루지 않는다는 점이 특징이다. 자살과 같은 극단적인 사고를 예방하고, 타인에게 폭력적인 행동을 하지 않도록 예방하기 위한 목적에서 이루어진다.

지금 해결하지 않으면 장차 더 심각한 위기상황으로 이어질 수 있는 현재의 위기문제를 꺼내 놓고 교육, 정보제공, 허심탄회한 의견개진 등으로 위기문제를 해결해 간다. 극단적 사고예방중심의 위기상담은 자신이 현재 경험하고 있는 위기문제를 적극 해결하려는 동기와 의지가 강한 위기자에게 효과적이라서 주로 교육적이고 지시적인 방법으로 이루어진다.

3. 위기상담의 접근방법

위기상담은 위기자가 위기문제에 봉착되어 적응에 어려움을 겪고 있지만, 자신이 처한 위기문제를 스스로 해결할 수 있는 능력을 가진 건강한 사람임을 전제로 한다. 그렇기 때문에 위기자로 하여금 현재의 위기를 해결할 수 있다는 희망과 용기를 확장하고 강화하며, 상담과정에 적극적으로 참여하도록 촉진하는 것을 중요하게 다룬다.

위기를 경험하는 위기자를 상담할 때는 지시적 방법과 비지시적 방법, 협력적 방법 등을 주로 활용하는데 상황과 여건을 고려하여 절충하거나 통합적으로 적용한다.

1) 지시적 위기상담

극한 위기상담은 대체로 지시적 방법으로 이루어지는데 주로 군·경·소방 등의 위계조직에서 다루어진다. 지시적 위기상담은 위기자 스스로 아무 것도 할 수 없는 무기력한 상태에 놓여 있을 때, 위기 이전의 기능을 빨리 회복하는데 중점을 둔다.

상담자는 무기력하고 혼란한 상태에 있는 위기자를 대신하여 위기문제를 규명하고 적절한 대처방안을 찾으며, 구체적인 실행계획과 자세한 행동지침을 알려주는 친절한 안내자 역할을 수행한다.

[위기자] 저는 지금 아무것도 할 수 없어요. 제가 무슨 짓을 할지 제 자신도 잘 모르겠어요. 무든 것이 비참하고 절망적이어서 죽고 싶은 심정뿐이에요. 제가 죽어 없어지는 것이 더 나을지도 모르겠어요.
[상담자] 위기자님은 지금 가장 위험한 상태에 있는 것 같군요. 그래서 하는 말인데 절대로 혼자 있지 않는 것이 중요합니다. 나는 위기자님이 스스로 목숨을 끊는 것을 보고만 있을

수 없어요. 일단 자살을 하지 않겠다는 서약서를 작성하도록 합시다. 만약 자살을 하려면 시도하기 전에 반드시 상담자인 저에게 먼저 알리겠다고 약속을 하고 상담을 계속하는 것이 좋을 것 같군요.

2) 비지시적 위기상담

비지시적 위기상담은 위기자가 경험한 위기의 강도가 비교적 약할 때 적용하는 방법으로 주로 적응에 중점을 두고 이루어진다. 위기자 스스로 위기대처에 합리적인 의사결정능력이 있는 상태라면 비지시적 방법을 적용하는 것이 바람직하다. 그러나 비지시적인 상담을 한다고 해서 상담자가 수동적이고 소극적으로 상담과정을 안내해도 괜찮다는 뜻은 아니다.

개방적인 형태의 질문을 자주 하여 위기자의 말을 경청하는데 많은 시간을 할애한다. 비지시적 상담은 위기자 자신의 내적 감정과 욕구를 인식하도록 조력하는 것이 중요하다. 위기자의 행동, 자율성, 회복력, 대처능력, 에너지 등 다양한 요인을 고려하여 적절한 대처방안을 선택하도록 조력하고, 위기자의 내·외적 자원과 강점 등을 적극 활용한다.

3) 협력적 위기상담

협력적 위기상담은 위기자가 비지시적 상담에 응할 수 있는 정도의 심리적 균형감이 안정된 상태일 때 활용하는 유형이다. 상담자는 위기자와 서로 협력하는 동업자가 되어 두 사람이 함께 가능한 대안을 찾고, 위기문제를 해결하는 과정으로 이루어진다.

상담자는 위기자가 위기극복을 위해 변화를 보일 때마다 격려와 지지, 칭찬을 아끼지 않는다. 위기문제가 완전히 해결될 때까지 용기를 잃지 않도록 따뜻하게 조력하는데 관심을 둔다.

[상담자] 위기자님은 지금까지 여러 가지 위기대처 방안을 잘 마련했어요. 그러나 그것을 실행에 옮기는 것은 주위 여건 때문에 확신하지 못하는 것 같군요. 그러면 우리 함께 여러 가지 대안 중에서 가장 좋은 대안을 고른 다음, 실천하는 방법을 구체적으로 찾아보도록 하지요.

[위기자] 예. 그렇게 하는 것이 좋겠습니다.

제2절 위기상담의 단계

위기상담의 과정을 설명하는 이론은 대부분 상담의 단계와 상담의 회기 수를 다양하게 제시하고 있다. 위기자가 경험한 위기의 강도와 위기자의 반응성, 대처자원 등을 고려하여 상담계획을 수립하는데, 위기상담이 이루어지는 단계를 살펴보면 다음과 같다.

1. 초기단계

상담이론가는 위기자를 상담 초기에 어떻게 조력할 것인가에 대해 여러 가지 다양한 방법론을 제시한다. 대체로 위기를 맞닥뜨리면 정상적인 기능상태에서 벗어나 충동적이고 비논리적인 사람으로 변하기도 하는데 그것은 누구도 예외가 되지 않는다.

위기자를 대상으로 이루어지는 상담은 일반상담의 관점에서 내담자를 대하는 방식으로 접근하면 위기문제해결에 도움이 되지 않을 가능성이 있다. 특별한 차원의 위기 관련 사례이자 새로운 유형의 위기자로 인식하고 접근해야 한다.

위기상담의 초기 단계에서는 상담분위기를 따뜻하게 조성하고, 신뢰관계를 형성하는 것은 물론 위기자의 안전 확보와 위기문제를 주로 다룬다.

1) 상담분위기 조성

위험에 처한 위기자는 긴장과 불안 수준이 높은 상태라서 심리적 안정과 편안함을 갖도록 하는 것이 무엇보다 중요하다. 인간적인 따뜻함을 느낄 수 있는 상담분위기 조성을 위해서는 대화를 방해하는 소음이 들리지 않아야 한다. 전화벨 소리나 요란하게 떠드는 소리는 주의를 산만하게 하고, 대화의 소통을 차단하여 상담진행을 방해한다.

반면, 상담분위기가 따뜻하고 수용적이면 위기상담이 성공적으로 이루어지는 데 긍정적으로 기여한다. 위기자의 긴장과 불안을 감소시키고 안전감과 편안함을 느끼도록 하여 심리적 균형을 찾는 데 도움을 준다.

상담분위기 조성을 위한 구체적인 방법은 다음과 같은 몇 가지 사항이 있다.

- 상담실이 조용하도록 방음시설을 갖춘다.
- 편안함과 아늑함을 느끼도록 상담실을 꾸민다.
- 위기자가 선호하는 음료를 비치하고 제공한다.
- 위기자가 앉아 있는 쪽으로 좀 더 가까이 다가가 앉는다.
- 긍정적인 믿음을 갖도록 위기자의 말에 자주 반응한다.
- 위기자가 처한 위기상황에 대해 다양한 개방적 질문을 한다.
- 위험에 처한 위기자를 이해하고자 하는 따뜻한 시선으로 바라본다.

2) 신뢰관계 형성

위기자를 효과적으로 도와주기 위해서는 신뢰관계 형성이 중요하다. 성공적인 위기상담은 위기자와 상담자 사이에 돈독한 상담관계 형성이 이루어져야 가능하다. 상담자가 하는 따뜻한 지지, 진정성 있는 격려의 말과 온화한 표정은 좋은 상담관계를 형성하는데 긍정적인 영향을 미친다.

위기자가 느끼는 슬픔과 분노, 두려움과 공포의 감정을 이해하고 공감하며, 위기자가 하는 말을 적극적으로 경청한다. 위기자에게 따뜻한 위로와 지지를 제공하고, 희망과 용기를 북돋워 주며 진실한 모습으로 다가간다.

신뢰관계 형성에 좋지 않은 영향을 주는 것은 상담자가 위기자에 대한 평가적인 태도나 비판적인 모습을 보일 때이다. 이러한 모습은 위기자의 위기문제 해결을 더욱 어렵게 만든다. 상담을 시작하는 초기단계에서부터 종결단계에 이르기까지 상담자의 무비판적인 자세와 전폭적으로 위기자를 수용하는 태도는 변함없이 유지되어야 한다.

3) 안전 확보

위기상담에서 위기자의 안전을 확보하는 것은 상담자의 중요한 책임이자 의무이다. 상담자는 위기자의 신체적·정서적·심리적 위험을 감소시킬 수 있는 안전확보 방안을 강구해야 한다.

만약, 상담자가 상담에 집중하지 못하고 시간에 쫓기는 인상을 주거나, 지나치게 교육적이며, 진부한 내용을 자주 이야기하면 위기자는 상담자가 자신이 겪은 위기상황과 심리적 고충에 무관심하다고 생각해 상담에 적극 참여하지 않을 가능성이 있다.

위기자의 안전 확보를 위한 위기반응성 진단은 다양한 사정척도를 사용하는 것이 바람직하다. 군 병사의 자살위기 상황인 경우에는 병사용 자살위험성 진단척도(심윤기 외, 2014)를 사용하면 무난하다.

4) 상담구조화

상담의 구조화는 상담 초기에 이루어지는 것이 일반적이지만 이후에도 필요한 경우에는 반복해서 구조화한다. 구조화는 상담과정 중 발생할 수 있는 장애요소를 줄이고, 원활하게 상담이 진행되도록 관련된 사항을 간단명료하게 전달하는 것이다. 따라서 한꺼번에 많은 것을 알려주기보다는 회기를 나누어 상황에 맞게 적절히 알려주는 것이 바람직하다.

상담구조화는 그것이 일반상담이든 위기상담이든 공통적으로 포함되어야 할 내용이 있다. 그것은 상담여건의 구조화와 상담관계의 구조화, 비밀보장의 구조화 등을 포함한다. 이 중 상담여건의 구조화는 상담시간, 상담횟수, 상담 장소, 연락수단과 방법 등에 대한 구조화를 의미한다.

상담관계의 구조화는 상담과 관련된 정보를 설명하는 것인데, 상담의 진행과정과 상담과정에서 상담자와 위기자의 역할 등을 포함한다. 비밀보장의 구조화는 상담비밀을 지켜주는 의무사항에 관한 것이다. 위기자의 법적인 문제나 자살, 타살,

전염병과 같은 위험성이 내재된 경우를 제외하고는 비밀보장의 원칙을 지켜야 한다는 점을 일러준다.

5) 위기문제 파악

위기상담 초기과정에서 간과하지 말아야 할 것은 위기자의 관점에서 위기문제를 파악해야 한다는 점이다. 위기자의 입장에서 위기문제를 이해하지 못하면 위기상담의 효과를 가져 올 수 없어 성공적인 상담결과를 기대하기 어렵다.

지금-여기에서 위기자가 겪는 위기문제의 본질은 과연 무엇이며, 그 문제를 어떻게 느끼고 인지하는지 파악하는 것은 위기상담의 기본이다. 상담자는 위기자의 위기문제를 파악하기 위해서 위기자의 느낌과 생각에 대해서 언어적이든 비언어적이든 적극적으로 반응한다.

그렇게 하는 이유는 위기문제를 파악하고 규명하는데 상담자의 반응이 촉매역할을 하기 때문이다. 상담자의 반응을 통해 위기자는 자신에게 무슨 일이 일어났는지 이해할 수 있고, 실제로 자신이 무엇을 느끼고 있는지 알 수 있다.

🌐 표 3-1 상담자가 파악해야 할 위기문제

- 자살이나 자해, 타살 등 사고를 일으킬 위험성이 있는가?
- 극한 위기로 현실감각을 상실한 정도는 어느 수준인가?
- 자신의 위기를 극복하고자 하는 자신감은 어느 정도인가?
- 위기 경험자가 느끼는 절망감과 무력감은 어느 정도인가?
- 과거 극한 위기를 극복했던 경험이 있다면 그것은 무엇인가?
- 위기를 해결하는 데 도움이 되는 사회적 자원은 무엇인가?

출처: 심윤기 외, 2020.

위기자의 심리적 반응은 크게 부정반응과 긍정반응으로 나타난다.

(1) 부정 반응

- 부정적인 감정 표현을 참지 못한다.
- 위기문제 해결을 위한 도움을 거부한다.

- 위기문제 해결을 위한 대안을 찾지 않는다.
- 자신에게 문제가 있음을 거부하고 회피한다.
- 위기문제해결의 책임을 다른 사람에게 전가한다.

(2) 긍정 반응

- 위기문제를 이해하려고 노력한다.
- 위기문제 해결에 대한 책임을 받아들인다.
- 위기문제 해결을 위해 적극적으로 대안을 찾는다.
- 불안, 분노, 죄책감 같은 부정 감정을 조절한다.
- 자기를 돕는 사람과 대화의 장을 열어 놓는다.

2. 중간단계

위기상담의 중간단계는 위기문제를 규명하는 핵심과정이다. 위기문제를 규명하는 것은 위기를 극복하기 위한 목표수립에 중요한 역할을 한다. 위기자가 과거에 극한 위기를 경험한 일이 있다면 어떻게 대처하여 극복했는지 알아보는 것이 위기문제 규명에 큰 도움이 된다.

만일, 위기자가 과거에 위기를 성공적으로 대처했다면 그 경험이 이번 위기에도 성공적으로 대처하는 것이 가능하고, 그렇지 않다면 과거의 실패한 기억 때문에 부정적인 영향을 미칠 수 있다. 이렇게 중간단계는 위기문제를 명확하게 규명한 후, 이를 바탕으로 위기상담의 목표를 구체적으로 설정하며, 위기문제해결을 위한 여러 대안을 찾는 과정으로 이루어진다.

1) 위기문제 규명

위기상담의 중간단계에서는 위기문제를 명확히 규명한다. 상담자는 이 과정에서 위기자에게 자신의 위기상황을 직시하도록 안내한다. 위험에 처한 위기자는 자신에게만 온통 정신이 집중되어 있어 자신의 외적 존재를 잘 알지 못한다.

또한, 그러한 존재가 위기문제 해결에 도움을 주리라는 사실도 잘 이해하지 못한다. 상담자는 이러한 사실을 인식하여 위기자 스스로 자신의 위기문제를 직시하도록 촉진자의 역할을 수행한다.

● 표 3-2 **위기문제 규명 시 상담자의 역할**

· 작은 것부터 위기문제 해결을 시작한다.
· 다양한 위기해결 방법을 생각해 보도록 안내한다.
· 위기자가 선제적이고 능동적으로 대처하도록 안내한다.
· 위기자 스스로 자신의 위기문제에 적극 대처하는 방법을 찾도록 안내한다.
· 주위로부터 어떤 도움을 받을 수 있는지 생각하도록 조력한다.
· 위기상황을 분석하여 해결 가능한 것과 불가능한 것을 구분하도록 조력한다.

출처: 심윤기 외, 2020.

2) 위기문제 해결

상담자는 위기자와 신뢰로운 상담관계를 형성하고, 위기문제의 본질을 명확히 파악하였다면, 다음에는 위기극복을 위한 목표를 수립한다. 목표설정은 위기상담의 방향을 안내하는 중요한 역할을 한다.

위기문제를 해결하는 데 필요한 목표는 가능한 한 신속하고 명확하게 구체적이며 가시적으로 수립한다. 대개 위기상담의 목표는 위기경험에서 발생한 위기심리 증상을 제거하여 위기이전의 기능을 회복하는 것에 둔다.

위기문제의 해결은 위기자가 위기상황에서 취할 수 있는 대안을 찾는 것부터 출발한다. 위험에 처한 위기자는 무기력하고 혼란한 상태에 있어 위기극복을 위한 대안을 잘 생각하지 못한다. 위기자가 대안설정을 제대로 하지 못하거나 힘들어하면 상담자가 여러 대안을 강구한 후, 위기자와 협력하여 대안을 선택하는 방법을 적용한다.

그러나 이것은 단순히 대안을 생각하지 못하는 위기자의 관점을 넓혀 주려는 의도에서 시도하는 것이므로 상담자 일방으로 이뤄져서는 바람직하지 않다. 위기자에게 안내할 수 있는 여러 위기극복 대안을 다양하게 준비한 후, 적절한 시기에 위기자와 협력하여 선택한다.

위기극복 대안을 찾은 뒤에는 이 대안을 실행할 수 있는 구체적인 계획을 수립하는데, 계획수립은 가능하면 위기자 스스로 하도록 안내한다. 위기상담의 목적이 위기자로 하여금 구체적인 위기극복 행동이 나타나도록 조력하고 안내하는 과정이므로 상담자가 모든 것을 선택하고 결정하면 위기자의 위기극복 가능성은 그만큼 줄어든다.

물론, 위기자가 지나치게 무기력한 상태일 경우에는 구체적인 계획을 세우기보다 간단한 행동을 실천하는 방법을 찾아가는 것이 효과적이다.

위기문제 해결에 있어서 위기자로 하여금 자신의 강점자원을 최대한 많이 찾도록 하는 것도 중요하다. 위기자는 정신적으로 혼란한 상태에 있어 자신에게 어떤 강점자원이 있는지 잘 알지 못한다. 그래서 상담자는 위기자 스스로 자신의 강점자원을 탐색하는 데 적극적으로 안내하며 조력한다.

내적자원은 이미 자신 안에 있는 심리적인 것이 대부분이다. 과거에 해결하였던 위기경험이 있다면 그것이 곧 내적자원이다. 외적자원은 주로 위기해결에 도움을 지원받을 수 있는 사회적 지지를 의미한다. 사회적 지지는 되도록 많은 지원을 받는 것이 위기극복에 도움이 된다.

3. 종결단계

위기상담의 종결단계에서는 지금까지 이루어진 상담의 주요 내용을 정리하고 종합하는 과정이다. 위기극복 실천에 대한 의지와 희망에 대한 이야기를 나누고, 상담과정에서 마무리 짓지 못한 미해결된 과제가 있다면 이를 처리한 후 작별을 한다.

일상으로 복귀해서 생활하던 중 갑자기 위기반응이 다시 나타나면 이를 스스로 대처할 수 있는 자기지도 방법을 구체적으로 논의한다. 긍정적이고 현실적인 행동위주의 위기극복 실천방안에 대해서도 허심탄회하게 의견을 나눈다.

위기상담은 적극적이고 도전적이며 행동실천에 초점을 두고 이루어지는 상담이다. 어떤 작은 행동과제라도 위기극복을 위해 적극적이고 능동적으로 실천하면 위기증상 해소는 물론 위기이전으로의 기능회복이 빨라진다.

만약, 두려움이나 불안 때문에 행동하기를 주저하는 모습이 보이면 이미지 트레이닝이나 복식호흡, 체계적둔감법, 신체이완훈련 등의 방법을 통해 불안을 제거한 후 행동실천을 연습한다. 이러한 과정을 통해 위기자 스스로 위기를 극복하여 위기이전의 기능상태로 회복되었다고 생각하면 상담을 종결한다.

상담을 종결한 이후에는 위기자 스스로 성장을 이룰 수 있는 행동을 새로운 관점에서 지속적으로 개발하고 실천하는지를 확인하는 시간을 갖는다. 개인 성장이라는 잠재적인 가능성을 높게 끌어 올릴 수 있도록 추수지도를 실시한다.

제3절 위기상담의 기법

1. 초기단계

위기상담은 대체로 두 가지의 경로로 이루어진다. 위기자 스스로 상담의 필요성을 느껴 상담을 요청하는 경우가 있고, 또 하나는 위기자를 관리하는 가족이나 학교와 같은 기관에서 상담의 필요성을 느껴 상담을 의뢰하는 경우가 있다.

위기자 스스로 상담을 요청하는 경우는 그만큼 상담의 필요성을 느끼기 때문에 위기문제를 해결하고자 하는 의지가 강하다. 상담자를 믿고 찾아 온 것이라서 상담과정도 비교적 수월하게 이루어진다. 그러나 의뢰된 경우는 상담의 필요성을 느끼지 못해 상담과정이 어렵게 이루어지는 경우가 흔하다. 위기상담의 초기단계에서 주로 다루어지는 기술에 대해서 살펴보겠다.

1) 라포 형성

위기상담의 초기단계에서는 위기자와 신뢰관계를 형성하는 일을 우선한다. 이때는 어떤 기법을 적용하기보다 우선 따뜻하고 온화한 태도로 위기자에게 깊은 관심을 보인다. 위기자가 경험한 위기사건의 내용과 심리증상을 좀 더 구체적이고 세밀하게 탐색하기 위해서는 상담자의 따뜻한 관심이 필요하다.

위기자 스스로 상담을 원해서 찾아온 경우에는 위기사건의 경험으로 발생한 불안과 두려움, 심리적 고통 등의 정도가 심해 도움을 받고자 하는 욕구가 강하다. 이런 경우에 상담자는 위기자 스스로 자신의 내면 깊숙한 곳에 있는 이야기를 꺼낼 때까지 차분히 기다린다.

위기자가 제3자에 의해 의뢰되어 상담실에 온 경우에는 대부분 위기문제를 좀처럼 말하지 않거나 아무 문제가 없다고 말하며 상담을 회피하는 경향이 있다. 상담으로 인해 오히려 문제가 확장되는 것은 아닌지 염려하고 불안해하기도 한다. 이때 상담자는 온화하고 따뜻한 모습으로 마주하여 상담을 해야 하는 이유와 필요성을 차근차근 이야기하며 심리적 안정감을 갖도록 한다.

상담자의 비언어적 표현은 언어적 표현과 일치되어야 한다. 말로는 위기자의 심리적 고통과 위기문제를 이해한다고 하면서 몸짓은 별 대수롭지 않은 이야기를 하고 있다거나, 뭐가 힘들다는 건지 모르겠다는 식의 비언어적 행동을 보이면 신뢰관계형성에 좋지 않은 영향을 미친다.

이렇게 상담자의 말투와 몸짓, 표정, 신체의 움직임 등은 위기자와의 신뢰관계형성에 중요한 영향을 준다. "나는 지금 당신의 눈과 마음으로 당신의 위기상황을 바라보고 있습니다. 나는 나의 모든 에너지를 쏟아 당신이 처한 위기상황에 집중하고 있습니다."라는 모습을 보일 수 있어야 한다.

2) 적극적 경청

경청이란 위기자의 말과 행동에 상담자가 적극적으로 듣고 있다는 것을 전달하여 마음속에 있는 것을 표현하게 하는 기술이다. 따라서 상담자는 위기자의 말과 행동 하나하나를 그냥 흘려보내지 않아야 한다.

그렇다고 위기자의 말과 행동 하나하나에 상담자가 모두 반응할 수도 없는 일이다. 상담자가 경청할 때의 관건은 상대적으로 더 비중을 두어야 할 말과 행동을 선택하여 그것에 주목하는 것이다.

위기상담은 위험에 처한 위기자가 하는 말에 집중하며 그 흐름을 따라간다. 경험이 많은 상담자는 위기자의 말을 잘 들어주기만 해도 위기문제가 해결된다고 말하기도 하는데, 이는 상담자가 위기자의 말을 적극적으로 경청해야 한다는 것을 의미한다.

적극적 경청을 위해서는 다음과 같은 몇 가지 중요한 요소가 있다(Brems, 2001).

- 위기자의 음조를 경청한다.
- 위기자의 감정을 경청한다.
- 위기자의 표현방식을 경청한다.
- 위기자가 하는 말의 내용을 경청한다.
- 위기자가 말하는 중간에 끼어들지 않는다.
- 위기자의 비언어적 표현에 주의를 기울인다.

경청은 위기상담이 성공적으로 이루어지는 과정에 중요하게 작용한다. 상담자는 위기자로 하여금 생각이나 감정, 증상, 위기경험의 내용을 자유롭게 표현하도록 촉진한다. 상담자가 말을 많이 해서 상담을 주도하기보다는 위기자에게 말할 기회를 많이 주고 말의 흐름을 끊거나 방해하지 않는다.

위기자의 세계에 몰입해서 듣는다. 언어적·비언어적 표현에 주의하면서 경청해야 위기자가 말하고자 하는 전체적인 메시지를 읽을 수 있다. 위기자가 말을 할 때 자연스럽고 친밀감 있는 자세를 취하며, 깊은 관심을 나타내는 시선과 몸짓을 보인다.

이러한 반응은 위기자의 불안과 긴장 수준을 낮추고, 당면한 위기문제를 현실적으로 바라보도록 하는 데 기여한다. 위기자의 말을 가로막거나, 이야기하는 도중에 끼어들어 질문하는 것이 반복되면 위기상담이 실패할 가능성이 높다.

3) 공감

공감이란 매 순간 위기자 속에 흐르는 불안, 두려움, 분노, 갈등 등에 대한 민감성을 지각하는 것을 의미한다. 상담자가 마치 위기자의 눈으로 보는 것처럼 보고, 귀로 듣는 것처럼 듣고, 코로 냄새를 맡는 것처럼 냄새 맡고, 혀로 맛을 보는 것처럼 맛보고, 피부로 느끼는 것처럼 지각하는 것을 의미한다(박성희, 1994).

상담자가 마치 위기자인 것처럼 위기자의 내적 준거 틀로 지각하는 것이 곧 공감이다. 상담자가 언어를 뛰어 넘어 위기자를 진정으로 이해하는 것이며, 위기자의 몸짓이나, 메시지, 감정 혹은 행동에 민감하게 반응하는 것이다.

대개 큰 충격을 받아 심리적으로 혼란한 상태에 있는 위기자의 말과 몸짓은 종종 일치하지 않을 때가 있다. 이때 상담자가 집중하여 경청하고 공감을 하면 위기자 스스로 자신의 불일치한 언행을 깨닫는다. 이러한 공감은 기본 수준의 공감과 심화 수준의 공감이 있다.

기본수준의 공감은 상대방에게 자신이 이해한 바를 말로 전달하는 수준인데, 이는 상담자가 위기자의 말을 해석하지 않고 얕은 수준에서 그가 경험한 바를 말해주는 것이다. 그러나 심화수준의 공감은 위기자가 진술하고 표현한 것뿐만 아니라, 그의 말 속에 암시된 것이나 말하지 않은 것까지도 반영하는 것을 의미한다.

4) 주의집중

주의집중은 위기자의 말에 심혈을 기울여 관심을 드러내는 기술이다. 위기자는 위기경험의 충격으로 심리적으로 매우 불안정하며 혼란한 상태다. 이러한 위기자에게 상담자가 집중하여 깊은 관심을 보이는 것은 위기상담의 결과에 긍정적인 영향을 미친다.

편안하고 환하게 미소 띤 얼굴로 고개를 끄덕이거나 진지한 태도를 보이고, 의자를 당겨 위기자가 앉아 있는 방향으로 가까이 다가가는 행동은 위기자로 하여금 상담자가 자신에게 온 관심을 기울이고 있음을 알게 하여 안정감을 갖게 한다.

그러나 지나칠 정도의 진지한 태도나 과도한 표현은 오히려 가식적인 느낌을 받게 하여 상담집중의 효과가 반감되기도 한다. 팔이나 다리를 꼬고 앉는다거나, 차갑고 냉소적인 반응, 무표정한 얼굴을 하는 것은 위기상담에 적절치 않다.

5) 위기문제 탐색

위기상담이 시작되면 다음과 같은 위기자의 위기심리 증상과 기능상의 문제를 탐색한다.

- 위기상담의 탐색과정은 서두르지 않고 신중히 진행한다.
- 탐색은 상담자와 위기자 간 라포가 형성되었을 때 시작한다.
- 위기자의 심중에 숨겨진 감정과 동기를 탐색하려고 노력한다.
- 탐색과정 중 위기자를 평가하거나 충고하는 말은 하지 않는다.
- 위기상담의 목적에서 벗어난 성격문제는 탐색하지 않는다.
- 탐색이 진행되는 동안 불필요한 논쟁과 토론은 피한다.
- 자의적 추론을 유도하는 질문이나 폐쇄적 질문은 하지 않는다.
- 탐색과정 내내 상담자의 따뜻하고 부드러운 모습을 유지한다.

2. 중간단계

위기상담의 중간단계에서는 위기자가 호소하는 증상과 심리적 고통 등의 위기 문제가 해결되도록 실질적인 조력이 이루어진다. 바람직한 대안적인 행동을 학습 하고, 비효과적인 행동패턴을 수정한다. 상담자는 이 과정에서 자기노출, 반영, 직면, 해석 등의 기술을 주로 활용한다.

1) 자기노출

자기노출이란 상담자가 언어적으로 자신의 생각, 감정, 신념, 태도를 드러내는 기술이다. 상담자가 자신을 노출하면 위기자에게 친근감이 전달될 수 있고, 보다 깊은 이해를 촉진하며 위기자에게 자기탐색의 모범을 보여주는 효과를 가져다 준 다. 일반적으로 자기노출은 자기관련 진술과 자기노출 진술로 구분한다(Vogel & Wester, 2003).

자기관련 진술은 위기자와의 관계에 대한 자신의 감정이나 지각을 이야기하는 것이고, 자기노출 진술은 위기자와 직접적으로 관련되지 않은 상담자 자신에 대한 것을 개방하는 것을 말한다.

위기상담의 자기노출은 위기자가 지닌 문제에 대해 상담자의 생각과 느낌을 솔직하게 말하는 것에 초점을 두고 구체적으로 한다. 그 이유는 상담자의 자기노 출을 통해 위기자 스스로 남들과 다른 위험한 상황에 놓여 있다는 현실을 인식할 수 있기 때문이다. 이러한 자기노출은 상담자에 대한 신뢰와 함께 위기자로 하여 금 위기극복에 대한 자신감을 갖도록 하는 데 기여한다.

2) 반영

반영은 경청을 통해 파악한 위기자 진술의 핵심과 본질을 상담자가 적절한 말 과 행동으로 되돌려 줌으로써 상담을 촉진하는 기술이다. 위기자의 말과 행동에서 표현된 기본적인 감정, 생각, 태도를 상담자가 다른 참신한 말로 되돌려 준다. 이 같은 반영은 위기자로 하여금 자기 이해를 도울 뿐만 아니라, 자기가 이해 받고 있 음을 인식하는 데 기여한다(조현춘 등, 2013).

반영할 때 주의할 점은 위기자가 진술한 내용을 그대로 반복하는 식으로 이루어지면 위기자는 자신의 말이 잘못된 것은 아닌가 하고 생각하거나, 상담자의 반복적인 말에 가식을 느끼기 쉽다. 따라서 상담자는 위기자가 진술한 말의 본질과 핵심을 살려 되돌려 주는 것에 초점을 두고, 위기자가 바라는 기대나 느낌을 잘 정리하여 전달하는 것이 중요하다.

사람의 감정은 종종 바다에 비유되곤 한다. 사람의 감정은 수면 위의 잔잔한 물결처럼 겉으로 보이는 표면적인 감정이 있고, 바다 속처럼 보이지 않는 깊은 내면의 감정이 있다. 위기상담 과정에서는 수면 위에 있는 잔물결의 감정만 볼 것이 아니라, 바다 속 깊은 저류에 있는 내면의 감정을 잘 파악하여 참신한 말이나 긍정적인 메타포(metaphor)로 전달한다(심윤기 외, 2020).

상담자가 반영할 위기자 내면의 감정은 크게 세 가지다. 긍정적인 감정과 부정적 감정 그리고 이 두 가지의 감정이 동시에 공존하는 양가적 감정이다. 긍정적 감정은 잠재력 발휘가 가능한 요인이나 부정적 감정은 자기 파괴적이며 양가감정은 같은 시간과 대상에 대해 서로 상반되는 감정이 공존한다.

상담자는 이러한 점을 고려하여 서로 일치되지 않는 위기자의 감정 혹은 불분명하고 모호한 감정을 발견하여 이를 반영한다. 위기자가 동일한 대상에 양가적 감정을 지니고 있으면 이를 깨닫도록 반영하여 긴장과 불안, 두려움 등을 해소한다.

상담자가 반영할 때 주의할 점은 위기자의 말과 행동 중 어떤 것을 선택하여 어느 정도의 깊이로 반영할 것이냐 하는 문제다. 이러한 선택의 기준은 위기자의 말과 행동에 담긴 감정 중 가장 의미 있는 것이 어떤 것이냐에 따라 다를 수 있다. 또 다른 하나는 위기자가 말한 수준의 이상으로 반영하지 않도록 한다. 위기자가 표현하지 않은 것까지 반영하면 평가나 해석으로 받아들일 수 있다.

언제 반영을 해야 하는지도 중요하다. 일반적으로 초심 상담자는 위기자의 말이 다 끝나기를 기다렸다가 반영하는 경우가 대부분인데 꼭 그렇게 할 필요는 없다. 경험이 많은 상담자라면 의미 있는 감정을 반영하기 위해 가끔 위기자의 말을 중단시키기도 한다. 그렇지만 이는 위기자가 지닌 감정의 흐름을 중단시킬 위험성이 있어 주의한다.

3) 명료화

명료화는 위기자가 진술한 말에 내포된 뜻을 명확하게 정리하는 것이다. 위기자의 반응에서 암시된 감정이나 생각의 의미를 보다 분명하게 정리하여 전달한다. 이러한 명료화는 위기자가 미처 생각하지 못했던 측면을 다시 생각하게 하는 자극제의 역할을 한다.

명료화의 내용은 위기자가 진술한 말 속에 포함된 범주 안에서 이루어지도록 한다. 자신이 잘 알지 못하는 의미나 관계 혹은 애매하게 느끼던 내용이나 불분명하게 이해한 것을 명료화 한다.

명료화는 상담자로부터 이해받고 있음을 느끼게 하여 상담에 보다 적극적으로 참여하게 하는 효과를 가져 온다. 하지만 위기자가 말하고자 했던 의도와 거리가 먼 애매하고 부정확한 내용의 명료화는 오히려 상담효과를 반감시킬 수도 있어 주의해야 한다.

4) 직면

직면은 적극적인 개입기술의 하나에 해당한다. 위기자가 모르고 있거나 인정하기를 거부하는 생각과 느낌에 대해서 주목하도록 하는 상담자의 언급이 곧 직면이다. 이러한 직면은 위기자가 자신의 위기문제와 생각, 감정, 행동에 대해 더 자각하도록 안내하는 역할을 한다.

직면할 때 주의할 점이 있다. 단순히 위기자의 부정적인 측면에 초점을 맞춘다거나, 상담자의 좌절과 분노를 표현하는 수단으로 사용되어져서는 바람직하지 않다. 위기자가 지닌 증상 제거와 기능회복, 위기문제해결 등을 존중하는 분위기에서 이루어지도록 따뜻하게 직면한다. 위기자를 배려하는 상호신뢰의 맥락에서 행해져야지, 그렇지 않을 경우에는 위기상담에 참여하는 동기가 약화될 수 있다.

이러한 직면은 몇 가지의 유형이 있다. 언어의 불일치와 말과 행동의 불일치가 있을 때, 두 감정 사이의 불일치가 있을 때, 가치관과 행동사이의 불일치가 나타날 때 주로 직면 기술을 사용한다. 위기자 본인이 지니고 있는 것임에도 불구하고 이를 인식하지 못하는 잠재능력과 심리적 강점자원을 지적하여 이를 활용하고자 할 때도 직면한다. 자신의 의견이나 생각을 고집스럽게 말할 때, 상담을 회피하거나 방해할 때에도 직면 기술을 사용한다.

제3자에 의해 의뢰된 비자발적인 위기상담의 경우에는 상담자의 직면에 저항하고 상담을 거부하는 상황으로 전개되는 경우도 발생한다. 따라서 이 같은 경우에는 위기상황에 있는 위기자가 직면을 받아들일 준비가 충분히 갖추어져 있는지 확인하고 한다.

5) 해석

해석은 위기자에게 어떤 의미를 전달하고자 하는 상담자의 의견이다. 위기자로 하여금 과거의 생각과 다른 관점에서 자신의 행동과 내면세계를 파악하도록 조력하는 기술이다. 위기자가 자신의 위기문제를 새로운 각도에서 이해하도록 그의 생활경험과 행동의 의미를 새로운 관점에서 설명하는 것이 해석이다.

이러한 해석의 의미나 범위는 전문가에 따라 다르게 설명한다. 정신분석자는 주로 저항의 본질에 직면하는 언급을 해석으로 간주한다. 인간중심상담 지지자는 일반적인 해석은 피하고 주로 감정의 명료화나 반영에 주안을 두는데, 그 이유는 해석이 저항을 조장하기 때문이라고 주장한다.

위기상담의 초기단계에서는 위기자가 미처 잘 알지 못하는 심리적 증상과 위기문제를 자세하게 해석한다. 중간단계에서는 위기문제에서 기인한 위기자의 부적응적인 태도나 위기극복의 대처자원인 강점을 해석하는 것에 초점을 둔다.

이렇게 해석은 위기자 스스로 자신을 좀 더 이해하고 앞으로 위기극복을 위해 어떤 노력이 필요한지를 알 수 있도록 도와주는 역할을 한다. 위기자가 어렴풋이 알고 있으나 확실하게 개념화하고 있지 못할 때에도 해석한다.

해석하는 데 중요하게 여겨야 할 점은 해석하는 적절한 타이밍을 포착하는 일이다. 직면과 같이 위기자가 어떤 내용의 말이라도 받아들일 준비가 되어 있다고 판단될 때 해석기술을 사용한다. 위기자가 받아들일 준비가 되어있지 않을 때 해석하게 되면 위기자의 불안과 심리적 혼란은 더 심화될 가능성이 있다.

해석의 횟수나 범위는 상담을 진행하면서 위기자 스스로 해석을 하도록 상담자의 해석 횟수를 줄여나가는 것이 바람직하다.

3. 종결단계

상담자는 위기상담을 종결하기에 앞서 위기상담 과정에서 주고받은 내용을 정리하고, 사회복지적인 필요사항을 해결하기 위한 방안과 후속조치 등에 대한 이야기를 나누면서 상담종결을 준비한다.

위기상담을 종결할 때는 주로 다음과 같은 몇 가지 과제를 이행한다.

첫째, 지금까지 이루어진 상담내용을 정리하고 종합하며 평가한다.

둘째, 위기상담이 종결된 후, 상담 전과 같은 심리적 어려움이 찾아올 경우를 대비한다. 이 같은 경우에는 지극히 자연스러운 일이라는 점을 이해시키고 스스로 이겨낼 수 있는 자신감을 고양한다.

셋째, 위기를 극복한 자신에 대한 지속적인 탐색과 성장을 위해 꾸준한 정진의 노력이 필요함을 주지한다.

어떤 위기자는 상담과정에서 느낀 안정감과 편안함, 보호받는 느낌이 사라지는 것을 두려워하기도 한다. 이러한 경우에는 위기자의 불안과 두려움을 수용하고 공감하며, 자신감을 갖도록 조력한다. 위기자의 심리적 증상이 감소하고 위기 이전의 기능상태로 점차 회복되어 위기문제가 해결되었다고 판단하면 상담을 종결한다.

제4절 위기상담자 역량

상담자는 위기자의 심리·신체적 안전을 최우선으로 관심을 가져야 하는 수호자이다. 아무리 좋은 상담전략을 세워도 위기자가 극단적인 행동을 시도하면 상황은 크게 달라진다. 자살을 시도한다거나 폭력을 행사하여 피해를 주는 일이 벌어진다면 상담자는 자신의 역할과 책임을 충실히 이행했다고 보기 어렵다.

위기를 겪고 있는 위기자의 특성을 탐색하고 위험에 처한 위기자를 보호하는 데 방해되는 요소를 제거하는 일에 관심을 둔다. 위기상담을 위해서는 상담자가 갖추어야 자질요건이 있다. 위기자의 심리적 특성을 심층적으로 탐색할 수 있는 전문적 자질을 포함해 인간적 자질, 윤리적 자질이 필요하다.

1. 위기자에 대한 관심사항

위기상담 과정에서 상담자에게 중요한 책임과 의무는 위기자에 대한 심리·신체적 보호와 안전을 수호하는 일이다. 위기자에 대한 개인특성의 탐색은 이러한 목적을 달성하기 위해 필요하다.

1) 위기자의 개인특성

아무리 숙련된 상담자라 할지라도 위기자에 따라 개인차가 있다는 사실을 종종 잊어버리는 경우가 있다. 자신만의 독특한 상담방법에 대한 과도한 자신감으로 위기자의 개인차를 소홀히 탐색하고, 개인이 지닌 다양한 심리적 특성을 존중하지 않는 위기상담은 매우 위험하다.

위기자를 상담시간에 쫓기게 하거나 똑같은 질문을 반복적으로 하는 것은 심신을 피로하게 하고 위기자의 문제해결을 어렵게 만든다. 위기상담이 성공적으로 이루어지기 위해서는 위기자의 사례가 동일하지 않고, 개인차가 존재하는 특수한 경우라는 점을 인식해야 한다.

2) 위기자의 욕구

상담자는 위험에 처한 위기자가 간절히 원하는 욕구가 무엇인지 이를 탐색하고 이해하며 적절히 반응한다. 어떤 위기자는 부모를 보고 싶어 할 수도 있고, 또 어떤 위기자는 자신의 위기해결을 위한 휴식을 원하거나 혹은 잠시 동안만이라도 자기만의 공간에 머물러 있기를 원할 수도 있다.

상담자는 이러한 위기자의 욕구가 충족되도록 적극 도와야 한다. 만약, 상담자의 능력을 벗어나는 것을 요구하면 솔직하게 상담자의 한계를 인정하고, 다른 요구사항 해결을 위해 노력한다.

3) 위기자의 희망

위기를 겪고 있는 위기자가 자신의 미래에 희망을 가질 수 있다면 그만큼 위기해결은 수월하고 상담기간 단축도 가능하다. 지금보다 장래가 더 나아질 것이라는 믿음에 근거한 희망은 위기에 절망하지 않는 버팀목이 되고, 위기문제 해결을 위해 끝까지 포기하지 않도록 하는 힘이 된다.

상담자는 위기자가 과거에 경험했던 위기를 어떻게 극복하였는지 물어 보는 것은 희망을 갖게 하는 데 도움을 준다. 과거의 위기극복 사례를 돌아보는 것은 그것을 해결한 위기자 자신의 유능성과 자신감을 새롭게 인식하고 희망으로 이어지게 하는 데 기여한다.

4) 위기자의 문화적 배경

우리나라가 다문화사회로 진입하면서 국내에 체류하는 외국인은 2002년 62만여 명이던 것이 2019년에는 250만여 명으로 증가하였다. 이후, 2020년에는 코로나 등의 영향으로 다소 줄기는 하였으나 200만여 명 선을 유지하고 있다. 불과 17년 사이에 4배 이상 증가한 수치인데, 이러한 현상은 문화적 다양성을 존중하는 상담자의 역량강화를 요구한다.

상담자는 위기에 처한 위기자의 문화적 배경, 성(性), 종교, 사회경제적 지위, 태도나 가치관, 신념 등에 대해 평가하거나 차별하는 일이 있어서는 안 된다. 동성애 문제와 종교적 가치에 관련한 문제에 대해서도 차별 없이 존중하는 가치중립적인 상담자가 되어야 한다.

2. 위기상담자의 역할

위기를 겪고 있는 위기자는 대개 하나 이상의 문제가 복잡하게 연결되어 있어 위기문제를 동시에 해결하는 것은 어렵다. 상담자는 위험에 처한 위기자의 위기문제에 신중히 접근하여 위기자의 심리·신체적 어려움과 고통, 혼란, 부적응 등의 문제를 하나씩 탐색하고 규명하는 데 집중한다.

특히, 위기자 스스로 자신의 위기문제 해결을 매우 복잡하고 어렵게 생각하여 상담을 회피하는 경우에는 더욱 신중한 접근이 필요하다. 계획적이고 구체적인 위기해결 전략을 수립하고 양파껍질 벗기듯 위기문제를 하나씩 해결해 나갈 수 있어야 한다.

상담자는 위기자가 과거에 사용했던 위기해결의 대처자원이 무엇인지도 탐색한다. 과거의 위기에 대처했던 기제를 발견하여 이를 적극적으로 현재의 위기문제에 활용하면 좋은 결과를 거둘 수 있다.

가령, 어떤 위기자는 스트레스가 심할 때 그림을 그리면 불안이 감소한다. 또 어떤 위기자는 자신이 좋아하는 노래를 부르면 두려움이 감소되기도 한다. 또 어떤 위기자는 자신이 좋아하는 운동을 하면 스트레스가 감소한다. 이렇게 상담자는 위기자의 대처기제를 파악하여 이를 적극 상담에 활용한다.

상담자는 위험에 처한 위기자가 경험하는 여러 가지 복잡한 심리적인 위기문제를 성공적으로 해결하도록 역량을 집중한다. 위기자의 다양한 심리적 증상과 위기문제를 정확하고 빠르게 진단하는 능력을 구비하고, 위기자의 증상이 더 이상 악화되는 것을 방지한다.

심윤기 등(2022)은 위기상담 과정에서 상담자의 역할을 다음과 같이 설명하고 있다.

첫째, 수호자의 역할이다.

상담자는 위험한 상황에 놓여 있는 위기자를 심신의 위협으로부터 안전하게 보호하는 수호자 역할을 한다. 위기자가 처한 위기상황은 위기자 혼자 해결하거나 처리하기가 어려워 무기력해지고 절망에 빠지기도 한다. 상담자는 이러한 경우에 수호자가 되어 위기자를 보호하고 돌보는 역할을 한다.

둘째, 안내자의 역할이다.

상담자는 위기자가 위기상황을 객관적으로 인식하고 위기를 성공적으로 해결해 나가는데 흔들리거나 포기하지 않도록 가까이에서 친절한 안내자 역할을 한다. 안내자의 역할은 위기상담의 어느 특정 단계에서만 이루어지는 것은 바람직하지 않으며, 위기상담의 전 과정에 적용한다.

셋째, 촉진자의 역할이다.

상담자는 위기자가 겪고 있는 심리적 갈등과 혼란이 더 이상 악화되지 않도록 다양한 이론과 치료적 개념을 적용하여 위기자가 안정을 찾도록 조력한다. 위기자의 잠재역량과 강점 자원을 적극 발굴하여 위기를 슬기롭게 극복하도록 촉진자의 역할을 적극적으로 수행한다.

넷째, 격려자의 역할이다.

상담자는 위기자가 겪고 있는 위기상황을 스스로 지혜롭고 슬기롭게 극복하도록 격려하는데 부족함이 없어야 한다. 위기자에게 따뜻하고 지지적인 힘이 되어 주는 말을 자주 한다. 위기자에게 따뜻한 위로와 격려의 말 한 마디는 그가 처한 위기상황을 객관적으로 바라보도록 하고, 위기해결을 위한 새로운 희망을 갖게 하는 데 도움을 준다.

다섯째, 모범자의 역할이다.

상담자는 매 순간 겸손한 인간적인 모습을 잃지 않고 적절한 반응이나 행동을 통해 모범자의 모습을 보일 수 있어야 한다. 위기자는 이러한 상담자의 모습에서 힘과 용기를 얻어 위기 이전의 기능을 회복하기 위해 최선을 다한다.

위기자를 돕는 것은 상담자만이 할 수 있는 일이 아니다. 위기자의 위기문제를 극복할 수 있는 여러 가지 대안 가운데 하나는 사회적 지지 자원을 적극 활용하는 것이다. 만약, 위기자의 사회적 지지 자원이 마땅치 않은 경우에는 상담자가 그 역할을 대신한다.

3. 위기상담자의 자질

위기상담자는 상담에 관한 이론적 지식과 전문적 기술을 포함하여 인간적 자질과 윤리적 자질 등을 두루 갖추어야 한다. 대부분의 상담전문가는 효과적이고 생산적인 상담을 위해 상담자가 갖추어야 할 자질에 대해 다음과 같이 언급하고 있다.

1) 인간적 자질

(1) 긍정적 인간관

인간에 대한 긍정적인 관심과 인간의 안녕과 행복에 관심을 갖는 것은 성공적인 상담 요건에 해당한다. 위험에 처한 위기자를 진심으로 존중하고 이해하며, 그의 가치를 높이 인정할 때 비로소 위기상담은 성공할 수 있다.

위험하고 절박한 상태에 있는 위기자 중에는 부정적이고 왜곡된 신념을 가진 자가 적지 않다. 이들에게 변함없는 인간적인 존중과 따뜻한 마음을 갖는 것이 상담자가 갖추어야 할 진정한 인간적인 자세다. 갑자기 닥친 위기상황 때문에 힘들 어하고 절망하고 있을 때, 상담자의 따뜻한 온정과 인간적인 관심은 그 자체로서 위기해결에 기여한다.

(2) 정서적 성숙

상담자는 위기상담 과정에서 나타나는 부정적인 심리적 증상과 예민한 정서적 변화 등의 문제에 직면한다. 이때 어떠한 경우라도 상담자는 자신의 정서를 철저 히 통제할 수 있어야 한다. 정서적으로 미성숙한 상담자는 침묵하는 의뢰된 위기 자를 만나면 자신도 모르게 좋지 않은 표정을 지을 수 있다. 자신의 감정을 숨기고 마치 좋은 감정이 있는 것처럼 위장된 모습을 보일 수 있지만 상담을 받는 위기자 는 이를 쉽게 알아차린다.

반면, 정서적으로 성숙한 상담자는 위기상황에 처한 위기자를 안심시키고 자신 의 위기문제와 관련된 이야기를 개방하는 것이 가능하다. 정서적으로 성숙한 상담 자가 되기 위해서는 먼저 자신의 미성숙한 정서로 나타나는 행동을 수정하려는 노 력이 필요하다. 자신의 모순되고 미성숙한 감정을 지속적으로 탐색하고, 이를 수정 해 가면서 침착성과 포용성을 지니도록 꾸준히 노력한다.

(3) 진실한 태도

진실성은 위기상담의 전 과정에 중요하게 작용한다. 모르면 모른다 하고, 두려 우면 두렵다 하고, 싫으면 싫다고 하는 것이 진실한 태도이다. 만약, 상담자의 불 일치한 언행과 진실하지 못한 모습이 위기자에게 지각되면 위기상담은 실패할 가 능성이 높다. 반면, 상담자의 진실한 모습이 일관되게 유지되면 위기자는 상담자를 믿고 적극적으로 상담에 참여한다.

진실성을 지닌 참된 한 인간의 모습을 지니기 위해서는 늘 자신에게 다음과 같 은 질문을 던질 수 있어야 한다.

- 나는 진실한 인간에 해당하는가?
- 나는 겉과 속이 같은 인간인가?
- 나의 생각과 감정, 행동은 일치하는가?
- 나는 가식 없는 태도로 위기자와 마주하는가?

• 나는 내 자신의 감정을 정확하게 지각하고 진실하게 표현하는가?

(4) 자기 성찰

상담자는 언제나 자신의 내면과 자신의 한계를 잘 알고 있어야 한다. 자기 자신의 내적 성숙을 돌아보는 것은 성공적인 상담이 되도록 하는데 영향을 주는 내적 역량이므로 이를 게을리 하는 것은 바람직하지 않다.

만일, 자신의 내면 상태를 잘 알지 못하거나, 성찰되지 않은 미성숙한 상태에서 상담이 이루어지면 상담과정이 제대로 진행되지 않을 뿐만 아니라, 위기자를 더욱 곤경에 빠지게 할 위험성이 있다. 소경이 소경을 이끌고 가는 우를 범하지 않기 위해서는 늘 자기 성찰과 함께 반성적 사고를 지녀야 한다.

2) 전문적 자질

상담자의 전문적 자질은 위기상담 과정에 중요하다. 전문적 자질을 갖춘 상담자는 상담이론을 깊이 이해하고 효율적으로 상담을 안내하는 방법과 절차를 잘 알고 있다. 다양한 상담이론과 지식을 바탕으로 충분한 상담실습 경험을 쌓고, 수련 전문가로부터 훈련 지도를 받아 상담역량이 숙련된 전문가다.

(1) 상담이론의 이해

위기상담이론은 내담자가 호소하는 위기 증상의 원인을 이해하고, 위기문제 해결을 조력하는 틀과 가설을 제공한다. 상담의 방향을 알려주고 이를 토대로 위기극복을 위한 여러 대처방안을 모색하도록 도움을 준다.

위기자의 심리적 문제를 객관적으로 진단 및 평가할 수 있게 할 뿐만 아니라, 행동 중심의 구체적인 실천방안을 포함해 위기극복을 위한 다양한 행동실천을 가능하게 한다. 상담자는 이러한 위기상담이론에서 제시하는 개념과 배경, 과정, 기술 등을 정확히 이해하고 적용하는 능력이 구비되어 있어야 한다.

(2) 상담역량

상담자의 중요한 전문성 중의 하나는 상담역량이다. 상담역량은 다음과 같이 몇 가지로 구분하여 설명한다.

첫째는 위기자를 공감하는 능력과 통찰, 자각의 능력이다. 위기자의 입장에서 위기문제를 어떻게 경험하고 있는지 알 수 있어야 한다.

둘째는 관찰능력이다. 위기자의 말을 잘 경청할 뿐만 아니라, 비언어적 표현과 반응이 무엇을 의미하는지 알아차릴 수 있어야 한다.

셋째는 위기자의 긴장과 불안, 두려움, 죄책감 등을 야기하는 고통스런 위기사건에 대한 기억이나 경험을 잘 드러내게 하는 능력을 갖추고 있어야 한다.

(3) 상담기술

상담자는 위기상담이론에 대한 전문적 지식을 갖춘 것만으로는 부족하다. 구체적인 상담방법과 기술에 대해서도 잘 이해하고 적용할 수 있어야 한다. 상담기술은 위기경험으로 나타난 다양한 심리적 증상이나 부정적 반응을 완화하고 제거하는데 필요한 방법론과 위기극복을 위한 여러 가지 대처기제를 말한다.

상담자는 상담관계를 맺는 방법, 위기상담의 전략, 단계별 상담진행요령, 상담제한사항에 대한 극복방법 등을 잘 알고 있어야 한다. 위기상담의 원리와 과정, 기술 등 위기상담의 실제에 대한 능력을 구비하고 이를 적극 활용하는 능력을 갖추고 있어야 한다.

(4) 경험적 지식

상담자는 위기문제 해결을 위한 구체적인 상담프로그램을 운영하는 능력을 필요로 한다. 위기상황과 상담여건을 충분히 고려하여 전체 위기상담의 회기와 프로그램에 대한 실행 가능한 계획을 수립할 수 있어야 한다.

위기상담의 목표를 달성할 수 있는 다양한 기법과 전략을 짜는 능력도 갖추어야 한다. 이는 위기자의 위기문제극복 능력을 높여 궁극적으로 적응력 회복에 기여한다. 이렇게 상담자는 인간의 다양한 위기문제 해결에 필요한 직·간접적인 폭넓은 경험적 지식을 지녀야 한다.

3) 윤리적 자질

전문적인 상담지식과 상담기술을 지니고 상담경험을 충분히 갖추었다 해도 윤리적 자질이 부족하면 그는 진정한 상담자가 될 수 없다. 상담자가 지녀야 할 윤리적 자질은 대체로 다음과 같은 사항을 요구한다.

(1) 윤리의식

상담의 윤리규준은 상담과정에서 이루어지는 모든 행위와 결정에 대한 답을 제시하지 않는다. 그렇기 때문에 상담자는 윤리적 가치와 정신을 근거로 삼아 자신만의 윤리적 행동기준을 만들고 이를 지켜야 한다.

윤리의식이 높은 상담자가 된다는 것은 단순히 윤리강령이나 제도적 규범, 법을 준수하는 것만을 의미하는 것이 아니다. 개인 삶의 영역과 상담의 영역에서 인간을 존중하는 마음을 바탕으로 한 인간적인 행동이 윤리적이어야 비로소 전문가라고 할 수 있다.

(2) 비밀보장

위기상담 과정에서 오간 이야기는 비밀을 지켜야 한다. 단, 자살의 위험성이 있거나 전염성이 강한 질병이 있을 때와 같이 자기 자신과 주변인에게 위험을 초래할 가능성이 있을 때에는 예외로 한다.

법원의 명령이 있는 경우에도 비밀보장은 예외로 적용한다. 이러한 때에는 비공개를 원칙으로 하되, 정보공개를 해야 하는 경우에는 그 사실을 위기자에게 알리고 공개한다. 상담 관련 정보가 공유되어야 하는 상황에서는 위기자에게 자세한 설명과 함께 사전 동의를 구한 다음 최소한의 정보만을 공개한다.

(3) 금전적 관계 및 성(性)관계

상담자는 상담료 지불 외에 어떠한 금전적인 관계나 채무관계를 위기자와 맺는 것을 금지한다. 어떠한 작은 물질적인 거래관계를 맺는 것도 윤리규정에 위반된다는 사실을 인식하고 있어야 한다.

특히, 성(性)적인 문제는 매우 민감한 영역이라서 윤리규정에서 깊이 다룬다. 상담자는 어떤 이유와 어떤 형태로든 상담받고 있는 위기자와 성(性)적 관계를 맺어서는 안 된다. 성(性)적인 관계를 맺었던 사람과 상담을 하는 것도 비윤리적인 행위에 해당한다. 상담이 종결된 이후에라도 성(性)적으로 친밀한 관계를 맺는 것은 윤리규준을 위반하는 부적절한 행위이다(심윤기 외, 2021).

위기상담의 모형

일반적으로 위기상담에 적용 가능한 상담모형은 몇 가지의 유형이 존재한다. 큰 틀에서 보면 개인상담과 단기상담, 해결중심상담, 집단상담 등의 유형을 절충하거나 통합하여 적용한다. 개인상담 모형으로 이루어지는 위기상담은 일반적으로 상담관계형성으로부터 상담목표설정, 자기탐색과 통찰, 현실에의 적용, 종결 및 추수지도의 과정으로 이루어진다.

단기상담 모형으로 이루어지는 위기상담은 짧은 상담기간의 단회적 특성을 유지하는 모델이다. 즉각적인 개입과 빠른 시간 안에 위기문제를 해결하는 것에 초점을 둔다.

해결중심상담 모형은 위기문제의 원인을 탐색하지 않는다. 심리적 위기문제의 원인을 제거하려는 노력에도 관심을 두지 않는다. 문제의 근원에 대한 규명보다 위기자의 긍정적인 내적 자원과 능력, 강점 등을 활용하여 단기간 치료를 성취하는데 역점을 둔다.

이 장에서는 위기상담에 적용되는 개인상담 모형과 단기상담 모형의 특징을 다룬다. 그 다음 해결중심상담과 집단상담 모형에 대해서 언급할 것이다.

제1절 개인상담 모형

개인상담은 통상 예측되는 국면과 단계를 거쳐 움직이는 하나의 연속적인 과정으로 이루어지는데 통상 초기단계와 중간단계, 종결단계를 거친다. 상담자는 상담을 종결하기까지의 과정과 방법에 관해서 잘 이해하고 익숙해져 있어야 성공적인 위기상담 조력이 가능하다. 위기문제를 해결하기 위해 실시하는 개인상담이 어떻게 준비되고 이루어지는지 살펴보겠다.

1. 상담 전 준비와 첫 회기 상담

1) 상담 전 준비사항

위기상담의 준비과정은 일반상담과 별반 다르지 않다. 상담자는 위기자의 특성을 이해하고 그의 위기문제를 함께 해결하기 위하여 상담시작 전에 관련 자료를 수집한다. 위기문제의 원인이 될 수 있는 각종 자료와 위기문제 해결에 직·간접적으로 도움이 되는 자료를 다각도로 준비한다.

위기자의 인적사항 외에도 과거의 생활배경, 성장과정, 생활습관까지도 살핀다. 상담 전 아무런 정보나 준비 없이 상담을 시작하면 상황에 따라 객관적 입장을 잃거나 정신적으로 위축되어 원만한 상담진행이 어려울 수 있다. 이는 아무리 상담경험이 풍부한 자라 하더라도 예외가 되지 않는다(심윤기 외, 2022).

위기문제를 겪고 있는 위기자는 한 사람 한 사람 모두가 위기사건이 다르고 개인의 성격특성도 다를 뿐만 아니라, 심리적 위기문제도 다르다. 그러므로 위기자에 관한 정보를 사전에 수집하고 정리하는 것은 위기상담을 성공적으로 이루어지도록 하는데 영향을 미친다.

심윤기 등(2022)은 위기상담 전 준비할 사항을 다음과 같이 설명하고 있다.

첫째, 위기상담에 필요한 자료를 선별하여 수집한다.

위기상담에 필요한 자료를 모으되, 기계적이고 획일적으로 자료를 모으거나, 단편적인 일상의 수준에 있는 자료를 누적하는 것은 바람직하지 않다. 위기문제를 해결하는데 필요한 자료만 선별하여 수집한다.

상담 전 위기문제와 관련한 자료를 수집하였다면 이제는 그 자료를 효과적으로 활용하기 쉽도록 정리한다. 위험에 처한 위기자의 직무환경과 심리적 특성을 명확하고 포괄적으로 파악할 수 있도록 자료를 정리한다.

둘째, 수집된 자료를 어떻게 활용할 것인가를 계획한다.

수집된 위기자 정보를 활용함에 있어서 유의할 사항은 위기자에 대한 사전 정보나 자료가 위기자에 대한 선입견이나 고정관념으로 기정사실화 되어서는 바람직하지 않다. 어디까지나 위기문제 해결을 위한 참고자료로만 활용할 수 있어야지, 수집된 자료를 가지고 위기자를 평가하거나 판단해서는 성공적인 상담결과를 기대하기 어렵다.

2) 위기자를 대하는 자세

(1) 온정과 따뜻함으로 대한다

대부분의 위기자는 불안과 긴장, 스트레스 등 심리적 고통을 경험한다. 위기자가 처음 위기상담을 하거나 의뢰된 경우에는 불안과 두려움, 긴장 등으로 저항하는 모습을 보이는 경우가 있는데, 이는 자기를 보호하려는 의도에서 하는 행동이다. 따라서 상담자는 온정과 진정어린 밝은 표정으로 위기자를 맞이하여 긴장을 풀고 심리적 안정감을 갖도록 한다.

상담실에 온 위기자에게 자리를 권해 앉게 한 다음, 차를 대접하는 것은 처음 만남의 다소 어색한 분위기를 바꾸고, 대화의 문을 여는 데 기여한다. 차를 권하고 마시는 과정에서 인간적인 정이 오가며, 상담자에 대한 친밀감이 조금씩 형성되고 상담에 대한 두려움도 사라진다.

(2) 온 관심을 위기자에게 집중한다

상담에 의뢰된 위기자일 경우에는 침묵을 유지하고 저항하는 모습을 보일 수도 있다. 그렇다 하더라도 상담자는 위기자를 재촉하지 않으며, 위기자가 마음의 문을 열 때까지 기다려 준다. 위기자의 옷차림이나 표정, 말 한마디와 행동 하나하나에도 세심한 관심을 기울이고, 적절한 시기에 자연스럽게 반응하며 신뢰관계를 쌓아간다.

'오늘 처음 만났는데 말하는 음성이 또렷또렷하고 분명해서 듣는데 매우 편안하고 좋습니다. ○○○님이 옷차림을 단정하게 하고 오셔서 상담실 분위기가 한껏 밝아진 것 같은 느낌입니다.'라고 위기자의 좋은 부분을 표현하면 라포(Rapport)

형성에 큰 도움이 된다.

(3) 온전히 기다리며 위기자와 함께 한다

위기를 겪고 있는 대부분의 위기자는 상담실에 오자마자 자신이 상담하고자 하는 핵심 내용으로 들어가고 싶어 하지 않는다. 그 이유는 라포 형성이 덜 되었기 때문이다. 위기자가 얼마의 시간 동안 상담자를 탐색하고 난 후, 믿어도 되겠다는 확신이 생겼을 때 위기자는 비로소 대화의 문을 열고 상담자에게 다가온다.

상담자는 위기자가 간간이 던지는 말의 내용을 정확히 파악하고 상대방의 몸짓과 표정, 그리고 음성 등 신체언어의 섬세한 변화를 느낄 수 있어야 한다. 진술하는 말의 저변에 깔려 있는 속마음까지 감지하고, 나아가 위기자가 말하지 못한 내용까지도 알아차릴 수 있어야 한다.

3) 첫 회기의 상담

위기상담을 진행할 때는 위기자에게 전적인 관심을 집중하며 그가 전하고자 하는 말을 적극적으로 듣는다. 위기자가 말을 할 때 시선을 자연스럽고 부드럽게 하고, 몸의 상체를 약간 앞으로 기울여 적극적으로 위기자의 말을 듣는다.

위기자의 이야기 내용에 따라 얼굴 표정을 밝게 혹은 진지하게도 하는 등 다르게 하여 '나는 당신의 말을 집중해서 주의 깊게 듣고 있습니다.'라는 의미를 전달한다. 위기자가 말을 할 때마다 수용과 긍정, 공감을 나타내는 태도로 고개를 끄덕이거나, '음~ 그랬군요.'라는 등의 반응을 보인다.

첫 회기의 위기상담은 중요하다. 통상 첫 회기의 위기상담은 위기자의 긴장과 불안 등을 제거하기 위해 몇 분 동안 일상적인 대화를 나누며 시작한다. 위기자가 자진해서 위기상담을 받으러 왔는지 혹은 가족이나 선생님 등 다른 사람의 요청이나 의뢰로 상담을 받으러 왔는지에 따라 상담방법을 달리한다.

통상 상담자는 위기자에게 상담을 받으러 온 분명한 이유와 상담과정에서 기대하는 것이 무엇인지 질문한다. 상담자는 자신이 질문한 내용에 위기자가 어떤 모습으로 어떻게 말하는지 주의 깊게 관찰하고 경청한 다음, 위기자가 바라고 기대하는 것에 대한 답을 자상하고 친절하게 제공한다.

자진해서 상담실을 찾아온 위기자에게는 다음과 같이 이야기를 나누면서 상담을 시작한다. "우리가 이야기를 나눌 수 있는 시간이 대략 1시간 정도가 됩니다",

"오늘 어떤 어려움이 있어서 찾아 오셨는지 이야기를 나누어 보도록 하지요. 어떠한 이야기를 해도 좋습니다. 여기를 오실 때 무엇을 기대하고 오셨는지 그 이야기를 먼저 나누면서 대화를 시작했으면 하는데 어떠신지요."

첫 회기의 위기상담이 중요한 또 다른 이유는 상담자와 위기자 사이에 촉진적인 상담관계, 즉 라포(rapport) 형성이 되는 첫 만남이기 때문이다. 위기자는 첫 회기의 상담이 이루어지는 과정에서 상담자의 행동을 세심하게 관찰하고 분석하며, 이를 바탕으로 신뢰감을 형성한다.

따라서 상담자는 첫 회기의 상담이 진행되는 동안 신뢰감이 잘 형성되도록 위기자에 대한 진정한 관심과 존중, 배려, 적극적인 경청 등에 주안을 두고 진솔한 대화를 이어간다. 위기자의 위기문제와 심리적 증상, 혼란, 스트레스 등과 관련해서도 촉진적으로 대화를 나눈다.

위기상담 과정에서 상담자와 위기자가 해야 할 구체적인 역할을 알려주는 상담구조화도 실시한다. 위기상담의 비밀보장 등에 관해서도 대화를 나누며, 상담시간이 어떻게 진행되는지 그 범위도 위기자와 함께 협의하여 결정한다.

상담자는 회기마다 이루어지는 상담시간이 얼마나 걸리는지에 대해서도 알려준다. 그래야 위기자가 상담시간을 알고 그 시간 내에서 의논할 적절한 위기문제와 그에 따른 정보제공이 가능하다. 상담자가 상담에 걸리는 시간을 밝히지 않는다면 위기자는 종종 특정한 위기문제에 대해서 상담이 종료되기 직전까지도 말하지 않는 경향이 있다.

이런 상황을 방지하기 위해서 상담자는 상담 종료시간이 다가오면 남은 시간을 위기자에게 알려줌으로써 상담시간이 다 지나가기 전에 미해결된 문제를 제의할 기회를 제공한다. "○○○님, 아직 상담시간이 10분 정도 남았는데 상의하고 싶은 다른 문제가 있으면 말해 보실래요?"라고 말한다. 위기자는 자신의 위기문제에 너무 심취되어 시간가는 줄도 종종 잊을 때가 있어 상담자가 이를 알려 주는 것이 바람직하다.

첫 회기의 상담에서는 전체적인 상담기간에 대해서도 논의하고 결정한다. 상담기간은 위기문제의 심각성, 위기자의 심리적 증상에 따라 달리 정하되 위기자와 협의하여 결정한다.

위기상담은 종종 상담과정을 더 이상 진행할 수 없어 다른 상담자에게 위기자를 의뢰해야 하는 경우가 발생되기도 한다. 위기자를 다른 상담자에게 의뢰하는 것은 적절하지 않은 것으로 여기는 상담전문가도 있지만, 심각한 위기문제와 심리적 갈등, 혼란 등을 해결하는 것은 상담자의 역량과 인간적인 자질이 전적으로 필요하다.

위기자를 의뢰하는 절차는 도움을 필요로 하는 사람에 대한 신뢰와 존경하는 마음을 기초로 해야 한다. 특히, 의뢰 절차와 방법 및 관련된 법적인 문제를 잘 알고 있어야 예기치 않은 또 다른 문제로 발전하지 않는다.

다음과 같은 경우에는 다른 상담자에게 상담을 의뢰한다.

- 위기자가 제시하는 위기문제가 상담자의 능력 범위를 넘어설 때
- 상담자와 위기자 사이의 성격차이 해소가 어려워 위기상담이 저해될 때
- 어떤 이유로든 상담자와 위기자 간 위기해결 논의를 계속하기가 어려울 때
- 위기자가 잘 아는 관계에 있거나 장기간의 상담시간을 필요로 할 때 등

2. 개인상담의 절차

위기상담의 개인상담 절차는 일반상담 과정과 별반 다르지 않다. 단기상담이 아닌 개인상담으로 이루어지는 상담과정은 일반적으로 초기단계의 상담관계 형성으로부터 상담목표설정, 자기탐색과 통찰, 현실에의 적용, 상담종결 및 추수지도 과정으로 이루어진다.

🔵 그림 4-1 **개인상담과정**

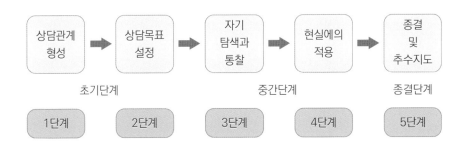

출처: 심윤기 외, 2022.

1) 초기단계

개인상담의 초기단계는 상담의 기초를 세우는 작업이 이루어진다. 개인상담의 초기단계에서는 위기자가 경험하는 심리적 증상이나 갈등, 혼란, 심각한 스트레스 등을 객관적으로 평가한 후, 구체적인 상담목표를 세우는 절차로 이루어진다.

위기자와의 상담관계를 긍정적이고 촉진적으로 형성하는 데 심혈을 기울이고, 상담을 구조화하며 상담목표를 설정한다. 그러나 이러한 상담과정은 반드시 순서대로 진행되어야 한다는 의미는 아니다.

개인상담의 초기단계에서 이루어지는 상담관계는 상담자와 위기자가 맺는 신뢰관계를 말한다. 위기상담 과정에서는 적극적인 경청과 위기자에 대한 진정한 관심을 통해 신뢰관계가 형성된다. 상담자가 위기자의 말을 단순히 경청하는 것에 그치는 것이 아니라, 한 인간으로서 위기자에게 관심을 갖고 위기자의 심정을 충분히 이해하고 존중할 때 신뢰감이 형성된다.

그러므로 상담자는 위기자에게 일관된 진지한 관심을 보이고 공감하며, 민감하게 반응할 수 있어야 한다. 상담자에 대한 위기자의 신뢰는 단 한 번의 상담으로 형성되기보다는 여러 번의 만남을 통해 이루어진다.

상담초기단계에서 위험에 처한 위기자의 문제를 평가하는 것은 다음과 같은 사항이 있다.

(1) 위기문제를 명확히 파악한다

위기자의 문제를 정확하게 이해하고 평가하기 위해서는 먼저 위기경험과 관련된 자료를 철저히 수집한다. 위기자의 현실 지각과 지각한 현실에 대한 반응, 고통, 갈등, 위기문제로 기인한 심리적 혼란과 갈등 등이 형성된 과정을 탐색하고 이를 평가한다.

(2) 즉각적인 도움이 필요한 이유를 파악한다

상담자는 위기자가 도움을 받으러 온 상황을 분명히 이해할 수 있어야 한다. 위기자가 외부의 의뢰로 상담실을 찾아 왔는지 혹은 자발적으로 상담실을 찾아왔는지에 따라 위기상담의 방법이 다르기 때문이다. 상담자는 이러한 기준을 통해 위기자가 어느 정도 수준으로 상담에 참여할 수 있는지를 평가한다.

(3) 위기자 스스로 자신의 위기문제를 진단한다

위기자 스스로 무엇이 먼저 해결되기를 바라는지, 어떤 변화가 있기를 바라는지 탐색한다. 만약, 위기자의 호소가 애매하고 불분명하다면 상담자는 위기자가 위기상담에서 얻고자 하는 것이 무엇인지 개방적 질문을 통해 명료하게 밝힌다.

(4) 위기자의 행동을 관찰한다

상담 장면에서 보이는 위기자의 의사소통 방식은 다른 대인관계에서의 재현된 모습이다. 상담 초기단계에서 위기자의 행동을 이론적으로 해석한다거나 행동의 의미를 직면하기보다는 행동의 저변에 숨은 의미를 파악하는 데 초점을 둔다. 위기자가 호소하는 행동 관찰이 이루어질 때 위기문제의 근원에 대한 이해가 가능하다.

극한 위기를 경험한 위기자는 반복적으로 학습된 전형적인 행동패턴을 상담 장면에서 드러내는 경향이 있는데, 상담자는 이를 발견할 수 있어야 한다. 위기문제에 대한 위기자의 반응양상이나 행동패턴에 대한 의미를 정확히 파악하면 위기자의 행동예측이 가능하고, 위기자가 어떻게 반응할 것인지도 예측이 가능하다.

한편, 상담의 구조화는 상담을 전체적으로 안내하는 오리엔테이션과 같은 역할을 한다. 상담에 대한 위기자와 상담자의 기대를 맞춰 나가는 데에도 기여한다. 상담자는 상담구조화를 통해 상담에 대한 위기자의 불안이나 긴장, 두려움 등을 경감시킬 수 있고, 위기자는 상담과정에 어떻게 참여하는지 이해한다.

상담여건의 구조화는 상담시간, 상담 횟수, 상담 장소, 상담 시간에 늦거나 약속을 지키지 못할 일이 발생하였을 경우, 연락하는 방법 등에 대한 구조화를 말한다. 상담관계의 구조화는 상담과정이 어떻게 진행되며, 상담자와 위기자가 어떤 역할을 하는지 알려주는 구조화를 의미한다.

상담비밀보장의 구조화는 상담에 대한 비밀보장을 유지하고 지켜야 할 의무사항 등을 알려주며, 특수한 경우에는 비밀보장의 한계가 있음을 알려주는 구조를 말한다.

위기상담이 일반적인 대화와 다른 점은 상담목표를 명확히 설정하고 이루어진다는 점이다. 상담목표는 상담을 성공적으로 이끌어 가는 요인이다. 상담자와 위기자가 나아가야 할 상담의 방향을 제시해 주고, 상담이 잘 진행되고 있는지, 언제

상담을 종결해야 하는지를 알려주는 기능을 한다. 위기자로 하여금 위기문제와 관련된 상황이나 행동과정을 탐색하고 조정하며, 상담과정에 위기자가 적극적으로 참여하도록 하는 데에도 기여한다.

이때 주의해야 할 사항은 위기자의 위기문제 해결을 어떻게 다룰지에 대해 고정된 선입견을 가지지 말아야 한다는 점이다. 변화가 요구되는 새로운 정보를 획득하거나 위기자의 새로운 행동이 관찰되면 기존에 수립된 상담목표를 적절히 수정한다.

위기상담의 초기단계에서 나타나는 문제는 주로 다음과 같다.

첫째, 외부에서 의뢰된 위기자를 어떻게 동기화할 것인가 하는 문제이다.

이러한 경우에는 위기자 자신의 문제를 지각하는 기회를 늘리면서 자발적으로 상담에 참여하도록 촉진한다. 지금 왜 도움을 받으러 왔는지, 상담자에게 무엇을 기대하는지 확인한다. 아울러 위기자의 비자발적인 태도가 보이면 이를 무시하기보다 그의 망설임을 적극적으로 이해하고 수용한다.

둘째, 상담과정에서 위기자 역할에 대한 인식의 문제이다.

개인상담 초기단계가 끝날 때 쯤 위기자가 갑자기 자신이 하고 싶은 말을 다 했다면 침묵하거나 뒤로 물러나는 상황이 발생되기도 한다. 이때에는 상담구조화를 통해 궁극적인 의사결정은 위기자가 주도적으로 해야 한다는 점을 충분히 일러준다.

넷째, 위기자의 문제를 상담자가 해결해 주기를 바랄 때의 문제다.

이러한 경우에는 상담자가 위기자의 문제를 해결해 주기보다는 위기자가 어떤 의미로 그런 말을 하였는지 파악하는 것이 필요하다. 위기자의 심리적 문제를 상담자가 해결하는 것은 위기자의 문제해결에 긍정적인 영향을 미치지 않는다는 점을 분명히 인식하도록 조력한다.

2) 중간단계

개인상담의 중간단계에서는 위험에 처한 위기자 자신의 위기문제에 대한 심층적인 탐색과 심리적인 증상을 해결하는 과정이다. 상담목표를 달성하기 위해 전적으로 노력하는 위기상담의 핵심적인 단계이기도 하다.

중간단계 과정에서는 주로 심층적인 공감과 감정의 반영, 직면, 즉시성의 활용, 해석 등의 상담기법이 사용된다. 상담자는 위기자의 행동 변화를 위해 부적절한 행동패턴에 대한 자각이 일상생활의 여러 측면에서 반복적으로 일어나도록 조력한다.

새로운 자각을 기초로 일상생활에서 실천할 수 있는 행동계획을 수립하고, 이를 실행하며 평가한다. 위기자가 지닌 현재의 위기문제와 관련된 부적응적인 사고, 감정, 행동 패턴에 대해 자각하도록 촉진한다.

상담자는 중간단계에서 위기자 스스로 자신의 위기문제와 심리적 고통의 의미를 발견하도록 안내하며, 자신이 해결할 수 있는 부분과 불가능한 부분에 대해 현실적인 판단을 내릴 수 있도록 한다.

(1) 중간단계에서 요구되는 자각

① 부적응적인 사고와 감정, 일상생활의 패턴, 대인관계 유형에 대한 자각
- 내담자 자신이나 타인에 대해 자주 느끼는 감정과 자신이 억압하고 있는 감정의 자각
- 실패에 대한 공포나 두려움과 같이 어떤 행동을 방해하는 감정의 자각
- 수동 공격적인 표현과 그 때의 감정자각 등

② 위기자 스스로 자신의 행동에 대한 자각
- 자신의 행동이 어떤 것에 강화되는지에 대한 통찰
- 자신의 행동에 영향을 미치는 무의식적인 힘의 발견
- 자신의 방어기제와 지금까지 문제를 해결하려고 사용한 방식에 대한 자각 등

③ 위기자의 대인관계에 대한 자각
- 중요하다고 생각하는 사람과의 관계에서 해결되지 않은 일에 대한 자각
- 반복되는 대인관계의 패턴에 대한 자각과 가족 내에서의 역할 등에 대한 통찰

④ 위기자 자신의 특성에 대한 자각
- 자신의 장·단점, 문제해결을 위해 활용할 수 있는 개인 자원에 대한 자각
- 자신의 흥미나 능력에 대한 통찰 등

상담자는 개인상담 중간단계에서 상담이 어떻게 진행되고, 위기자에게는 어떤 진전이 있는지 평가한다. 위기자 스스로 자신이 어떤 위기문제를 변화시키고자 하는지, 그 변화를 어떻게 가져올 수 있는지도 예측한다.

상담자는 위기자가 자신감을 갖고 자신이 원하는 바람직한 행동을 할 수 있는 새로운 방식을 찾도록 지지한다. 위기자와 협력하여 바람직한 행동계획을 세우고, 그것을 일상생활에서 어떻게 실천할지 전략을 세운다. 위기자의 부적응적인 행동과 왜곡된 지각이 눈에 보일 때 변화를 시도하는 것이 좋지만, 그런 언급이 위기자에게 미칠 영향을 고려하면서 조력한다.

(2) 중간단계에 나타나는 주요 문제

상담중간단계에서 주로 나타나는 문제는 다음과 같다. 첫째, 자기이해 과정에서 생기는 불안감이다.

이 같은 문제를 해결하기 위해서는 현재의 불안에 대해 충분히 이해하도록 촉진하는 것을 우선한다. 현재의 불안을 심각한 문제로 과도하게 판단하여 접근하는 것은 바람직하지 않다.

둘째, 다양한 방식으로 저항이 발생할 가능성이다.

회기를 거듭하면서 위기자와 라포 형성은 되었지만 위기문제 해결과정에서 저항이 나타날 수 있다. 이러한 경우에는 다양한 상담기술을 활용하여 위기자의 잘못된 인지를 수정할 수 있도록 안내한다.

셋째, 변화에 대한 진전이 나타나지 않을 가능성이다.

이때에는 위기상담의 과정을 재검토 할 필요가 있다. 상담의 초기에 이루어진 상담의 구조화를 다시 살펴본 후, 사례개념화를 수정하고 보완한다.

3) 상담종결 단계

개인상담의 종결단계에서는 통찰을 바탕으로 일상생활에 적용할 수 있는 새로운 행동을 시험하고 평가하는 과업이 주로 이루어진다. 앞으로 실천해야 할 행동을 결정하고, 그것을 어떻게 실천할 것인지에 대한 구체적인 행동계획을 세운다. 상담종결 시 위기자가 느낄 수 있는 여러 가지 감정도 종결단계에서 다룬다.

위기자가 호소하는 문제와 관련된 심리적 고통이나 두려움 등이 사라지면 위기상담을 종결하지만, 상담자에 대한 애착이 강한 위기자는 상담종결에 대한 분리불안과 거절당하는 기분을 느낄 수 있다. 그러므로 상담종결 시 이별 감정을 다루는 시간을 갖는 것이 필요하다. 이별 감정과 위기자의 분리불안을 다루면서 스스로 당당히 일어설 수 있도록 지지하고 격려한다.

다음으로, 상담 성과에 대한 평가와 문제해결력을 다진다. 일상생활에서 상담의 성과가 유지되도록 하기 위한 노력을 구체화한다. 상담을 통해 얻은 것을 극대화하고, 상담을 통해 얻은 성과를 지속적으로 유지하도록 안내한다. 추수상담에 대해서도 논의한다. 위기자의 행동 변화를 지속적으로 점검하고 강화하기 위해 추수상담을 계획하고 이행한다.

상담 종결단계에서 나타나는 주요 문제는 대체로 다음과 같다.

첫째, 상담을 조기 종결하는 문제이다.

위기자가 상담의 조기 종결을 원할 때에는 그 이유에 대한 탐색이 이루어져야 한다. 자신의 위기문제가 완전하게 해결되어 상담종결을 원하면 인과관계 및 진실성을 확인한다. 상담자의 유능성 부족에 의한 이유에서 상담종결을 원한다면 상담자는 솔직하게 자신의 능력부족을 인정한다.

둘째, 상담종결을 거부하는 문제이다.

상담자에 대한 의존성 때문이거나 위기문제와 관련한 심리적 고통의 문제가 다시 발생될 것을 두려워하여 상담종결을 거부하는 경우에는 이별 감정과 두려움에 대한 심층 깊은 대화로 이를 해소한다. 위기자가 제안한 조기 종결의 이유가 합리적이지 않고 비논리적일지라도 논쟁하거나 설득하는 행동은 바람직하지 않다.

제2절 단기상담 모형

단기상담과 관련한 연구는 대부분 단기에 대한 합의된 견해가 없이 짧은 상담기간의 특성을 제시하는 경향이 있다. 그러나 단기상담은 단순히 장기상담과 비교해 상담기간이 짧은 것만을 포함하는 것이 아니라, 즉각적인 개입과 빠른 시간 안에 상담을 종결하는 특성까지도 포함한다(심윤기, 2016). 위험에 처한 위기자를 대상으로 이루어지는 단기상담의 모형을 살펴보겠다.

1. 개요

단기상담에 대한 국내·외의 연구는 다양하다. 단기상담은 대체로 위기자의 심리적 문제와 갈등 및 이에 따른 상담전략에 따라 교육적 단기상담, 단기정신역동 치료, 지지적인 단기상담, 문제해결중심의 단기상담 등으로 구분한다.

교육적 단기상담은 위기자가 호소하는 문제의 성격이 단순하고 문제발생기간이 비교적 짧은 경우에 실시하는 유형이다. 문제해결중심의 단기상담은 의사결정, 진로선택, 일시적 고충 등 명확한 문제에 대하여 상담하는 유형이다.

단기상담의 공통점은 위기문제 발현으로부터 초기 72시간을 매우 중요한 결정적인 시간으로 간주한다. 뿐만 아니라, 단기상담은 구체적인 상담목표의 합의와 현재의 위기문제에 역점을 둔 접근, 즉각적이고 적극적인 개입, 문제해결중심의 대화 등이 중점적으로 이루어진다(심윤기, 2016).

단기상담에 적합한 대상은 몇 가지의 기준이 있다. 정서적 위기에 직면한 경험과 감정을 적절히 표현할 줄 알며, 자신의 심리적 문제증상을 구체적으로 말할 수 있는 대상이어야 한다. 위기문제에서 기인한 심리적 고통과 갈등이 해결되기를 원하는 상담동기를 가진 위기자이면 단기상담의 대상으로 적합하다.

이 외에도 비교적 발달과정상의 문제를 구체적으로 호소할 수 있는 자, 위기문제발생 이전에 비교적 정상적인 생활을 해 왔고, 주위에 의미 있는 타인이 존재하며, 과거나 현재에 상보적인 좋은 인간관계를 가진 자이면 단기상담의 대상자로 적합하다.

반면, 만성적인 정신병이 있는 환자나 성격장애로 진단된 자, 강박증 환자 등은 단기상담의 대상자로 적합하지 않다.

2. 단기상담의 절차

단기상담 과정은 상담에서 취급되어야 할 주요 내용을 단계에 따라 체계적으로 구조화하여 이루어진다. 일련의 연속선상에 있는 상담과정을 독립적인 단계로 구분하기는 어려우나 몇몇 단계를 중심으로 단기상담의 절차와 특징을 제시해 보겠다.

1) 초기단계

단기상담의 초기 단계는 상담의 목적과 성격에 대한 설명으로부터 시작한다. 상담을 통해 위기문제와 부적응, 외상 및 직무스트레스 등을 해소하고 건강한 일상생활을 통해 자신의 발전과 성장이 이루도록 상담동기를 부여한다.

위기자가 경험한 위기사례와 관련된 두려움과 불안을 취급하고, 상담구조화와 상담목표 설정을 다룬다. 위기자로 하여금 적극적으로 단기상담에 임하도록 안내하고, 상담자와 위기자 간 신뢰관계 형성에 관심을 둔다.

위기를 경험한 자는 위기문제에서 비롯된 심리적 갈등, 혼란 등의 해결 가능성에 대한 불안과 상담비밀보장 등이 제대로 지켜질 것인지에 대한 두려움을 갖고 상담에 참여한다. 상담자는 이러한 위기자의 심리적 불편감과 어려움이 자살과 같은 불미스러운 사고로 이어지지 않도록 심혈을 기울인다.

단기상담의 시작은 위기자의 예기불안을 우선하여 다룬다. 위기자로 하여금 상담과정에 좋은 인상을 갖도록 촉진하고, 상담자와 신뢰감을 형성한다. 편안하고 안정된 상태의 상담분위기를 조성하고, 적극적인 경청과 따뜻한 공감 및 관심 등으로 위기자의 예기불안이 감소되도록 안내한다.

일반적으로 위기자는 심리적 문제와 갈등, 혼란, 심각한 스트레스 등으로 무기력하고 위축된 상태에 있다. 자신이 무엇을 해야 하고, 어떻게 해야 하는지 모르는 상태에서 불안과 두려움을 느끼기도 한다. 따라서 상담자는 단기상담의 성격과 목적, 이루어지는 과정 등을 자세하게 설명하고 안내할 수 있어야 한다.

상담과정 중 상담자와 위기자의 역할을 자상하게 알려주고, 지켜야 할 기본적인 규칙과 비밀보장 등에 관해서도 설명한다. 상담목표를 설정하는 방법에 대해서도 알려주며, 사회복지적인 측면의 애로사항에 대한 해결방법도 설명하여 상담과 관련한 의문점과 궁금증을 해소한다.

단기상담의 초기단계에서 상담목표를 설정하는 일은 무척 중요하다. 분명한 상담목표를 가질 때 위기자는 비로소 상담의 방향성에 대한 인식이 가능해 빠른 변화를 가져올 수 있다. 상담목표가 구체적이고 분명할 경우 그 목표는 위기자의 상담동기를 유발하고 행동변화를 가져오지만, 그렇지 않은 경우에는 위기자의 불안과 두려움을 더 크게 확장시킬 위험성이 있다.

대부분의 위기자는 현재 겪고 있는 위기문제와 관련한 심리적 증상과 심각한 스트레스에 고착되어 상담자가 자신의 문제를 대신 해결해 주기를 기대한다. 위기자 스스로 자신의 위기문제와 심리적 혼란, 갈등, 부적응 등의 문제를 적극적으로 탐색하고 상담목표를 스스로 설정하는 등 능동적으로 상담에 참여하는 자는 소수에 불과하다.

상담자는 위기자가 상담목표를 설정할 수 있는 능력을 충분히 갖추고 있는지 혹은 상담자와 협력해야만 가능한지 아니면 무기력하고 의존성이 높아 혼자의 능력으로는 도저히 상담목표 설정이 불가능한지를 살펴서 상담목표설정 방법을 달리한다. 상담자의 주도적인 개입 여부가 어느 정도의 수준으로 필요한 위기자인지를 진단하고 평가하여 상담목표를 설정한다.

상담목표는 변화되어야 할 구체적인 행동과 변화에 필요한 기간을 포함한다. 또한 위기자 스스로 상담목표의 성취 여부를 확인할 수 있는 기준을 마련해야 한다.

2) 탐색단계

단기상담의 탐색단계에서 상담자의 역할은 위기자의 저항을 처리하고 자기노출을 촉진하며, 위기자의 의존성을 해결하는 것이다. 안정감 있고 편안하며 따뜻한 상담분위기를 조성하여 위기자의 불안과 두려움, 긴장 등을 해소한다.

심리적 안정감과 신뢰감이 결여된 단기상담은 상담과정이 피상적으로 이루어진다. 깊이 있는 자기개방과 진솔한 피드백 나누기도 어려워 성공적인 상담결과를 기대하기 어렵다. 상담자는 따뜻한 상담분위기 조성과 위기자의 문제증상 해소에 기여될 수 있도록 위기자가 하는 말과 행동을 적극 수용하고 지지한다.

단기상담 과정에서도 위기자의 저항이 나타날 수 있다. 저항은 자의에 의한 상담이 아닌 제3자에 의해 의뢰되어 이루어지는 상담의 경우에 주로 나타난다. 위기문제 해결의 책임을 위기자에게 있음을 상담자가 주지시킬 때, 이에 대한 불편한 심정과 불안을 느껴 저항이 나타나기도 한다.

위기자의 저항은 침묵과 무성의한 답변, 피상적인 자기노출, 상담시간 안 지키기, 시선 회피 등 다양하게 나타난다. 상담자는 이러한 위기자의 저항을 상담과정에서 피할 수 없는 하나의 자연스러운 현상으로 받아들일 수 있어야 하며 직면이나 해석의 방법으로 다루어서는 바람직하지 않다. 위기자가 저항하는 이유와 의미를 따뜻하고 진솔하게 다루어, 위기자 스스로 자신을 돌아보고 위기문제를 통찰할 수 있도록 한다.

이렇게 하여 저항을 잘 처리하면 상담자와 위기자 사이는 한층 상담관계가 돈독해져 신뢰감이 높아지며, 자기노출도 자주 나타난다. 상담자의 자기노출은 위기자의 생각, 감정과 유사한 내용으로 하는 것이 효과적이다. 이는 위기자로 하여금 비슷한 수준의 자기노출을 촉진하고, 상담자에 대한 신뢰감을 높일 뿐만 아니라, 위기자의 감정정화와 자기개념을 명료화하며 자신감을 높이는 데 기여한다.

3) 해결단계

해결단계에서는 위기자의 행동변화가 상담과정이나 일상생활 속에서 가시적으로 나타나도록 체계적인 학습을 시행하는 과정이다. 상담자는 위기자가 역기능적인 행동패턴을 버리고, 바람직한 대안행동을 하도록 학습을 촉진하여 위기문제를 해결한다.

공감과 자기노출을 통해 위기자의 내면에 있는 감정의 응어리를 쏟아내도록 안내하는 동시에, 그로 하여금 충분한 이해와 수용의 느낌을 경험하도록 조력한다. 부정적인 감정을 정화하는 것은 그 자체가 치료적이어서 내면의 자유로움과 시원한 느낌을 만끽하게 하는 장점이 있다.

반면, 부정적 감정을 지니고 있으면 자신이나 타인 또는 환경에 대하여 객관적인 지각이나 통찰을 어렵게 만든다. 그러므로 상담자는 위기자의 감정을 공감하고 경청, 반영, 명료화 등의 여러 가지 기술을 이용하여 마음속에 있는 부정적인 감정의 응어리를 노출시키고 정화하는 데 힘써야 한다.

위험에 처한 위기자의 심리적 갈등과 혼란, 심각한 스트레스 등과 관련한 감정이 충분히 정화되면 심적으로 편안하고 안정감 있는 모습을 보인다. 이 때부터는 해석과 직면 기술 등을 사용하여 문제 상황에서 벗어나지 못하게 만드는 부적응적인 행동이 변화되도록 안내한다.

한편, 바람직한 대안행동의 학습은 위기자 행동에서 나타나는 부적응 패턴을 직면한 후, 위기문제 해결에 도움이 되는 바람직한 대안행동을 학습하는 것을 의미한다. 이를 위해서는 먼저, 위기자가 생각하는 대안행동을 제안하도록 한 다음,

다양한 측면에서 바라보는 가능성을 논의한 후, 바람직한 행동패턴을 선택한다. 그 다음으로는 위기자에게 바람직한 대안행동 실천과제를 부여하고, 과제이행 행동을 역할놀이 등을 통해 반복적으로 연습한다.

4) 종결단계

단기상담의 마지막 단계는 전체 상담을 요약정리하고 마무리하는 과정이다. 위험에 처한 위기자를 대상으로 이루어지는 단기상담의 마무리는 중요하다. 단기상담의 종결단계에서 이루어지는 상담자의 역할은 상담결과의 정리와 요약, 위기자의 변화에 대한 평가, 미진한 사항 등을 주로 다룬다. 만약, 위기자가 상담자에 대한 부정적인 감정을 조금이라도 가지고 있는 경우에는 이를 완전히 해소한 후 상담을 종결할 수 있어야 한다.

위기자가 호소하는 위기문제와 관련된 심리적 고통이나 불안, 두려움 등이 사라지면 상담을 종결한다. 상담종결에 대한 분리불안을 갖지 않도록 이별 감정을 다루면서 위기자 스스로 당당히 일어설 수 있도록 지지하고 격려한다. 위기자가 일상생활로 복귀해서 상담의 성과가 지속적으로 유지되도록 안내하며, 필요 시 위기자의 행동변화를 지속적으로 점검하고 강화하기 위한 추수상담을 논의하고 계획한다.

제3절 해결중심상담 모형

해결중심상담은 1978년 단기가족치료센터(Brief Family Therapy Center)를 중심으로 드세이저와 버그 그리고 그의 동료에 의해 개발된 이론이다(Berg & Miller, 2001). 이 이론은 처음에 가족치료로 소개되었으나 이후, 개인상담과 집단상담과정에서 다양한 문제해결에 유용하게 활용되면서 널리 알려지게 되었다.

1. 기본 개념

해결중심상담은 기존의 전통적인 상담이론과 비교할 때 시간적인 의미와 상담의 효과, 효율성 측면에서 차이점이 있다. 인간은 자신의 문제를 해결할 수 있는 건강한 능력과 자신의 삶을 향상시킬 수 있는 가능성 및 능력을 이미 갖춘 존재로 가정한다.

과거에 초점을 둔 전통적인 상담방법과 달리 현재와 미래에 초점을 둔 상담이론이다. 심리적 문제의 원인을 찾기보다 해결에 초점을 두고, 위기자의 성공했던 경험과 자원을 발견하여 이를 문제해결에 적극 활용한다.

1) 상담의 원리

해결중심상담은 문제의 원인이 되는 문제를 교정하거나 문제의 원인을 제거하려는 노력은 불필요하다고 전제한다. 문제의 근원에 대한 규명보다는 위기자가 지닌 긍정적인 자원과 능력을 활용하여 단기간 내 치료목적을 달성하는 데 주안을 둔다. 위기자가 이미 자신의 내면에 있는 강점자원을 활용하여 의미 있는 해결을 성취하는 것에 관심을 둔다.

버그와 밀러가 제시한 해결중심상담의 기본원리는 다음과 같다.

(1) 병리적이지 않은 건강한 것에 초점을 둔다

위기자가 자신의 위기문제를 다루는 데 있어서 성공한 위기경험에 초점을 둔다. 무엇이 잘못되었고 고착된 것이 있나 하는 것에 관심을 두지 않고, 무엇이 잘되었고, 그것을 어떻게 활용하였는지에 관심을 둔다.

(2) 위기자가 가진 장점과 자원, 특성을 활용하여 위기문제를 해결한다

위기자가 바라는 상담결과를 성취하기 위해 위기자가 이미 지닌 자신의 강점자원과 역량, 동기, 행동, 사회관계망, 환경, 개인특성 등을 적극 활용한다.

(3) 변화는 이루어진다

변화는 위기자 삶의 한 부분이어서 변화를 막을 수 없다는 것을 전제로 한다. 상담이란 종종 자연스럽게 일어나는 변화를 단지 확인하고 그 변화를 해결책으로 활용하는 작업으로 간주한다. 문제일 때와 문제가 아닐 때의 차이점을 탐색하고 발견하여 문제가 아닌 경우를 집중적으로 다루는 것이 해결중심상담의 전략이다.

(4) 작은 변화는 큰 변화를 이끈다

변화는 생산적이라서 작은 변화만으로도 가능하다는 입장을 취한다. 자신이 할 수 있는 능력 안에서 작은 문제를 해결했던 성공경험은 다른 문제도 해결 가능하다.

(5) 협력의 원리를 적용한다

해결중심상담은 무엇을 변화시키기를 기대하고 원하는지, 무슨 노력을 기울여야 하는지를 위기자와 함께 해결방안을 찾고 그 대안을 구축하는 과정을 중시한다.

(6) 현재와 미래를 지향한다

현재와 미래의 삶이 과거의 삶보다 중요하게 여긴다. 과거에 대한 정보는 현재 살아가는 방법을 반영해 주는 것일 뿐, 그다지 중요하지 않다는 입장이다. 정신분석처럼 과거를 깊이 탐색하기보다는 현재와 미래에 집중하도록 돕는 것에 초점을 둔다.

(7) 위기자가 결정한 관점을 존중한다

개인으로 하여금 자신이 지닌 독특한 해결책을 발견하도록 안내하고 그 견해를 수용한다. 왜냐하면 개인 각자는 자신만의 독특한 준거의 틀을 형성하고 있기 때문이다.

이러한 해결중심상담의 기본원리는 위기문제로 자신감이 결여되고 우울한 감정에 빠진 위기자를 문제해결 과정으로 이끌어내는 데 효과적이다. 부정적이고 비관적으로 미래를 바라보고 자살까지도 생각하는 위기자에게 접근할 수 있는 유용한 방법론이다.

2) 상담의 과정

해결중심상담은 상담자와 위기자가 문제의 본질을 이해하거나 평가하지 않고도 위기자 스스로 위기문제를 해결할 수 있다고 믿는다. 해결중심상담의 단계는 여러 가지 모형이 있는데 De Jong & Berg(1996)의 5단계 모형을 적용하는 것이 효과적이다.

(1) 1단계: 위기문제 진술

위기문제를 해결하는 첫 출발점으로 위기자의 위기유형을 파악하고 그 유형에 맞는 전략을 세운다. 상담자는 자신이 어떻게 기여하면 좋겠는가라 하고 위기자에게 질문하여 위기자가 생각하는 위기의 문제를 허심탄회하게 말하도록 촉진한다. 이때 상담자는 위기자가 하는 말을 주의 깊게 경청한다.

(2) 2단계: 목표설정

상담목표를 수립하기 위해 위기자와 협의를 한다. 목표수립은 다음과 같은 일곱 가지 사항을 고려한다. ① 위기자에게 중요한 것을 목표로 하기, ② 작은 것을 목표로 하기, ③ 구체적이고 명확하며 행동적인 것을 목표로 하기, ④ 없는 것보다 있는 것에 관심을 두기, ⑤ 목표 종식보다는 시작으로 간주하기, ⑥ 위기자의 생활에서 현실적이고 성취 가능한 것을 목표로 하기, ⑦ 목표달성은 힘든 일이라는 점을 인식하기 등이다.

이러한 상담목표를 수립하는 과정에서 상담자는 위기자에게 위기문제가 해결되었을 때 당신의 인생이 어떻게 달라졌으면 좋겠는가라고 질문하여 위기자가 바라는 상담목표에 대한 진술을 이끌어낸다.

(3) 3단계: 예외탐색

위기자를 위기문제 해결로 유도하는 과정이다. 이 단계에서는 위기문제의 상황에 관심을 두기보다는 해결과정에 관심을 두고 변화질문, 대처질문, 기적 질문, 척도 질문 등 다섯 가지의 질문기법을 사용한다.

위기자에게 위기문제가 일어나지 않았거나 위기문제가 덜 심각한 경우에 위기자의 삶은 어떻게 되었을 것 같은가라는 질문을 통해 예외적인 상황을 탐색한다. 또한 누가 그러한 예외상황을 일어나게 할 수 있는가에 관해서도 질문한다.

(4) 4단계: 해결중심 개입

이 과정은 해결중심의 단계로 확인과정과 연결과정, 과제주기로 이루어진다. 확인과정에서 상담자는 위기자의 위기문제를 인정하고 이를 정리 및 요약하며, 위기자의 수고를 격려하고 지지한다. 연결과정에서는 위기문제 해결과제를 부여하는 이유를 자연스럽게 설명한다. 마지막으로 위기문제 해결과제를 위기자에게 명확히 제시한다.

(5) 5단계: 상담종결

상담종결 단계에서는 위기문제 해결과 이를 통해 변화와 개선된 것이 상담목표에 얼마나 근접한지를 확인하고, 위기자에게 얼마나 만족스러운지를 묻는다. 위기자가 충분히 만족한다고 말을 하면 해결중심상담을 종결한다.

만약, 위기자가 만족감이 충분치 않다고 말하면 척도질문을 통해 이후 상담의 시작을 어디에서부터 다시 할 것인지를 판단한다. 그런 다음, 상담에서 원하는 다른 변화에 대해서 위기자에게 질문을 지속해 간다. 상담이 이루어지는 중간중간에는 척도질문을 통해 위기자의 만족 정도를 평가하며, 만족정도가 위기자의 기대수준에 도달하면 상담을 종결한다.

2. 해결중심의 질문

해결중심상담은 대화가 곧 치료라는 입장이다. 위기의 문제는 효과적인 대화를 통해 단기간 해결이 가능하다고 믿는다. 그래서 상담과정은 줄곧 해결로 이끄는 의도적이고 계획된 질문이 주로 이루어진다.

질문을 잘 한다는 것은 위기자가 자신의 능력과 자원을 인식하고 이를 잘 활용하도록 이끈다는 의미가 내포되어 있다. 대부분의 위기자는 상담자가 질문하는 대로 반응하기 때문에 상담자가 어떻게 질문하느냐에 따라 상담의 성패가 결정된다.

위기문제 해결을 위해 사용하는 질문은 대체로 다음과 같은 유형이 있다.

1) 변화질문

상담을 받기 전 스스로 위기문제를 해결하기 위해 나름 대안을 마련하고 최선을 다했던 경험을 찾는다. 상담자는 위기자에게 과거에 일어났던 긍정적인 변화에 대한 질문을 통해 위기자의 강점 자원을 찾는 데 주력한다.

위기상황의 고통으로 힘들어 하기 전, 자신의 삶에 긍정적인 변화를 가져왔던 경험을 찾아 이를 격려하고 지지한다. 변화질문을 통해 위기자가 스스로 변화하고 성장할 수 있는 능력이 있다는 점을 인식하도록 안내하고 자긍심과 자신감을 고취한다.

2) 척도질문

척도질문은 위기자에게 자신의 성공, 문제해결, 능력, 대인관계 등의 수준을 수치적으로 표현해 보도록 하는 질문이다. 일반적으로 0부터 10까지의 숫자 중에 자신의 현재 위치나 수준을 평정한 후, 어느 수준까지 향상시킬 수 있는지 질문을 통해 위기문제 해결에 대한 자신의 의지를 스스로 알 수 있도록 한다.

이러한 척도질문은 위기자의 변화과정을 격려하고 지지하여 변화에 대한 동기를 강화하는 데 기여한다. 뿐만 아니라, 한 단계 격상된 성장과 발전을 위한 의지와 용기를 고양하는 데에도 도움을 준다.

3) 예외질문

위기문제가 일어나지 않았던 예외적인 상황이나 과거의 성공경험, 위기에 잘 대처했던 경험 등을 찾는 질문이다. 한두 번의 예외일지라도 위기자가 성공한 위기경험을 찾아 이를 확대하고 강화하는 데 유용하게 쓰이는 질문이다.

이러한 예외질문은 위기의 예외적인 상황이 구체적으로 드러날 경우, 위기해결에 대한 성공 가능성을 확연히 예견해 준다. 뿐만 아니라, 위기자 스스로 자신이 처한 위기상황을 바라보는 관점을 재구조화하여 자신에게 해결 능력이 있음을 인식하게 도와준다.

4) 대처질문

변화질문이나 기적질문, 예외질문을 통해서도 위기문제와 관련한 심리적 변화가 나타나지 않고 계속 불안해하는 모습을 보일 때가 있다. 이런 경우에는 심각한 심리적 고통을 경험하고 있음에도 불구하고 지금까지 어떻게 버티어 왔는지를 질문한다. 심각한 고충에도 불구하고 지금까지 위기문제에 대처한 방법을 스스로 자신의 입으로 진술하게 한 후, 이 점을 격려하고 지지하며, 강화하고 확장한다.

5) 기적질문

기적질문은 해결중심상담에서 중요한 위치를 차지한다. 심리적 고통과 위기문제가 해결된 상태를 상상해 보도록 함으로써 위기문제 해결을 위한 대안을 보다 구체화하고 명료화하는 데 도움이 되는 질문이다.

자신을 고통스럽게 하는 위기문제가 의미 있고 가치 있는 것으로 바뀌는 상상을 하는 것은 위기자에게 희망과 기대, 가능성이라는 새로운 힘을 부여한다. 위기자는 기적을 만드는 사람이 본인 자신임을 깨닫고, 그 기적을 현실화하기 위해 새로운 행동을 시도해야 한다는 점을 깨닫는다.

이러한 질문을 거쳐 해결중심상담의 후반부에서는 처음의 위기상황과 지금의 긍정적으로 변화된 상황과 어떤 차이가 있는지, 또 어떻게 예외적인 상황이 일어나게 되었는지, 위기자가 어떠한 역할을 하였는지 등의 질문을 통해 위기문제해결 의지를 강화하고 자신감을 고양한다.

제4절 집단상담 모형

일반적으로 집단상담은 정상인을 대상으로 이루어진다. 상담의 기법과 전략을 다양하게 사용하고 역동적인 상호교류 과정을 통해 문제해결이나 의사결정 혹은 인간적 성장을 추구하는 데 목적을 두고 실시한다.

집단상담은 의식적인 사고와 행동 그리고 허용적인 현실에 초점을 둔 정화와 상호신뢰, 돌봄, 이해, 수용 및 지지 등의 치료적 기능을 포함하는 하나의 역동적인 대인관계 과정이다(강진령, 2006). 자기이해와 개인의 행동변화를 조력하기 위해 집단원의 상호작용을 활용하고, 자기수용을 보다 효과적으로 촉진하는 과정이다(심윤기 외, 2017: 2021: 2022).

집단상담에 대한 여러 정의를 종합하면 전문가의 지도 아래 정상인의 참여자를 대상으로 허용적인 분위기에서 집단원의 역동적인 상호작용을 도모하는 과정으로 설명이 가능하다. 집단에 참여한 개인의 태도와 행동의 변화 혹은 한층 더 높은 인간적 성장과 대인관계 능력을 촉진하는 것에 목적을 두고 이루어진다.

위기문제를 해결하는데 집단상담이 필요한 이유는 다음과 같다.

첫째, 집단상담은 개인상담의 1 : 1 관계보다 여러 사람이 함께 참여함으로서 심리적 편안함을 느끼고, 자신의 생각과 의견을 개방적으로 제안할 수 있다. 마음을 터놓고 자신의 고민과 심리적 갈등을 주위 동료에게 드러내는 것이 가능하다. 자신의 위기상황과 심리적 문제, 성장과 발전에 관한 과업 등을 허심탄회하게 드러내 놓고 검증해 볼 수 있는 기회를 제공받을 수 있다.

둘째, 집단상담은 다양한 위기를 경험한 사람과 함께 같은 공간에서 대면하는 기회가 제공되어 위기해결에 도움을 준다. 위기를 경험한 사람은 나름의 여러 가지 심리적 어려움을 갖고 세상을 살아간다. 하지만 일부의 위기자는 자신만이 유독 힘들게 살아가고 있다고 생각한다.

이러한 생각을 가진 사람이 집단상담에 참여하면 자신과 유사한 심리적 어려움을 경험하고 있는 위기자가 많다는 사실을 깨닫는다. 집단상담 과정에서 이루어지는 다양한 프로그램에 참여하여 새로운 경험을 통해 자신과 주위 사람을 보다 잘 이해할 수 있다.

셋째, 집단상담은 서로 다른 배경과 다양한 성격, 특징을 가진 사람이 함께 참여함으로써 풍부한 학습을 경험한다. 집단에 참여한 사람은 자신의 위기문제를 포함하여 서로의 관심사를 터놓고 이야기함으로서 문제해결 능력을 학습한다. 개방적이고 따뜻한 분위기 속에서 진실한 대화와 역동적인 상호작용을 통해 자신의 강점을 강화하는 데에도 기여한다(심윤기, 2014).

이러한 필요성을 가진 집단상담은 집단토의와 비교할 때 다른 점이 있다. 집단토의는 개관적 사실에 초점을 두고 특정 주제를 대상으로 이루어지며, 내용과 결과를 중시한다. 특정한 목표에 도달하도록 집단을 설득하고 이끌어가는 관계로 집단과정을 중요하게 여기지 않는다. 의견의 옳고 그름을 중심으로 집중적인 토의가 이루어지고 집단규칙과 질서를 강조한다.

반면, 집단상담은 어떤 과제를 해결하기 위한 수단이 아니다. 집단에 참여한 사람의 친밀감과 신뢰감을 발달시키는 것을 중요시하며, 집단원의 어떠한 반응이라도 이를 수용하고 허용하여 상반된 의견이 장려된다. 이 외에도 집단상담은 집단역동이 활발히 일어나지만 집단토의는 객관적인 사실만을 취급하여 상호작용과 집단역동을 찾아보기 어렵다.

1. 집단상담의 기본원리

집단상담이 이루어지는 기본원리는 몇 가지 요인이 있는데 이를 살펴보겠다.

1) 피드백

피드백은 상대방의 행동이 나에게 어떤 반응을 일으키는지에 대하여 상대방에게 솔직하게 이야기하는 것으로써 집단상담이 성공적으로 이루어지도록 하는 데 기여한다. 피드백은 타인이라는 거울을 통해 자기 자신을 탐색하고, 자기 자신을 명확하게 이해하도록 촉진하며, 성장과 발달을 위한 학습을 가능케 한다.

솔직하고 생산적인 피드백은 피드백을 받는 대상에게 어떤 변화가 필요한지를 이해하도록 하고, 대인관계에서 어떠한 태도가 필요한지를 깨닫도록 한다. 피드백은 어떤 행동이 일어난 직후에 하는 것이 효과적이다. 구체적인 행동에 대하여 정서적 비판이 아닌 인지적인 태도로 이루어지는 피드백은 다른 관점과 다른 각도에서 자신을 탐색하고 자기를 조망하는 데 기여한다.

한 명의 사람으로부터 받는 피드백보다 여러 사람으로부터 받는 피드백이 더 강렬한 힘을 발휘한다. 집단상담의 초기에는 집단지도자가 직접 모범을 보여가며 피드백을 제공하고, 이후부터는 점차적으로 집단참여자 상호간 자발적인 피드백이 이루어지도록 안내한다.

2) 감정정화

집단상담은 카타르시스라고 하는 감정정화의 원리가 작동하는 과정이다. 감정정화는 내면에 누적되어 있는 감정을 언어나 행동으로 표출함으로서 억눌린 내면의 찌꺼기를 제거하는 것을 말한다. 이러한 감정정화는 집단참여자 상호간 신뢰감과 응집력을 높이고, 집단변화를 촉진하는 데 기여한다.

그러나 단순히 내면의 감정을 표출하다고 모든 감정이 정화되는 것이 아니다. 지금−여기에서 일어나는 자신의 감정 수위를 알아차리고, 무엇으로부터 원인이 기인되었는지를 통찰하는 것이 중요하다.

감정정화는 치료적 요인이다. 감정정화가 이루어지지 않고 계속 쌓이면 개인뿐만 아니라, 주위 사람에게도 부정적인 영향을 준다. 집단지도자는 이러한 점을 고려하여 감정정화가 집단과정에서 지속적으로 발현되도록 안내하여 집단참여자의 부정감정을 해소하는 데 관심을 두어야 한다.

3) 집단역동

어느 집단이든 집단 내에는 단일한 힘만이 작용하는 것이 아닌 복합적인 힘이 작용한다. 두 사람 이상이 함께 모여 집단 활동을 할 때는 필연적으로 집단역동이 생기기 마련이다. 집단역동은 하나의 공통장면 또는 환경 안에서 일어나는 상호작용의 힘이자, 집단참여자 상호 간에 일어나는 관계적인 힘이다.

집단은 이러한 힘에 의하여 변화되고 특정한 방향으로 발달한다. 집단지도자는 집단의 역동적인 힘을 잘 감지하여 바람직한 방향으로 이끌 수 있는 능력을 갖추어야 한다.

4) 자기개방

자기개방은 자기 마음의 문을 활짝 여는 것이다. 자기개방은 자기 노출이라고도 하는데 개인적인 문제와 관심, 욕구, 목표, 기대와 두려움, 희망과 좌절, 즐거움과 고통, 강함과 약함, 위기 경험 등을 허심탄회하게 털어놓는 것이다.

개인적인 문제나 관심을 털어놓는 것에 한정하지 않고 집단지도자와 집단참여자가 보이는 반응까지도 자기개방에 포함한다. 집단지도자는 집단상담을 시작하기 전 집단에 참여할 사람을 대상으로 자기개방을 토대로 상호작용의 중요성을 교육하는 것이 바람직하다.

집단참여자를 깊이 이해하고 수용하기 위해서는 자신을 개방하는 일이 전제되어야 한다는 점과, 개인의 심리적 문제나 관심사에 대한 통찰을 얻는 것은 자기개방으로부터 출발한다는 점을 이해할 수 있도록 교육한다.

5) 수용

수용은 집단참여자 개개인을 있는 그대로 받아들이고 존중하는 것을 의미한다. 이러한 수용은 타인에 대한 깊은 수준의 공감적 이해를 가능하게 하고, 과거의 부정적인 경험을 통해 형성된 저항과 방어를 약화시키는 기능을 한다. 자기를 개방하기 어려웠던 스스로의 약점과 관련된 사실과 감정을 노출함으로써 변화의 계기가 마련된다.

집단참여자는 이러한 과정을 통해 자기탐색에 더욱 주력하고 위기경험과 관련한 심리적 문제의 원인을 발견함과 동시에 변화와 성장을 이루어 간다.

6) 모방학습

집단의 유형과 형태에 관계없이 집단에 참여한 구성원은 모방학습을 통해 적극적으로 집단 활동에 참여한다. 집단상담 과정을 통해 자신이 소중하고 의미 있는 사람이라는 사실을 새롭게 깨닫는다.

이러한 결과를 얻기 위해서는 집단지도자로부터 이해와 존중을 받는 것만으로는 충분치 않다. 그렇다고 집단참여자들로부터 긍정적인 지지와 피드백을 많이 받아서 얻어지는 것도 아니다.

비록 조용하고 말이 없는 위기자라 하더라도 집단에 참여한 다른 동료나 집단지도자의 모습을 보고 학습을 한다. 집단지도자의 바람직한 모습이나 집단참여자의 모범적인 태도는 집단과정에 참여한 모든 이에게 모방학습의 긍정적인 학습기회를 제공해준다.

2. 집단상담 절차

집단상담은 여러 과정이 복합적이고 연속적으로 이루어진다. 집단상담 절차에 대한 전문가의 의견은 다양하다. 준비단계로부터 갈등을 다루는 단계·응집성의 발달단계·생산적 단계·종결단계 등으로 설명하기도 한다.

다른 학자는 집단참여 단계·과도기적 단계·작업단계·종결단계로 구분하기도 한다. Corey(2012)는 집단상담을 시작하기 전 단계·초기단계·과도기적 단계·작업단계·종결단계 등으로 설명한 바 있다. 집필진에서 제안하는 극한 위기 관련 집단상담 절차는 준비단계·작업단계·종결단계로 구분하여 설명하고자 한다.

1) 준비단계

집단상담은 집단의 역동과 집단의 변화요인을 중요하게 다룬다. 집단지도자는 이를 위해 집단상담을 시작하기 전 집단구성에 관한 몇 가지 사항을 기본적으로 준비한다. 집단목표 달성에 적합한 집단의 크기와 상담회기 등을 미리 정한다.

집단의 규모를 얼마의 크기로 할 것이냐를 결정하는 사안은 중요하다. 집단의 규모가 너무 작으면 집단원의 상호작용이 제대로 나타나지 않을 가능성이 있다. 그 결과 침묵을 유지한다든지 혹은 집단상담 과정에서 뒤로 물러나 집단역동이 제대로 발현되지 않을 수도 있다.

집단규모가 커도 집단 활동에 바람직하지 않다. 집단이 크면 집단에 참여한 집단구성원 중 일부는 상담활동에 참여할 기회를 얻지 못할 뿐만 아니라, 집단지도자가 적절한 주의와 관심을 기울이는 데에도 지장을 준다. 따라서 집단의 규모를 결정하기 위해서는 집단이 추구하고자 하는 가치와 목표를 충분히 고려해서 판단할 수 있어야 한다.

집단상담의 시간은 집단에 참여한 집단원의 수와 집단상담의 참여 횟수, 성숙도 등을 고려하여 정하는데, 실시하는 프로그램에 따라서 다를 수 있다. 집단상담을 연속적으로 실시하는 경우에는 회기마다 소요되는 시간을 집단구성원에게 공지하고, 종결 예정시간을 미리 알려준다.

집단상담이 이루어지는 장소 또한 미리 선정하는데, 외부로부터 집단상담이 방해 받지 않는 곳으로 정한다. 집단에 참여한 구성원이 편안하게 느낄 수 있고, 시끄럽지 않은 곳으로 선정하면 무난하다.

집단의 형태도 집단상담을 실시하기 전에 구성한다. 집단구성을 어떻게 하느냐의 문제는 각 집단형태마다 장·단점이 있으므로 상황에 맞게 결정한다. 통상 구조화 집단과 비구조화 집단, 반구조화 집단 등으로 구성하는데, 여건에 따라 동질집단이나 이질집단으로 구성하기도 한다.

(1) 동질집단 · 이질집단

동질집단은 비슷한 특성을 가진 사람으로 구성한 집단을 말한다. 동질집단은 집단에 참여한 집단구성원 간 서로에게 긍정적이고 지지적인 위치에 있어 갈등이 적게 나타나 집단응집력을 빨리 형성하는 이점이 있는 집단형태다. 자기와 비슷한 집단원이 있음을 알고 안심하여 긴장감을 덜 느낄 수 있으나, 주고받는 피드백과 상호작용이 피상적으로 이루어져 행동변화에 지장을 초래한다.

반면, 이질집단은 다양한 특성을 가진 사람으로 구성된 집단을 말한다. 이질집단은 서로 다른 이질적인 특성을 가지고 있어, 그 차이점을 이해하려고 노력하는 과정에서 다양한 상호작용을 경험할 수 있는 이점이 있다. 그러나 자신을 솔직하게 개방하는 것이 제한되어 집단역동이 제대로 발현되지 않는 경우도 있다.

(2) 개방집단 · 폐쇄집단

개방집단은 집단상담이 진행되는 과정에서 집단에 참여하기를 희망하는 자가 추가로 나타나면 이를 받아들이는 형태이다. 이 집단형태는 처음부터 집단의 크기를 작게 구성한 채 출발하여 중간에 이탈한 집단원이 생기면 그 자리를 다른 사람으로 채워 간다.

집단원이 집단상담 도중에 이탈할 경우에는 집단의 크기가 작아 집단의 상호작용이 위축된다. 또한 결원된 집단원이 충원되었다고 해서 긍정적 측면만 나타나는 것도 아니다. 집단원이 새롭게 들어온 경우에는 기존 집단에 참여한 구성원과의 상호작용이나 의사소통이 제대로 이루어지지 않아 집단역동의 흐름에 지장이 초래되기도 한다.

반면, 폐쇄집단은 상담을 시작할 때부터 종결 시까지 최초에 집단에 참여한 사람만을 대상으로 이루어지는 집단의 형태를 말한다. 상담이 진행되는 과정에서 이탈자가 생겨도 새로운 사람을 채워 넣지 않는다. 이 같은 폐쇄집단은 집단의 안정성 수준이 개방집단에 비해 높아 집단에 참여한 구성원 간 상호작용이 활발히 나타나는 이점이 있다.

(3) 구조화집단 · 비(반)구조화집단

구조화 집단은 집단지도자가 집단의 목표와 과정을 미리 정한 후, 사전 계획된 프로그램으로 집단을 이끌어 가는 형태를 말한다. 비구조화 집단은 집단목표, 과제, 활동방법을 미리 정하지 않고 집단 스스로 정해가는 집단의 형태다. 반면, 반구조화집단은 구조화집단과 비구조화집단을 혼용한 집단형태다.

2) 작업단계

집단상담의 작업단계는 집단원의 변화와 발달을 집중적으로 다루는 과정이다. 작업단계는 탐색과정, 참여과정, 해결과정 등으로 이루어진다.

(1) 탐색과정

집단상담이 시작되면 집단구성원 간 탐색이 이루어진다. 집단원은 집단에서 자신이 어떻게 행동해야 할지 잘 몰라 자신의 역할과 위치를 파악하려고 노력한다. 생소한 집단구성원과 마주하는 관계로 침묵을 유지하거나 뒤로 물러나 관망하는 자세를 취하여 집단분위기가 가라앉기도 한다.

집단지도자는 이러한 점을 고려하여 집단분위기를 안정되게 조성하고, 집단참여자의 예기불안을 제거하여 집단구성원 간 신뢰감이 형성되도록 힘쓴다. 집단상담에 적극 동참하는 참여의식이 고취되도록 조력하고, 집단에 참여한 각 개인의 심리적인 위기문제해결을 위한 활발한 피드백이 일어나도록 안내자 역할을 한다.

집단구성원 간 친밀하고 지지적인 관계가 계속 유지되도록 하고, 존중과 배려를 경험하는 집단이 되도록 안내한다. 탐색과정에서 집단지도자의 역할은 다음과 같다.

① 집단에 참여한 구성원 소개
② 예기불안에 대한 집단지도자의 자기노출 시연
③ 집단상담의 구조화
　　·집단의 성격과 목적, 상담절차, 각자의 역할, 지켜야 할 규칙 등 설명
④ 행동목표 설정
　　·집단상담에 도움이 되는 목표(예: 경청하기, 공감하기, 피드백 주기 등)
　　·개인이 도움을 받고자 하는 목표(예: 심리적 위기해결, 대인관계/의사소통 기술 향상 등)

(2) 참여과정

참여과정은 문제해결 단계로 넘어가는 집단상담의 중간과정이다. 시작단계에서 집단구성원의 소개와 집단의 구조화가 이루어졌다면 다음은 위기문제를 해결하

기 위한 탐색활동이 본격적으로 이루어진다.

참여과정에서는 집단구성원 간 평가하거나 비난, 충고, 저항, 방어, 침묵 등의 모습이 나타날 수 있다. 그러므로 집단지도자는 집단분위기를 안정되게 조성하고, 상호작용이 활발히 나타나도록 촉진한다.

집단구성원의 느낌과 생각을 서로 부담 없이 공유하고, 어떤 말을 해도 이해와 수용이 가능한 집단이라는 믿음을 준다. 서로 온정적이고 긍정적이며 수용적인 태도로 대할 뿐만 아니라, 적극적으로 격려하고 지지하는 분위기를 유지한다.

집단구성원 간 신뢰감이 결여되면 집단의 상호작용은 피상적으로 나타나며, 깊이 있는 자기개방의 모습도 나타나지 않는다. 그러므로 집단지도자는 서로 깊이 있는 상호작용을 통해 집단구성원 간 신뢰감이 형성되도록 촉진한다. 참여과정에서 집단지도자의 역할은 대체로 다음과 같다.

① 집단상담 활동에 대한 능동적 행동 증진: 집단 활동의 책임과 역할 부여
② 개인문제 해결에 대한 저항 처리: 침묵, 충고, 독점, 피상적 행동 제거
③ 반항적인 행동, 힘겨루기, 경쟁 처리: 부정적 감정 표출 억제와 따뜻한 직면
④ 행동변화 촉진: 깊은 상호작용, 우리의식, 집단역동의 촉진 등

(3) 해결과정

해결과정은 집단상담의 궁극적인 목적인 행동변화를 촉진하는 과정이다. 탐색과정과 참여과정에서 상호 신뢰감을 형성하고 침묵과 갈등을 해결하였다면 이제는 개인 각자의 문제를 드러내 놓고 피드백을 주고받는다.

바람직하지 않은 행동패턴을 버리고, 보다 생산적인 생활패턴을 학습하는 데 주력한다. 이 과정에서는 주로 자기노출과 감정정화, 비효과적인 행동패턴을 취급하고 바람직한 대안행동을 학습한다.

자기노출과 감정정화는 집단구성원 중 어느 한 사람이 자신의 위기문제를 노출하는 것으로부터 시작한다. 이때 다른 사람은 공감과 피드백으로 그 문제와 관련된 여러 감정적인 어려움을 토로한다. 비효율적인 행동패턴의 취급은 적극적인 생활을 회피하는 행동을 탐색하고, 이를 변화되도록 안내하는 데 초점을 둔다.

바람직한 대안행동의 취급은 자기의 비효율적인 생활패턴을 인식한 후, 생산적

이고 바람직한 대안행동을 선택하는 학습을 한다. 해결과정에서 집단지도자가 하는 역할은 대체로 다음과 같다.

① 자기노출과 감정정화
    ·부정감정을 표출할 수 있도록 집단지도자의 유사경험 노출
    ·공감과 지지로 집단에서 자기이해와 수용 경험 촉진
② 역기능적 행동패턴 탐색과 이해, 수용하는 작업
    ·효과적인 피드백과 맞닥뜨림으로 자신의 비합리적 행동패턴 지각
    ·집단참여 전 행동패턴과 집단 내에서 나타난 행동패턴의 연결
③ 바람직한 대안행동 탐색과 선택 및 학습
    ·브레인스토밍을 활용한 자유로운 대안 제시
    ·학습과제 선정 및 학습, 역할놀이, 반복연습으로 대안행동 실천

3) 종결단계

집단상담의 종결과정이 제대로 다루어지지 않고 상담을 끝내면 집단상담에 대한 부정적인 감정을 지닌 채 집단을 떠나게 된다. 집단상담과정에서 학습한 것을 실제 생활에 적용하는 데에도 지장을 준다. 따라서 집단상담 종결시간이 가까워지면 상담종결에 대한 느낌과 소감을 서로 나누는 시간을 갖는다.

종결단계에서는 집단구성원이 학습한 것을 실제 삶에 어떻게 적용할 것인가와 관련한 과제를 주로 논의한다. 극한 위기의 문제이건 혹은 대인관계에 관한 문제이건, 개인의 정서적인 문제이건 간에 아직 해결하지 못한 과제가 있다면 이를 해결하고 마무리한다.

집단이 자신에게 미친 영향을 평가하고 자기가 원하는 행동변화를 위해 어떻게 할 것인지 이에 대한 구체적인 계획도 세운다. 이러한 종결과정을 통해 보다 현실적으로 자기 자신을 이해하고, 자신의 감정을 지각하는 능력 확장이 가능하다.

스스로 학습한 결과를 정리하고 이를 실천하겠다는 의지와 희망을 담은 이야기를 허심탄회하게 나누는 시간도 갖는다. 자신을 깊이 이해하고 다른 사람을 수용한 경험과 성장 변화에 대한 대화를 한다. 집단상담을 통해 배우고 경험한 것을

실제 삶에 어떻게 적용하겠다는 굳은 의지와 결의를 다진 후, 서로 작별인사를 나누고 헤어진다.

3. 집단상담의 기술

집단상담 과정에서 다루어지는 기술은 다양하다. 극한 위기 관련 문제해결 기술은 크게 기본기술과 촉진기술, 종결기술 등으로 구분하는데 이를 살펴보겠다.

1) 기본기술

집단상담은 상담이 이루어지는 과정 내내 집단지도자와 집단원 간 신뢰감이 지속적으로 유지되고, 집단참여자가 안정감을 느낄 수 있는 집단분위기가 필요하다. 집단구성원의 상호작용과 집단역동은 이러한 신뢰감과 심리적 안정감을 바탕으로 발현한다.

집단지도자는 집단원의 감정을 다루는 능력을 갖추고 있어야 한다. 그 이유는 집단원의 감정을 이해하고 수용할 뿐만 아니라, 집단원의 내적 감정을 적절히 표현하고 반응해야 하기 때문이다. 집단지도자에게는 현실적용 능력도 필요하다. 위기와 관련한 인간의 정서적인 어려움과 부적응 행동을 현실의 관점에서 이해함은 물론, 이에 대한 위기극복의 책임을 깨닫도록 조력해야 하기 때문이다.

뿐만 아니라, 집단지도 능력도 필요하다. 집단원이 겪는 심리적인 어려움과 대인관계 등의 갈등을 새로운 관점에서 이해하고, 현재의 위기경험이 미래의 능력으로 축적되도록 한다. 이 외에도 집단상담은 다음과 같은 기본 기술을 요구한다.

(1) 관심 기울이기

인간이라면 누구나 자신에게 관심과 주의를 기울여 줄 때 이야기 할 마음이 생긴다. 그렇지 못한 경우에는 거부당하고 무시 받는 느낌이 들어 하고 싶은 말도 하지 않고, 입을 다물어 버린다.

집단원에 대한 관심은 이들이 서로 활발한 상호작용을 하도록 촉진하는 데 기여한다. 집단원이 말을 할 때 부드러운 시선으로 바라보고, 간단한 언급이나 동작으로 반응을 보이는 것이 관심 기울이기다.

"고개 끄덕이기, 으음, 그래요" 등으로 반응을 보이거나 몸짓과 표정을 통해 관심을 갖고 있는 모습을 보인다. "나는 당신의 이야기에 집중하고 있어요. 나는 당신이 하는 말의 의미를 이해하려고 노력하고 있습니다."라는 메시지를 전달하는 것이 관심 기울이기다.

(2) 지지하기

인간은 누구나 인정과 지지를 받고자 하는 욕구가 잠재되어 있다. 지지는 집단 분위기를 따뜻하고 안전하게 느끼도록 하며, 상호작용이 활발하게 나타나도록 영향을 준다. 집단지도자는 이러한 집단원의 인정욕구를 잘 인식하여 집단에 참여한 사람에게 적극적인 지지와 격려를 아끼지 않아야 한다.

인정과 지지는 적절한 시기에 이루어져야 효과가 있다. 때와 장소를 가리지 않고 무분별하게 아무 때나 하는 것은 바람직하지 않다. 집단에 참여한 대상이 불안을 느껴 말하기를 주저한다거나 자신의 행동에 자신감이 없을 때, 저항이나 방어적인 태도를 보일 때 적극 지지한다. 집단구성원 상호간 의견의 불일치나 갈등이 잠재되어 서로 머뭇거리거나 말하지 못할 때에도 격려와 지지를 보낸다.

(3) 경청하기

경청은 집단에 참여한 사람의 언어적·비언어적 메시지에 관심을 기울이는 것을 말한다. 만일, 자신의 말이 경청되지 않는다고 느껴지면 집단원은 마음의 문을 닫고, 자신의 내면 깊은 곳에 있는 심리적인 문제를 꺼내 이야기하지 않는다 (Corey, 2012).

경청하지 않는다는 것은 말하는 사람에게 주의를 기울이지 않고, 자신이 해야 할 말을 생각한다거나 혹은 갑자기 엉뚱하고 애매모호한 질문을 하는 것 등이 이에 해당한다. 경청은 자신이 듣고 싶은 말만 선택적으로 듣는 것이 아니라, 모든 구성원의 말과 행동에 관심과 주의를 기울이는 것이다.

집단구성원 중에는 안타깝게도 경청하는 방법을 잘 몰라 집단원이 하는 말을 잘 듣지 못하는 경우가 있다. 이러한 상황이 지속되면 복잡하고 혼란한 형태의 의사소통이 이루어져 오해와 갈등이 빚어지기도 한다. 이를 해결하기 위해서는 집단 상담을 시작하기 전 별도의 시간을 마련하여 경청하는 방법을 교육하는 것도 하나의 좋은 방법이다.

(4) 공감하기

공감은 상대가 느끼고 지각하는 주관적인 경험을 있는 그대로 이해하고 체험하는 능력을 말한다. 공감은 주입식으로 이루어지면 하나의 수단으로 전락하여 참신성을 잃을 수가 있으며, 자기방어를 위한 목적으로 악용될 가능성이 있다.

바람직한 공감 반응을 위해서는 먼저 집단지도자가 시범을 보인 후, 이를 본 구성원이 따라서 실천하도록 한다. 중요한 것은 교육하고 가르쳐서 이루어지는 공감보다 스스로 깨우쳐서 하는 공감이 더 진정성을 느낄 수 있다. 집단참여자가 타인으로부터 공감을 받으면 자신이 존중받는다고 믿는다. 자신의 위기문제와 정서적 어려움을 잘 드러낼 뿐만 아니라, 집단구성원 상호 간 신뢰관계 형성에도 기여한다.

(5) 반영하기

반영은 경청을 통해 파악한 말의 핵심과 본질을 적절한 말과 행동으로 다시 되돌려 줌으로써 상호작용을 촉진하는 기술이다. 이것은 집단에 참여한 사람으로 하여금 자기가 이해 받고 있음을 인식하는 데 긍정적인 영향을 미친다. 그러나 집단원이 한 말을 그대로 따라서 하는 식으로 반영하면 가식을 느끼기 쉬울 뿐만 아니라, 자신이 한 말이 잘못되어서 그런 건 아닌가 하고 생각한다. 따라서 반영은 말의 본질을 살려 진술하거나 바라는 기대가 무엇인지를 살펴 말한다.

사람의 감정은 흔히 깊은 바다에 비유되기도 한다. 바다는 겉으로 보이는 수면이 있고, 눈으로 볼 수 없는 깊은 심해도 존재한다. 반영은 수면 위의 잔물결과 같은 감정만 보는 것이 아니라, 바다 속 깊은 심해에 있는 감정을 보고 이를 참신한 말이나 메타포(metaphor)로 되돌려 주는 기술이다.

2) 촉진기술

(1) 피드백

집단상담은 집단에 참여한 동료들이 자신을 어떻게 보고, 또 어떻게 느끼고 있는지에 대한 학습기회를 제공한다. 이러한 학습은 피드백을 통해서 얻을 수가 있는데, 피드백은 타인의 행동에 대해 자신의 반응을 솔직히 이야기하는 것이다.

집단지도자가 피드백을 잘 하면 집단에 참여한 사람의 특정 행동변화에 도움을 준다. 이러한 피드백은 관찰한 행동에 대해 구체적으로 하는 것이 효과적이며 되도록 특정 행동이 일어난 직후에 하고, 피드백을 받아들일 마음의 준비가 되어 있을 때 한다.

피드백을 할 때 주의할 사항은 충고와 조언의 형태로 하는 것은 바람직하지 않다. 내 생각과 느낌을 말하는 것에 그쳐서도 적절하지 않다. 실제 위기문제와 관련한 변화 가능성이 있는 행동에 대해서 구체적으로 하는 것이 바람직하다.

(2) 직면하기

직면은 적극적인 개입의 한 방법이다. 언어적 메시지와 비언어적 메시지가 일치하지 않을 때 혹은 말과 행동이 일치하지 않을 때 주로 한다. 말과 정서가 일치하지 않을 때에도 이를 직접적으로 지적하여 자기각성에 이르도록 하는 데 사용한다.

이러한 직면은 집단에 참여한 사람의 변화와 성장을 촉진시키는 반면, 심리적 위협과 상처를 안겨줄 수도 있어 주의가 필요하다. 따라서 직면을 할 때는 집단원이 그것을 받아들일 준비가 되어 있는지를 점검하고 한다.

집단에 참여한 집단구성원 전체를 규정지어 직면하는 것은 바람직하지 않다. 취급해야 할 특정 행동에 대해서만 구체적으로 직면하되, 자신의 느낌을 솔직하고 따뜻하게 표현하는 것이 중요하다.

(3) 질문하기

질문은 집단에 참여한 자에게 자신의 감정을 구체적이고 솔직하게 표현하도록 이끌고, 감정의 근원을 밝히는 데 도움을 주는 기술이다. 질문할 때는 '왜'라고 묻는 것보다 '어떻게'라고 묻는 것이 적절하다. 개방적 질문의 예를 제시하면 다음과 같다.

- "왕자님(별칭)은 지금 집단에 참여하고 계신데 어떠한 느낌이신지요?"
- "사랑님(별칭)은 지난번 발생한 ○○사건에 대해 어떻게 느끼셨는지요?"
- "겸손님(별칭)은 지금 피드백을 받은 것에 어떤 느낌이 드시는지요?"
- "경청님(별칭)은 방금 옆 동료가 말한 것에 대해 어떻게 느끼셨습니까?"
- "공감님(별칭)은 조금 전 얼굴을 찡그린 것 같았는데 무엇 때문에 그러셨는지요?"

(4) 해석하기

해석은 자신의 행동과 내면세계를 다른 각도에서 탐색하도록 돕는 기술이다. 이 기술은 집단지도자가 직접 하는 것도 좋지만 가능하면 집단에 참여한 사람끼리 서로 하는 것이 효과적이다. 해석은 통찰을 촉진하고 감정을 경험하며 문제의 원인이 자신에게 있음을 인식하는 데 기여한다. 자신의 위기문제를 새로운 관점에서 바라보도록 안내하고, 위기경험과 행동변화의 의미를 새롭게 인식하는 데에도 도움을 준다.

이러한 해석은 집단에 참여한 사람의 사고, 감정, 행동 뒤에 숨겨진 문제나 패턴을 말함으로써 자신의 심리적 고통을 다른 관점에서 조망하고 통찰하게 하는 등 집단구성원 각자의 새로운 내적 참조의 틀을 형성하는 데에도 기여한다.

가령, "왕자님(별칭)은 우리 중 누군가가 힘든 위기문제를 이야기할 때마다 눈을 지그시 감는 모습이 보이던데 혹시 자신의 고통스런 경험이 생각나서 그런 것인지요?", "사랑님(별칭)은 이혼 이야기가 나올 때 유독 힘들어하시는 것 같았는데 혹시 가족과 관련된 아픈 경험이 있어서 그런 것은 아닌지요?"라고 질문하여 다른 각도에 자신을 돌아보도록 한다.

(5) 제지하기

집단지도자는 집단원의 바람직하지 않은 행동을 보면 이를 제지할 수 있어야 한다. 제지할 때는 그 사람의 인격을 비난하거나 평가하는 말을 하는 것은 바람직하지 않으며, 부적절한 행동에 대해서만 선택적으로 한다. 장황하게 말을 길게 하거나 피드백을 독점하면 다른 사람이 말할 권리를 침해하는 행위임을 지적하여 분명하게 제지한다.

집단원이 다른 집단원을 지나치게 비난하거나 험담하고, 집단원이 하는 말에 무분별하게 개입하여 집단역동을 방해하며, 집단분위기를 흐리는 경우에도 제지한다. 집단에 참여한 사람의 단점과 아픈 상처를 캐내려고 하는 경우에는 개인의 사적 영역을 침범하는 행위임을 지적하고 제지한다.

3) 종결기술

집단상담의 종결단계에서는 상담의 후속계획과 대안의 실천방법을 주로 논의한다. 집단상담을 종결한 후 개인상담을 할 수 있는 방법과 절차 등도 논의한다. 그동안 집단상담 과정에서 학습한 내용을 실제 삶에 어떻게 활용할 것인가의 실용적인 방법을 찾으며, 다음과 같은 상담기술을 사용한다.

(1) 뒤돌아보기

뒤돌아보기는 집단상담을 종결하기 전 집단구성원들로 하여금 그동안 경험하고 느낀 점을 회상하는 것을 의미한다. 집단상담을 통해 깨달은 바가 무엇이고, 어떤 교훈을 얻었는지 뒤돌아보며 자신을 승화한다.

자신이 경험한 상담과정의 주요 순간을 돌아보는 방법은 여러 가지가 있다. 우선 지나온 상담과정을 조용히 떠올리며 정리한다. 그런 다음, 집단상담 과정에서 깨달았던 점과 좋았던 점을 서로 이야기한다. 그리고 느낀 점과 교훈 등을 삶 속에서 어떻게 실천하고 확장시켜 나갈 것인지 허심탄회하게 이야기한다.

(2) 두려움 다루기

집단구성원 중에는 집단상담이 끝난다는 사실을 아는 순간부터 집단상담에 소극적으로 임하는 사람이 있다. 이같은 행동은 그동안 자신에게 관심과 지지를 보낸 사람과 관계가 곧 단절된다는 안타까움, 이별의 감정을 느끼기 때문이다.

집단상담 과정에서 그동안 배운 것을 실제 삶에 잘 실천할 수 있을지에 대한 두려움을 가진 사람도 있다. 이런 경우에는 이별 감정이나 두려운 감정이 잘못된 감정이 아니라, 자연스럽게 형성된 감정임을 설명하여 불안과 두려움을 해소한다.

(3) 미해결과제 다루기

집단과정에서 탐색된 과제가 모두 해결되는 것은 현실적으로 어렵다. 따라서 미해결된 과제가 많이 발생되지 않도록 유의하여 집단과정을 잘 마무리하는 것이 중요하다. 집단구성원과의 인간적 관계나 집단목표와 관련된 미해결된 과제는 이를 해결하는데 필요한 시간을 추가로 할애가 가능한지 검토한다.

만약, 미해결된 과제나 개인적인 문제가 경미할 경우에는 개인상담을 하는 등 별도의 시간을 마련해 해결한다.

유형별 극한위기 상담방법론

CHAPTER

자살 위기상담

오늘날 심각한 사회문제 중의 하나는 자살자가 계속해서 늘어나고 있다는 사실이다. 자살은 자신에게 위해를 가하여 생명을 끊고자 하는 자발적인 행동으로 자신을 향한 살인에 해당한다. 자살은 자살한 개인과 그 가족들에게만 부정적인 영향을 미치는 것으로 끝나지 않는다.

자살하는 이유에 대한 가설은 다양하다. 가족력의 유전적 취약성이 원인이 되기도 하고, 공격성과 충동성 같은 기질적 변수가 원인이기도 한다. 자살한 사람을 모방한 자살이 이루어지기도 하고, 가정 내 갈등이나 괴로운 삶의 문제가 원인으로 작용되기도 한다. 알코올 중독과 약물남용, 사회적 고립, 신체적·성적학대 경험 등의 특정한 사회적 요인이 원인으로 작용되기도 하며, 극한 위기문제를 해결하지 못해 일어나기도 한다.

본 장에서는 자살의 정의와 개념 등 이론적 배경을 고찰한다. 그런 다음, 청소년 자살의 특징에 대해서 알아본 후, 자살 위기 극복을 위한 상담방법론에 대해서 살펴보기로 하겠다.

제1절 이론적 배경

1. 자살의 정의

우리나라는 예로부터 '신체발부수지부모(身體髮膚受之父母)'라는 유교사상이 사회활동의 근간이 되어 자살을 죄악시하는 문화적 영향을 받았다. 신체와 머리털, 피부는 부모로부터 물려받은 것이니, 이를 소중히 여기는 것이 효의 시작이라는 교육을 받았다. 부모로부터 물려받은 귀한 몸을 함부로 여겨 상하게 하거나 죽는 것은 부모에 대한 불효를 저지르는 것으로 가르침을 받으며 살아왔다.

자살은 자신에게 위해를 가하여 생명을 끊고자 하는 자발적인 행동으로 자신을 향한 살인에 해당한다. 자살을 뜻하는 영어의 suicide는 라틴어 sui(자기)와 cidium(죽인다)의 합성어로 스스로 자신의 생명을 끊어 죽는다는 것을 의미한다. 현대적 관점에서 보는 자살은 개인이 자신이 속한 사회에 결속되지 못하고, 사회적 고립감을 느껴 발생하는 하나의 사회적 현상으로 간주한다.

자살은 자살생각, 자살충동, 자살계획, 자살의도, 자살위협, 자살시도, 자살행동, 자살사망 등 자살과 관련한 여러 용어가 다양한 방식으로 사용되고 있다. 과거에는 자살을 시도한 사람이 실제로 죽는 경우에만 자살로 여겼다. 수동적이든 적극적이든 자신의 의도적인 행위에 의한 것이어야 자살로 인정하였다.

현대에 들어오면서 자살에 대한 정의는 좀 더 구체화되었으며, 자살 관련 행동을 세분화하고 개념화하려는 작업이 이루어졌다. 죽음에 이른 경우가 아니더라도 자살을 시도한 과정까지도 자살의 개념에 포함하고 있다.

자살은 하나의 고립된 상황에서 이루어진 사망을 의미하는 단순한 개념의 사건이 아닌 자신의 생명을 끊으려고 시도하기 이전부터 여러 단계를 거치며 나타나는 복잡한 과정의 산물로 바라보는 관점이 지배적이다.

레이놀드(Reynolds, 1998)는 오래전부터 자살을 '자살생각을 기점으로 자살계획, 자살시도, 자살사망'의 네 가지 차원으로 설명하였다. 자살생각(suicidal idea-tion)은 죽음에 대한 일반적인 생각으로부터 자살수단을 생각하는 것까지를 포함한다. 자살계획(suicidal plan)은 자해적 행동에는 이르지 않지만 자살과 관련한 정보수집과 유서를 작성하고 소지품을 정리하는 것을 포함한다.

자살시도(suicidal attempt)는 고의적이고 실제적인 자해를 의미하는 것으로 죽으려는 명백한 의도를 가진 자기 파괴적인 행동으로 언급하지만, 자살사망에는 이르지 못한 경우를 말한다. 이러한 자살시도는 종종 자신의 삶을 완전히 끝내기 보다는 자신의 아픔과 고통을 주변인이 알아주기를 바라는 신호이거나 도움을 절실히 요구하는 의도에서 행해지기도 한다. 자살사망(suicidal completion)은 자살을 실행함으로써 죽음에 이르는 실제적 자살로 언급하고 있다.

레이놀드의 주장대로라면 자살은 자살생각, 자살계획, 자살시도, 자살사망이라는 연속적인 과정으로 이루어지고 있음을 알 수 있다. 자살하려는 생각으로부터 출발하여 자살계획을 세우고, 이러한 자살계획을 바탕으로 자살시도에 이른다.

하지만 자살생각을 하다가 그 생각을 철회하는 경우도 있고, 자살계획을 수립하였으나 자살시도로 이어지지 않는 경우도 있으며, 자살생각으로부터 자살사망에 이르기까지 연속적인 과정으로 이루어지는 경우도 존재한다.

이렇게 자살은 한 가지만으로 간단하게 설명할 수 없는 복잡성을 지니고 있다. 자살과정 또한 단선적으로 이루어지기 보다는 복잡한 과정이 연속적으로 이루어짐을 알 수 있다.

2. 자살에 대한 이론적 관점

자살원인에 대한 관점은 다양하다. 자살의 원인은 가족력의 유전적 취약성이 원인이기도 하고, 공격성과 충동성 같은 기질적 변수가 원인이 되기도 한다. 자살한 사람을 모방하여 일어나기도 하고, 가정 내 갈등이나 괴로운 삶의 위기문제가 원인이 되기도 한다. 알코올 중독과 약물남용, 사회적 고립, 신체적·성적학대 등의 특정한 사회적 요인이 원인으로 작용되기도 한다.

자살의 원인에 대한 관점은 20세기부터 몇 가지의 큰 흐름이 있어 왔다. 프로이트(Sigmund Freud)의 정신분석을 포함한 심리학적 이론, 뒤르켐(Emile Durkheim)이 주장한 사회학적 이론, 유전적 취약성으로 자살을 이해하고자 한 생물학적 이론 등이 있는데 이를 살펴보겠다.

1) 생물학적 관점

생물학적 관점에서 보는 자살은 뇌에서 작용하는 신경전달물질의 대사에 문제가 있는 것으로 본다. 정신병이나 심한 우울증 상태에서는 뇌의 뉴런 체계에 변화가 일어나는데 도파민, 세로토닌과 같은 신경전달물질이 부족하거나 혹은 과다 분비되어 불균형을 이룰 때 자살충동을 억제하기 어렵다고 말한다. 이러한 주장은 자살자의 혈액이나 뉴런의 변화를 통해 간접적으로 증명되고 있다.

자살과 관련된 신경전달물질은 세로토닌, 노르아드레날린, 도파민, 코르티솔 등이 있다. 인간의 뇌는 1,000억 개가 넘는 많은 신경세포로 이루어져 있는데, 각 신경세포는 신경전달물질을 통해 서로 정보를 교환한다. 그 중의 하나가 세로토닌이다.

자살자의 뇌를 해부하여 관찰한 결과 뇌에서 세로토닌이 평균치보다 낮은 수치로 검출된 것이 확인되었고, 세로토닌의 대사물질인 5−HIAA(5−히드록시인돌)역시 낮게 검출된 것으로 밝혀졌다(심윤기 외 2020).

뇌 척수액 중에서 5−HIAA의 수준이 낮은 사람을 대상으로 조사가 이루어졌는데, 이들 중 약 20% 정도가 자살하였다. 낮은 양의 5−HIAA 수치를 보이는 우울증 환자 가운데서는 약 50% 정도가 자살을 시도하였고, 정상수치를 보인 우울증 환자 중에서는 15% 정도만이 자살을 시도한 것으로 밝혀졌다. 이러한 연구결과는 세로토닌의 수치가 자살행동과 밀접한 관련성이 있음을 말해준다.

자살과 관련한 신경전달물질의 분비량이 불균형 상태에 있고, 이와 함께 스트레스, 우울 등이 겹치는 경우에는 심각한 자살위기의 상황으로 전개될 가능성이 크다. 반면, 우울이나 스트레스를 경험하더라도 모두가 심각한 신체증상을 일으키는 것은 아니다. 개인의 생물학적 특성에 따라 우울증이 발생할 수도 있고 혹은 주의집중이 곤란한 심리적 변화가 일어날 수도 있으며, 자살을 생각하기도 하는 등 다양하게 나타난다.

생물학적 관점에서 보는 이론 중에 눈여겨 보아야 할 또 다른 자살의 원인은 유전이다. 자살과 유전과의 연관성을 살펴보기 위한 일란성 쌍둥이와 이란성 쌍둥이에 대한 연구에서는 일란성 쌍둥이에게서 자살행동에 대한 상관이 유의미하게 나타난 것으로 보고되었다(심윤기 외, 2014).

덴마크에서는 생물학적 취약성의 요인이 있는 가족의 일란성 쌍둥이와 생물학적 취약성이 없는 일란성 쌍둥이를 입양한 가족을 찾아 종적연구를 실시하였다. 그 결과, 생물학적 취약성이 없는 일란성 쌍둥이를 입양한 가족보다 생물학적 취약성을 가진 가족에게서 우울증이 8배나 높게 나타났고, 자살률은 15배나 높은 것으로 조사되었다.

오스트리아에서 실시된 연구에서도 일란성 쌍둥이에게서 자살위험이 17배나 높게 나타난 것으로 보고되었다. 유전과 관련된 자살 연구는 유전요인이 자살의 약 43% 정도를 차지하고, 나머지 57% 정도는 환경적인 요인에 의해 자살하는 것으로 설명하고 있다(이홍식 등, 2009).

19세기 프랑스의 유명한 정신과 의사였던 에스퀴롤(Esquirol)은 자살이 정신병의 모든 특징을 보여 주고 있다고 주장하였다. 자살은 인간이 미쳤을 때에만 시도하는 미친 자의 행동이라고 언급하였는데, 그는 자살이 그 자체로 독립적인 질병이거나 아니면 하나 이상의 정신장애에서 비롯된다고 주장하였다.

그가 이러한 주장을 펼치게 된 이유는 자신의 가족에게서 나타난 자살행동을 가까이에서 보아왔기 때문이다. 에스퀴롤의 막내아들이 26~27세가 되었을 때 우울증을 심하게 앓았는데, 자신의 집 지붕 위에서 몸을 던져 자살하였다. 그의 형은 동생의 죽음이 자신 때문이라고 자책하며 여러 번 자살을 시도하였고, 결국 오랫동안 음식을 거부한 끝에 사망하였다. 또 다른 형은 의사였는데도 늘 깊은 절망감에 빠져 있었고, 결국 그도 자살로 생을 마감하였다.

이렇게 에스퀴롤의 자녀들이 계속해서 자살한 이유는 자살에 취약한 유전적 소인이 원인이 되었을 가능성을 엿볼 수 있다. 자살의 원인에 대한 고찰은 그동안 심리적·사회적 원인이 전통적인 지지를 받아 왔으나, 21세기에 들어오면서 유전적 요인이 자살에 영향을 주는 중요한 요인이라는 연구결과가 계속 보고되고 있는 실정이다.

2) 심리학적 관점

자살에 관한 대표적인 심리학 이론은 프로이트(Sigmund Freud)의 정신분석학이다. 프로이트는 인간이 궁극적으로 가지고 있는 자기 파괴적인 죽음의 본능인 공격성이 가장 극단적으로 분출되어 나타나는 현상을 자살로 보았다.

삶의 본능과 죽음의 본능이 균형을 이루지 못하고 죽음의 본능이 보다 더 강할 때 나타나는 현상을 자살로 본 것이다. 결국, 프로이트는 자살행동이 정신이상자의 행위로 간주하지 않고 정상인의 심리기제로 바라보았다는 점에서 시사하는 바가 크다.

칼 메닝거(Karl Menninger)는 프로이트가 말한 죽음의 본능이라는 관점을 더 정교하게 구체화하였다. 그는 자기 파괴적인 자살행위는 인간 본래의 본성으로 세 가지의 심리적인 요소가 있다고 주장하였다. 첫째는 자기에 대한 살인이고, 둘째는 죽임을 당하고 싶은 기대이며, 셋째는 죽고 싶다는 바람이라고 언급하였다. 자살은 본능적인 죽음에 대한 열망이 상존하여 누군가 자신을 죽여주었으면 하는 바람이 영향을 미쳐 자신이 직접 자신을 죽이는 자살로 이어진다고 주장한다.

인지적 접근에서는 인간의 인지·정서·행동의 세 가지 영역 중 자살과 관련된 인지적 왜곡이나 역기능을 중요하게 다룬다. 인지적 관점에서는 자살하는 사람의 특징을 인지의 경직성과 이분법적인 사고, 대인관계 문제의 해결능력이 결여되어 나타나는 것으로 설명하고 있다. 이들은 공통적으로 자신들의 삶에서 정서적이고 대인관계적인 스트레스를 견디거나 이겨내는 능력이 다른 사람에 비해 약하다고 주장한다.

아론 벡(Aaron Beck)은 사람의 부정적인 인지가 우울을 느끼게 한다고 말한다. 어릴 때 부정적인 인식이 내면에 뿌리 내리면 그것이 자기 신념으로 강화되고, 결국 미래의 삶을 부정적으로 살게 한다는 입장을 취한다.

그가 주장한 자살과 관련한 중심 개념은 절망감이다. 절망감은 미래에 아무런 희망이 없는 것으로 여기고, 어떠한 변화도 존재하지 않을 것이라는 자신에 대한 부정적 인식과 신념이다. 절망감을 가진 환자 중에서 약 91% 정도가 자살했다는 연구결과는 이러한 벡의 주장이 설득력이 있음을 말해준다.

바우메이스터(Baumeister)는 인지적 몰락(cognitive deconstruction)이라는 개념으로 벡의 절망이론에서 설명하지 못한 자살의 심리기제를 체계화하여 설명하였다. 인지적 몰락은 사건에 대해 의미부여를 거부함으로써 모든 것을 무가치한 것으로 인지하고 해석하는 정신상태를 말한다. 결국, 바우메이스터는 부정적 감정으로부터 도피하기 위해 자살을 선택한다는 입장인데, 이는 자살행동을 막아주는 인지적 억제력이 약화되었기 때문에 발생하는 것으로 설명한다.

대인관계적 관점에서 바라보는 자살은 인간의 기본욕구인 대인관계의 욕구와 소속감의 욕구가 충족되지 못하고, 사회적 고립감을 느낄 때 자살한다고 주장한다. 조이너(Joiner, 2005)는 대인관계의 욕구가 왜곡되거나 충족되지 못하면 자기 스스로 사회와 가정에 짐이 된다고 여겨 좌절된 소속감으로 자살을 생각한다. 여기에 습득된 자살의 잠재력까지 더해지면 결국 자살을 한다고 주장한다.

여기서 짐이 되는 느낌이란 자기의 존재가 가족이나 사회로부터 부여받은 중대한 임무나 책임의 짐을 진 존재로 생각하고, 스스로 자신에 대해 무능한 존재로 여기는 것을 의미한다.

좌절된 소속감이란 타인이나 가족, 친구로부터 소외감을 느끼고, 소속된 집단에서 가치 있는 일원이 되지 못한다는 느낌을 경험하는 것을 말한다.

습득된 자살 잠재력은 신체적 통증, 두려움에 대한 대응의 과정이 반복되고 습관화되면 신체적 통증의 내성이 증가하고, 죽음에 대한 두려움이 감소하여 잠재적인 자살시도 능력이 획득된다는 뜻으로 설명하고 있다.

3) 사회학적 관점

에밀 뒤르켐(Emile Durkeim)은 1897년 『자살론』이라는 저서를 집필하면서 자살전문가로 등장하였다. 그는 처음으로 19세기 유럽 각국의 사망원인에 대한 통계를 체계적으로 수집하였다. 그 결과, 나라별로 사망원인에 대한 통계 분포가 상이하게 나타나는 것을 근거로 사회학이론을 발전시켰다.

사회학적 관점에서 보는 자살은 자살의 원인을 자살자 개인이 아닌 사회적 차원에서 접근한다. 이 이론에서는 삶의 고통을 받고 있는 사람들에 대한 사회적 지원체계가 얼마나 잘 발달되어 있는가에 따라 자살에 영향을 미친다고 설명하고 있다(Durkheim, 2008).

자살은 개인적인 행위로 보이지만 실제로는 사회적 환경이 반영된 것이라서 사회적 병리와 모순이 자살의 원인으로 작용한다. 따라서 자살 연구를 함에 있어서는 개인이 아닌 사회가 그 대상이 되어야 한다고 주장한다.

뒤르켐은 가톨릭과 유태교의 자살률이 낮고, 개신교의 자살률이 높다는 통계를 근거로 사회적 유대감, 일체감, 가치관 등이 자살에 영향을 미친다고 언급한다. 남성이 여성보다, 도시가 농촌보다, 고학력자가 저학력자보다, 전문가가 비전문가보다, 군인이 민간인보다, 결혼하지 않은 사람이 결혼한 사람보다, 자녀가 없는 사람이 자녀가 있는 사람보다, 겨울철보다 여름철에 자살률이 높게 나타난다는 분석결과를 제시하기도 하였다.

한편, 뒤르켐은 자살론에서 개인이 어떠한 형태로 자살하는지에 따라 이기적, 이타적, 아노미적, 숙명적 자살 등 네 가지 유형으로 분류하였다. 이 네 가지 유형의 자살은 모두 사회의 구조적인 문제와 연결되어 있다.

이기적 자살(Egoistic suicide)은 사회적 유대감과 가치 부재가 원인이다. 자기 자신만을 생각하는 이기적인 생각에서 비롯된다.

이타적 자살(Altruistic suicide)은 사회적 유대감이 강하고 가치가 확고한 것이 원인이다. 자기를 희생하고 공동체를 위하고자 하는 이타적인 생각에서 결행된다고 설명한다.

아노미적 자살(Anomic suicide)은 가치가 붕괴된 상태에서 규율과 연대가 약할 때 나타난다.

숙명적 자살(Fatalistic suicide)은 억압과 규율이 강하고 연대가 튼튼할 때 발생한다.

이 같은 네 가지의 자살 유형 중에서 가장 흔하게 발생하는 자살의 형태는 이기적 자살이다. 가족이나 친구와 친밀하고 가깝게 지내려고 하지 않거나, 사회에 적응하려고 노력하지 않으면서 오히려 자신이 소외되었다고 믿고, 쓸모없는 인간이라고 착각하면 이기적인 자살을 선택한다. 정신질환이나 상실에서 오는 자살도 사회적 문제가 본질적인 원인이라고 주장하고 있다.

이렇게 사회학 이론은 자살의 원인이 사회의 구조적인 문제에서 기인한다는 것을 밝히고 있다는 점에서 의의를 가진다. 자살하는 이유가 개인의 심리와 정신, 감정이나 기질로 발생하는 것이 아닌 사회적인 문제가 궁극적인 원인이 된다고 보고, 사회적 모순과 잘못을 추출하려고 시도했다는 점에서 높이 평가되고 있다.

4) 생태체계학적 관점

생태체계학적 이론은 환경 속의 인간(The person in situation)이라는 개념으로 설명한다. 이 관점은 개인 특성에 초점을 두는 것뿐만 아니라, 그가 속한 가족, 집단, 지역사회의 영향을 모두 고려함으로써 자살을 둘러싼 다양한 환경체계 간의 상호작용에 중점을 둔 이론이다.

생태체계학적 관점은 일반체계이론에 생태학적 관점을 결합시킨 입장으로, 브론펜브레너(Uri Bronfenbrenner)가 인간발달에 관련된 환경을 조직화하는 틀을 제공하였다는 점에서 의의가 있다.

생태체계학 이론은 인간을 매우 복잡한 존재로 규정한다. 인간은 사고·감정·행동의 기능을 가진 생물학적, 심리적, 영적, 사회적, 문화적 존재로서 환경에 영향을 준다. 뿐만 아니라, 환경의 영향을 받는 상호 교환적인 위치에 있다. 인간과 환경은 지속적인 상호작용과 교류를 통해 서로에게 영향을 주고 받으며 서로를 형성해 가고, 상호 적응하는 호혜적 관계를 유지한다고 설명한다.

인간과 환경은 서로 분리할 수 없으며, 이 둘을 모두 고려해야 된다는 것이 생태체계학이론에서 주장하는 기본 가정이다. 따라서 환경을 이해하지 못하고 개인의 미래를 예측할 수 없으며, 개인을 이해하지 못하고 환경의 미래를 예측할 수 없다고 말한다. 각 개인은 동일한 환경에 각각 다르게 반응한다. 유사한 특징을 지닌 사람들조차도 환경에 따라 다르게 상호작용 한다.

특히, 개인의 능력은 사회적 지지체계 자원과의 조화에 따라 좌우되며, 개인과 사회적 환경 간의 불일치는 역기능적 행동을 유발한다. 즉, 인간행동은 개인과 환경 간의 상호작용에서 나온 산물로 규정한다. 그러므로 자살은 개인의 대처능력과 사회적 지지 체계와의 상호작용 속에서 선택된다고 말한다.

이처럼 생태체계학적 접근은 개인의 특성뿐만 아니라 지역적, 사회적 요인까지 전체적으로 살펴보고, 이러한 요인들의 통합적인 관점에서 자살을 설명한다.

제2절 청소년 자살의 특징

오늘날 심각한 사회문제 중의 하나는 자살하는 사람이 계속 증가하고 있다는 점이다. 세계에서는 매일 약 1,000여 명이 자살하며, 한 해 동안에는 무려 50여 만 명이 자살하는 것으로 알려지고 있다. 우리나라의 경우에는 2020년 기준 전체 자살자의 수가 13,195명(인구10만 명당 25.7명)으로 조사되었는데, 이는 OECD 국가 중 가장 높은 수치에 해당한다(통계청, 2021).

우리나라의 자살률은 OECD 주요 회원국 중 여전히 1위를 차지하고 있다. 이 중 청소년 자살률은 2017년 7.7명에서 2020년 11.1명으로 44% 증가하였다. 같은 기간 10대의 자살 및 자해 시도자는 2,633명에서 4,459명으로 늘어나 69% 증가하였다(통계청, 2021).

이 같은 청소년의 자살은 청소년기 발달이 진행하는 시기에 이루어진다는 점에서 성인의 자살과 차이가 있다. 청소년기는 아동기에서 성인기로 성장하는 전환기에 있어 신체적·심리적 발달이 급격하게 일어난다. 자신에게 부여된 인지·정서·행동의 발달과업을 이루어가며 자신만의 정체성을 형성해 가는 시기로 인지적·정서적으로 성숙하지 않은 시기다.

이 같은 청소년기의 발달적 특징과 폭발적이고 공격적인 행동 특성은 자살로 이어지는데 영향을 미친다. 뿐만 아니라, 청소년기에 위험한 자극이나 심리적 갈등이 발생하면 합리적인 의사결정과정을 거쳐 바람직한 방법으로 문제를 해결하기보다는 자살이라는 현실 도피적이고 충동적인 방식으로 해결하려는 불안정성이 확장한다.

1. 청소년 자살의 특징

1) 분명한 원인이 존재한다

청소년 자살은 부모와의 갈등이나 친구와의 다툼, 이성 친구와의 이별, 학교성적의 저하, 집단따돌림, 신체비관, 경제적 빈곤, 외모에 대한 고민 등과 같은 문제와 관련이 깊다. 이와 같은 문제가 지속되는 경우 청소년은 이를 해결하기 위해 다양한 시도를 해보지만 힘이 부치고 난관에 봉착하면 자살을 선택한다.

2) 충동적 성향을 보인다

청소년은 성취해야 할 발달과업이 많은 것에 비해 인지적으로 미성숙하고 정서적으로도 충동성이 높아 불안정한 상태에 있다. 평소에 정상적으로 생활하던 청소년이 갑작스런 생활상의 변화가 찾아오면 스트레스를 포함한 심리적 어려움을 피하려는 충동에서 자살을 시도한다.

가령, 학교 성적이 좋지 않아 이를 지적하고 꾸중하는 부모님을 이해하지 못하고, 욱하는 마음에서 아파트 옥상에서 떨어져 사망하는 경우도 있다. 청소년의 자살을 예측하거나 예방하기 어려운 점은 이러한 충동성 때문이다. 대부분의 청소년 자살이 사전에 계획되지 않은 충동성에 기인하고 있다는 연구결과가 이를 잘 말해 주고 있다.

3) 모방자살과 동반자살을 한다

청소년은 연예인, 가수, 운동선수 등과 같은 인물에 대한 동경심이 크다. 그래서 자신이 좋아하는 유명인사가 자살하면 그 사람의 자살을 미화하거나 모방하기도 한다. 우리나라에서는 2005년 영화배우 이○○가 자살하자 여러 명의 청소년이 모방자살을 시도한 바 있다. 일본에서도 1998년 '히데'라는 가수가 자살하자, 10대 팬 3명이 잇따라 모방자살을 하는 일이 벌어지기도 하였다.

청소년은 동반자살의 특징도 보이고 있다. 원룸, 팬션, 승용차, 숙박시설 등에서 동반자살을 하는 청소년의 안타까운 소식을 언론매체를 통해 접하는 것은 이제 낯익은 현상이 되었다. 동반자살은 대체로 자살을 원하거나 실제로 이를 꾀하고자 하는 사람이 모여 만든 인터넷 사이트에서 서로 연락을 취한 다음, 일정한 장소에서 만나 자살을 시도하는 특징이 있다.

4) 도움요청의 신호수단으로 활용한다

청소년은 실제 죽고자 하는 의도에서 자살하는 것이 아니라, 자신의 아픔과 고통을 극단적인 방법으로 표현하여 도움을 얻기 위한 신호수단일 수도 있다고 주장하는 이도 있다. 실제로 자살행동을 한 청소년 중에는 다시 자살을 시도한 청소년이 대략 10% 정도이며, 90% 정도는 자살을 시도하지 않은 것으로 보고되었다(심윤기 외, 2020).

이는 청소년의 자살행동이 삶을 완전히 포기하려고 선택한 행동이기보다는 괴로운 현실을 일시적으로 도피하기 위한 수단으로 학교, 가정, 사회에 도움을 요청하는 시그널로 사용되고 있음을 알 수 있다.

5) 죽음에 대한 환상을 가진다

청소년이 죽음에 대한 환상을 가지는 것은 인터넷 게임이나 판타지 소설류 등으로부터 영향을 받은 이유가 크다. 현실세계에서의 스트레스와 압력, 극한 위기를 경험할 때 죽음을 일종의 도피수단으로 보고, 자살로서 문제를 해결해 보려는 의존성이 자살행동에 영향을 미친다.

6) 사소하고 단순한 문제로 기인한다

청소년의 자살은 대부분 지엽적이고 사소한 것으로부터 비롯되는 특성이 있다. 간단하고 단순한 것임에도 불구하고 이에 쉽게 영향을 받아 자살을 시도한다. 학교성적이 떨어져서, 부모에게 꾸지람을 받아서, 죄책감으로, 친구와의 관계가 틀어져서 자살하는 등 아주 사소하고 지엽적인 문제로 자살하는 경향이 있다.

2. 청소년의 자살심리

자살을 시도하는 청소년보다 우울과 스트레스 등 극한 위기를 경험하고 있는 청소년이 더 많은 것으로 조사되고 있다. 위기문제로 비롯된 심리적인 고통과 갈등에도 불구하고 이를 덮어두고 생활하는 청소년이 더 많은 것으로 조사되었다는 사실은 그만큼 자살 우려가 크다는 점을 시사한다. 청소년기의 자살심리는 성인기의 자살심리와 그 양상이 다르며, 다음과 같은 특징이 있다.

첫째, 욕구좌절 심리이다.

청소년은 대수롭지 않은 작은 일로 자살을 시도한다. 이는 청소년이 아동기에서 벗어났다고는 하지만 아직 소아적 욕구가 남아 있음을 보여주는 단면이다. 청소년은 자신의 욕구가 좌절되면 충동적이고 공격적인 행동을 한다. 욕구좌절에 대한 심한 분노와 폭력적인 행동을 하고 자살을 시도한다.

둘째, 소외심리이다.

소외심리는 경쟁 사회에서 살아가는 것이 힘들고 지친 나머지, 먼저 세상을 떠난 부모나 형제를 따라 죽고자 하는 심리이다. 불공평하고 고통이 있는 지금의 세상보다 먼저 세상을 떠난 사람이 사는 세상으로 가서 그들과 함께 살려는 의도에서 자살을 시도한다. 청소년은 친구의 죽음과 유명인의 자살에 큰 영향을 받는다. 이는 정신적으로 의지할 대상이 없는 소외된 결손 가정의 청소년에게서 주로 나타난다.

셋째, 도피심리이다.

친구의 괴롭힘으로 학교에 가기 싫은데 그렇다고 학교를 안 가자니 부모에게 죄송하고, 때로는 나쁜 짓을 한 것이 부모에 탄로날까봐 이러지도 저러지도 못하는 갈등 상황에 놓일 때 도피하려는 시도에서 자살하는 심리이다. 주로 타인과 의사소통이 단절된 수동적인 청소년에게서 나타난다.

넷째, 보복심리이다.

학업성적과 관련된 부모의 꾸중에 대한 반발로 혹은 남의 물건을 훔쳤다고 지적하는 교사의 추궁에 결백을 주장하기 위해 죽음을 선택하는 자살심리이다. 이 같은 경우에는 심리 저변에 부모나 교사에 대한 복수심과 적개심이 강하게 내재되어 있는 것이 특징이다. 죽음이라는 극단적인 수단을 사용함으로써 타인에게 고통과 죄책감을 받게 하려는 보복심리가 작동되어 나타난다. 대개 가족 내 갈등을 겪고 있는 청소년에게서 나타난다.

다섯째, 자학심리이다.

성취욕이 높은 청소년이 자기의 기대수준에 못 미치는 결과를 보게 되는 경우 자기학대로 자살하는 심리이다. 자신의 능력에 대한 회의와 절망으로 못난 자기 자신을 처벌하기 위해 유서를 남기고 자살하는 경우가 이에 해당한다. 입시 경쟁이 심한 우리나라의 현실에서 자식에 대한 과잉기대를 가질 때 발생한다는 점이 특징이다.

3. 청소년의 자살유형

청소년 자살은 발달적·정서적·사회문화적인 특징과 관련이 깊다. 청소년은 감정이 수시로 변하고 강한 공격성, 충동성, 질투심, 시기심 등이 있다. 갑자기 행복하고 자신감이 넘치다가도 갑자기 열등감과 우울감에 빠지는 등 자신의 감정을 조절하거나 통제를 제대로 하지 못하는 특징이 있다. 이성에 대한 관심이 지대하고 이성에 대한 흥분된 감정과 사랑의 감정이 강렬하게 나타난다.

이러한 특성을 지닌 청소년 중에는 친구에게 모욕을 당했다고 자살을 시도하고, 선생님에게 꾸중을 들었다고 건물 옥상에서 투신하며, 시험을 못 본 압박감 때문에 목을 매 자살을 시도한다. 아버지에게 뺨을 맞았다고 가출하고, 좋아하는 가수가 자살했다고 따라 죽으려고 시도하는 청소년도 있다.

이렇게 청소년의 자살은 평소 정상적인 생활을 유지하던 상태에서 갑작스럽게 나타나는 특징이 있는데, 청소년의 자살유형을 살펴보겠다.

1) 문제행동형 자살

문제행동형 자살은 약물남용, 가정폭력, 학교폭력, 집단따돌림과 같은 문제가 발생할 때 이를 해결하지 못하고 스스로 자살을 선택하는 유형이다. 이 유형은 청소년을 이해하지 못하는 어른들의 평가적이고 규범적인 행동이 오히려 청소년의 문제행동형 자살에 영향을 미친다.

가령, 부모와의 갈등이나 친구와의 다툼, 이성 친구와의 이별, 학교성적 저하 등의 문제가 발생하면 어른들은 청소년의 행동을 그들의 입장에서 바라보지 못하는 경우가 있다. 어른의 관점에서만 강조하고 청소년의 문제행동을 엄하게 다루는데, 이때 심리적 갈등을 이겨내지 못한 청소년들이 자살을 선택한다.

2) 내향형 자살

어른이 보기에는 대수롭지 않은 사소한 문제인데 청소년은 이를 단순하게 보지 않고 고민하다 자살하는 경우가 내향형 자살이다. 대체로 행동이나 태도가 내향적이고 소심한 청소년에게서 나타나는 유형이다.

부모는 때때로 자녀가 학교나 가정에서 힘들게 고민할 만한 문제를 가지고 있다고 생각하지 않는 경향이 있다. 그러나 당사자인 청소년은 고민하고 해결할 것들이 많아 심리적인 갈등과 혼란, 고통을 경험한다. 이러한 상태에서 학교 성적과 진로 등의 문제까지 겹치면 고독과 소외감이 커지고 자살시도로 이어진다.

3) 감정형 자살

감정형의 자살은 자신의 감정이 격해질 때 스스로 감정을 이기지 못해 생명을 끊는 경우를 말한다. 냉철한 이성과 자신의 의지로 감정을 억제하거나 통제할 수 없어 자신의 내부로 공격성이 향해 자살하는 형태이다.

잘 아는 사람에게 모욕을 당하거나 연인관계에 있던 사람과 이별할 때 목숨을 끊는 경우가 이에 해당한다. 감정을 다스리지 못해 앞뒤를 생각하지 못하고 충동적으로 자살을 선택하는 감정형 자살은 자살을 시도하기 전 언어와 비언어적인 방식 등으로 자살을 암시하는 특징이 있다.

4) 신체장애형 자살

자신의 열등한 신체를 비관해 자살하는 경우가 이에 해당한다. 청소년기에는 자신의 외모나 신체에 민감하게 반응한다. 몸이 뚱뚱하다든지, 키가 작다든지, 얼굴이 못생겼다든지 하는 생각을 자주 하면 자신감이 낮아지고, 열등감이 생겨 대인관계를 기피한다. 이러한 신체적 열등의식은 부모의 사업이 실패하거나 입시실패, 가족구성원의 갈등 등과 맞물릴 때 자살을 시도한다.

5) 정신장애형 자살

정신장애가 있는 청소년에게서 흔히 나타나는 자살유형이다. 청소년의 정신장애로는 주로 불안장애, 우울장애, 강박장애, 히스테리, 정신분열증, 기분장애(우울증), PTSD 등이 있다. 청소년의 자살은 정신분열증이나 조울증 초기에 나타나는 특징을 보이며, 불안이나 강박을 보이는 신경증에서 시작되기도 한다.

청소년기는 일반적으로 정서가 불안정한 상태다. 여기에 정신장애까지 겹치면 심리적 불안이 높아지고 절망감을 느껴 자살로 이어지는 경향이 있다.

제3절 자살 위기상담 중점

자살 위기상담은 위기자의 개인 특성이나 환경적 요인을 고려한다. 비합리적 신념을 가진 자살위기자는 합리적이고 긍정적인 신념을 바탕으로 문제해결을 시도한다. 우울, 무망감, 소외감, 충동성 등의 정서조절의 어려움과 심리적 고충이 심한 위기자는 자아존중감을 촉진함으로써 자살을 예방하는 데 중점을 둔다. 대인관계 능력이 부족해 사회 관계망을 형성하는 데 어려움이 있는 위기자는 대인관계능력을 향상함으로써 자살을 예방한다.

1. 개인특성 탐색

자살 위험에 처한 위기자를 조력할 때는 대체로 자살동기와 자살생각을 우선적으로 탐색한다.

1) 자살의 동기

자살동기에 대한 탐색은 효과적인 자살예방을 위해 필요하다. 어떤 위기자는 자신의 삶이 너무 힘들고 고통스러워 삶을 끝내려고 한다. 이러한 상황에 놓인 위기자는 대체로 정서적 고통이 견디기 힘들 만큼 최고조에 이른 상태다.

그동안 힘든 삶과 고통스러운 시간에서 벗어나려고 나름의 방법을 찾아보았으나, 끝내 찾지 못하고 지칠 대로 지쳐 모든 것을 포기하려는 상태다. 이러한 위기자는 절망과 희망의 부재가 자살위기 요인으로 작용한다.

만일, 위기자의 절망감이 빈곤한 가정환경, 진로의 문제, 집단따돌림과 같이 현실에 근거한 것이라면 적절한 환경변화를 통한 개입이 필요하다. 그러나 절망감이 자신과 세상에 대한 왜곡되고 잘못된 신념에 기초한 것이라면 비합리적 신념체계 변화에 상담의 초점을 둔다.

가령, 위기자가 타인에게 영향력을 행사하기 위한 목적으로 자살을 하고자 한다면 상담자는 그의 행동과 생각 속에 은폐된 다양한 조종 동기를 가려내는데 주안을 둔다. 자살을 함으로써 타인에게 영향력을 행사하려는 목적이 자신의 대인관계 결함과 관련된 것이라면 위기자의 부적응적인 대인관계 행동을 우선적으로 파악해 조력한다.

특히, 위기자의 자살 목적이 자신에게 상처를 준 사람에게 증오의 복수를 하려는 동기와 관련되어 있다면 복수하고자 하는 마음이 왜 생기게 되었는지를 살핀다. 타인으로부터 받은 상처가 직접적인 자살의 이유라면 죽음을 통한 복수보다 그 상처를 해결할 수 있는 보다 건전하고 합리적인 방법을 찾는 데 역점을 둔다.

2) 자살생각

자살위험에 처한 위기자의 자살 관념을 알아보는 것은 무척 중요한 일이다. 흔히 상담경험이 적은 초심 상담자는 위기자의 자살문제를 논하는 것이 그의 자살 관념을 강화하지 않을까 하고 염려하는 경향이 있다. 위기자에게 자살에 대한 생각을 묻는 것은 그의 자살에 대한 실행계획을 더욱 확고하게 만들지 모른다는 생각에 걱정하는 측면이 있다.

초심 상담자가 갖는 이러한 염려와 걱정은 어찌 보면 당연한 것일 수도 있다. 그러나 자살위기자의 자살생각을 다루어서 더 큰 문제로 발전한 사례는 찾아보기 어렵다. 자살에 관한 논의는 대상자가 누구이건 자살에 대한 객관적인 검토를 가능하게 하는 데 도움을 주기 때문이다.

자살 위기자와의 자살 논의는 자신이 생각하는 자살에 대해 좀 더 현실적으로 인식하도록 도와주고, 합리적인 의사결정을 하는 데에도 기여한다(심윤기 외, 2014). 자살에 대한 객관적인 논의를 할 수 있는 효과적인 방법은 질문이다. 질문은 자살 위기자가 처한 어려움에 어떻게 개입해야 하는지 실마리를 찾게 한다. 그가 처한 어려움을 해결하는 방법이 과연 자살 외에 다른 방법은 없는지 대안을 마련하는 데 기여한다.

따라서 질문을 통해 자살 위기자가 생각하는 자살의 이유와 자살하고자 하는 마음의 강도, 자살의 방법 등에 대한 정보를 이끌어낸다. 이때 주의해야 할 사항은 질문이 중요하다고 해서 위기자를 추궁하거나 일방적으로 몰아붙이는 식의 질문은 결코 바람직하지 않다.

자살 위기자의 자살생각을 알아볼 때는 대체로 다음과 같은 질문이 필요하다.

① 자살에 관한 생각을 얼마나 자주 합니까?

② 자살생각을 할 때 얼마나 편안하게 받아들입니까?

③ 자살생각을 마지막으로 한 것은 언제입니까?

④ 이전에 자살시도를 한 적이 있습니까?

⑤ 지금 자살을 계획하고 있습니까?

⑥ 실행에 옮길 수 있는 자살계획을 가지고 있습니까? 등

2. 자살위기 다루기

1) 절망감 다루기

절망감은 자살충동의 가장 직접적인 동기로 작용할 만큼 자살에 영향을 준다. 절망하는 이유는 사람에 따라 다른 것처럼 자살 위기자가 절망하는 이유도 각기 다르다. 절망하는 위기자에게 나타나는 공통적인 특징은 자살을 선택하는 것 외에 다른 대안적인 해결책이 있다는 것을 인식하지 못한다는 점이다.

즉, 현재와 미래에 대해 내린 절망적인 결론 외에 다른 대안이 있다는 것을 제대로 인식하지 못한다. 따라서 상담자는 자살 위기자가 내린 결론을 당연한 것으로 받아들이지 않는다. 자살 위기자가 내린 결론을 입증할 수 있는 증거와 모순되는 증거를 위기자와 함께 양파 껍질 벗기듯 하나하나 찾아간다. 자살 위기자가 내린 절망적 결론이 과연 충분한 사실에 근거한 타당하고 합리적인 결론인지 구체적으로 검토한다.

이러한 과정을 통해 위기자는 자신이 내린 자살선택의 결론과 모순되는 증거를 찾아낸다. 찾아낸 모순되는 증거들은 절망적인 결론을 변화시키는데 유용하게 활용한다. 절망감 다루기는 자살위기 상담과정에서 힘든 작업이다. 자살 위기자가 현재 절망하는 이유와 미래 희망의 이야기를 하나씩 찾아가는 과정도 쉬운 일이 아니다. 그렇지만 이러한 어려운 과정을 통해 자살 위기자는 자신의 미래 삶의 이야기를 희망과 비전으로 재구성하는 것이 가능하다.

2) 조망 확장하기

자살 위기자가 보이는 공통적인 특징은 시간조망의 축소다. 자살위험에 처한 위기자는 과거의 삶과 현재의 생활, 그리고 자신의 미래의 모습에 균형 잡힌 통합된 조망을 갖지 못한다. 그를 압도하는 것은 오로지 현재의 고민과 고통, 갈등이 대부분이라서 미래에 대한 합리적인 생각을 하지 못한다.

지난 과거에 대해서는 부정적인 견해가 많다. 미래에 대해서는 비관적으로 바라보고 불안하게 생각할 뿐만 아니라, 현재 눈앞에 있는 순간에만 관심을 둔다. 이렇게 비관적인 관념에 빠져드는 이유는 시간조망의 축소에서 기인한다.

이를 해결하기 위해서는 위기자와 함께 현재의 고통이 미래에도 계속될 것이라는 부정적인 생각을 객관적으로 검토한다. 위기자가 겪고 있는 고민과 고통, 갈등을 구체적으로 나열하고, 그것들이 미래에 어떻게 전개될 것인지를 구체적으로 논의한다. 동시에 미래에도 고통이 계속될 것이라고 믿는 이유를 함께 논의한다. 이러한 과정을 통해 위기자의 시간조망은 확장되고, 균형 잡힌 통합된 조망을 가질 수 있다.

3) 현실문제 다루기

자살 결심은 자살에 관여되는 여러 가지 현실적인 문제와 연결되어 있다. 인격적인 모욕이나 무시, 성폭력, 부모의 이혼, 가정경제의 악화, 애인 변심 등은 위기자의 극단적 자살을 이끄는 현실적인 문제로 작용한다. 자살 위기자는 이러한 현실적인 문제에 대한 대안적 해결방법이 없다고 단정한다.

그래서 오직 자살만이 유일한 해결책이라는 비합리적인 신념으로 실행에 옮기려고 한다. 이혼이나 가정경제의 파탄, 대인관계의 갈등 등과 같이 위기자 자신이 직접 관여할 수 없는 현실적인 문제가 그의 자살결심에 영향을 미친 것이라면 위기자가 바라는 기대수준을 낮춘다.

현실적으로 달성할 수 없는 기대 수준이 문제라면 그러한 기대 수준을 좀 더 현실적으로 조정한다. 다른 형태의 현실적인 문제에 대해서도 비슷한 방법으로 검토하고 적용한다.

4) 환경변화 시키기

위기자가 처한 환경과 상황을 변화시키는 일은 필요하다. 자살 위기자 주변의 환경 변화에 초점을 둔 개입은 구체적이고도 세밀한 환경 분석으로부터 시작하는데, 가족관계와 같은 심리적인 환경까지도 포함한다.

자살위기 환경을 분석하는 과정에서는 위기자의 고통과 갈등을 촉발하는 장면이 구체적으로 어떤 것인지 검토한다. 문제가 되는 환경적 장면이 확인되면 그 장면이 왜 문제가 되고, 어떻게 하면 그 문제를 해결하거나 변화시킬 수 있는지 논의한다.

제4절 자살 위기상담 방법

1. 상담절차

자살 위기자 주위에는 흉기가 될 수 있는 물건을 놓아두지 않는 것이 현명하다. 친구나 지지적인 가족이 늘 자살 위기자와 함께 하여 고립감이 생기지 않도록 하고, 안정감 있는 환경을 조성하는 것이 바람직하다. 특히, 자살 위기자 내면에 분노가 남아 있다면 이를 적극적으로 격려하여 밖으로 표출하는 데 힘쓴다.

자살 위기상담은 몇 단계의 과정으로 이루어진다. 자살 위기를 진단하고 안전을 확보하며, 위기개입과 상담종결 등의 과정을 거치는데, 이를 좀 더 자세히 살펴보겠다.

1) 1단계: 자살위기 진단

자살 위기상담의 1단계는 자살위기를 진단하는 과정이다. 개인의 특성이나 가정환경 등 여러 가지 이유로 자살을 생각거나 시도하려는 것을 찾는다. 자살위기 진단은 위기자를 대상으로 과학적인 검사 도구를 활용한다. 자살이 연속적으로 이루어지는 과정을 객관적으로 측정할 수 있는 척도를 사용하는 것이 바람직하다.

우리나라 상황과 여건에 맞게 개발된 진단도구를 활용해 검사를 실시하고, 결과에 대한 심층분석을 통해 자살위기 요인을 찾는다.

2) 2단계: 안전 확보

자살위기 상담의 2단계는 위기자와 상담자 간 신뢰를 형성하고 자살 위기자의 안전을 확보하는 과정이다. 위기자의 정보를 보다 정확하게 파악하기 위한 탐색과 자살 위험성을 진단한다. 또한 위기자와 활발한 의사소통을 이어 간다. 이 과정에서는 경청과 언어적·비언어적 공감 기술을 적극적으로 적용한다.

특히, 이 단계에서는 자살을 하지 않겠다는 약속을 받아둠으로써 위기자의 안전을 확보한다. 자살 생각을 자주하는 위기자에게 약속을 받아두는 것은 상담과정 중 발생할 수 있는 돌발 상황에 대비하여 자살을 예방하는 하나의 적절한 방편이다.

약속을 받아두는 것은 상담자가 위기자의 생명에 지대한 관심이 있고, 위기자가 죽지 않고 삶의 희망을 포기하지 않기를 진정으로 바라는 메시지를 전달하는 효과가 있어 위기자의 자살 생각을 낮추는 것이 가능하다. 약속은 구두로 하는 것보다 문서로 작성하는 것이 더 강력한 영향력이 있다.

3) 3단계: 위기개입

자살위기 상담의 3단계는 위기개입이 주로 이루어진다. 자살 위험요인을 자세히 살펴보고 보호요인을 탐색하며, 위기자를 둘러싼 지지체계를 깊이 살펴보고 지지자원을 확보한다. 위기자를 변화로 유도하기 위한 지지와 격려를 제공하고, 자살예방을 위한 구체적인 목표를 수립한다. 목표 실행을 위한 대안은 다음과 같이 마련한다.

첫째, 자살위험 및 보호요인 탐색이다.

자살 위험요인으로 지목되는 것은 외상 스트레스, 우울, 자아취약성, 인지적 몰락, 대인관계 갈등, 충동성 등 다양하다. 자살 위기자가 어떤 위험요인에 노출되어 있는지 또 그것을 인지하고 있는지 사정한다.

위기자는 개인 내적인 위험요인과 가정, 직장, 사회 등 외적인 위험요인이 복합적으로 작용하여 심리적으로 매우 불안정한 상태에 있다. 상담자는 이러한 위기자에게 적극적인 경청과 지지, 공감 등을 통해 위기자가 안정감을 갖도록 하는 것이 무엇보다 중요하다. 이러한 상태에서 위기자의 개인적 요인과 가정적 요인, 사회환경적 요인 등을 생태체계학적 관점에서 면밀히 탐색한다.

자살 위험에 노출된 위기자에게는 위험요인만 있는 것이 아니다. 위기자 스스로 위기경험을 긍정적으로 바라보고 받아들이는 보호요인도 있어 이를 탐색할 수 있어야 한다. 일반적으로 자아존중감과 자아효능감(심윤기 외, 2013), 사회적 지지 등이 강력한 보호요인에 해당한다.

둘째, 변화유도와 지지이다.

자살 위기자는 흔히 자신이 처한 위기문제에 몰두하여 특정 상황에 매몰되거나 그것으로부터 도피하려는 특성이 있다. 이러한 위기자를 문제에서 해결로 초점을 변화시키기 위해서는 관점의 변화를 이끌어내는 다양한 질문이 필요하다.

지지는 상담자가 위기자를 진심으로 염려하고 위기자의 심리적 고통을 이겨내도록 도와주고 싶다는 진실한 마음을 전달하는 것이며, 자살 위기자를 무조건적이고 긍정적으로 수용하는 행동이다.

아무도 받아주지 않고 아무도 위기자의 가치를 인정해 주지 않아 외로움과 고독 속에서 하루하루를 살아왔는데, 진정으로 자신을 따뜻이 포용하고 존중하는 상담자를 대면할때 자살 위기자에게는 그 자체가 치료적이다.

셋째, 목표수립과 실행이다.

자살 위기자가 심리적으로 안정상태를 유지한 상태에서 실제적인 위기상담 목표를 수립한다. 상담목표를 수립할 때는 구체적이고 분명하며, 실현가능해야 한다. 위기자 스스로 혼자 할 수 있는 목표뿐만 아니라, 분노조절이나 순화된 감정표현과 같이 상담자와 함께 할 수 있는 활동목표를 포함한다. 위험요인을 감소시키는 목표보다 보호요인을 증가시키는 목표를 수립하는 것이 더 바람직하다.

상담목표가 수립되었다면 이제부터는 수립된 목표를 행동으로 실행한다. 통상 자살 위기자의 행동실천 능력은 낮은 자존감과 무기력, 극한 스트레스, 내적 에너지의 소진 등으로 수준이 낮은 상태다. 따라서 상담목표를 달성하기 위해서는 무엇보다도 위기자의 실천 의지를 고양시킨다.

상담자는 위기자에게 결연한 실천의지와 다짐의 약속을 받는다. 상담목표를 실행에 옮기겠다는 다짐을 함으로써 행동에 대한 책임감을 갖도록 한다. 그럼에도 위기자의 수행 정도가 미진하면 위기자가 이를 스스로 평가하도록 안내하여 행동

실천 동기와 의지가 회복되도록 조력한다.

상담목표 실행단계에서는 해결중심상담에서 강조하는 변화를 묻는 질문, 예외 질문, 기적질문, 척도질문, 대처질문 등을 적절히 사용한다. 위기자로 하여금 과거의 성공적 경험을 바탕으로 자신의 강점 능력을 찾아내 스스로 행동하고 실천한다.

4) 4단계: 상담의 종결

자살위기 상담의 4단계는 상담을 종결하는 과정이다. 상담자는 목표실행으로 자살 위기자의 조망이 확장되고 내적준거의 틀이 명확히 변화되었다고 판단하면 위기자와 협의한 후 상담을 종결한다. 상담종결 과정에서는 위기자의 변화된 합리적 사고와 행동실천에 대한 그동안의 수고를 격려하고 지지하여 바람직한 행동실천 의지가 유지되도록 하는 데 집중한다.

위기자의 의존성이 보이거나 이별 감정이 남아 있다면 이별 감정을 충분히 다루어 이를 해소한다. 자살위기와 연결된 현실적인 문제를 해결하기 위한 위기자의 의지를 고양하고, 앞으로의 생활에서 바람직한 행동을 지속적으로 실천할 것을 다짐하고 약속한다.

상담종결 후, 위기자 스스로 새로운 대처기제를 습득하여 인식과 행동의 변화가 새롭게 나타날 경우, 이를 스스로 평가하고 대처하는 방법도 안내한다. 위기자의 바람직한 행동변화와 성장을 확장해 나갈 수 있는 과제도 함께 논의해 결정한다.

5) 5단계: 추수지도

자살위기 상담의 5단계는 상담종결 이후의 과정으로 추수지도에 해당한다. 그동안 상담과정에서 상담자와 따뜻한 인간관계를 형성하고 절망감 감소 및 자존감 상승 등으로 자살위험 수준이 낮아져 상담을 종결하였으나 이후, 새로운 상황에 직면하면서 심리적 위기를 다시 경험할 수 있다.

이러한 경우를 대비하여 일정기간 동안 자살위기자에 대한 관찰과 사회적 지지자원을 제공하기 위한 계획을 마련한다. 위기자 주변의 환경자원과 인적자원을 최대한 활용하여 자살 위기자를 관찰한다. 관찰결과 새로운 위기상황이 발생할 전조가 보이는 경우에는 신속히 개입하는 안전장치를 마련한다.

CHAPTER

성폭력 위기상담

우리 사회에서 발생하고 있는 성폭력의 범죄가 과거에 비해 급격히 증가하고 있는 실정이다. 성폭력은 개인의 자유로운 성적 자기결정권을 침해하는 범죄로 강간과 추행, 성희롱 등 신체적·언어적·정신적 폭력을 모두 포함한다. 상대방의 의사를 침해하여 이루어지는 성적 접촉은 모두 성폭력에 해당한다.

성폭력 피해자를 대상으로 이루어지는 위기상담은 성(性)에 대한 생각과 가치관을 재점검하고, 성(性)에 대한 새로운 인식을 확립하는 것을 주로 다룬다. 성(性)과 관련한 심적 고통과 혼란, 갈등 등을 해소하고 성적(性的) 책임감이 높은 사람으로 성장하도록 도움을 준다. 단순히 성(性)의 주제만 다루는 것이 아니라, 다른 정서적인 문제로 기인되어 발생한 성(性)의 제반 문제까지도 포괄하여 다룬다.

이 장에서는 성폭력에 대한 전반적인 개념과 이론적 배경을 고찰한다. 친족 성폭력과 데이트 성폭력에 대한 특징을 살펴본 후, 성폭력 피해자를 대상으로 이루어지는 위기상담전략을 다룰 것이다.

제1절 이론적 배경

역사적 관점에서는 성(性)을 생식을 위한 기능에 국한시켜 바라보았다. 점차 심리사회적 측면에 중점을 둔 포괄적인 개념으로 발전하였는데, 현대에 이르러서야 성(性)에 대한 주체성과 성적 자기결정권 등이 강조되기 시작하였다.

성(sex)의 어원은 라틴어의 'Sexus'에서 유래된 것으로 전해지고 있다. 'Sexus'는 'Seco' 단어가 변형된 것으로, 영어 'Cut'(자르다)와 같은 뜻을 품고 있다. 모성으로부터 탯줄을 자르면서 온전한 성(性)이 된다는 의미다.

성(性)은 생물학적·심리적·사회문화적 측면을 포함한 다차원적인 개념을 지니고 있으며, 윤리적인 잣대와 터부(taboo)의 기제로도 취급되어 왔다. 성(性)은 선천적으로 결정되어진 남성 또는 여성이라는 생물학적인 성(sex)과 남성 혹은 여성다움의 특성과 역할을 상징하는 사회문화적인 성(gender)으로 구분하여 사용되고 있다(심윤기, 2018).

생물학적인 차원의 섹스(sex)는 개인이 태어나면서 남녀로 구분되는 선천적 성별을 의미하며, 사회문화적 차원의 젠더(gender)는 출생 이후 심리·사회문화적인 환경에 의해 학습된 남녀의 후천적인 특성을 의미한다.

섹슈얼리티(sexuality)는 생물학적인 성(sex)과 사회문화적인 성(gender)의 개념을 모두 포괄하는 전인적이고 인격적인 개념의 성(性)을 말한다. 선천적·후천적 성별은 물론 이와 관련한 개인의 성격, 행동, 태도, 인간관계까지도 포괄하는 가장 넓은 차원의 성(性)에 대한 개념이다.

1. 용어의 이해

1) 성역할

인간은 태어날 때부터 생리적 차이를 기준으로 남자와 여자로 구별한다. 성역할(gender)의 개념은 한 개인이 속해 있는 사회에서 남자 또는 여자로 특정 지어질 수 있는 행동양식과 태도, 가치관, 인성을 의미한다.

과거에는 성역할의 개념을 남성성과 여성성을 단일 차원으로 보고, 남성성과 여성성이 각각을 대표한다고 보는 양성개념으로 이해하였다. 이러한 개념은 사회화 과정을 통해 남성과 여성 각각이 하나의 성역할을 하도록 영향을 끼쳤다. 여성은 결혼하면 아들을 낳아 후대를 이어가는 책임을 지고, 남성은 가족이 먹고 사는 문제를 책임져야 한다는 말이 전해 내려오는 이유가 여기에 있다.

우리사회는 전통적으로 남존여비의 차별적인 성역할 고정관념이 뿌리 깊게 박혀 있다. 전통적인 성역할을 이상적인 것으로 보고 지금까지 그 관념을 고수한다. 이러한 영향으로 남존여비의 사상에 따른 성역할이 아직까지도 사회 전반에서 발견되는 실정이다.

2) 성의식

성의식은 흔히 섹슈얼리티(sexuality)라고 말한다. 이는 단순히 성적 충동이나 애욕을 뜻하는 것이 아닌 개인이 성(性)에 대해 가진 전반적이고 복합적인 관념을 의미한다. 성(性)에 대한 감정, 사고, 성(性)에 대한 가치관이나 신념 등이 모두 포함된 개념이다.

개인이 이성을 대할 때 보이는 감정, 태도, 행동은 바로 이러한 개인의 성의식에 대한 하나의 표현이다. 성의식은 육체적·정신적·사회적인 성의 기능을 바탕으로 이성에게로 향한 욕구를 충족시키고자 하는 마음의 상태이며, 그로 인해 드러나는 성의 지식, 태도, 행동을 말한다.

이러한 성의식은 일반적으로 2차 성징의 발달과 함께 나타나지만 출생, 학령기, 사춘기, 결혼, 부모가 되는 과정 등 일생을 통해 일정한 발달과정을 거친다.

3) 성적자기결정권

인간은 다른 사람의 권리를 침해하지 않는 대신 자신의 생각대로 결정하고 행동할 권리가 있다. 이러한 자기결정권은 인간이면 누구나 지닌 것으로 성(性)과 관련한 부분에 있어서도 예외가 되지 않는다. 성적 자기결정권은 이성과의 관계에서 평등하고 주체적으로 관계를 만들어 가는 능력이다.

다른 사람이나 사회의 간섭 또는 강요 없이 자신의 의지와 판단에 따라 자율적으로 성적 행위를 결정하는 권리이다. 자신이 원하지 않는 성적 행위에 대해서는 분명하게 거부하고 저항할 수 있는 권리이기도 하다.

상대방의 말이나 행동으로 성적 수치감이나 모욕감을 느끼는 경우, 이에 대하여 분명하게 반대 의사를 밝히는 것이 곧 성적 자기결정권을 행사하는 것이다. 성적 자기결정권을 행사할 때는 나의 성적 자기결정권이 소중한 기본 권리로 존중되어야 하듯, 타인의 성적 자기결정권도 이와 동등하게 존중되어야 한다.

4) 성인지감수성

성인지감수성이라는 용어는 아직까지 명확한 정의가 내려지지 않은 상태인데 2018년에 처음으로 등장하였다. 대체로 성별 간의 차이로 인한 일상생활 속에서의 차별과 유·불리함 또는 불균형을 인지하는 것을 의미하는 용어로 사용된다. 성폭력과 성희롱 사건에서는 가해자가 아닌 피해자의 입장에서 사건을 바라보고 이해해야 한다는 의미를 내포하는 용어이기도 하다.

성인지감수성을 거론한 대한민국 최초의 대법원 판례(2014. 4월)가 있는데 그 내용을 소개하면 다음과 같다.

법원이 성희롱 관련 소송의 심리를 할 때에는 그 사건이 발생한 맥락에서 성차별 문제를 이해하고, 양성평등을 실현할 수 있도록 성인지감수성을 잃지 않아야 한다(양성평등기본법 제5조 제1항). 그리하여 우리 사회의 가해자 중심적인 문화와 인식, 구조 등으로 피해자가 성희롱 사실을 알리고, 문제 삼는 과정에서 오히려 부정적 반응이나 여론, 불이익한 처우 또는 정신적 피해 등에 노출되는 2차 피해를 입을 수 있다는 점을 유념해야 한다.

피해자는 이러한 2차 피해에 대한 불안감이나 두려움으로 인하여 피해를 당한 후에도 가해자와 종전의 관계를 계속 유지하는 경우도 있고, 피해사실을 즉시 신고하지 못하다가 다른 피해자 등 제3자가 문제를 제기하거나 신고를 권유한 것을 계기로 비로소 신고를 하는 경우도 있으며, 피해사실을 신고한 후에도 수사기관이나 법원에서 그에 관한 진술에 소극적인 태도를 보이는 경우도 적지 않다.

이와 같은 성희롱 피해자가 처한 특별한 사정을 충분히 고려하지 않은 채 피해자 진술의 증명력을 가볍게 배척하는 것은 정의와 형평의 이념에 입각하여 논리와 경험의 법칙에 따른 증거판단이라고 볼 수 없다(대법원 2018. 4. 12. 선고 2017두74702 판결(주심: 권순일 대법관)).

---

2. 성폭력의 유형

성폭력은 개인의 자유로운 성적 자기결정권을 침해하는 범죄이다. 성폭력은 강간과 추행, 성희롱 등 모든 신체적·언어적·정신적 폭력을 포함하는데, 상대방의 의사를 침해하여 이루어지는 성적 접촉은 모두 성폭력에 해당한다.

● 표 6-1 **성폭력의 유형**

성희롱	타인에게 정신적·신체적으로 성적 불쾌감과 피해를 주는 행위를 말하며, 상대방의 의사와 관계없이 성적 수치심을 주는 말이나 행동을 의미한다.
성추행	강간 따위의 짓을 하는 것을 말하며 강제추행을 뜻한다. 폭행이나 협박을 수단으로 한다는 점과 일정한 성적 수치심을 야기하는 신체접촉이 이루어진다는 점에서 성희롱과 다소 차이가 있다.
성폭행	성폭행의 넓은 의미로는 폭행을 수반한 성적인 행위로서 강간과 강제적인 유사 성교 등을 포함한다. 협의의 의미로는 강간의 완화된 표현으로 강간 미수와 강간치상을 말한다.
성범죄	성과 관련된 모든 범죄 행위를 의미하는 것으로 성폭력 범죄뿐만 아니라, 성 풍속에 관한 범죄, 성매매 관련 범죄, 음란물 관련 범죄 등을 포함한다.

성폭력은 강간뿐만 아니라 성추행, 성희롱, 성기 노출, 음란전화 등 상대방이 원하지 않고 거절하는데도 불구하고 불쾌한 성적인 언어나 행동으로 상대방에게 굴욕적인 감정, 신체적 손상, 정신적인 고통을 느끼게 하는 행위를 모두 포함한다. 사회적 지위와 신체적인 우월한 조건을 이용하여 남성이 여성의 성적 자기결정권을 침해하는 행위도 성폭력이다.

동성 간 이루어지는 성적 자기결정권 침해와 한 가정에서 어느 일방에 의해 강제적으로 행해지는 성적 행위도 성폭력에 해당한다. 상대방으로 하여금 막연한 불안감이나 공포감을 조성하고, 그로 인한 행동 제약을 유발시키는 것도 간접적인 성폭력에 해당한다.

일반적으로 성폭력의 유형은 강간, 데이트 성폭력, 친족 성폭력, 부부 성폭력 등 다양하다. 강간은 원하지 않는 사람을 대상으로 강제로 성행위를 하는 것을 말한다. 법률적 해석에 있어 강제의 의미는 자의로 성행위를 조정하지 못하는 자를 대상으로 육체적인 힘을 사용하고, 심리적인 협박을 통해 자기만의 성적 욕구를 만족시키는 행위를 의미한다.

데이트 성폭력은 데이트 중 한 개인의 성적 의사와 무관하게 상대방의 일방적인 강제에 의해 이루어지는 성폭력이다. 주로 10~20대에 집중되어 나타나며 의사소통의 문제나 가해자의 요인이 크게 작용한다. 데이트 성폭력은 애정이 주 목적이라서 피해 당사자조차 강간으로 인식하기 어렵고, 가해자와의 사적인 관계 때문에 법적 처벌도 어려운 것이 특징이다.

친족 성폭력은 가족 사이에서 일어나는 강제적인 성적 행위를 말한다. 친족은 혈연과 혼인에 의해 성립된 친인척 관계를 포함하는 개념이다. 2013년 6월 19일부터 바뀐 '성폭력범죄 처벌 등에 관한 특례법'에서는 친족에 의한 성폭력 처벌 수위가 높아졌는데, 이는 대다수의 성범죄가 지인이나 이웃, 동거가족 사이에서 벌어지는 점을 고려한 것이다.

과거에는 부부 간의 강제적 혹은 위협에 의한 성행위를 강간이라는 개념으로 받아들이지 않았다. 그러나 점차 여성의 성(性)에 대한 권리와 성(性)에 대한 개인의 의사를 존중하는 사회적 인식이 높아지면서 성폭력으로 취급하게 되었다. 동거형의 결혼이 급격하게 늘어나면서 이들에 대한 보호의 필요성도 함께 제기되어 성폭력의 범주 안에 부부 성폭력이 포함되었다.

일반적으로 직장에서 일어나는 성폭력은 직장 성폭력이라고 한다. 이는 직장상사, 동료, 계열사 혹은 거래처 직원 등이 채용과정이나 근무기간 중 상대방의 의사에 반하는 성적 언동을 함으로써 피해자에게 불쾌감과 모욕감을 주는 행위이다. 업무를 매개로 계약에 의해 노동을 제공하는 사업장에도 여러 형태의 직장 성폭력이 일어난다.

3. 성폭력에 대한 관점

성폭력을 바라보는 관점이나 이론으로는 정신병리적 관점과 자기통제적 관점, 문화적 관점, 여성주의적 관점 등이 있는데 이를 살펴보겠다.

1) 정신병리적 관점

정신병리적 관점에서는 성폭력의 발생원인을 가해자의 생물학적, 정신병리적 특성에서 찾는다. 이 관점에 따르면 가해자의 심리발달 이상이 병리적 성충동으로 이어지고, 왜곡된 성적 욕망을 충족시키기 위해 성폭력이 일어난다고 말한다.

정신병리적 관점은 성폭력을 폭력적인 성행위로 보기보다는 일종의 병리적 이유로 발생하는 일탈적인 성행위로 간주한다. 다시 말해, 성폭력은 일부 남성의 정상적이지 않은 정신상태에서 비롯된 일탈의 문제로 바라본다.

따라서 이 이론은 성폭력에 의한 피해자의 반응이나 피해자에게 일어난 결과가 갖는 의미를 간과한다. 뿐만 아니라, 성폭력이 갖는 사회문화적 맥락을 중요하게 여기지 않고 개인적인 문제로 취급하는 단점이 있다.

2) 자기통제적 관점

자기통제적 관점은 다양한 종류의 범죄나 비행이 서로 다른 특질이 원인이 되어 발생하는 것이 아니라, 한 가지 공통된 기질적 원인으로 나타난다고 설명하는 입장이다. 서로 상이한 종류의 범죄나 비행은 범죄가 발생할 때의 상황적 요인만이 다를 뿐이지, 기본적으로는 동일한 기질적 특성인 자기통제력의 부족에서 기인한다고 여긴다.

자기통제력이 낮은 사람은 대체로 충동적이며 무모한 행동을 시도하고 범죄를 저지르는 등 여러 일탈 행위를 한다. 자기통제이론의 지지자들은 어린 시절 부모·자녀의 관계가 원만하고 정상적으로 이루어지지 않을 경우, 자녀의 자기통제력에 부정적인 영향을 준다는 견해다.

자기통제력이 낮은 아이는 부정적인 자극에 노출될 때 강압적 성행위의 유혹에 더 취약하게 반응하며, 실제 성폭행을 저지를 확률도 높다. 이러한 자기통제이론은 성폭력의 원인을 가해자 개인 특성에서 찾는다는 점에서 정신병리적 입장과 유사하다.

3) 문화적 관점

문화적 관점은 한 사회가 폭력 전반에 대한 허용의 정도가 성폭력 발생에 커다란 영향을 미친다고 보는 입장이다. 문화 전반에 걸쳐 폭력 사용을 합법적으로 간주하고, 목적 달성을 위한 폭력사용을 용인할수록 성폭력도 이에 비례하여 증가한다고 설명한다.

문화적 관점을 지지하는 사람들은 폭력적인 성향을 보이는 미디어 프로그램이 성폭력을 조장한다고 주장한다. 정부에 의한 합법적인 폭력사용이 묵인되거나 허용되고, 법적 또는 사회적으로 용인된 폭력적인 활동에 참여하는 것이 성폭력 발생에 영향을 주고 있다고 말한다.

4) 여성주의적 관점

여성주의적 관점에서는 가부장제 사회에서 여성에 대한 남성의 통제력을 강화하고 유지하기 위한 하나의 방편이 곧 성폭력이라고 주장한다. 그래서 가해자의 특성보다는 피해자의 보호에 더 초점을 두는 입장을 취한다.

여성주의자가 주장하는 성폭력의 주요 원인은 남성중심의 가부장제, 성차별적인 고정관념, 이중적인 성윤리, 성교육 부재 등으로 설명한다. 이들에 따르면 우리가 사는 사회에는 남성에게 적용하는 성윤리와 여성에게 적용하는 성윤리가 각각 다르게 적용되고 있다고 주장한다.

4. 성폭력 피해자의 심리

성폭력 피해자에게서 나타나는 심리적 변화는 성폭력을 당한 후 곧바로 나타나는 증상이 있고, 시간이 경과하면서 천천히 나타나는 증상도 있는데 일반적으로 다음과 같은 심리적 변화를 겪는다.

성폭력 피해자의 심리적 변화

1단계	충격과 혼란을 경험하는 단계다. 이제 모든 게 끝났다고 무력감을 호소한다.
2단계	성폭력을 부정하는 단계다. 성폭력이 발생하지 않았다고 부인한다.
3단계	우울과 죄책감을 느끼는 단계다. 자신을 더러운 사람으로 왜곡하여 인식하며 분노, 절망감, 자괴감을 표출한다.
4단계	공포와 불안이 엄습하는 단계다. 삶에 대한 비관과 악몽을 꾸며, 주변 사람을 피하고 만나지 않으려고 한다.
5단계	분노하는 단계다. 자기 자신이나 가족, 친구, 상담자 등 주변인에게 저주와 악담을 퍼붓는다.
6단계	자기를 수용하는 단계다. 자신이 겪은 성폭력 사건을 재조명하며, 성폭력이 자신의 잘못이 아니라고 인식한다.

출처: 심윤기 외, 2020.

1) 우울과 불안, 두려움

성폭력 피해자는 사건 발생 후 1개월 동안에는 약 75% 정도가 정상적인 수준을 벗어나 심한 우울증을 경험한다. 첫 몇 주간은 매일 같이 울고, 죄책감과 무가치감에 사로잡히며, 섭식장애와 수면장애를 겪을 뿐만 아니라, 자살을 시도하기도 한다. 사회활동 또한 이전보다 활발하지 못하고 회피하는 경향이 나타난다.

성폭력 피해자는 두려움과 불안으로 고통을 받는데 성폭력을 당한 직후에는 정신이 혼미하고 히스테리 증상까지 보인다. 수 주일간 초조감과 악몽, 공포, 소스라치게 놀람, 집중력 저하 등의 반응을 보인다.

2) 외상 후 스트레스

외상 후 스트레스는 일상적인 범위를 넘어서는 심리적인 충격을 주는 사건을 경험한 후 일어나는 만성적인 심리적·행동적·인지적·생리적 증상이다. 연구에 의하면 성폭력 피해를 당한 지 1주 후에 피해자의 약 95% 정도가 PTSD 증상을 겪는 것으로 밝혀졌다. 대략 3개월 후에는 47% 정도가 PTSD 증상을 겪는 것으로 보고되었다. 일반적으로 성폭력 피해자는 침투증상, 자극회피, 인지와 감정의 부정적 변화, 각성과 반응성의 변화 등이 나타난다(심윤기, 2018).

3) 사회생활 부적응

성폭력을 당한 직후에는 가정, 직장, 학교, 친구 등을 회피하는 경향이 두드러지게 나타난다. 여가 생활이나 경제적 활동은 비교적 빨리 적응하지만 사람을 만나는 대인관계 활동에 있어서는 빨리 적응하지 못한다.

성폭력 피해자가 결혼을 했거나 사랑하는 애인이 있는 경우에는 그들 관계에 깊은 손상을 가져다주며, 피해회복이 느리게 진행된다. 성폭력 피해자 가까이에 있는 가족이나 지인이 성폭력 피해자의 행동을 이해하지 못하는 경우에는 생활부적응 증상이 더욱 심화되어 나타난다.

특히, 피해자 주위에 있는 사람이 성폭력 피해자를 비난하거나 혹은 가해자를 보복하려고 할 때는 더욱 큰 정신적인 혼란과 갈등을 경험하며, 이러한 상황이 지속되는 경우에는 자살로 이어지기도 한다.

제2절 친족 성폭력의 특징

1. 개요

성폭력은 개인의 성적 자기결정권을 침해하는 범죄로서 행위에 대한 강제성의 유무로 성폭력의 여부를 판단하고 결정한다. 일반적으로 강간, 성희롱, 성추행, 성기노출, 음란통신 등 성(性)을 매개로 한 신체적·정신적 폭력과 언어폭력은 모두 성폭력에 해당한다.

관점에 따라서는 협의의 개념과 광의의 개념으로도 구분하여 설명한다. 강간 및 협박, 폭행과 같이 상대방 의사에 반하는 강제적인 성교, 강제추행, 강간 등은 협의의 성폭력으로 규정하는 반면, 광의의 성폭력은 상대방 의견을 무시하고 저지르는 성적표현으로부터 신체적·정신적·언어적 폭력을 포함한다.

친족 성폭력(kinship sexual violence)이란 용어는 한국성폭력상담소에서 근친 강간이라는 용어를 사용한 것이 시발점이다. 근친 강간은 강제적이며 폭력적이라는 의미를 내포하는데, 이후 추행과 같은 다른 유형의 성폭력 개념을 포함시키면서 친족 성폭력이라는 용어를 사용하기 시작하였다(김소현, 2021).

친족 성폭력은 폭력을 행사한 가해자가 4촌 이내의 혈족이나 인척과 동거하는 친족을 말한다. 혈연관계와 반 혈연관계, 계부모 자녀관계를 포함한 가족, 입양에 의한 부모자녀관계 속에서 자행되는 것이 모두 친족 성폭력에 해당한다.

친족 성폭력에 관한 처벌과 형량은 친족관계인 사람이 폭행 또는 협박으로 사람을 강간한 경우에는 7년 이상의 유기징역에 처하며, 강제추행의 경우에는 5년 이상의 유기징역에 처한다(성폭력범죄 처벌 등에 관한 특례법, 제5조 제1항 제2항). 성폭력 사범의 처벌을 강화하고 피해자 보호 장치를 마련한 법률로는 『성폭력 범죄의 처벌 및 피해자 보호 등에 관한 법률(성폭력 특별법)』이 있는데 1994년부터 시행되고 있다.

2021년 대검찰청에서 조사한 자료를 보면 우리나라 전체 성폭력 발생 건수는 2010년 1만 6천여 건에서 2020년 3만여 건으로 10년 동안 대략 1.9배가 증가한 것으로 나타났다. 다른 강력범죄의 발생비율이 10년 동안에 감소 추세를 보인 것과는 대조적으로 성폭력 범죄의 발생비율은 크게 증가하였다.

2021년 한국성폭력상담소 조사에 의하면 청소년의 경우 친족 성폭력은 23.2%로 나타났고, 어린이의 경우에는 68.6%, 유아의 경우에는 86.9%로 조사되었다. 유아·아동기 및 청소년기의 피해가 상대적으로 많이 발생하고 있다는 사실을 고려해보면 친족 성폭력은 다른 성폭력 범죄보다 상대적으로 드러나지 않는 특성이 있다.

표 6-3 **2021년 친족 성폭력 상담 세부통계 및 분석**

구분	분석 내용	비율
1	강간과 강제추행에 의한 친족 성폭력 피해 비율	89.5%
2	친족 성폭력 가해자가 남성인 경우	98.7%
3	친형제에 의한 성폭력 피해 비율	27.6%
4	친족 성폭력 피해자가 여성인 경우	96.1%
5	7~13세 여자 어린이가 성폭력 피해를 당한 경우	44.7%

출처: 한국성폭력상담소, 2021.

2. 친족 성폭력의 피해 증상

친족 성폭력은 그루밍 성범죄와 유사한 특징이 있다. 그루밍은 학대자가 아이를 쉽게 성적으로 학대하고, 공개가 안 되도록 교묘하게 조종하는 것을 말한다. 안정감과 신뢰를 바탕으로 긴 시간에 걸쳐 피해자를 길들여 이루어진다.

따라서 친족 성폭력 피해자는 스스로 성폭력이라고 인지하기가 어렵다. 인지한다 해도 강력하게 거부하기가 쉽지 않다. 가해자의 그루밍에 길들여진 피해자는 자신이 피해자가 아니고, 좋아하거나 원해서 자발적으로 이루어진 성관계로 왜곡해서 인식한다.

친족 성폭력은 오랫동안 가정이라는 울타리 안에서 발생하여 외부에서 알아차리기가 어렵다. 설사 알게 된다 하더라도 친족 성폭력과 연관된 가족을 물리적으로 분리하기란 쉽지 않다. 특히, 부모가 성폭력 가해자인 경우에는 문제가 더욱 심각하다. 인지적·심리적으로 미성숙한 시기에 피해를 당하여 부모에게 저항하는 것이 어려울 뿐만 아니라, 자신이 성폭력 피해자라고 인식하는 데에도 오랜 시간이 걸린다.

외부에 도움을 요청하거나 알리는 것도 어렵다. 설령, 친족 성폭력을 신고하여 가족 내 사건이 외부에 알려지는 경우에는 그 사실이 밝혀지는 것에 수치심을 느끼고 두려움까지 갖는다. 부모들은 이를 회피하거나 부인하고 자식이나 아이의 잘못으로 떠넘긴다. 뿐만 아니라, 가족 가해자가 피해자를 회유하여 공론화를 하지 못하도록 한다.

이러한 이유로 친족 성폭력 피해자는 제대로 된 치료를 받지 못해 스트레스 관리와 대인관계 측면에서 어려움을 겪는다. 다른 성폭력에 비해 심리적 충격과 혼란, 갈등이 증폭되어 자살을 시도하는 경우도 발생한다.

일반적인 성폭력 피해자는 수치심과 모욕감을 느끼고 가해자에 대한 적대감이나 분노감으로 괴로워한다. 또다시 성폭력을 당하는 것 아닌가 하는 두려움과 공포, 불안과 우울을 느끼고 성폭력 피해 당시의 생각이 계속 떠올라 정신적 고통을 겪는다.

이러한 신체화 증상과 부정정서의 경험은 충동조절의 어려움을 일으켜 스스로 위험에 빠뜨리는 행동을 시도하며 우울증, 불안장애, PTSD, 약물중독 등의 다양한 정신과적 어려움을 경험한다. 강간 피해자의 경우에는 외형이나 목소리가 비슷한 사람만 보아도 과거의 재경험으로 자신에게 재차 위해를 가할 것 같은 두려움과 공포를 느낀다.

친족 성폭력 피해자는 신뢰했던 가족으로부터 성폭력이 자행되고, 오랫동안 반복해서 이루어지는 관계로 일반 성폭력 피해자들보다 상대적으로 더 큰 후유증을 경험한다. 대표적인 것이 PTSD 증상인데, 오랜 기간 동안 증상이 지속되는 경향이 있다.

PTSD는 성폭력과 같은 외상에 반복적으로 노출될 때 경험하는 증상으로 침투 증상, 자극회피, 인지와 감정의 부정적 변화, 각성과 반응성의 변화 등이 나타난다. 이 외에도 충동조절의 어려움, 분노폭발, 자기 파괴적인 부정정서 등으로 고통을 받는다.

친족 성폭력 피해를 받아들이는 가족의 반응 또한 복잡하고 혼란하다. 남편이 가해자인 경우에는 충격과 두려움, 분노의 감정으로 심각한 고통을 겪는다. 우울감과 무력감을 경험하며 자녀에 대한 죄책감을 가질 뿐만 아니라, 한편으로는 남편과 자녀에게 배신감을 느끼기도 한다.

가족 내에서 자녀 간 성폭력이 발생한 경우에는 그 피해가 더욱 크다. 가족 모두가 피해 자녀를 지지한다 하더라도 성폭력이 발생한 사실을 받아들여야 하는 정서적 고통은 이루 말할 수 없이 크기 때문이다(Hackett & Masson, 2006).

제3절 데이트 성폭력의 실태

1. 개요

성폭력을 어떻게 분류할 것인가에 대한 정형화된 방식은 존재하지 않는다. 일반적으로는 피해자와 가해자의 관계에 따라서 데이트 성폭력과 친족 성폭력으로 구분하며, 피해대상에 따라서는 아동 성폭력, 청소년 성폭력, 장애인 성폭력 등으로 분류하기도 한다. 발생공간에 따라서는 직장 내 성폭력과 사이버 성폭력으로 구분한다.

데이트 성폭력은 남녀가 데이트하는 과정에서 발생하는 성폭력을 말한다. 데이트 중 상대의 동의가 없는 상태에서 한 쪽의 일방적인 강요에 의해 일어나는 성폭력이다. 광의의 측면에서는 아는 사람에 의해서 발생하는 성폭력을 의미하고, 협의의 측면에서는 이성 간의 데이트 관계에서 일어나는 성폭력이다. 14세 이상의 남녀 쌍방이 이성애의 감정이 있거나 그 가능성을 인정하고 만나는 관계에서 일어나는 것도 데이트 성폭력에 해당한다.

이렇게 데이트 성폭력은 이성으로서 관심을 갖고 있거나 이성애적 감정을 느끼면서 남녀가 만나 함께 보내는 교제 활동 중에 일어난다. 데이트 상대방이 원하지 않는데도 불구하고 상대방의 동의 없이 강간, 강간미수, 성추행, 성희롱 등 성적인 행동을 하여 신체적·언어적·정신적 피해를 입히는 행위가 곧 데이트 성폭력이다.

데이트 성폭력의 피해 연령은 외국의 경우에는 16~24세에서 주로 발생하는 것으로 알려지고 있다. 대학생의 경우에는 17~45% 정도가 데이트폭력 경험이 있는 것으로 보고되었다. 미국 대학생의 경우에는 약 23% 정도가 데이트 성폭력의 피해경험이 있는 것으로 조사되기도 하였다(Emilio & Monica, 2008).

한국형사정책연구원(2017)이 2017년에 발표한 '성인 데이트폭력 가해연구'에 의하면 국내성인 남성 10명 중 8명은 적어도 1번 이상 데이트폭력을 경험한 적이 있다는 연구결과를 발표하였다. 국내 19세 이상 64세 미만의 남성 2,000명 중 교제 중인 연인의 행동을 통제하거나 심리적·정서적·신체적 폭력, 성추행 등을 최소 1번이라도 시도한 경험이 있는 자는 1,593명(79.7%)으로 조사되었다.

구체적으로, 이 가운데는 누구와 함께 있는지 항상 확인하거나, '치마가 짧다'며 옷차림을 제한하고, 특정 동아리 모임을 나가지 못하게 하는 등의 통제행동을 경험한 비율이 71.7%로 가장 높게 나타났다. 허락 없이 가슴, 성기 등을 만지는 성추행(37.9%), 폭언이나 공포 분위기를 조성하는 심리적·정서적 폭력(36.6%), 신체적 폭력(22.4%), 성폭력(17.5%) 등이 그 뒤를 이었다.

🔵 표 6-4 **데이트폭력 신고 및 유형별 현황**

구분	2017년		2018년		2019년	
	신고건수 (건)	형사입건 (명)	신고건수 (건)	형사입건 (명)	신고건수 (건)	형사입건 (명)
내용	14,193	10,303	18,671	10,245	19,940	9,858

· 2019년 데이트폭력 신고로 형사입건 된 9,858명 중 성폭력(84명), 살인(35명), 폭행/상해(7,003명), 감금/협박(1,067명), 기타(1,669명)

출처: 경찰청, 2020.

성폭력 피해자를 대상으로 위기상담을 진행하는 전문가들은 사랑하는 연인이 가해자로 돌변하는 데에는 상대를 '내 마음대로 할 수 있는 소유물로 인식'하는 것으로 부터 비롯된다고 말한다. 상대방을 동등한 인격체로 대우하지 않는 상당수의 가해자는 '내가 너의 옷차림(화장)을 지적하는 것은 너를 사랑해서다', '네가(너의 행동이) 나를 이렇게 만들었다', '나도 내가 왜 이러는지 모르겠다'는 등의 말로 책임을 회피한다.

성폭력의 가해자와 피해자와의 관계가 전혀 모르는 사람인 경우보다 직장 동료, 동네 이웃, 학교 관련자 등 아는 사람에 의해 자행되는 경우가 더 많이 나타난다. 데이트 상대에 의해서 성폭력 피해를 입었음에도 불구하고 데이트 성폭력에 대한 왜곡된 인식으로 성적인 접촉을 지속한 사례가 발표된 바도 있다.

2. 데이트 성폭력의 발생요인

1) 인식수준

데이트 성폭력에 대한 인식이란 데이트 상황에서 발생하는 성폭력에 대해 그 행동이 데이트 성폭력인가를 분명히 이해하는 것이다. 일반적으로 여성이 남성보다 데이트 성폭력 인식수준이 높게 보고되고 있다. 남성 중에는 데이트 성폭력 인식수준이 낮을수록 데이트 성폭력 가해자가 될 가능성이 높다고 보고되었다.

우리의 성문화는 아직도 아는 사람, 특히 연인관계에 있는 사람 사이에서 일어나는 성폭력은 폭력이 아닌 사랑의 행위이거나 혹은 개인적인 사소한 다툼으로 보고 사회문제로 인식하지 못하는 것이 사실이다. 더 심각한 것은 데이트 성폭력 피해자와 가해자 모두 데이트 성폭력 사실을 성범죄로 인식하지 못하고 있다는 점이다.

데이트 성폭력을 행사하고서도 그것이 잘못된 행동임을 인식하지 못하고 반복적으로 자행되는 이유는 이러한 잘못된 데이트 성폭력에 대한 인식수준이 낮은 데서부터 비롯되고 있다.

2) 성역할 고정관념

성역할 고정관념이란 남·녀의 성역할 구분에 대해 사람들이 일반적으로 받아들이는 신념을 말한다. 성폭력에 대한 잘못된 믿음, 왜곡된 성규범, 전통적인 성역할을 수용하는 사람일수록 성폭력에 대해 관용적일 뿐만 아니라, 성폭력을 가할 가능성이 더 높다고 알려져 있다.

성역할 고정관념은 성별에 따라 차이가 있다. 여성의 경우에는 잘못된 성역할 고정관념의 수준이 대체로 낮으나, 남성은 비교적 높은 수준으로 유지되는 특징이 있다. 선진국일수록 그리고 도시지역일수록 남녀 평등적 성역할의 견해가 지배적인 것으로 나타났다. 이 같은 사실은 성역할 고정관념이 사회문화적 영향을 크게 받고 있음을 시사한다(Williams & Best, 1990).

성역할에 대한 잘못된 고정관념은 남성과 여성이 함께 살아가는 사회에서 데이트 성폭력을 촉진한다는 점에서 심각성이 있다. 우리의 사회문화적 환경과 왜곡된 성역할 고정관념으로 데이트 성폭력이 지속적으로 유발되고 있다는 점에서 시사하는 바가 크다.

3) 성적자기주장

성적자기주장은 성적(性的)인 상황에서 자기감정의 균형, 자신에 대한 자부심, 사회적으로 떳떳함 등을 추구하는 자율성을 행사하는 것을 말한다. 성적 자율성이 내재되었을 때 발휘할 수 있는 의사소통의 기술로서 성적 자기결정권과 맥을 같이한다.

성적자기주장은 여성이 자신의 몸과 마음에 대한 자기결정권을 행사하는 것으로 모든 성적인 경험에 적용하는 인간의 기본권리 중 하나이다. 원치 않거나 안전하지 않은 성(性) 접촉 상황에서 자신을 보호하고 성적(性的) 건강을 유지하기 위한 보호요인이다.

그러나 우리 사회는 전통적인 가부장적 특성으로 대부분의 여성이 착한 여성이 되어야 하는 사회적 기대로 상대방의 기분에 민감하게 대응하도록 사회화되었다. 이러한 영향으로 우리나라 여성은 분명하고 솔직한 언어 또는 메시지로 타인에게 자기주장을 하거나 자기표현 방법이 서툴다.

성적인 접촉상황에서의 애매모호한 자기주장이나 분명하지 못한 의사소통은 상호간에 오해를 불러일으켜 성폭력 희생자를 만든다. 성적 관심이 존재하는 상황에서 솔직하지 못한 성적인 의사소통은 성적 접촉에 대한 여성의 거부가 명확한 저항이라기보다는 명목상의 저항이라고 생각하게 하는 취약성을 갖고 있다.

4) 자아존중감

자아존중감은 자기존중의 정도와 자신을 가치 있는 존재로 긍정적 혹은 부정적으로 평가하는 것을 말한다. 남성의 경우에는 자아존중감이 낮을수록 데이트 성폭력의 가해자가 될 가능성이 높고, 여성의 경우에는 데이트 성폭력의 피해자가 될 가능성이 높은 것으로 알려져 있다.

자아존중감과 데이트 성폭력의 관련성에 대한 연구에서는 남자가 여자보다 성적 가해경험이 더 많은 것으로 보고되었다. 자아존중감이 높을수록 성적 가해경험이 적고, 낮을수록 성적 가해경험이 높은 것으로 나타나고 있다. 특히, 낮은 자아존중감의 청소년은 자기주장성이 낮아 원치 않는 성 접촉에 더 많이 노출되며, 데이트 성폭력의 가해자가 될 가능성이 높다고 보고되고 있다.

제4절 성폭력 피해자 위기상담방법

성폭력 피해자 위기상담은 성(性)에 대한 생각과 가치관을 점검하고, 성(性)에 대한 새로운 인식을 확립하는 과정이다. 성(性)과 관련한 심적 어려움을 해소하고 성적(性的) 책임감이 높은 사람으로 성장하도록 도움을 주는 과정이다. 단순히 성(性)의 주제만 다루는 것이 아닌 다른 정서적인 문제로 기인되어 발생한 성(性)의

제반 문제를 해결하는 과정이다.

1. 성폭력 피해자 위기상담절차

성폭력 피해자는 공통적으로 불안과 두려움을 느끼고, 분노와 죄책감이 뒤엉킨 혼란한 심리상태에 놓인다. 자기 몸을 지키지 못한 것에 대한 죄책감, 순결을 잃은 상실감, 낮은 자아존중감, 우울감 등의 부정정서를 경험한다. 뿐만 아니라 PTSD, 수면장애, 성기능 장애 등 다양한 정신적 후유증을 경험한다.

상담자는 이러한 성폭력 피해자를 심리적으로 편안함과 안정감을 느끼도록 안내하고 진심으로 위로하며, 그가 하는 이야기를 적극적으로 경청할 수 있어야 한다. 성폭력 피해자의 정서적 고통에 대한 공감과 지지를 통해 피해자 자신에 대한 자아개념이 손상되지 않도록 심리적 보호가 이루어지도록 조력한다(김동일 등, 2014).

1) 초기단계

성폭력 피해자를 대상으로 하는 위기상담의 초기에는 우선적으로 성폭력 피해자와 신뢰관계를 형성한다. 상담자는 상담과정 내내 적극적인 경청과 진실한 공감을 통해 돈독한 신뢰관계를 유지한다. 성폭력 피해자는 두렵고 불안한 상태에 있어 상담자의 친절하고 따뜻한 말은 성폭력 피해자의 심리적 안정에 크게 기여한다.

성폭력 피해를 당했을 때의 심적 고통에 대한 진실한 공감과 함께 심리적 고통에서 벗어날 수 있는 희망의 이야기를 나눈다. 성폭력과 관련한 심적 고통이 장기적으로 피해자에게 미칠 영향에 대해서도 이야기를 나누면서 성폭력 피해자가 상담에 적극 임하도록 조력한다.

성폭력 피해자가 하는 이야기는 대부분 민감한 내용이 많다. 상담자는 성폭력 피해자가 자신의 문제를 이야기할 때, 그 이야기 속에 내재된 피해자의 기대를 파악한다. 성폭력을 당한 사실이 남에게 알려지지 않을까 하는 불안과 염려, 걱정에 대해 상담자는 비밀보장의 확고한 약속으로 피해자를 안심시킨다. 상담자의 확고한 비밀보장의 약속은 피해자의 신뢰를 얻는 데 크게 기여한다.

성폭력 피해자 스스로 문제의 원인이 무엇이라고 생각하는지, 문제를 해결하기 위해 어떤 노력을 해 왔는지 등에 대해서도 이야기를 나눈다. 피해자의 성인지력이나 성지식, 성가치관 등을 탐색하고, 성(性)과 관련한 문제를 해결할 수 있는 심리적 강점과 자원이 무엇인지도 함께 찾는다.

성폭력 피해자의 심리적 문제가 파악되면 상담자는 피해자와 함께 해결하고자 하는 상담목표를 수립한다. 성폭력 사건으로 심리적 안정을 찾기 힘들고, 피해증상이 심해 정신적으로 혼란한 경우에는 상담목표를 수립하는데 많은 어려움이 따른다. 이러한 경우에는 상담자가 실천 가능한 여러 상담목표를 제안하되, 최종적인 대안은 피해자가 선택하도록 조력한다.

2) 중간단계

성폭력 피해자 위기상담의 중간단계에서는 상담 초기에 세운 상담목표를 달성하기 위하여 성폭력 피해 사실에 조심스럽게 다가간다. 성폭력 피해를 당한 장면을 구체적으로 회상하는 시간을 갖는다. 이때 성폭력 피해자는 자신이 겪은 성폭력에 대해 침묵하고 되돌아보지 않으려는 모습을 보이는데, 그 이유는 성폭력사건을 회상함으로써 아픈 상처가 재현되기 때문이다.

그래서 성폭력 피해자의 성폭력 기억을 회상하는 것은 큰 결단과 용기가 필요하다. 성폭력 사건을 돌아보는 방법은 사건 이전의 개인 삶의 이야기를 가볍게 나누는 것으로부터 출발하는 것이 적절하다. 그런 다음, 피해자의 아픈 상처나 기억을 글로 써 보게 하거나 혹은 그림을 그리게 한 후, 성폭력 사건이 일어난 환경과 상황에 대해 이야기를 나누는 등 점진적으로 대화를 이어간다.

친족 성폭력을 당한 어린이나 여성의 경우에는 성폭력과 관련한 이야기를 꺼내기가 무척 고통스럽다. 어느 누구에게도 말하지 못하고 오롯이 혼자 아픈 상처를 감당해 오면서 고스란히 가슴에 응어리로 남아 있기 때문이다. 이때 상담자는 피해자의 억눌린 감정을 쏟아내도록 격려하고 지지하는 데 힘쓴다.

성폭력 피해자의 억눌린 부정감정은 여러 가지다. 그 중에서도 분노를 표출하도록 하는 것이 적절한데, 분노는 성폭력 피해자의 억압된 감정으로부터 해방되려는 자연스러운 반응이다. 즉, 자신에게 부당하게 가해진 성폭력 사건 이전의 기능으로 돌아가려는 건강한 모습이자, 자신을 안전하게 보호하려는 반응이다.

상담자는 성폭력 피해자의 분노를 충분히 드러내면서 성폭력 문제에 직면하도록 조력한다. 성폭력 피해자에게는 힘들고 고통스러운 일이겠지만 분노를 포함한 자신의 부정적 감정을 드러내면 스스로 행동할 수 있는 기회로 작용한다. 확장된 자기노출과 자기개방의 효과도 있어 성폭력 피해자가 지닌 무력감을 물리치고 자신감을 고취하는 것이 가능하다.

감정 정화는 빈 의자 기법, 분노와 슬픔의 그림 그리기, 편지쓰기 등의 방법을 적극 활용한다. 이러한 감정 정화는 초기단계에서만 이루어지게 해서는 바람직하지 않으며, 상담종결 시까지 지속적으로 이루어지도록 한다.

성폭력 피해자에게 질문을 할 때는 간결하고 명확하게 한다. 대답하기 쉬운 내용부터 질문하고, 정도를 높여가며 천천히 차근차근 하는 것이 바람직하다(채규만, 2000). 훈계에 가까운 이야기를 하거나 비난 혹은 충고를 하면 성폭력 피해자는 심한 죄책감을 갖고 성폭력 사건을 비합리적으로 사고한다.

우리의 사회문화적 분위기는 유교문화의 영향과 왜곡된 성문화로 성폭력의 책임을 피해자에게 전가하는 경향이 있다. 이러한 영향으로 성폭력 피해자는 자신의 몸가짐이나 태도가 잘못되어 성폭력을 당했다고 생각하기 쉽다. 성폭력이 일어나게 만든 잘못이 자신에게 있다는 죄책감과 자괴감에 빠지고, 심리적 혼란과 갈등 속에 이러지도 저러지도 못하는 상태가 되기도 한다. 상담자는 이러한 점을 고려하여 성폭력 피해자의 책임의식을 재설정한다.

성폭력을 야기할 만한 어떤 상황도 피해자가 만들지 않았다는 점을 인식시키고, 피해자의 잘못으로 성폭력이 기인되지 않았다는 점을 설명한다. 성폭력은 피해자의 의지와는 전혀 상관없이 가해자의 일방적인 행동으로 벌어진 일이므로 성폭력을 당한 것이 피해자의 책임과 전혀 상관이 없음을 인식하도록 조력한다.

성폭력을 경험한 후에는 정상적인 인간관계 형성이 어려워 고립감을 느낀다. 성폭력으로 PTSD 증상을 겪는 경우에는 감정이 무감각하게 변하고, 의미 있고 가치 있게 느껴졌던 일에서 관심이 멀어지며 흥미를 잃는다. 뿐만 아니라, 원만한 인간관계를 유지하지 못해 심한 고립감을 느끼기도 한다.

기관이나 단체, 조직생활에서 생활하고 있는 성폭력 피해자에게 대인관계 손상이 가해지면 적응하기가 더욱 어려워진다. 따라서 상담자는 성폭력 피해자가 대인관계에서 고립감을 느끼지 않도록 안내하고, 일상생활의 의미를 새롭게 찾아가도록 조력한다.

3) 종결단계

성폭력 피해자 위기상담은 단기적이고 해결중심적인 방법으로 이루어지는 것이 효율적이다. 그러나 상담종결 과정에 있어서는 점진적으로 이루어지도록 하는 것이 바람직하다. 상담자와 의존적인 관계를 유지하고 싶은 성폭력 피해자일 경우에는 상담관계가 종결되는 경우 버림받는다는 상실감을 느끼기도 한다. 성폭력 피해자가 마음이 여린 여성이거나 혹은 나이 어린 피해자인 경우에는 더욱 조심스럽게 상담을 종결한다.

상담초기에 세운 상담목표가 달성되었다고 판단하면 상담을 종결한다. 성폭력 피해자가 겪은 외상과 상처, 분노 등이 어느 수준으로 해결되었는지를 확인하고, 성폭력 피해자의 마음이 안정되었다고 판단하면 상담을 종결한다.

그동안 상담과정에서 피해자의 절망감이 감소하고 부정감정이 해소되어 상담을 종결하였으나 이후, 새로운 상황에 직면하면서 성폭력으로 인한 위기문제가 재발할 수 있다. 이러한 경우를 대비하여 추수지도에 대한 계획을 마련한다.

일정기간 동안 성폭력 피해자에 대한 면밀한 관찰과 사회적 지원을 제공하기 위한 구체적인 대안도 마련한다. 성폭력 피해자 위기문제가 재발하거나 새로운 긴급 상황이 발생할 전조가 보이는 경우에 신속히 개입하는 안전장치를 마련한 후 상담을 종결한다.

[성폭력 피해 상담기관]

성폭력 피해 상담자로서의 수련과정과 성폭력 전문기관의 전문가로서의 수련 및 준비과정을 살펴보는 것은 중요하다. 성폭력 피해자 및 친족 성폭력 피해자가 상담을 받게 되는 원인과 상황, 이유가 각기 다르더라도 적절한 조력이 가능하기 때문이다. 언제 어디서든 각기 다른 성폭력 피해자를 만날 수 있어 각 상담전문기관에서 요구하는 지원자격 요건을 알아두는 것이 필요하다.

성폭력 전문기관인 '성폭력상담소'의 상담자 자격요건을 살펴보면 다음과 같다. 여성가족부에서 인정하는 성폭력 상담원 양성교육을 이수하고, 성폭력 상담원 수

료증을 발급받아야 지원이 가능하다. 기본교육 요건이 충족되면 고등교육법에 따른 일정 수준의 학교졸업자, 사회복지사업법에 따른 사회복지자격자, 사회복지시설 및 사회복지단체의 임직원이나 공무원으로 성폭력방지 업무에 3년 이상 근무한 경력자, 장애인 관련 단체나 시설에서 2년 이상 근무한 경력자로 지원자격을 제한한다.

'해바라기센터'의 상담자 자격요건은 대학에서 심리학을 전공한 자로 심리학 석사학위를 취득 후 병원에서 1년 이상의 수련을 받고 자격을 취득한 자라야 한다. 혹은 심리학 학사학위를 취득 후 병원에서 1년 이상의 수련을 받고 자격증을 취득해야 하며, 관련기관에서 2년 이상 근무한 경력이 있어야 한다. 그리고 임상심리사로 배정을 하고 있어 상담을 전공한 자가 들어가기에는 어려운 구조로 되어 있다.

현재 전국의 성폭력 상담소를 포함해 성폭력 피해자 보호시설, 여성 긴급전화 1366, 상담과 아동학대 관련기관, 선도 보호시설, 청소년 및 가정폭력 쉼터에서 성폭력 피해자를 위한 위기상담을 지원하고 있다. 관련 기관은 법률, 의료, 간호, 수사, 상담 등 다각적 접근을 통해 전문화되고 다양화된 기능을 수행한다.

앞서 언급한 관련기관에서는 상담을 진행할 시 아동·청소년 대상 성범죄 사실을 인지하게 될 경우『아동·청소년의 성(性)보호에 관한 법률』제3장 제34조에 따라 기관과 시설의 장 및 그 종사자는 피해자 동의여부와 무관하게 즉시 수사기관에 신고한다. 불이행 시에는 법률 위반으로 과태료가 부과된다.

실제로 상담기관에서 신고 된 친족 성폭력 피해자는 법적절차 과정에서 여러 가지 어려움을 경험하는 것으로 알려지고 있다. 피해자의 성폭력 피해 증명이 어려울 뿐 아니라, 훈련되지 않은 성폭력 조사자에 의한 부적절한 성(性)문제 언급 등이 지적되고 있다.

성폭력 피해자 전문기관 이외의 단체나 기관에 의뢰되는 친족 성폭력 피해 사례는 많지 않다. 성폭력이 증가하는 작금의 사회적 현상과 친족에 의한 성폭력 피해 사례가 증가하는 현실을 감안할 때, 성폭력 전문기관이 아닌 각 지역의 기관에서도 친족 성폭력 상담에 대한 전문성을 갖출 필요가 있다.

성폭력 상담 기관별로 성폭력 피해자에게 제공되는 내용을 살펴보면 다음과 같다.

① 여성긴급전화 1366센터

보건복지부 산하 기관으로 24시간 위기에 처한 여성의 상담과 여성폭력 피해자에 대해 초기상담, 긴급보호, 서비스 연계의 위기상담을 지원한다.

② 해바라기센터

여성가족부 산하 상담기관으로 통합지원센터로서 위기지원형, 아동/청소년형, 통합형의 세 가지 형태로 운영한다. 성폭력 피해자가 동시에 필요로 하는 서비스를 받을 수 있으며 심리치료, 수사지원, 의료, 법률서비스를 제공한다.

③ 성폭력상담소

『성폭력특별법』에 의해 처음 설치된 민간기관으로 상담을 통해 피해자의 심리·정서적 지원을 제공한다. 긴급한 보호가 필요한 피해자에게는 시설입소 연계와 의료지원, 수사·법적지원을 제공한다.

④ 폭력피해자 보호시설

성폭력 피해자의 보호와 숙식 제공, 심리적 안정과 사회적 적응을 위한 상담 등을 제공한다.

⑤ 한국여성민우회 상담소

성폭력에 대해 심리적 지원과 함께 법률정보제공, 재판동행, 의료비지원, 보호시설 연계 등 직접적인 대응활동 지원을 안내하고 있다.

CHAPTER

재난 트라우마 위기상담

산사태나 집중호우, 폭설과 같은 자연재난이 발생하면 건물이 매몰되거나 유실되어 인명손실이 발생한다. 화재나 교통사고와 같은 사회적 재난에도 사상자가 생기는데 이러한 재난피해는 어느 누구도 예외가 되지 않는다.

재난 트라우마 위기상담은 재난을 경험한 정상 상태의 피해자를 대상으로 재난의 심리적 충격에서 벗어나도록 조력하는 상담이다. 재난 이전의 정상적인 기능 상태를 회복하여 정상의 상태에서 삶을 영위하도록 돕는 것에 초점을 둔다. 재난의 충격에서 벗어나지 못해 ASD, PTSD로 고통을 겪고, 자살과 같은 극단적 행동을 시도하지 않도록 조력한다.

이 장에서는 재난의 유형과 특징을 알아본다. 그런 다음, 재난 트라우마의 원인을 고찰한 후, 재난 트라우마 위기상담의 개념과 절차, 방법론을 살펴볼 것이다.

제1절 이론적 배경

우리나라에서 일어난 이태원 참사사고와 세월호 침몰사고, 천안함 폭침사고, 제천 화재참사와 같은 대형 사건을 겪으면서 재난 피해자가 겪는 트라우마에 대한 국민적 관심이 한층 높아졌다. 일본에서 발생한 쓰나미, 아이티에서 발생한 지진 등 세계 곳곳에서 자연재난이 발생하면서 평소 재해 예방에 대한 국민적 관심도 높아졌다.

이 장에서는 먼저 재난의 정의를 알아본 후, 그 개념과 증상에 대해서도 살펴보고자 한다. 재난의 용어에 대한 사전적 의미는 뜻밖에 일어난 재앙과 고난을 뜻한다. 일상적인 방법과 절차로는 관리할 수 없는 심각한 규모의 사건으로 많은 사망자나 부상자, 재산손실을 발생시키는 예측 불가능한 사건으로 정의한다.

유엔재난기구에서는 지역사회의 조직과 기능을 와해시키는 갑작스럽게 발생하는 큰 규모의 사건으로 규정하고 있다. 외부의 도움 없이는 극복하기 어려울 뿐만 아니라, 일상적인 능력으로도 처리할 수 없는 큰 피해를 일으키는 일련의 사건으로 정의하고 있다(UN/ISDR, 2004).

요즘은 가정폭력, 대인관계 갈등과 같이 규모가 작은 사건을 겪어도 재난 수준의 트라우마를 경험하는 것으로 알려졌다. 재난은 꼭 큰 규모의 사건이어야 하고 심각한 고통이 수반되어야 하는 사건으로 한정하지 않는다. 규모가 작은 사건이라도 재난수준의 심리적 충격을 받은 사건이라면 재난의 범주에 포함한다.

한편, 재난(災難)과 재해(災害)를 어떻게 구분하고 사용할 것인가에 대한 개념화의 논의는 아직까지도 이루어지지 않고 있다. 재난과 재해의 용어를 동일한 의미로 사용하는 것이 일반적이라서 본서에서도 같은 개념으로 사용하고자 한다(재난: Disaster＝재해: Disaster).

1. 재난의 유형

재난은 발생 원인과 지속기간에 따라 다양한 형태로 구분한다. 발생 원인에 따른 분류는 통상 자연재난과 인적재난, 사회적 재난 등 세 가지로 구분하는데, 최근에는 인적재난을 사회적 재난에 통합하여 자연재난과 사회적 재난으로 구분한다.

1) 자연재난(natural disaster)

자연재난은 지진, 태풍, 홍수, 해일 등으로 인한 수해와 지진, 산사태, 화산 활동과 관련한 재해를 말한다. 자연발화 산불로 인한 재해와 추위 및 더위 등 기온과 관련된 재해, 조류 인플루엔자처럼 동물로 인한 전염병, 농작물 피해 등도 자연재해에 해당한다.

지진은 자연적·인공적 원인에 의해 지구의 표면이 흔들리는 현상으로 흔히 자연적인 원인 중 단층면에서 순간적으로 발생하는 변위 자체를 지진이라 한다. 지각에 저장되어 있던 위력이 탄성 진동에너지로 바뀌면서 급격히 발생하는 것이 지진이다.

2017년 경주에서 발생한 지진, 2008년 중국 쓰촨성의 지진, 2010년 아이티에서 발생한 지진 등이 대표적인 예다. 한편, 2017년 11월 발생한 포항지진은 지열발전기 때문에 발생한 사회적 재난으로 밝혀졌다. 우리나라 지진 관측 이래 2016년 경주지진에 이어 두 번째로 큰 지진이자, 역대 가장 많은 피해를 준 지진이다. 지진피해액은 551억원으로 경주지진 피해액(110억원)의 5배가 넘는 것으로 나타났으며, 지진피해 이재민은 경주지진 이재민의 111명보다 10배가 넘는 1,797명으로 집계되었다.

홍수는 집중호우로 계곡이나 저수지, 댐, 하천, 강 등의 제방이 넘쳐 주택지, 농경지가 침수되어 피해를 입는 현상을 말한다. 우리나라는 6~9월의 여름철에 연 강수량의 60% 이상이 집중되는데, 7월에는 연 강수량의 30% 정도가 내려 홍수가 발생한다.

해일은 폭풍해일과 지진해일의 두 종류가 있는데, 쓰나미로 불리는 지진해일의 피해가 더 크게 발생한다. 해일은 해저 지진이나 해저 화산폭발이 일어날 때 그 파동으로 파도가 해안으로 밀려와 발생한다. 2011년 일본 동북부에서 9.0 규모의 지진으로 해일이 일어나 많은 사상자가 발생한 경우가 이에 해당한다.

폭설은 단시간에 많은 눈이 내리는 기상현상으로 농작물 피해, 교통대란 등의 피해를 유발한다. 우리나라는 2004년 3월 대설과 2011년 2월 강원영동지역에 100년만의 폭설이 내린 사례가 있다.

황사는 중국이나 몽골 등 아시아 대륙의 중심부에 있는 사막과 황토 지대의 작은 모래, 황토, 미세먼지가 하늘에 떠다니다가 상층 바람을 타고 멀리까지 날아가 떨어지는 현상을 말한다.

적조는 물에 영양분이 지나치게 많거나 수온 상승으로 플랑크톤이 이상 번식하여 바다, 강, 호수 등의 색깔이 바뀌는 현상을 말한다.

태풍은 북태평양 남서부에서 발생하여 아시아 동부로 불어오는 풍속이 32m/s 이상인 열대 저기압을 말한다.

2) 사회적 재난

사회적 재난은 인적재난과 사회적 재난으로 구분한다. 이중 인적재난은 인간의 실수나 부주의, 고의로 발생하는 재난으로써 비행기 추락사고, 선박사고, 교통사고, 화재, 원전사고, 건물 붕괴, 독성물질 사고, 전쟁 및 테러와 같은 사건이 이에 해당한다.

화재는 소방기본법에서 정한 대상이 불로 인해 인명과 재산피해가 발생하는 것을 말한다. 최근에는 건물이 대형화되고 복잡한 구조로 되어 있어 더욱 많은 사상자가 발생한다. 2017년에 발생한 제천화재참사, 2008년 2월 이천 냉동창고화재, 2003년 2월 대구지하철 화재가 발생한 바 있다.

붕괴는 건물, 교량, 육교, 터널 등 각종 시설물이 시공 상의 하자와 관리 소홀, 지반 약화, 안전조치 불량, 노후 등으로 붕괴되어 인명과 재산피해가 발생하는 사고다. 1994년 10월 성수대교 붕괴, 1995년 6월 삼풍백화점 붕괴사고가 대표적인 사례에 해당한다.

폭발은 가스 및 에너지가 누출되어 인명과 재산피해를 주는 사고를 말한다. 우리나라에서는 1994년 서울 아현동 도시가스 폭발사고가 발생하였고, 1995년에는 대구도시가스 폭발사고가 발생한 바 있다.

교통사고는 자동차, 기차, 항공기, 선박의 충돌 등으로 인명과 재산피해가 발생하는 사고를 말한다. 2017년 인천영흥도 낚싯배 충돌사고, 2014년 세월호 침몰사고가 대표적인 예다.

〈2014년 세월호 침몰사고〉

세월호 침몰 사고는 2014년 4월 16일 오전 8시 50분경 전라남도 진도군 조도면 부근 해상에서 발생하였다. 세월호는 안산시에 있는 단원고등학교 학생들을 포함하여 탑승인원 476명을 태운 청해진해운 소속의 인천발 제주행 연안 여객선이다. 세월호는 4월 16일 오전 8시 58분에 병풍도 북쪽 20km 인근에서 조난되어 침몰되기 시작하였으며, 4월 18일 완전히 바닷속에 가라앉았다. 이 사고로 시신 미수습자 9명을 포함하여 모두 304명이 사망하였다. 사고 당일 구조된 탑승자는 승무원 23명, 단원고 학생 75명, 교사 3명, 일반인 71명 등 모두 172명이었는데, 이 중 절반 이상은 해양경찰보다 약 40분 늦게 도착한 어선 등 민간 선박에 의해 구조되었다.

화생방사고는 화학가스, 방사능 가스 등이 누출되어 인명피해가 발생하는 사고를 말한다. 1986년 4월 체르노빌 원전사고, 1995년 도쿄 지하철 사린독가스 사고가 대표적인 예에 해당한다.

환경오염사고는 환경정책기본법에서 정한 환경이 오염되어 피해를 입는 사고를 말한다. 2007년 12월 태안 앞바다 기름유출사고가 대표적인 예다.

〈2022년 이태원 압사 사고〉

이태원 압사 사고(梨泰院壓死事故)는 2022년 10월 29일 22시 15분경 서울특별시 용산구 이태원동에서 발생하였다. 당시 이태원에는 할로윈 축제를 앞두고 많은 사람들이 몰려 있었으며, 해밀톤호텔 앞 좁은 골목길로 인파가 밀리면서 사상자가 다수 발생하였다. 사망자는 159명으로 남성이 57명, 여성은 102명으로 집계되었으며, 이중 외국인 사망자는 26명으로 집계되었다.

사회적 재난은 에너지, 통신, 교통, 금융, 의료, 수도 등 국가기반체계와 의료체계의 미비로 발생하는 피해로 공공성이 큰 국가 기반시설물에서 발생하는 재난을 말한다. 사회기반시설과 에너지시설, 해상사고, 유조선사고, 환경시설에서 발생하는 사고 등은 사회가 정보화되면서 더 자주 발생하는 특징이 있다.

에너지와 관련한 재난은 에너지 생산저장 공급시설에 대한 물리적 파괴나 기술적 장애, 종사자의 방해 등으로 에너지 공급 유통이 중단되거나 차질을 가져오는 재난을 말한다.

통신 관련 재난은 통신시스템의 파괴나 기술적 장애 등으로 기능이 마비되거나 공공서비스 제공이 중단되는 상황을 말한다.

금융 관련 재난은 은행, 증권, 보험 관련시설 및 설비 시스템 등의 물리적 파괴나 기술적 장애, 종사자의 운영중단 및 방해 등으로 관련 서비스가 중단되는 것을 말한다.

수도와 관련한 사회적 재난은 수자원 및 상하수도 시스템에 대한 시설·설비의 물리적 파괴나 종사자의 운영중단, 오염 등으로 음용수 공급이 중단되는 재해를 말한다.

의료재난은 의료체계 및 보건 분야 종사자의 의료서비스 중단 등으로 국가기반체계가 마비되는 재해를 말한다.

〈코로나 바이러스 감염증-19(COVID-19)〉

2019년 12월 중국 우한시에서 발생한 바이러스성 호흡기 질환을 말한다. 신종 코로나 바이러스에 의한 유행성 질환으로 호흡기를 통해 감염된다. 감염 후에는 인후통, 고열, 기침, 호흡곤란 등의 증상을 거쳐 폐렴으로 발전하는데 변이형에 따라 증상은 차이가 있다.

2020년 3월 세계보건기구가 팬데믹을 선언했으며, 많은 국제 행사가 취소되거나 연기되었다. 시간이 지나면서 다양한 변이종이 발생함에 따라 세계보건기구에서 주요 변이종을 '관심변이'와 '우려변이'로 지정하여 관리하고 있다.

우리나라에서는 2023년 1월 22일까지 누적 확진자 수가 3,000만 8,756명을 기록했다

미세먼지는 사람의 눈에 보이지 않을 정도로 아주 미세한 작은 먼지 입자를 말한다. 이는 호흡과정에서 폐 속에 들어가 폐의 기능을 저하시키고, 면역 기능을 떨어뜨리는 등 폐질환을 유발하는 대기 오염물질이다. 미세먼지의 발생 원인은 대부분 자동차, 발전소, 보일러 등에서 연료를 태워 발생하는 배출물질이 주요 원인이다. 우리나라는 2018년부터 미세먼지를 사회적 재난에 포함하고 있다.

2. 재난 피해자의 심리적 특징

트라우마(Trauma)는 일반적으로 외상(外傷)을 뜻하는 용어로 심리학에서는 정

신적 충격 혹은 외상성 상해의 의미로 사용하고 있다. 자연 및 사회적 재난을 포함한 교통사고, 성폭행, 집단따돌림, 가족학대 등과 같은 개인이 직접 경험한 상황에서 흔히 발생한다. 직접 재난을 경험하지 않고 사건을 목격만 할 때에도 피해증상이 나타난다.

재난은 개인사건과 달리 피해 범위가 집단으로 발생하는 특징이 있다. 재난을 겪은 피해자는 노출 정도에 따라 피해 수준이 달라 여러 차원으로 구분한다. 일반적으로 재난피해자는 1차 피해자를 의미한다. 1차 피해자와 가까이 있는 가족은 간접적으로 트라우마를 경험하여 2차 피해자로 분류한다.

테일러와 프레이저는 재난 피해자를 다음과 같이 여섯 가지 형태로 분류하고 있다.

표 7-1 재난피해자의 분류

1차피해자	가장 심각하게 재난에 노출된 사람
2차피해자	재난에 직접 노출되지는 않았지만 간접적인 영향을 받는 사람 (1차 피해자와 가까운 가족, 친인척, 동료 등)
3차피해자	재난이 발생한 곳에서 구조와 복구, 봉사의 일을 하는 사람 (소방관, 경찰관, 의료, 간호, 정신보건, 응급요원, 자원봉사 등)
4차피해자	재난이 발생한 지역에 거주하는 사람 및 재난피해자와 슬픔을 함께 나누는 사람
5차피해자	재난과 직접적인 관련은 없지만 대중매체를 통해 재난이 발생한 것을 알고 난 후, 심리적 혼란과 스트레스를 경험하는 불특정 다수의 사람
6차피해자	재난으로부터 1차 피해자가 될 수 있었지만 우연히 피해를 벗어난 사람

출처: 심윤기 외, 2018.

재난 트라우마는 너무 떨리고, 무섭고, 불안한데 피할 수는 없고 그렇다고 대처하기도 힘들어 심각한 수준의 두려움과 공포를 느낀다는 특징이 있다. 트라우마는 일반적으로 삶을 살아가며 경험하는 외상사건이나 질병, 이별, 실직과 같은 사건을 통해 나타난다.

정신적 충격을 주는 끔찍한 재난을 경험할 때에는 우울, 불안, 일상생활의 어려움, 수면장애 등과 같은 증상이 나타난다. 해리증상이나 공황발작의 증상도 나타나며, 착각과 환각, 기억장애, 주의력 결핍 장애 증상을 보이기도 한다. 뿐만 아니라, 지나치게 잘 놀라고 쉽게 짜증과 화를 내며, 주변 사람에게 과도한 경계심을 보이기도 한다.

사망자가 발생한 사회적 재난에 노출된 경우에는 자신만 혼자 살아남은 것에 대한 죄책감과 수치감으로 심리적 고통을 겪는다. 과거에는 심각한 스트레스를 경험할수록 외상 후 스트레스 장애가 더 잘 발병하고 증상도 심각하다고 여겼지만, 요즘은 스트레스 자체보다 개인이 스트레스를 어떻게 지각하는지의 반응성을 더 중시한다.

일반적으로 재난 트라우마는 신체적·인지적·정서적·행동적 증상으로 나타난다. 재난에 노출된 피해자는 재난 이후에 심한 스트레스와 우울, 두려움, 공포, 정신적 혼란과 같은 증상을 경험한다. 일반화된 불안장애와 공황장애, 우울장애와 같은 정신과적 장애뿐만 아니라, 진단하기 어려운 심리적 고통이나 충격, 공포와 관련된 증상도 나타난다. 이러한 트라우마 반응은 자연재난이나 사회적 재난을 비롯한 어느 유형의 재난에 노출되더라도 공통적으로 나타난다.

◉ 표 7-2 **재난 트라우마 증상**

신체적 증상	인지적 증상	정서적 증상	행동적 증상
-두통	-악몽	-불안	-움츠림
-오한	-타인 비난	-슬픔	-수면 곤란
-구토	-방향감 상실	-죄책감	-식욕 증가
-현기증	-사고력 부족	-성급함	-과도한 놀람
-근육경련	-판단력 부족	-염려	-반사회적 행동
-메스꺼움	-해결력 부족	-거부감	-행동의 산만함
-가슴통증	-주의력 부족	-압박감	-성(性)적 능력 변화
-호흡곤란	-집중력 부족	-공포심	-대화형태의 변화
-혈압상승	-과도한 불면증	-감정조절 상실	-상실에 대한 불평
-급격한 심박동	-경계심의 변화	-심리적 고통	-과도한 알코올 섭취

출처: 심윤기, 2018.

재난 트라우마는 극심한 스트레스를 경험한 후 나타나는 심리적 반응이다. 주로 두통과 위경련, 피로감과 같은 신체·생리적 반응이 나타나고, 울음, 비난, 수면 문제와 같은 행동적 반응이 나타난다. 집중력 상실과 의사결정문제와 같은 인지적 반응을 보이고, 우울과 분노, 무력감과 같은 정서적 반응을 경험한다.

이러한 트라우마 반응이 1개월 동안 심각한 상태로 지속되는 경우에는 ASD(급성 스트레스 장애)로 진단하고, 1개월 이후까지도 지속되는 경우에는 PTSD(외상후 스트레스 장애)로 진단한다.

자연재난을 경험한 사람 역시도 트라우마로 인한 심리적 고통을 겪는다. 하지만 시간이 지나면서 자연재난의 예측 불가능한 측면을 이해하는 측면이 있어 공포와 위협감이 줄어든다. 그래서 자연재난 피해자는 단기개입만으로도 증상의 해소가 가능하며, 외상 후 성장(Post Traumatic Growth: 이하 PTG)으로 이어지는 경향이 있다.

인적재난 피해자는 언제 어디서든 또다시 재난이 발생할 위험성이 상존한다고 인식하여 자연재난에 노출된 피해자보다 더 큰 심리적 고통을 겪으며 회복도 더디게 이루어진다. 고의에 의한 사회적 재난을 경험한 후 나타나는 정신과적 증상이 자연재난에 비해 심각하게 나타나는 것은 이와 같은 이유에서다.

자연재난은 불가항력적으로 발생한 사건으로 여기는 반면, 사회적 재난은 사건의 원인을 특정 사람이나 집단 때문이라고 여긴다. 충분히 예방할 수 있는 재난이었는데도 불구하고 사전에 이를 제대로 준비하지 않아서 발생했다고 인식해 트라우마 증상이 더 높은 수준으로 나타난다.

제2절 재난 트라우마의 원인

재난 트라우마에 영향을 미치는 요인은 주로 인구학적 요인과 개인적 특성요인, 환경적 요인 등으로 구분하여 설명한다. 이들 각각의 요인은 위험요인과 보호요인이 있는데, 이를 살펴보면 다음과 같다.

1. 인구학적 요인

1) 연령

연령은 일반적으로 높은 연령보다 낮은 연령일수록 재난을 경험한 후 적응하는 데 더 어려움을 겪는 것으로 알려져 있다. 기존 연구가 주로 낮은 연령인 어린이와 청소년을 대상으로 이루어져 연구결과가 그렇게 나타났을 것이라고 주장하는 이도 있으나, 대체로 낮은 연령의 사람이 높은 연령의 사람보다 재난 트라우마에 취약하다.

반면, 어린 나이보다 나이가 많은 40–60세의 계층이 재난 이후에 더 큰 심리적 고통을 경험한다는 연구결과도 보고 되었는데, 이는 가족에 대한 부양책임을 중년계층이 더 높게 인식하여 나타난 결과로 분석하고 있다.

2) 성별

여성은 남성에 비해 트라우마 취약성이 더 높게 나타난다. 재난 위험으로부터 벗어나는 위기대처능력도 떨어지는 것으로 알려져 있다. 이러한 여성의 취약성은 생물학적·사회적·경제적 측면과 관련이 깊다.

생물학적 측면에서는 임신 및 수유 중인 상황과 여성 고유의 신체적 불안정성과 관련이 있는 것으로 보고되고 있다. 사회적 측면에서는 양육방식에서 오는 성역할 고정관념으로 자립성이나 적극적인 대처능력을 학습하지 못해 나타나는 것으로 설명하고 있다. 경제적 측면에서는 여성의 직업 및 낮은 경제력과 관련이 있다고 여긴다. 이러한 여성의 위험요인은 어린이와 청소년 집단에서도 동일하게 나타난다.

3) 결혼

결혼 여부 역시 재난 트라우마에 영향을 준다. 일반적으로 결혼을 했거나 동반자와 함께 사는 경우에는 결혼하지 않은 사람에 비해 불안이나 우울을 덜 느끼는 반면, 미혼이거나 사별 혹은 이혼 등으로 동반자와 함께 살지 않은 경우에는 심리적 고통과 불안 수준이 더 높게 나타난다.

반면, 재난 피해자와 함께 사는 결혼한 집단이 미혼의 집단보다 스트레스 수준이 더 높게 나타난다는 연구결과도 보고되었는데, 이는 재난의 고통을 겪고 있는 가족과 함께 사는 과정에서 스트레스가 더 가중되어 나타난 결과로 분석하고 있다.

이렇게 결혼은 상황과 여건에 따라 재난 트라우마 수준을 높이기도 하고, 반대로 낮추기도 하는 것으로 알려져 있다.

4) 직업

일반적으로 직업이 있다는 것은 가정의 경제적 수입을 보장하는 것 외에도 재난회복을 위한 인적·물적 자원의 보유를 의미한다. 직업은 개인에게 부여된 사회적 역할을 통해 보상과 만족을 얻고, 개인의 정신건강에 긍정적인 영향을 준다. 직업과 심리적 건강의 관련성에 대한 연구들은 대체로 직업을 긍정적인 보호요인으로 보고하고 있다.

반면, 직업은 개인으로 하여금 다중역할의 요구로 스트레스가 가중되어 정신건강에 부정적인 영향을 준다는 연구결과도 함께 보고되고 있는데, 이러한 연구결과는 개인의 다중역할을 부정적으로 인식한 부정 자기복잡성(negative self−complexity)의 경우에만 나타난다(심윤기, 2014).

2. 개인적 특성요인

개인적 특성은 주로 기질, 성격, 자존감, 탄력성과 같은 심리적 요인과 인지대처능력, 긍정·부정정서, 행동대처능력 등을 말한다.

1) 심리적 특성

심리적 특성은 기질, 성격, 자존감, 탄력성 등 여러 가지 개인 내적요인을 말한다. 이중 탄력성은 재난 트라우마 상황에서 잘 적응하도록 돕는 보호요인에 해당한다. 높은 자존감은 스트레스 대처에 스스로를 신뢰할 뿐만 아니라, 실제로 능동적인 대처행동을 이끌어 내어 트라우마 증상을 낮추는 데 기여한다.

반면, 낮은 자존감과 낮은 외향성, 낮은 성실성, 신경증, 불안과 같은 요인은 재난 피해자의 트라우마 수준을 높이는 데 영향을 준다. 신경증과 편집증 같은 요인은 재난 사건을 보다 부정적으로 평가하거나, 중립적인 신호에도 민감하게 반응하여 심리적 고통을 더 증가시키는 것으로 알려져 있다.

2) 인지대처능력

인지적 요인은 재난 트라우마 증상 발현에 큰 영향을 미친다. 재난 트라우마 사건을 어떻게 받아들이고 이해하는가에 따라 미치는 영향이 달라진다. 가령, 본인이나 타인을 비난하는 인지전략을 사용하거나 혹은 재난을 상기시키는 자극을 회피하는 전략을 사용하는 것은 일관되게 트라우마 회복에 부정적인 영향을 준다.

반면, 재난과 관련하여 상황을 통제할 수 있다고 인식하거나 낙관적으로 상황을 평가하는 대처전략을 사용하는 사람은 일관되게 재난 이후의 심리적 고통이 경감되는 것으로 알려져 있다. 자신에게 어떠한 일이 일어나든 상관없이 그 일에 잘 대응할 수 있다고 믿으면 재난 대처에도 바람직한 행동을 이끌어 내어 재난 트라우마 증상을 감소시키는 것으로 보고되고 있다.

3) 행동대처능력

재난 피해자가 트라우마 증상으로부터 벗어나기 위해 정서적 지지를 요청하는 등 적극적인 대처행동을 하는 것은 재난 트라우마의 심리적 고통에서 빠른 회복을 가져와 장기화되는 것을 방지한다.

반면, 약물사용, 음주, 흡연과 같은 부적절한 행동으로 대처하는 재난 피해자는 오히려 중독과 같은 또 다른 심리적 문제를 가져온다. 음주나 흡연, 약물사용, 회피와 같은 대처행동은 단기적으로는 신체 각성을 낮추는 데 기여하나, 장기적으로는 심리적 문제를 더 확장한다.

4) 긍정 · 부정정서

재난에 노출된 피해자는 충격과 분노, 절망, 불안, 죄책감, 무력감, 슬픔, 수치심 등과 같은 부정정서를 보인다. 이러한 정서반응은 충격적인 재난을 경험한 후 곧바로 나타나거나 혹은 어느 정도 시간이 경과된 이후에 발현되기도 한다.

부정정서의 강도와 빈도가 장기간 높게 지속되고 있는데도 불구하고, 이를 회복하기 위한 어떠한 도움도 받지 못하면 자해나 자살과 같은 위험한 행동을 시도한다.

반면, 긍정정서는 일상생활에서의 즐거움과 행복감, 만족감, 안녕감 등을 느끼는데 기여한다. 개인의 생각과 행동의 다양성을 넓혀주며, 유연한 대처를 촉진함으로서 심리적 고통을 경감시킨다. 그러므로 부정정서를 감소하고 긍정정서를 촉진하는 일은 재난 트라우마 회복을 위한 중요한 과업이다.

3. 환경적 요인

재난 트라우마에 영향을 미치는 환경적 요인은 부정적 사건경험, 외상노출수준, 사회적 지지 등 여러 가지가 있다.

1) 부정적 사건경험

트라우마와 관련한 여러 연구들은 과거 트라우마에 노출된 경험을 가진 자가 이후의 트라우마 사건에 더 취약한 것으로 보고하고 있다. 재난 이전의 충격적인 외상경험은 재난 이후의 정신건강 문제를 악화시키고, 재난충격을 회복하는 역량까지 감소시키는 것으로 알려졌다.

부정적 외상사건을 반복적으로 경험하면 신체의 자율신경계가 스트레스에 민감화되어 작은 스트레스원에 의해서도 쉽게 자극이 되고 반응도 빠르게 나타난다. 즉, 신경계가 민감해지면 시간이 지날수록 스트레스에 둔감해지는 것이 아니라 오히려 더 빠르고 강렬하게 반응하는 것으로 보고되었다.

2) 외상노출수준

재난이 발생한 현장에 가까이 있는 사람과 멀리 떨어져 있는 사람이 느끼는 심리적 반응에 대한 연구결과에서는 재난현장에 가까이 근접해 있는 사람이 그렇지 않은 사람보다 트라우마 증상이 더 높은 것으로 보고되었다.

재난의 노출수준과 연령의 관계를 알아본 연구에서는 연령 계층에 상관없이 심리·신체적 위험을 경험했거나, 재난에 직접 노출된 수준이 높을 때 심적 고통도 증가한 것으로 알려졌다.

3) 사회적 지지

사회적 지지는 개인에게 직접적이고 중요한 영향을 미칠 수 있는 사람으로부터 제공받는 정보, 물질, 정서나 상호교류를 말한다. 이러한 사회적 지지는 트라우마를 겪고 있는 어려움에 대한 위로를 제공하며, 현실적인 당면 문제 해결에 도움을 줄 뿐만 아니라, 이해와 존중, 수용을 느끼도록 하는 데에도 기여한다.

또한, 재난의 경험을 서로 공유하여 자신의 반응이 정상적이 아니라는 것을 깨닫게 하는 데에도 도움을 준다. 가까운 사람으로부터 지원되는 사회적 지지는 재난 트라우마 회복의 보호요인으로 작용하여 심리적 증상을 완화한다.

4) 가족기능

가족구성원의 평균 연령이 높은 경우에는 트라우마 반응 수준이 낮게 나타난다. 하지만 어린 자녀를 둔 가족의 경우에는 양육 부담과 아이의 건강염려 때문에 스트레스 수준이 높게 나타난다. 자녀가 있는 편부모나 미혼모 가족의 경우에도 트라우마 반응 수준이 높게 나타나는데, 이는 자녀양육에 대한 부담과 책임감이 크게 작용하기 때문이다.

가족에 영향을 주는 기능적 요인은 가족응집력과 가족적응력, 가족구성원의 건강문제, 가정폭력 등이 있다. 이중 가족응집력은 가족 간 서로의 활동에 관심을 갖는 결속 기능과 관련이 깊다. 응집력이 높은 가족일수록 가족 간 지지가 촉진적으로 이루어져 가족의 스트레스 수준을 낮추는 데 기여한다.

제3절 재난 위기상담의 개념

재난 위기상담은 재난을 경험한 정상적인 상태의 사람을 대상으로 이루어진다. 재난의 심리적 충격에서 벗어나도록 촉진하여 재난 이전의 기능상태를 회복하는 데에 초점을 두고 이루어진다.

1. 재난 피해자 위기상담의 방향

재난 피해자 위기상담은 재난현장 중심의 문제해결 활동과 개인강점자원을 활용하는 방향으로 이루어진다. 재난의 충격에서 벗어나 재난 이전의 기능상태를 회복하는 것에 초점을 두며, 극단적 자살시도를 하지 않도록 예방하는 데 관심을 둔다.

심윤기(2018)는 재난 피해자 위기상담이 이루어지는 방향에 대해 다음과 같이 설명한다.

1) 재난현장 중심의 조력 활동

재난 피해자 위기상담은 위기 전문상담자가 재난 피해자를 직접 찾아가 그가 생활하는 곳에서 서비스를 제공한다. 이 방법은 미군의 전투현장 정신건강관리팀이 전투현장에 직접 투입되어 전투원이 있는 현장에서 서비스를 지원하는 방법과 유사하다.

재난현장을 직접 방문하는 목적은 재난을 경험한 다수의 피해자가 느끼는 심리적 충격, 고통의 증상을 현장에서 직접 확인하기 위해서다. 또한 전문적 치료를 받아야 할 대상이 누구인지를 진단 및 분류하며, 그들에게 필요한 서비스가 무엇인지 알아내기 위해 현장중심으로 이루어진다. 재난과 관련한 정보를 현장에서 제공하고 재난 피해자의 불안과 스트레스를 해소하기 위한 교육도 현장에서 이루어진다.

2) 개인의 강점자원 탐색

상담자는 재난 피해자가 가진 강점자원을 찾아 이를 적극 활용할 수 있어야 한다. 재난 피해자가 지닌 특별한 심리적 자원인 자아효능감, 대인관계능력, 가족지지, 자아탄력성 등을 적극적으로 활용한다.

타인에게 기대거나 의존하기보다 자신이 가진 자원을 최대한 활용할 때, 재난 피해자 위기상담은 그만큼 성공할 가능성이 높아진다. 과거 재난을 성공적으로 극복했던 심리적 자원을 찾아 이를 적극적으로 활용할 때 재난 트라우마 증상은 조기에 제거가 가능하다.

3) 극한 위기문제 해결

재난 피해자에게 가장 시급한 것은 어떻게든 기능적이지 못한 심리적 증상을 빨리 제거하여 재난 이전의 기능을 회복하는 것이다. 재난 경험으로 나타난 부정 증상을 제거하여 조기에 재난 이전의 정상적인 생활로 돌아가도록 극한 위기 해결 중심으로 이루어진다.

위기 전문상담자는 재난 피해자가 언급하는 극한 위기의 문제가 무엇인지 적극적으로 경청한다. 재난 피해자가 생활하는데 무엇이 우선적으로 필요한지 말하도록 촉진하고, 이를 기반으로 다양한 분야의 사회적 지원을 제공한다.

2. 재난 피해자 위기상담의 중점

재난 위기상담은 재난 피해자를 보호하고 접촉을 유지하는 것에 중점을 둔다. 재난 피해자의 심리적 혼란과 고통이 악화되지 않도록 재난경험과 관련된 다양한 정보를 제공하고 필요한 교육을 실시한다. 재난 피해자 위기상담은 다음과 같은 사항에 주안을 둔다.

1) 보호

보호는 재난 피해자가 더 이상의 충격적인 자극에 노출되거나 피해가 확장되지 않도록 지켜주는 일이다. 재난과 관련하여 현장을 방문하는 정치인, 외부인, 수사요원 등의 접촉을 차단하고, 피해자를 안전한 장소로 이동시켜 심리적인 안정을 취하도록 하는 것이 보호에 해당한다.

재난상황과 관련한 언론 매체를 접하는 경우에는 또다시 심리적 충격과 고통을 받을 가능성이 있다. 따라서 신문이나 TV와 같은 미디어를 통해 재난상황과 관련한 충격적인 장면을 접하지 않도록 보호한다.

2005년 연천지역 총기난사사건이 발생되었을 당시 목숨을 건진 장병을 군(軍)수사기관 요원들이 현장검증을 위해 사고현장으로 데려간 것은 재난 피해자를 보호해야 할 기본을 지키지 않은 매우 잘못된 사례이다.

2) 접촉유지

이태원 압사사고와 같이 충격적인 사회적 재난을 경험하면 자기가 살던 세계와 갑자기 차단되고 단절되는 고립감을 느낀다. 그렇기 때문에 위기상담자는 재난 피해자와 지속적인 접촉이 유지되도록 해야 한다.

가족의 기쁜 소식을 전해 준다거나 혹은 가깝게 지낸 친구의 소식을 알려주는 것이 접촉을 유지하는 것이다. 재난 피해자가 정신적 도움을 받을 수 있는 연락처뿐만 아니라, 궁금해 하는 심리적 증상에 관한 정보를 찾는 매체정보를 알려주는 것도 접촉유지에 해당한다.

재난 피해자와 접촉할 경우에는 이들의 모습이 다소 혼란하고 판단을 제대로 할 수 없는 상태라는 점을 고려하여 친절하고 따뜻하게 대화한다. 자상한 모습과 진실한 공감을 바탕으로 재난 피해자와 접촉을 유지하며 자살시도와 같은 부적절한 행동을 시도하지 않도록 한다.

3) 정보제공

재난에 노출된 대부분의 피해자는 심리적으로 위축되고 정신적으로 혼란한 상태에 놓인다. 재난의 충격이 언제까지 지속될 것인지 또 앞으로의 경과가 어떻게 이루어질지 예측하지도 못한다. 재난을 경험한 이후 나타나는 부정적 감정과 분노를 어떻게 처리해야 하는지도 잘 알지 못한다.

위기 전문상담자는 이러한 재난 피해자를 위해 심리적 안정을 위한 교육을 실시하여 재난 피해자가 앞으로 일어날 수 있는 심리·신체적 반응에 적절히 대응하고 스스로 대처하는 노력을 기울일 수 있도록 안내한다.

교육은 구두로 하는 방법을 주로 활용하나 교육자료(소책자)를 배포하고 관련 영상자료를 제공하는 등의 방법도 활용한다. 교육내용은 재난 이후에 나타나는 심리·신체적 변화와 특성에 관한 정보, 재난 트라우마에 대한 대처법, 불안과 긴장의 완화방법 등을 포함한다.

4) 응급개입

재난 피해자 위기상담은 위기발생 즉시 신속히 개입함과 동시에 빠른 시간 안에 정상기능을 회복하도록 안내하는 데 중점을 둔다. 재난 피해자의 반응과 증상을 신속하고 정확하게 진단한 후, 증상에 따라 피해자를 분류한다. 증상이 경미한 피해자는 심리적 충격의 완화와 부정 감정 제거에 중점을 둔다. 그러나 불안증상이 심한 피해자는 전문 병원에 입원조치하여 자살과 같은 극단적 시도로 이어지지 않도록 한다.

공황으로 숨을 제대로 쉬지 못하거나 경련을 일으키는 재난 피해자, 신체적 강직 증상을 보이는 피해자, 큰 소리로 울부짖으며 과격한 행동을 하는 피해자, ASD나 PTSD 환자로 진단된 피해자 등은 신속하게 인근 지역의 병원으로 후송하여 장기간 트라우마 치료를 받을 수 있도록 안내한다.

제4절 재난 피해자 위기상담방법

1. 상담절차

재난 피해자 위기상담은 일반적인 상담절차와 상이하며, 개입방법에 있어서도 다르게 이루어진다. 재난 위기상담은 다음과 같이 5단계로 이루어진다.

1) 1단계(보호 및 안정)

재난이 발생하면 가장 신속하게 조치해야 하는 것은 재난 피해자를 보호하는 일이다. 충격적인 재난에 노출되면 누구나 트라우마 증상이 나타나기 마련인데, 이 때 위기상담자는 트라우마 증상이 더 이상 악화되지 않도록 피해자의 심리적 안정을 취하는 데 온 역량을 기울인다. 충격적인 자극에 노출되지 않도록 안전한 장소로 피해자를 이동시켜 자극을 주는 대상을 차단한다.

재난은 누구나 경험할 수 있는 사건으로 받아들일 수 있도록 따뜻한 설명과 함께 정서적 지지와 격려를 제공한다. 초기 과정에서부터 종결단계에 이르기까지 피해자의 심리적 안정에 주력한다. 이 외에도 재난 피해자에게 재난정보를 지속적으로 제공하고, 재난 피해자의 증상이 변화되는 정도를 관찰이 가능하도록 접촉을 유지한다.

2) 2단계(진단 및 분류)

진단은 재난경험으로 발생한 심리적 충격의 증상을 제거하고, 정신적 혼란에 빠진 피해자를 돕기 위해 평가하는 과정이다. 재난에 노출된 초기에 정확하고 빠르게 이루어지는 진단은 이후의 상담과정에 영향을 미친다. 어떤 수준의 개입이 필요한지를 결정하는 데에도 영향을 준다.

재난 트라우마 증상을 정확하게 진단하는 일은 어려운 과정이다. 초기 증상이 발현하는 시기를 예측하는 일도 어렵고, 재발 가능성과 잠재적 후유증을 알아내는 일도 어렵다. 진단은 기본적으로 스스로 문제를 해결할 수 있는 피해자를 비롯하여 비정상적인 행동을 보이는 피해자, 집중력이나 기억력의 손상이 있는 피해자, ASD나 PTSD 증상을 호소하는 피해자, 자살이나 타살의 위험성이 있어 병원에 입원 치료가 필요한 피해자 등으로 분류한다.

재난 피해자를 분류할 때는 피해자의 반응과 증상을 지속적으로 모니터링 하고 과학적 진단도구를 활용하는 것이 중요하다. 신뢰할 만한 진단도구를 사용하지 않고 재난 피해자의 초기 반응을 진단하는 경우에는 상담결과에 부정적인 결과를 초래한다.

표 7-3 재난피해자의 진단

개인 특성	사건 특성
• 성격 특성	• 사망자, 애도/상실의 여부
• 신념 체계	• 예고성
• 가치 체계	• 지속성
• 정서적 상태	• 임무수행 중의 역할
• 대처 방식	• 재난에 대한 물리적 근접성
• 인지구조(자기, 타인, 세상에 대한 신념)	• 도덕성 갈등 여부
• 방어기제, 선천적 요인 등	• 생명의 위협 정도 등

재난 이후의 반응 상태
• 정서적 혼란과 고통수준, 정서적 무감각 반응 여부, 정서적 균형상태
• 부인/회피 반응, 왜곡, 이인화 반응, 침투적 사고, 현실적 사고
• 가까운 친구, 사랑하는 사람의 죽음
• 재난 직후 상황, 안전성의 확보 여부
• 신체적 질환이나 상해, 정신적 건강 상태
• 극한의 죄책감이나 수치심이 나타나는지의 여부
• 자해나 타인을 위해하려는 의도 여부
• 사회적 지지의 여부
• 과거 술이나 약물 사용 정도
• 과거의 외상경험 여부(최근 가까운 사람의 사별 등)

출처: 심윤기 외, 2020.

3) 3단계(정보제공)

재난에 노출된 피해자가 심리적으로 위축되고 혼란을 겪는 이유는 재난의 충격과 앞으로의 경과를 잘 예측할 수 없기 때문이다. 재난을 경험하기 이전의 감정과 재난 이후의 감정이 달라 혼란스럽고 화와 분노를 어떻게 처리해야 할지도 잘 모르기 때문이다. 이 같은 재난 피해자의 심리적 증상을 완화하고 회복하기 위해서는 재난 이후에 나타나는 심리적 과정과 증상에 대한 정보제공이 필요하다.

정보제공은 재난을 경험한 직후에 찾아오는 심리적·신체적 증상을 비롯하여 증상에 대한 대처법, 자신을 안전하게 지키는 방법, 긴장을 완화시키는 방법 등이 있다. 재난 초기의 혼란한 시기가 지나면 흥분과 같은 감정은 완화되지만 정서적 분노와 두려움, 공포는 지속될 수 있다는 가능성도 일러준다. 이러한 정보제공 교육은 재난 이후에 나타나는 격한 감정과 우울, 부적응 행동을 이해하여 증상을 완화하는 데 기여한다.

4) 4단계(응급개입)

응급개입은 재난 피해자가 자해나 자살을 시도할 위험성이 있거나 혹은 타인에게 위해를 가할 위험성이 예측될 때, 즉시 개입하여 빠른 시간 안에 심리적 균형을 찾도록 하는 전문적인 조력활동이다.

이러한 응급개입은 재난 피해자의 심리적 안정을 도모하고, 다른 부수적인 스트레스나 위험요인으로부터 보호하여 증상이 심화되거나 악화되는 것을 막는 데 기여한다. 응급개입의 방법으로는 재난 피해자의 감정에 세심하게 대응하고, 이들이 하는 말에 적극적으로 경청하는 자세가 필요하다.

재난 피해자의 억눌린 감정을 풀어내고 자신의 현재 상황과 위기문제를 수용하며, 다가올 미래를 긍정적으로 설계하도록 촉진한다. 만약, 이 같은 방법으로도 증상이 호전되지 않을 경우에는 병원으로 후송하여 입원치료를 받도록 한다.

5) 5단계(전문개입)

전문개입이 필요한 재난 피해자에게는 트라우마 증상을 제거하기 위한 정기적인 집단프로그램에 참여토록 한다. 그럼에도 불구하고 심리적 증상이 완화되지 않거나 혹은 오히려 증상이 더 악화되는 경우에는 병원으로 후송하여 약물치료를 받도록 안내한다.

재난발생 후 1개월 이내에 재난 피해자의 판단력이나 현실감이 저하되고 정확한 상황판단을 하지 못할 때, 극도의 스트레스와 놀람반응 및 망연자실한 모습을 보일 때, 심한 공포감을 반복적으로 느끼는 등 ASD(급성 스트레스 장애) 반응이 나타나는 경우에는 병원으로 후송한다.

재난발생 후 1개월 정도 지나서 PTSD(외상 후 스트레스 장애) 증상을 보이는 경우에도 병원으로 후송한다. 침투증상과 자극회피 증상이 나타나고, 초조와 불안,

분노의 감정을 지속적으로 표출하거나, 죄책감·우울증으로 자살시도의 위험성이 예측되면 병원으로 후송하여 입원치료를 받도록 안내한다.

2. 재난 피해자 대상별 위기상담방법

충격적인 재난을 경험하여 나타나는 다양한 부적응의 모습은 재난이라는 일상적이지 않은 사건에 대한 일시적 혼란으로서 정상적인 반응이다. 재난 피해자 대상별 재난 위기상담은 어떻게 이루어지는지 그 방법을 살펴보겠다.

1) 영아(2세 전)

영아가 재난을 경험하면 말을 시작하기 전이라서 사건을 말하거나 감정표현을 할 수 없어 재난이 아이에게 얼마만큼의 영향을 미치는지 진단하기가 어렵다. 하지만 영아가 말은 할 수 없을지라도 특정한 장면과 소리, 냄새 등에 대해서는 부분적으로 기억한다. 예를 들어, 평상시보다 많이 운다거나 안아 달라고 보챈다. 이외에도 영아에게서 나타나는 신호는 다음과 같이 다양하다.

[행동특성]
- 과도하게 놀란다.
- 잠을 자지 못한다.
- 이전 발달단계로 퇴행한다.
- 심하게 운다.
- 과도한 분리불안을 보인다.
- 위협적인 상황을 무서워한다.
- 수동적이고 위축된 모습을 보인다.
- 새로운 환경과 새로운 사람을 두려워한다.
- 새로운 것을 배우지 못하고 발달과제를 성취하지 못한다.

[양육자의 대처전략]

- 신체적인 접촉을 유지한다.
- 영아와 함께 같은 방에서 잔다.
- 많은 시간 아이와 함께 있는다.
- 놀이를 통해 아이의 감정표현을 촉진한다.
- 언어적, 비언어적 표현으로 심리적 안정을 유지한다.

2) 아동(2~6세)

취학 전 아동은 충격적인 재난에 어찌할 바를 몰라 당황한다. 스스로 자신을 보호할 수 있는 능력이 제한되어 극도의 두려움과 불안을 느낀다. 세상을 이해하는 방식은 배우 단편적이며 상상적이라서 재난경험을 왜곡해서 기억한다. 따라서 아동을 대상으로 이루어지는 위기상담은 실제로 아이한테 발생한 일과 아이의 상상에서 비롯된 일을 구분할 수 있어야 한다.

[행동특성]

- 공격적으로 논다.
- 같은 방식으로 논다.
- 죽음이란 것을 잘 이해하지 못한다.
- 죽음은 되돌릴 수 있는 것이라 생각한다.
- 말로는 재미있다고 해도 재미없이 행동한다.
- 부모를 잃은 아이는 특별히 의기소침하기도 한다.
- 불안을 느껴 양육자에게 매달리거나 떨어지지 않으려고 한다.
- 퇴행을 보인다(대소변을 못 가림, 엄지손가락 빨기, 유아어 사용 등).

[양육자의 대처전략]

- 부모 방에서 함께 자는 것을 허락한다.
- 친숙하고 편안하게 느끼는 사람과 함께 있도록 한다.
- 평상시의 환경과 비슷한 곳에서 일상생활을 유지한다.
- 재난 후 상황을 전하는 언론 매체에 노출되지 않도록 한다.
- 그림 그리기, 인형 놀이 등을 통해 아이의 감정과 정서를 표현한다.

<취학 전 아동이 세상을 바라보는 관점>

취학 전 아동은 사건의 원인과 결과를 연속적인 것으로 보는 경향이 있다. 그래서 아무런 연관이 없는 사건을 서로 연결 짓기도 한다. 예를 들어, 아빠가 어제 저녁에 화를 냈고 그 다음날 엄마가 자동차 사고를 당하였다면, 아빠가 화를 내서 사고가 났다고 생각한다. 아동은 자신이 믿고 바라면 그 일이 실제 일어난다고 생각한다.

예를 들어, 동생과 싸우고 나서 동생이 죽었으면 좋겠다고 생각했는데 동생이 정말로 아픈 경우, 동생이 죽었으면 좋겠다고 자신이 생각했기 때문에 아프게 되었다고 믿는다. 취학 전 아동은 세상을 보는 관점이 매우 자기중심적이라서 부모가 이혼을 하면 이혼한 이유가 자신 때문이라고 생각한다.

3) 어린이(학령기)

학령기 어린이는 취학 전 아동보다 세상을 객관적으로 인식한다. 현실적인 세계관을 갖고 세상이 안전하지 않은 곳이라는 것을 알게 된다. 일부 어린이는 충격적인 재난의 세부 사항에 극도로 집착하여 그에 대해 계속 이야기하는 경향을 보인다. 특히, 재난을 막지 못했다는 죄책감과 분노감을 보이고, 구조대원을 흉내내는 등 다양한 반응을 보이기도 한다.

[행동특성]

- 스스로를 비난한다.
- 잠을 잘 못자며 악몽을 꾼다.
- 학업이나 놀이에 집중하지 못한다.
- 가장 친한 친구와의 관계에 문제가 생긴다.
- 식욕변화, 두통, 복통, 수면장애를 보인다.
- 과잉행동, 부끄러움, 공격성을 보인다.
- 등교 준비하기, 숙제하기를 잘 하지 못한다.
- 위험한 놀이를 하거나 자기 통제력을 잃을 때가 있다.
- 죽은 아빠가 나타나서 말을 걸었다며 초자연적인 것을 말한다.
- 때로는 위축되었다가 때로는 공격적이 되는 등, 행동에 일관성이 없다.

[위기상담전략]

- 어린이의 상태를 학교에 알린다.
- 또래 집단에서 자주 어울리게 한다.
- 친절한 행동을 자주 경험하도록 한다.
- 어린이에게 더 많은 관심과 주의를 기울인다.
- 놀이나 대화를 통해 생각이나 감정을 표현하도록 한다.
- 재난 외상에 대한 또래 아이의 말을 듣도록 한다.
- 집이나 학교에서 행동이 느린 것을 나무라지 않는다.
- 거칠거나 외향적인 행동을 꾸짖거나 나무라지 않는다.

4) 청소년

청소년은 때때로 어린이와 같은 반응을 보이기도 하고 성인의 반응을 보이기도 한다. 10대 청소년은 무모한 운전, 음주, 성적(性的)인 행위와 같은 위험한 행동을 저지르는 경향이 있다. 가까운 가족에게조차도 재난경험에 대해 말하려고 하지 않는다. 특히, 집에서 나가는 것을 두려워하는데, 그 이유는 재난의 충격으로 세상은 위험하다고 느끼기 때문이다.

[행동특성]

- 부정적인 자기상을 보인다.
- 스스로 무능하고 무기력하다고 말한다.
- 특정 행동에 지나치게 몰입한다(예: 게임중독).
- 친구로부터 가장 많은 이해와 지지를 받고 싶어 한다.
- 재난을 일으킨 사람을 증오하거나 복수하려고 한다.
- 술, 담배, 약물남용, 무분별한 성적 행위와 같은 위험한 행동을 한다.

[위기상담전략]

- 학업에 대한 전반적인 성취 수준의 기대를 낮춘다.
- 집단치료 프로그램에 참여하도록 안내한다.
- 사회적 활동이나 운동, 학교활동에 적극 참여한다.

- 재난에 대한 두려움을 말하도록 촉진하되 강요하지 않는다.
- 재난경험에 대해 가족 혹은 친한 사람과 이야기하도록 한다.

5) 노인

일반적으로 재난을 경험했을 때 노인은 젊은 사람보다 재난을 더 잘 다룰 수 있을 것이라고 생각하지만, 실제로는 그렇지 않다. 그 이유는 인지기능과 운동기능 등 전반적인 심리·신체적 기능이 약화되었기 때문이다.

[행동 특성]
- 반응이 느리고 방향 감각이 둔하다.
- 재난경험 사실을 숨기려 한다.
- 위험한 상황에 대한 인식이 둔하다.
- 젊은 사람보다 더 많은 고통과 상실을 느낀다.
- 주의집중 곤란, 혼란, 기억력 손상이 병존한다.
- 안절부절못하고, 참지 못하며 분노와 성마름을 보인다.
- 치료를 미루고 주의나 경고에 대해 주의를 기울이지 못한다.

[위기상담전략]
- 관심과 배려를 적극적으로 제공한다.
- 심리치료 프로그램에 참여하도록 안내한다.
- 영적 활동을 통해 죽음에 대한 불안을 줄인다.
- 재난경험에 대해 주변 사람들과 이야기하도록 한다.
- 객관적인 심리평가를 위해 정기적으로 진단을 받도록 한다.
- 발생 가능한 재난에 대해 교육하고 대처하는 방법을 알려준다.
- 정서적으로 안정감을 갖도록 편하게 대하고 이야기를 들어준다.
- 비슷한 연령 집단의 단체 활동에 참여하고 서로 정보를 교환한다.

PTSD 위기상담

우리가 살고 있는 21세기의 하루하루는 인공지능화가 빠르게 진행되어 가고 있다. 그럼에도 불구하고 재해를 포함한 외상사건에 대한 예측은 제대로 이루어지지 않고 있어 외상 후 스트레스 장애(Post Traumatic Stress Disorder: 이하 PTSD)의 위험에 노출된 채 살아간다.

생명과 신체에 대한 손상의 위협은 외상사건의 본질이다. 생명과 신체에 위협을 주는 사건은 그러한 위협이 존재하지 않는 사건에 비해 PTSD 발병률이 훨씬 높게 나타나는데, 이는 현대 사회에서 PTSD 예방과 치료가 중요한 과제임을 말해 준다.

PTSD에 대한 위기상담은 인지행동치료, 지속노출치료, EMDR, 게슈탈트치료, 최면치료 등 다양하다. 이 장에서는 PTSD에 대한 일반적인 개념과 이론적 배경을 다룰 것이다. 그리고 PTSD의 증상과 원인을 알아본 후, 이에 대한 상담방법을 살펴보고자 한다.

제1절 이론적 배경

PTSD에 대한 개념을 이해하기 위해서는 외상(trauma)의 정의와 외상사건 (Traumatic event)을 규정하는 내용에 대해 잘 알고 있어야 한다. 외상(trauma)은 고대 그리스어에서 유래하였는데 상처나 부상을 뜻하는 용어다. 외상은 흔히 신체적 상처뿐만 아니라, 개인이 감당하기 힘든 심리적 충격까지도 포함하는데 다음과 같은 두 가지의 사전적 의미를 내포하고 있다.

첫째, 외상은 폭력 혹은 공격적 행위로 손상된 신체적인 상처를 의미한다. 둘째, 외상은 심리적 어려움 혹은 정신적 고통을 유발하는 충격(shock)을 뜻한다. 이러한 감정적 상처나 충격은 개인의 심리적 발달에 장기간 손상을 주어 대개 신경증을 유발하는 특징이 있다. 결국, 외상은 재난이나 외상사건으로 인해 충격을 받아 공포에 질리거나 무력감을 느끼게 하고, 정신적 혼란으로 일상생활을 힘들게 하는 트라우마이다.

현대적 개념의 외상은 그 범위가 확장되어 사용되어지고 있다. 사건사고의 개념을 의미하거나 환경적 변화를 나타내는 개념에서 벗어나, 심리적·정신적 고통을 주는 일반적인 사건까지도 외상의 범주에 포함한다. 흔히 발생하는 신체적 부상과 심리적 손상뿐만 아니라, 심리적 위협을 주는 사건을 목격하는 것 등도 외상의 범주에 포함한다.

우리나라에서는 외상이라는 용어보다 '트라우마'라는 용어를 더 많이 사용하는 실정이다. 본서에서도 외상과 트라우마의 용어를 동일한 개념으로 사용한다.

1. 외상의 유형

외상은 몇 가지의 유형이 있는데 대체로 다음과 같은 형태로 구분한다.

1) 직접·간접외상

직접외상은 차량 충돌사고, 테러, 인질사건, 폭력사건과 같이 매우 충격적인 사건을 직접 경험하는 것으로 1차 외상이라고도 말한다. 간접외상은 충격적인 사건을 목격하거나 혹은 폭력사건 피해자와 학대당한 사람, 강간 피해자를 면담하거나 조사하는 과정에서 경험하는 외상으로 이를 2차 외상이라고도 말한다.

이렇게 외상사건을 직접 경험하였는가 아니면 목격하였는가에 따라 1차 혹은 2차 외상으로 구분하는데, 1차 외상이 2차 외상보다 PTSD 발병률과 유병률이 더 높게 나타난다.

2) 단일 · 복합외상

교통사고나 강도피해와 같이 일회적으로 발생하는 외상을 단일외상이라 한다. 포로수용소에 감금된 경험이나 혹은 반복적인 가정폭력, 지속적인 성적학대, 군대 상급자로부터 계속된 구타 및 가혹행위, 경찰이나 소방관처럼 업무특성상 장기간에 걸쳐 반복적으로 발생한 외상을 복합외상이라고 한다.

이러한 복합외상은 단일외상보다 피해 후유증이 훨씬 심각하다. 정서를 조절하는 데에도 어려움이 있으며, 약물중독이나 해리증상이 나타나기도 한다.

3) 심리적 · 신체적 외상

심리적 외상은 개인이 평소 경험하는 스트레스의 범주를 넘어서는 충격적이고 위협적인 사건에 노출된 후, 그 개인에게 기억되는 정신적 충격을 말한다. 외상사건으로 정신적 충격을 받아 그 경험이 기억 속에 남아 공포와 무력감을 느끼는 등 후유증을 남긴다. 이러한 심리적 외상은 꿈, 회상 등으로 자신의 의지와 상관없이 침투증상을 경험하고, 이를 거부하기 위해 외상사건과 관련된 사람이나 장소 등을 회피하는 경향을 보인다.

반면, 신체적 외상은 단순히 정신적 충격의 범위를 벗어나는 육체적 고통을 동반한 외상을 말한다.

4) 대인관계內 · 外 외상

대인관계內 외상은 가정폭력, 신체적 폭력, 성적(性的) 폭력과 같이 대인관계 상황에서 발생하는 외상을 말한다. 대인관계外 외상은 자연재해, 화재, 교통사고, 압사사고, 생명을 위협하는 질병 등 대인관계와 거리가 먼 상황에서 발생하는 외상을 말한다.

대인관계內에서 발생한 외상은 대인관계 外에서 발생한 외상보다 PTSD 발병률이 더 높게 나타난다.

2. 외상사건의 특징

생명과 신체에 대한 손상의 위협은 외상사건의 본질이다. 외상사건에 대한 개념은 시간이 흐르면서 몇 번의 변화과정이 있었다. PTSD가 정신장애진단에 처음 등장하였을 때는 전쟁, 강간, 고문, 재난과 같이 심각한 스트레스를 유발시킬 만한 충격적인 사건을 경험하거나, 본인이 그 상황에 직접 노출되어야 외상사건으로 규정하였다.

삶을 뒤흔드는 충격적인 사건이나 부정적인 심리적 결과를 유발하는 아주 높은 스트레스 사건과 같이 실제적인 죽음이나 죽음의 위협이 가해진 사건이어야 외상사건으로 규정하였다. 개인이 직접 외상사건이 일어난 현장에서 경험하는 것처럼 사건 자체가 충격적이고 심각성이 있어야 했으며, 이것이 정신적인 충격과 두려움, 무력감, 공포 등을 동반하여 일상생활이 불가능할 정도가 되어야 외상사건으로 규정하였다.

외상사건에 대해 미정신의학회(American Psychiatric Association: 이하 APA)에서 내린 이 같은 개념은 시간이 흐르면서 조금씩 바뀌었다. 매우 심각하고 충격적인 스트레스 사건뿐만 아니라, 심각성이 덜한 사건이라도 외상사건에 포함되었다. 충격이 심하지 않고 심각성이 다소 덜한 사건이라도 이를 반복해서 경험하면 심각한 정신적 고통과 PTSD를 유발할 가능성이 있어, 이를 외상사건의 범주에 포함하였다.

본인이 직접 목격한 경미한 사건이라 하더라도 심각한 공포와 두려움, 무력감을 느끼게 한다면 외상사건에 해당한다. 경찰 수사과정에서 처참하게 죽은 시신을 목격한다거나, 화재현장의 인명구조 과정에서 불에 탄 시신의 끔찍한 장면을 자주 목격하는 것 등이 모두 외생사건을 경험한 것에 포함된다.

군인이나 경찰, 소방공무원처럼 위험한 직무를 담당하는 사람들은 일반인보다 더 많은 외상사건을 경험한다. 남성과 여성이 외상사건을 경험하는 비율은 일반적으로 남성 65%, 여성 50% 정도가 일생동안 한 번 이상은 외상사건을 경험하는 것으로 보고되었다(심윤기, 2018).

한편, APA에서는 PTSD를 불안장애의 한 범주에 속하는 정신질환의 하나로 규정하고, 1980년부터 PTSD라는 진단명을 공식적으로 채택하였다. 외상사건을 경험한 후 나타나는 일련의 특징적인 증상군의 조합을 PTSD로 규정하였다.

PTSD라는 명칭을 사용하기까지의 변화 과정을 살펴보면 다음과 같다.

🔵 표 8-1 PTSD의 명칭 변화

전쟁 구분	사용 명칭
미국 남북전쟁(1861~1865)	과민성 군인의 심장(irritable soldier's heart)
1차 세계대전(1914~1918)	포탄 충격, 전쟁신경증(war neurosis)
2차 세계대전(1939~1945)	전투 스트레스 반응(combat stress reaction)
베트남 전쟁(1965~1973) 이후	외상 후 스트레스 장애(PTSD)

출처: 심윤기, 2018.

제2절 PTSD의 증상

1. 역학조사 결과

우리나라 소방청(2020)에서 전국 소방공무원을 대상으로 실시한 정신건강 설문조사 결과에 따르면 전국 소방공무원 52,119명 중 12.9%에 해당하는 6,723명이 최근 1년 간 12회 이상의 심각한 외상사건을 경험한 것으로 나타났다. 그 중에 PTSD 치료 및 관리가 필요한 인원은 5.1%에 해당하는 2,666명으로 조사되었다.

이 같은 결과는 소방공무원을 대상으로 정신건강 관련 설문을 처음 실시했던 2015년의 6%에 비하면 0.9% 줄어든 수치이다. 2016년에는 PTSD 치료 및 관리가 필요한 인원은 전체 인원의 4.8%였으며, 2017년은 3.3%, 2018년은 4.4%, 2019년은 5.6%로 보고되었는데, 이는 일반직 공무원의 PTSD 유병률 0.6%에 비하면 현저히 높은 수치이다(소방청, 2018).

표 8-2 경찰관의 PTSD 조사결과

구분	계	PTSD 고위험군	PTSD 저위험군	참고군
인원수	12,168명	5,032명	1,717명	5,419명
비율	100%	41.35%	14.11%	44.53%

출처: 경찰청, 2013.

1) PTSD 발병률

PTSD 발병률은 외상사건의 종류에 따라 다르게 보고되고 있다. 일반적으로 강간과 성폭력 피해자에게서 가장 높은 발병률을 보이고 있지만, 그 외 전쟁, 유괴, 인질사건, 고문 피해자에게서도 높은 발병률을 보이고 있다.

PTSD는 어느 연령층에서나 발병하지만 외상에 노출된 낮은 연령층에서 더 흔하게 발병하고 있다. 트라우마에 노출된 경험이 있는 성인의 경우에는 여성 발병률이 20% 정도였으며, 남성 발병률은 이보다 낮은 10% 정도로 나타났다.

여성의 경우 평생 발병률은 10~12%, 남성은 이보다 낮은 5~6% 정도이다. 어느 특정한 형태의 외상사건을 경험하면 앞서 언급한 발병률보다 훨씬 높은 발병률을 보이고 있다(심윤기, 2018).

강간을 당한 여성의 경우에는 46% 정도의 발병률을 보였고, 아동기에 성적(性的) 혹은 물리적 학대나 방치를 경험한 경우에는 30~55% 정도가 PTSD를 유발하였다. 아주 드문 사례이긴 하지만 납치된 경우에는 PTSD 발병률이 가장 높게 나타난 것으로 보고되었다(Darves-Bornoz et al., 2008).

2) PTSD 유병률

재난이나 외상사건에 노출되었다고 해서 모든 사람이 PTSD로 이어지는 것은 아니다. 국가나 지역에 따라 차이를 보이고 직업별·연령별로도 차이가 난다. 외상사건에 자주 노출될 위험성이 있는 우리나라의 직업군은 주로 군인과 경찰, 소방공무원이 이에 해당한다. 이들의 직무에서 PTSD 유병률(prevalence)이 높게 나타나는 이유는 노출되는 외상사건이 심각할 뿐만 아니라, 자주 반복해서 외상사건을 경험하기 때문이다.

유병률은 어떤 시점에 일정한 지역에서 나타나는 병자 수와 그 지역 인구 수에 대한 비율을 말한다. 전체 인구 중에서 특정 정신장애를 가진 사람의 비율을 의미하는데, 이러한 유병률은 장애가 나타나는 시점이나 기간에 따라 다음과 같이 구분한다.

● 표 8-3 **유병률의 구분**

시점유병률 (point prevalence)	현재의 시점에서 특정한 정신장애를 지닌 사람의 비율
기간유병률 (period prevalence)	일정 기간 동안 특정한 정신장애를 지닌 사람의 비율
평생유병률 (lifetime prevalence)	평생 동안 특정한 정신장애를 지니고 있는 사람의 비율

출처: 김환, 2010.

DSM-Ⅳ 기준에 의하면 미국 내 75세 기준으로 조사된 PTSD 평생 유병률은 8.7%, 미국 성인을 대상으로 한 12개월 동안의 기간 유병률은 3.5%로 조사되었다. 그러나 유럽이나 아시아, 아프리카, 라틴 아메리카 지역에서는 유병률 추정치가 0.5~1.0% 정도로 조금 낮게 나타났다.

미국 소방관의 경우에는 대략 18~30%, 참전 군인의 경우에는 20.9% 정도의 유병률을 보였으나 강간, 포로 경험, 구금 및 학살 생존자는 무려 33~35%의 가장 높은 유병률을 보였다(김환, 2010).

우리나라 사람을 대상으로 2000~2001년에 조사된 정신장애역학 연구에 의하면 PTSD 평생 유병률은 1.7%(여성 2.5%, 남성 0.9%)로 조사되었고, 1년 동안의 기간 유병률은 0.7%(여성 1.3%, 남성 0.1%)로 나타났다(심윤기, 2018).

2. PTSD 증상

PTSD의 증상은 통상 네 가지 유형으로 구분한다. 충격적인 외상사건의 기억이 자신의 의지와 상관없이 불쑥불쑥 떠오르는 침투증상, 외상사건과 관련한 자극을 경계하고 멀리하는 회피증상, 인지와 감정의 부정적 변화, 각성과 반응성의 변화 등이 있다.

1) 침투증상

① 외상사건에 대한 고통스러운 기억의 반복적이고 침투적인 경험

PTSD와 관련한 침투증상의 가장 일반적인 형태는 자신이 의도하지 않았음에
도 불구하고 반복적으로 외상사건이 지속적으로 떠오르는 것이다. 의식 안으로 자
꾸 밀고 들어오는 외상사건에 대한 생각과 감정, 불쾌한 이미지, 기억 등은 심한
심리적 고통을 유발한다.

특히, 강렬한 불안과 공포가 갑작스럽게 밀려오는 상황에서는 호흡곤란과 혈압
상승 증상이 나타나며, 답답하고 죽을 것 같은 공황 상태에 빠지기도 한다. 여러 연
구에서는 공통적으로 PTSD 환자들이 침투증상을 경험하는 것으로 보고하고 있다.

② 외상사건과 관련된 고통스러운 꿈의 반복적인 경험

꿈으로 PTSD를 진단하기 위해서는 외상사건을 경험한 내용 그대로를 보여주
는 꿈과 악몽을 꾸어야 한다. 이러한 꿈과 악몽은 몇 년에 걸쳐 계속되기도 하고,
사건이 발생한 지 수십 년이 지나서도 나타난다.

③ 외상사건이 실제로 일어난 것처럼 느끼고 행동하는 해리반응

일반적으로 PTSD 증상이 있는 사람은 마치 예전에 발생한 외상사건이 현재에
똑같이 재발하는 것처럼 느끼는 플래시백(flashback)을 경험한다. 이러한 플래시백
은 현재 상황과 무관하게 갑작스럽게 발생하며, 강렬한 정서적 경험과 함께 일상
생활과 거리가 먼 행동을 한다.

해리(dissociation)는 감각이나 지각 또는 기억이 의식과 분리되는 현상을 말하
는데 PTSD 환자에게서 흔히 나타난다. 몸에서 정신이 빠져나가는 느낌이 들거나
상황을 비현실적으로 느끼고, 지금 이 장소에 있으면서도 뭔가 동떨어진 느낌이
드는 현상이다.

④ 외상사건과 유사하거나 상징적인 내·외적 단서에 노출될 때 심리적 고통의
경험

PTSD 증상이 있는 사람은 트라우마 사건과 비슷하거나 상징하는 사건을 경험
할 때 고통을 느낀다. 예를 들어, 군(軍) 생활관에서 총기난사사건을 경험한 생존

자는 군복을 입은 군인만 보아도 외상사건을 연상한다. 지하철 화재참사 사건을 경험한 생존자는 지하철에 탑승한다던지 혹은 검은 연기와 타는 냄새를 맡게 되면 외상사건이 연상되어 숨이 막히는 고통을 느낀다.

⑤ 외상사건을 상징하거나 유사한 내·외적 단서에 노출되었을 때 생리적 반응을 보임

경기도 양평군 강상면에서 한 시골버스가 추락한 사건이 1996년에 일어났다. 이 사고로 59명의 희생자가 발생하였는데, 어린아이로부터 93세의 노인에 이르기까지 사망자가 다양했으며, 부부가 한꺼번에 사망한 가정도 있었다.

버스 추락사고 피해가족이나 생존자들 중 일부는 그 때의 사고 충격으로 긴 시간이 지난 지금까지도 심리적 고통을 겪는 것으로 전해지고 있다. 특히, 버스를 타게 되는 경우에는 가슴이 답답하고 두근거리며, 땀이 나고 긴장되어 말수가 적어질 뿐만 아니라, 신경이 예민해지고 자주 화를 내게 된다고 말한다.

2) 자극 회피

PTSD의 두 번째 증상은 외상사건과 관련한 자극을 회피하는 증상이다. 사람은 고통스런 자극을 받으면 이를 피하기 위해 점점 더 정서적인 자극을 회피한다. 회피는 처리되지 않은 정보를 억압하려고 과도하게 통제하려는 데서 나타나는 증상이다. 자극 회피반응이 점점 더 광범위해지면 심리적 마비로까지 발전한다.

① 외상사건과 관련한 고통스러운 기억, 생각, 감정 회피

일반적으로 외상사건을 경험하면 사건과 관련된 장소와 상징적인 대상을 회피한다. PTSD 환자는 이에 더하여 외상사건과 관련한 고통스러운 기억과 생각, 감정까지도 회피한다. 회피는 몇 가지 경험을 기억하지 못하는 가벼운 것에서부터, 심한 경우에는 사고와 지각, 감정, 언어반응 등이 멈추기까지 한다.

② 외상사건 관련 고통스러운 기억, 생각, 감정을 유발하는 단서 회피

PTSD 환자는 외상사건과 관련한 고통스러운 기억, 생각, 감정을 유발하는 단서를 회피하며, 외상사건에 대해서 이야기하는 것조차도 멀리한다. 화재 현장에서 불에 탄 시신을 수습한 소방관은 공통적으로 단백질이 타는 냄새를 맡는 것 같았

다고 말한다. 화재를 진압하면서 느낀 이 같은 불쾌한 냄새는 일상생활 중 마시는 커피냄새나 식당의 음식냄새에서도 외상사건의 기억이 떠올라 그 장소를 회피한다.

3) 인지와 감정의 부정적 변화

(1) 외상사건의 중요한 측면을 기억하지 못함

인지와 감정의 부정적 변화 중 중요한 측면을 기억하지 못하는 증상은 뇌의 손상으로 나타나는 기질성 기억상실이 아닌 심인성 기억상실의 일종인 해리성 기억상실 때문이다. PTSD 환자는 심리적 고통을 유발하는 감정이 실린 외상사건의 여러 측면을 잘 기억하지 못하는데, 이는 과거의 기억을 잊었다기보다 억압하기 때문이다.

외상사건의 충격적인 경험을 마음이 감당할 수 없기 때문에 잠시 마음 저편에 묻어두는 것이지 기억이 지워진 것은 아니다. 그래서 시간이 지나거나 적절한 치료를 받으면 다시 외상사건을 기억하는 경우를 종종 보게 된다.

(2) 자신과 타인, 세상에 대한 과장된 부정적 신념이나 기대를 지님

자신과 타인, 세상에 대한 신념이나 기대를 가질 수 있는 것은 세상을 살아가는 자신만의 독특한 인지도식(schema) 때문이다. 충격적인 외상사건을 경험하면 기존 자신의 긍정적 신념의 도식이 흔들리고 붕괴되어 비합리적인 다른 도식을 만든다. 이미 비합리적 신념이 기존부터 존재하고 있을 경우에는 부정적인 도식이 확장되고 강화되는 계기로 작용한다.

극단적인 외상사건에 노출된 아동을 대상으로 이루어진 연구에서는 아동이 미래에 대한 기대와 희망의 수준이 낮은 것으로 보고하고 있다. 미래관이 매우 부정적이고 비관적이어서 미래에는 결혼도 못하고, 직업도 가지지 못할 것이라고 믿는다는 연구결과가 보고되었다.

(3) 외상사건의 원인이나 결과에 대한 왜곡된 인지를 지님

2005년 6월 19일 새벽 2시 30분경에 경기도 연천군 ○○사단 최전방 GP에서 총기난사 사건이 발생하였다. 이 사건의 피해자 중 한 명인 병사가 민간병원에서 치료를 받던 중 총기사건의 원인이나 결과에 대해 왜곡된 인지를 보였던 사례가 있다.

피해병사 진료를 담당했던 서울 A대학병원 정신건강의학과 교수는 그 병사의 증상을 다음과 같이 언급하였다. "그 병사는 사건 직후 자신이 꾼 꿈에서 동료들의 시신이 자주 나타나 잠을 잘 수가 없었다고 말합니다. 이유 없이 무서운 느낌이 들어 혼자서는 화장실에 갈 수도 없을 정도로 극도로 불안 증세를 보이기까지 합니다. 그가 호소하는 가장 큰 심리적 고통은 동료가 죽게 된 원인과 결과가 자신 때문이라는 자책감이었습니다. 사고 당일 자신의 잠자리가 아닌 동료가 잠을 자는 장소에서 취침해 본인은 살게 되었지만, 자신의 자리에서 잠을 자던 동료는 자리를 바꾼 것 때문에 죽게 되었다는 겁니다. 동료가 자신을 대신해 죽었다는 생각을 자꾸 하게 된 것이지요."

(4) 부정적인 정서 상태를 보임

부정 정서를 보이는 것은 긍정 정서 수준이 낮은 반면, 상대적으로 분노와 죄책감, 수치심과 같은 부정정서 수준이 높다는 것을 의미한다. 충격적인 외상사건을 경험한 사람은 직접적인 위협의 근원이 없을 때에도 분노가 증가하는 모습을 보인다.

전쟁과 재해 같은 충격적인 사건에서 생존한 사람은 자신만 살아남은 것에 대한 죄책감을 느낀다. 동시에 종종 자신을 받아들일 수 없거나 자기 비하를 하는 수치심을 갖는다.

(5) 중요한 활동에 대한 관심이나 참여가 감소함

PTSD 증상이 있는 사람은 예전에 참여했던 활동에 대한 관심을 보이지 않거나, 좋아하던 취미활동에 흥미를 잃고 참여하지 않는 경향이 있다.

(6) 타인에 대한 거리감이나 소외감을 느낌

PTSD 환자는 공통적으로 거리감이나 소외감을 느끼며, 타인에 대한 공격적인 태도와 가해 행동을 보이기도 한다. 이들은 대인관계에서 주위 사람들과 친하게 지내는 것을 어려워하는 등 타인과 정서적으로 가깝게 지내는 것을 힘들어 한다.

(7) 긍정정서를 느끼지 못함

충격적인 외상사건을 경험한 사람은 긍정 정서의 범위가 축소되는 경향이 있다. 그로 인해 행복감과 만족감, 애정과 같은 긍정정서를 느끼지 못해 자살로 이어지기도 한다.

4) 각성과 반응성의 변화

PTSD의 네 번째 증상은 외상사건을 경험한 후 나타나는 각성과 반응성의 변화를 다루고 있다. 자극이 없거나 사소한 자극에도 짜증스런 행동이나 분노를 폭발하고, 무모하거나 자기 파괴적인 행동을 한다. 과도한 경계와 놀람 반응을 보이고, 집중 곤란과 수면 장애의 모습도 나타난다.

(1) 자극이 없거나 사소한 자극에도 짜증스런 행동이나 분노 폭발

충격적인 외상사건을 경험한 사람은 일반적으로 성마름, 화, 분노, 적대감, 폭력적인 감정을 표출한다. 분노를 잘 내는 사람은 종종 아무도 자신을 건드리지 않았는데도 화를 낼 뿐만 아니라, 예측하기 어려운 공격적인 행동까지도 보이는 경향이 있다.

(2) 무모하거나 자기 파괴적인 행동

2002년 한일 월드컵 경기가 진행되는 과정에 발생한 제2연평해전에 참전했던 해군 부사관이 있었다. 그 부사관은 전역 후 오랫동안 불안과 두려움, 공포 등에 시달려 오다 자기 집에 불을 지른 일이 있다. 이 사례는 충격적인 외상사건을 경험한 후 나타나는 무모하거나 자기 파괴적인 행동을 보여주고 있다.

(3) 과도한 경계

과도한 경계는 외부세계에 대하여 경계심을 갖고 긴장하며 민감한 상태를 유지하는 것을 의미하는데, 이러한 상태가 심해지면 편집증으로 발전한다. 일부 PTSD 증상이 있는 사람은 편집증적인 특징을 일상생활 속에서도 드러내며, 적대적이라고 느껴지면 과격하게 반응한다.

(4) 과도한 놀람 반응

외상사건을 경험한 사람은 신체의 자율적 흥분이 증가하는 경향이 있다. 심장 박동이나 혈압이 증가하고 수면곤란 증상이 나타나며, 외상사건과 유사한 상징물에도 지나친 놀람반응을 보이기도 한다.

(5) 집중 곤란

PTSD 증상이 있는 사람은 공통적으로 집중하는 데 어려움을 갖는다. 세월호 침몰 당시 극적으로 탈출한 생존자들도 하나 같이 집중력 곤란을 호소한 것으로 알려지고 있다.

(6) 수면 장애

PTSD 증상이 있는 사람은 대체로 수면 곤란을 호소한다. 수면상태를 유지하는 것조차 어려워 할 뿐만 아니라, 수면 시 자주 깨는 특징을 보인다.

제3절 PTSD의 발생원인

PTSD의 발병원인에 대한 고찰은 다양한 관점이 존재한다. 이론적 관점에서부터 생물학적 관점, 심리사회적 관점 등이 있는데 이를 살펴보도록 하겠다.

1. 이론적 관점

1) 정신분석적 입장

프로이트가 창시한 정신분석에서는 PTSD의 원인을 자아의 손상과 외상의 재현으로 설명한다. 정신분석은 어린 시절의 경험이 삶에 지대한 영향을 미친다는 내용의 정신적 결정론과 무의식적 동기를 중요하게 여긴다.

인간의 마음은 원초아(id)와 자아(ego), 초자아(superego)로 형성되는데 이들 간의 균형이 외상사건 경험으로 깨어질 때 나타나는 증상이 곧 PTSD라고 주장한다. 다른 하나는 과거에 억압되었던 심리적 갈등이 외상사건을 계기로 PTSD의 모습으로 재현되는 것이라고 설명한다.

원초아(id)는 본능적인 욕구를 추구하고 이를 즉각적으로 충족시키고자 하는 쾌락의 원리로 작동한다. 반면, 초자아는 바람직하고 이상적인 것을 추구한다. 이렇게 원초아와 초자아가 추구하는 상대적인 욕구를 자아가 개입하여 균형을 이루기 위해 노력한다.

자아는 원초아의 욕구를 고려하면서도 초자아의 압력을 수용하는 방법을 찾아 이 둘 간의 갈등을 적절한 수준에서 해결하기 위해 노력한다. 만약, 이러한 갈등을 중재하는 자아의 힘이 부족하면 원초아 혹은 초자아로 에너지가 쏠려 심리적 갈등이 일어나게 되는데 이것을 트라우마라고 여긴다. 외상사건을 통해 자아가 손상되고 그에 따라 자아의 힘이 약해져 자아가 제 기능을 하지 못할 때 나타나는 증상이 PTSD라는 입장이다.

PTSD의 또 다른 원인은 무의식에 억압된 감정을 표출하지 않아서라고 주장한다. 유아기의 학대나 방임, 성(性)과 관련된 심리적 외상 등이 존재할 경우, 현재 경험하는 외상사건으로 재현된다고 여긴다. 어린 아이에게는 따뜻한 돌봄과 관심, 애정과 보호가 필요하나 방임되거나 학대받을 경우 PTSD 증상이 나타난다고 말한다. 특히, 성적(性的) 외상을 경험하면 현재 경험하는 외상으로 이전에 정지되어 해결하지 못한 여러 심리적 갈등이 PTSD로 나타난다는 입장이다.

2) 행동주의적 입장

행동주의에서는 인간의 행동이 환경과의 상호작용 과정에서 학습되어 나타난다고 말한다. 정신역동과 같이 개인 내부에서 일어나는 보이지 않는 정신적 요소보다 객관적으로 관찰 가능한 눈에 보이는 행동을 보아야 한다는 입장이다.

PTSD 원인을 설명하는 행동주의 이론은 다양하다. 20세기 초 러시아 생리학자인 파블로프(Ivan Pavlov)는 개의 소화과정에 대한 실험을 통해 '고전적 조건형성'의 원리가 세상에 나오는 데 기여하였다.

이후 스키너(Skinner)는 실험 연구를 통해 행동에 대한 보상이 학습을 가능케한다는 '조작적 조건형성'의 원리를 제안하였다. 모러는 이 같은 두 가지의 학습원리를 적용하여 PTSD의 원인을 2요인 학습이론(two-factor theory)으로 설명하였다(Mowrer, 1960).

고전적 조건형성이론은 PTSD 환자가 갖는 두려움과 공포 증상을 잘 설명하며 조작적 조건형성은 회피 행동을 잘 언급하고 있다. 고전적 조건형성은 외상사건과 비슷한 자극에 반응하는 스트레스와 두려움의 연합을 보여주고, 조작적 조건형성은 외상사건과 관련한 부정적 자극을 제거하려는 자발적 회피 행동에 대한 부적 강화의 원리를 말해준다.

PTSD가 발현하는 과정은 2단계로 이루어진다. 첫 번째는 충격적인 외상사건의 자극이 고전적 조건화를 통해 공포 반응과 짝을 이룬다. 두 번째 과정은 조작적 조건화를 통해 고통을 주는 혐오자극인 공포, 두려움 등을 회피하는 행동의 강화로 이어진다.

3) 인지주의적 입장

행동주의에서는 학문의 연구대상을 의식(意識)에 두지 않는다. 인간의 행동에 초점을 두고 자극과 반응의 관계를 주로 다룬다. 하지만 인지주의에서는 인간을 사고하는 존재로 전제하여 인간의 내부에서 일어나는 사고과정과 정보처리과정을 중시한다.

(1) 인지도식, 완전경향성, 정보과부하

호로비츠(Horowitz, 1986)는 일찍이 외상사건에 대한 정보가 본인이 가진 기존 인지도식(schema)에 맞지 않으면 정상적인 정보처리가 어렵다고 말한다. 그가 주장한 PTSD의 원인은 인지도식, 완전경향성(completion tendency), 정보과부하 (information overload) 등으로 설명한다.

① 인지도식(schema)

인지도식은 개인의 고유한 생각의 틀이자 정신적인 준거에 해당한다. 사람은 인지도식을 통해 생각하고 행동하는 패턴이 조직화 되는데 비슷한 상황에서는 항상 비슷한 생각을 하도록 유도한다. 그래서 주변 환경이 변화되어도 준거의 틀을 바꾸기보다는 원래의 방식대로 유지하려는 경향이 있다.

충격적인 외상사건을 경험하면 수많은 사건 정보를 자신만의 독특한 인지도식 (schema)으로 처리하려고 시도한다. 그러나 자신의 인지도식에 맞지 않으면 정상적인 정보처리가 어려워 PTSD 증상이 나타난다.

② 완전경향성(completion tendency)

인간은 각자 자신만의 독특한 인지도식을 형성하는 이유가 있다. 그것은 정보처리를 빠르고 신속하게 처리해야 생존전략에서 유리하기 때문이다. 이렇게 인지도식은 정보를 빠르게 받아들이고 처리하는 반면, 인지도식에 맞지 않는 정보가 들어오면 그 정보는 무시하거나 왜곡한다.

뿐만 아니라, 자신의 인지도식에 부합될 때까지 계속 처리하려고 시도한다. 이렇게 개인의 인지도식에 부합될 때까지 외상사건과 관련된 정보를 완전하게 처리하는 과정에서 생각, 이미지, 감정, 느낌 등이 뛰쳐나오게 되는데 이것이 PTSD 증상이다.

③ 정보과부하(information overload)

충격적인 외상사건에 노출되는 경우에는 새로운 정보량이 엄청나게 들어오는데, 그 정보는 개인의 인지도식에 부합되지 않는 것이 대부분이다. 호로비츠는 외상사건과 관련한 정보가 시간이 지나도 처리되지 않은 채, 그대로 남아있는 현상을 정보과부하 상태라고 말한다.

일상적인 생활스트레스 사건이나 새로운 환경변화에 관한 정보처리도 그 양이 많아 처리하는 데 시간이 많이 소요된다. 하물며 충격적이고 끔찍한 외상사건을 경험하면 정보량은 과부하 상태가 되어 그대로 남아있게 되는데, 이러한 상태에서 나타나는 증상이 침투증상과 회피증상이다.

(2) 붕괴된 신념체계

야노프-불맨(Janoff-Bulman, 1989)은 호로비츠 이론을 보완하여 인지도식의 특징을 자세히 설명하였다. 사람은 누구나 쉽게 흔들리지 않는 자신과 세상에 대한 기본적인 신념을 갖고 있다. 외상사건은 나에게 일어나지 않을 것이라는 믿음, 이 세상은 의미 있고 공정하다는 믿음, 나는 외상사건을 겪지 않을 만큼 소중한 사람이라는 믿음 등이 충격적인 외상사건을 통해 철저히 붕괴되어 PTSD 증상이 나타난다고 주장한다.

야노프-불맨이 주장하는 붕괴된 신념체계를 더 자세히 살펴보면 다음과 같다.

① 외상은 나에게 일어나지 않을 것이라는 신념의 붕괴

대표저자인 필자는 35년 군 생활 중 지휘관 생활을 17년간 경험하였다. 대대장 직책을 수행할 때 '내가 지휘하는 부대에서는 그 어떤 일이 있더라도 부하가 사망하는 일은 절대 발생하지 않도록 할 것이다.'라는 확고한 신념과 자신감이 있었다. 그러던 어느 날 예상치 못한 큰 사고가 발생해, 부하 한 명이 국군수도통합병원으로 긴급 후송되는 일이 벌어졌다.

다행히 사고 발생 즉시 응급대기 헬기로 긴급 후송하여 다친 병사의 생명에는 지장이 없었으나 그날 이후로 필자의 신념체계는 크게 흔들렸다. 내일 또다시 큰 사고가 일어나는 것은 아닌가 하는 불안과 걱정, 긴장 등으로 몇 달 동안 제대로 잠을 자지 못하고, 급성 스트레스 증상으로 힘겹게 지낸 경험이 있다.

② 세상은 의미 있고 공정하다는 신념의 붕괴

사람들은 일반적으로 자신이 사는 세상을 의미 있게 바라보며 공정하다는 신념을 갖고 살아간다. 그러나 학교에서 성폭행을 당한 여학생은 학교를 참된 교육의 현장으로 바라보지 못한다. 심각한 자연재난이나 사회적 재난을 경험한 사람은 왜 이런 재난이 자신에게 닥쳤는지 의문을 가진다. 이렇게 충격적인 외상사건을 경험하면 공정하고 정의롭게 믿었던 세상에 대한 신념이 붕괴한다.

③ 나는 외상사건을 겪지 않을 만큼 소중한 사람이라는 신념의 붕괴

사람들은 자신을 소중한 사람으로 지각한다. 그래서 자신에게는 외상사건을 경험하지 않을 것이라는 믿음이 있다. 그러나 갑자기 충격적인 외상사건을 경험하면 자신의 가치감에 대한 신념이 급격히 붕괴한다. 야노프-불맨은 외상사건을 경험하면 무력감이나 죄책감이 생기는 이유가 바로 이러한 자기 가치감이 붕괴되기 때문이라고 말한다.

(3) 공포네트워크 이론

랑(Lang, 1979)은 외상사건을 경험한 사람의 기억 망에는 하나의 공포네트워크가 형성된다고 말한다. 공포네트워크 안에는 외상사건의 감각과 자극뿐만 아니라, 심리적·생리적 반응까지도 저장된다고 주장한다. 이러한 공포구조의 개념을 적용하여 포아와 그의 동료들(Foa & Kozak, 1986: Foa & Riggs, 1993)은 기억 속에 저장된 공포네트워크가 어떻게 형성되고 활성화되는지 모델을 제시하였다.

외상사건은 단순히 정보처리가 이루어져 저장되는 것이 아닌 광범위한 그물망처럼 엮여 공포구조화가 되어 저장된다고 설명한다. 그러다 보니 외상사건을 떠올리게 하는 작은 사건이나 단서에도 기존에 구축된 공포네트워크가 활성화되어 혼란에 빠지며, 결국 PTSD로 이어진다고 주장한다.

2. 생물학적 관점

생물학적 관점에서는 해마와 편도체를 비롯한 변연계가 손상되고, 호르몬 분비에 이상이 생겨 PTSD 증상이 나타난다고 설명한다.

1) 작은 해마

PTSD 환자는 상대적으로 작은 해마(hippocampus)를 가지고 있다는 연구결과가 보고되었다(Astur et al., 2004). 해마는 우리 뇌에서 정보를 처리하여 전달하거나 기억을 저장하고 인출하는 중추기관으로 편도체(amygdala) 옆에 붙어 있는 기관이다.

PTSD 환자에게서 발견된 해마와 만성적인 스트레스를 받는 동물의 해마에서는 공통적으로 뇌신경 뉴런(neuron)의 상실이 있다는 보고가 있었는데, 이는 해마가 작아질 수 있다는 가능성을 말한다.

부모의 자궁 안에 있을 때 산모의 각종 호르몬 분비가 불균형 상태이거나 영양상태가 부실하면 뇌 발달이 저하되고, 작은 해마를 지닌 채 태어나게 되는데, 이러한 선천적인 생물학적 요인이 PTSD 발병에 영향을 준다.

2) 편도체의 과활성화

PTSD 발병의 또 다른 원인은 편도체의 과활성화이다. 우리의 뇌는 생존과 관련한 것은 망각하지 않고 기억하도록 프로그램되어 있다. 우리가 위험을 감지하면 가장 먼저 편도체가 활성화하고, 이어 시상의 명령으로 부신에서 아드레날린을 분비하여 심장박동을 증가시킨다.

이에 따라 각 근육에 혈액이 빠르게 공급되면서 힘이 생기고, 근육은 싸우거나 도망갈 준비를 한다. 우리가 위급한 상황에서 생각지 못한 힘이 나오는 이유는 이와 같은 생존반응 때문이다. 감정과 관련된 기억이 잘되는 이유도 이와 같은 편도체가 작용하기 때문이다.

불안과 두려움, 공포와 관련된 일은 다시는 되풀이하지 않도록 장기기억에 저장한다. 그러나 편도체가 지나치게 활성화되면 감정 기억이 전두엽의 장기기억에 저장되지 않고 해마에 그대로 남아 공포와 두려운 상태로 떠돌게 된다. 위험한 상황이 종료되었다는 전전두엽의 명령을 편도체가 듣지 않은 채, 아직도 긴장하고 조심해야 하는 상황으로 판단하여 계속 불안과 긴장을 느끼도록 만든다.

3) 코르티솔의 결핍

PTSD의 생물학적 원인을 이해하기 위해서는 교감신경계와 시상하부-뇌하수체-부신축(HPA axis)이라는 두 가지 시스템의 기능을 이해할 수 있어야 한다. 교감신경계는 외상사건을 경험하면 카테콜라민인 에피네프린, 노르에피네프린 등을 분비하여 투쟁도피반응(flight or fight reaction)을 일으킨다.

그 결과, 동공이 확장되고 심장박동수와 혈압, 혈류가 증가한다. 근육에서는 혈당의 소비를 증가시키며, 부신축에서는 시상하부와 뇌하수체, 부신이 복잡한 상호작용을 한다. 시상하부에 위험 신호가 전달되면 뇌하수체에 작용하여 부신피질 자극호르몬 분비를 증가시키고, 이는 다시 부신에 작용하여 코르티솔(cortisol) 호르몬 분비를 감소시킨다.

코르티솔은 콩팥의 부신 피질에서 분비되는 호르몬으로 신체의 스트레스 반응을 가라앉히는 뇌의 화학물질이다. 외부의 스트레스와 같은 자극에 맞서 몸이 최대의 에너지를 만들어 내도록 혈압과 포도당 수치를 높이는 역할을 한다. 스트레스와 같은 위협 상황이 다가오면 몸은 그러한 위협에 대항하기 위해 에너지를 생산하는데, 코르티솔 호르몬이 부족하면 에너지 생산이 불가능해 PTSD 증상이 나타난다.

일반적인 생활사건에서 스트레스를 받는 경우에는 코르티솔이 감소하지 않는다. 하지만, 생명의 위협을 느낄 정도의 압도적인 스트레스 상황에서는 코르티솔 호르몬을 정상적으로 생산하지 못한다. 충격적이고 심각한 트라우마에 노출되는 경우에는 일반적인 스트레스에 노출될 때와 다르게 코르티솔 분비 수준이 낮아 PTSD로 이어진다.

3. 심리사회적 관점

PTSD 원인에 대한 심리사회적 관점은 개인적 특성과 사건적 특성, 환경적 요인이 어떻게 PTSD를 일으키는지 밝히려는 통합적 입장을 취한다. 윌리엄스와 포이줄라(Williams & Poijula, 2002)는 심리사회적 관점에서 PTSD의 원인을 찾고자 노력한 몇 명 안 되는 연구자다.

● 표 8-4 **PTSD의 심리사회적 요인**

개인적 특성 요인	사건적 특성 요인	환경적 특성 요인
· 이전 과거력	· 외상사건의 형태와 유형	· 사회적 지지 기능과 형태
· 성격장애, 교육수준	· 외상사건의 근접성	· 2차 스트레스 원
· 아동기의 트라우마 등	· 외상사건의 강도 등	· 사회경제적 자원 등

출처: Williams & Poijula, 2002.

1) 개인적 특성

PTSD 발병에 영향을 미치는 개인적 요인은 정신장애 관련 유전적 또는 기질적 취약성과 아동기의 외상경험, 의존성이나 정서적 불안정성과 같은 성격특성이 해당한다. 자신의 운명이 외부요인으로 결정된다는 것을 의미하는 통제소재의 외부성도 개인특성의 요인이다.

가족 중 불안장애가 있으면 PTSD 발병률이 높다는 연구결과가 보고되기도 하였는데, 이는 생물학적 취약성에서 오는 유전적 기여가 PTSD 발병에 중요한 역할을 한다는 것을 시사한다(김환, 2000).

PTSD가 발병하는데 작용하는 또 다른 개인특성은 성별 및 인종적 배경, 가족구성원의 이전 과거력, 교육수준, 연령 등이 있다. 이러한 개인요인에는 외상사건에 성공적으로 대처하는 보호요인과 PTSD 발병을 촉진하는 위험요인이 동시에 존재한다.

2) 사건적 특성

외상사건의 강도가 어떠했느냐에 따라 PTSD 증상도 다르게 나타난다. 충격적인 외상사건의 경험은 PTSD 발병을 증가시키는 위험요인이다. 예를 들어, 성적(性的) 학대, 가정폭력, 잔인하고 비인간적인 감금이나 고문 등이 아동기에 이루어진 경우, PTSD의 위험은 무려 75%까지 증가하였다(Julian, 2012).

외상사건이 한 사람에게 직접적으로 일어나거나 중대한 물리적 부상 혹은 심각한 고통을 수반하는 경우에는 PTSD 위험수준이 훨씬 높게 나타난다. 충격 강도가 약한 외상사건이라 하더라도 가까운 지인에게 일어나거나 반복해서 발생하는 경우에는 PTSD 발병률이 훨씬 증가한다.

이렇게 외상과 관련한 여러 연구들은 과거 외상경험이 있는 사람이 이후 외상사건에 노출될 때, PTSD 발병에 더 취약하다는 것을 공통적으로 말하고 있다. 윌리엄스와 포이줄라(Williams & Poijula, 2002)는 이러한 외상사건의 특성을 외상사건 전 요인과 외상사건 자체의 요인 그리고 외상사건 이후의 요인으로 구분하여 설명한다. 이들이 주장한 PTSD 발병에 영향을 주는 외상사건의 특징을 살펴보면 다음과 같다.

- 외상사건에 노출된 정도가 클 때
- 아동기에 외상사건을 경험할 때
- 외상사건이 발생한 위치가 나와 가까울 때
- 복합적인 외상사건을 직접적으로 경험할 때
- 외상사건을 오랜 기간 동안 지속적으로 겪을 때
- 충격적인 외상사건에 가해자나 목격자로 참여할 때
- 고의적이고 계획적으로 저지른 외상사건에 연루될 때
- 자신이 경험한 외상사건에 대한 의미를 부정적으로 부여할 때 등이다.

3) 환경적 특성

외상사건을 경험한 이후 회복과정에서 다음과 같은 환경적 특성 요인이 충족되지 못하면 PTSD 극복을 저해한다.

- 사회적 지지가 결여된 상태
- 될 대로 되라는 식의 수동적이고 자포 포기의 상태
- 2차 스트레스 원이 복합적이고 지속적으로 나타난 상태
- 외상사건과 관련해 아무것도 할 수 없는 무기력한 상태
- 심각한 외상사건 경험과 심리적 고통으로 의미가 상실된 상태
- 자신을 소중히 여기지 않고 방치하거나 자기 연민에 빠진 상태 등

환경적 요인 중 PTSD 발병위험을 감소시키는 가장 강력한 보호요인은 사회적 지지이다. 외상사건을 경험한 후 제공되는 사회적 지지는 긍정정서 회복에도 도움을 주고, 정서적 고통과 부정적 감정을 해소하는 데에도 기여한다.

외상사건에 노출된 후 회복과정에서 사회적 지지가 결여된 경우에는 PTSD 발병을 가장 잘 예측한다. 외상사건을 경험한 위기자의 주위에 사회적 지지 그룹이 함께 하면 PTSD로 이어질 가능성은 훨씬 줄어든다.

제4절 PTSD 위기상담방법

PTSD 위기상담은 인지행동치료, 지속노출치료, EMDR, 게슈탈트치료, 최면치료 등 다양한 방법을 활용한다.

1. 인지행동치료

인지행동치료(Cognitive Behavioral Therapy: 이하 CBT)는 인지이론에 기반을 둔 치료방법을 다룬다. 개인에게 나타나는 문제증상의 원인이 어떤 특정한 사건

때문이 아니라, 그 사건을 바라보는 개인의 사고와 신념체계에서 비롯된다고 설명한다.

인간의 사고, 감정, 행동을 기술하는 심리적 모델에 근거하여 사람의 생각과 신념, 행동을 변화시키는 데 초점을 두고 이루어진다. CBT는 일반적으로 인지치료와 정서치료, 행동치료로 구분하여 이루어진다. 내담자의 인지적 사고의 틀이나 내용을 재구성함으로써 불안이나 두려움, 공포와 같은 정서적인 문제를 해결하고 외상기억을 재처리한다.

치료는 외상사건을 경험함으로써 발생한 불안과 두려움이 어느 정도 감소된 후, 위기자 스스로 자신의 문제를 돌아보고 치료에 전념할 수 있다고 판단될 때 시작한다.

1) 인지재구조화

CBT는 자신의 비합리적인 생각을 확인하고 그것을 보다 합리적인 생각으로 바꾸는 인지재구조화로 이루어지는데, 주로 A→B→C 모형으로 설명한다. A(Activating)는 사건을 뜻하고, B(Belief)는 A에 대해서 믿는 자신의 신념체계를 의미하며, C(Consequences)는 B를 통해 나타난 결과를 의미한다.

대부분의 사람은 A가 C의 원인이라고 생각하나 실제로는 B가 주요 원인이다. 충격적인 외상사건을 경험한 사람에게 나타나는 흔한 인지오류는 과잉 일반화, 과대 및 과소평가, 이분법적 사고, 흑백논리, 자의적 추론 등이 있다.

인지오류에 대한 개입방법은 대체로 다음과 같은 것을 포함한다.
- 개인화: 충격적이고 두려운 외상사건 앞에서는 누구나 그럴 수 있다.
- 이분법적 사고: 대부분의 일은 두 영역이 아닌 다양한 영역에서 일어난다.
- 긍정 무시하기: 자기 자신과 긍정행동에 대해서 인정한다.
- 좋지 못한 비교: 이 세상 모든 것에는 고유의 강점과 약점이 존재한다.
- 과잉 일반화: 개개의 사건을 일반화하지 않고 개별적으로 평가한다.
- 자의적 추론: 사실적인 증거와 팩트를 근거로 진실을 찾아간다.

2) 외상기억의 재처리

CBT의 주요 목표는 외상과 연합된 기억을 재처리하여 기존 신념의 틀과 통합하는 것이다. 외상사건을 경험한 위기자가 심리적인 불안과 두려움, 공포에서 치유되고, 외상사건을 경험하기 이전의 기능상태로 회복하기 위해서는 외상사건에 대한 기억이 그동안의 삶의 경험과 통합되어야 가능하다.

충격적인 외상사건을 경험하면 그 기억으로부터 회피하고 싶은 것은 지극히 당연한 정상적인 행동이다. 그러나 외상기억을 억압하거나 회피하는 것은 그것을 경험한 자신의 일부를 부정하는 것이나 다름없다.

따라서 충격적인 외상사건의 경험을 과장하거나 과소평가하지 않고, 있는 그대로 자신 삶의 한 부분으로 받아들이는 것이 필요하다. 외상사건의 경험을 글로 써보는 것은 회피하여 숨겨진 상처의 기억을 드러내는 데 도움이 된다.

급하게 서두르지 않고 천천히 안전한 환경에서 위기자의 감정과 기억을 드러내고 외상기억을 자세하게 떠올리는 것은 자신에게 무슨 일이 일어났는지를 이해하는데 기여한다. 뿐만 아니라, 외상의 충격을 수용해 기존 자신의 도식(schema)에 외상기억의 통합이 가능하게 한다.

3) 부정감정 다루기

외상을 경험한 위기자의 트라우마 증상을 제거하기 위해서는 외상과 관련한 죄책감, 분노, 상실감, 슬픔 등의 부정감정을 제거해야 한다. 부정감정은 외상사건을 경험한 이후 필연적으로 발현되는 것이지만 문제는 트라우마 증상의 완화를 방해한다는 점이다. 외상을 경험한 위기자의 부정감정 다루기는 다음과 같다.

첫째, 죄책감 다루기이다.

죄책감은 양심의 결과로 나타나는 감정이다. 죄책감은 때때로 외상을 경험한 위기자로 하여금 과도한 자기 비난에 빠지도록 한다. 죄책감을 없애기 위해서는 어떠한 일이 일어났고, 왜 그러한 사건이 발생했는지 천천히 돌아보도록 안내하는 것이 도움이 된다.

외상사건을 경험할 당시와 이후 자신의 행동을 돌아보면서 자신이 책임질 일이 없다는 것을 깨닫도록 하는 것이 중요하다. 만약, 다시 똑같은 상황에 놓인다면 자신은 어떻게 행동할 것인지 깊이 생각하고 판단하는 시간을 갖도록 안내한다.

둘째, 분노 다루기이다.

외상사건을 경험한 위기자는 갑자기 분노를 표출하는 경향이 있다. 외상사건의 경험에서 비롯된 분노를 해결하는 일은 결코 쉽지 않다. 분노를 다루는 데에는 충분히 분노를 다시 경험하도록 하는 것이 필요한데, 분노 아래 잠재되어 있는 슬픔과 두려움, 실망 등의 다양한 감정을 이해할 수 있기 때문이다.

외상을 경험한 위기자의 내면에 숨겨진 분노를 안전한 장소에서 자유로이 외부로 분출하는 것은 곧 자신을 보호하는 것임을 깨닫도록 안내하고 조력하는 데 역점을 둔다.

셋째, 상실감 다루기이다.

일반적이고 단순한 슬픔이 아닌 심각한 슬픔이 트라우마와 함께 공존하는 경우에는 빠른 치료가 필요하다. 상실감을 다룰 때에는 먼저 슬픔을 충분히 경험하도록 한다. 상실을 통해 경험한 것을 돌아보고, 건재한 자신에 대해 감사하는 마음을 가지며, 자신의 고통과 화해하는 시간을 갖는다.

직면을 통해 상실감을 직시해야 하는 경우에는 자신의 삶에서 정말로 중요한 것이 무엇인가를 발견해야 할 때이다. 그러나 분노에 사로잡혀 있거나 부정감정이 지나치게 높은 수준일 때, 해결되지 않은 죄책감이 상존해 있을 때, 주변 사람과 환경이 지지해주지 않을 때에는 직면하지 않는 것이 바람직하다.

2. 지속노출치료

지속노출치료(Prolonged Exposure: 이하 PE)는 포아와 그의 동료들이 PTSD 치료를 위해 개발한 방법으로 다양한 CBT 요소를 포함하고 있으며, 노출치료에 많은 비중을 둔다.

일부 전문가는 노출치료가 트라우마를 반복적으로 경험하게 하여 오히려 위기자의 증상을 더 악화시킬 가능성이 있다고 주장하지만, 실제 연구결과는 트라우마 증상을 완화하는 것으로 밝혀졌다(심윤기, 2018).

1) 치료의 특징

외상사건을 경험한 많은 사람은 트라우마 상황과 관련된 생각이나 감정을 회피하려고 한다. 그러나 회피는 잠시 동안은 편하게 지내도록 도움을 주지만, 장기적으로는 도움이 되지 못하고 오히려 치료를 어렵게 만든다.

상상노출과 현장노출은 이러한 문제를 해결해 주는 효과적인 치료방법이다. 상상노출은 마음속에 있는 상처의 기억을 계속해서 되새기는 방법이다. 현장노출은 두려움 때문에 피하던 상황이나 장소를 직접 맞닥뜨리는 방법이다.

트라우마 증상이 있는 사람은 본능적으로 외상사건의 기억을 회피하려고 노력한다. 그러나 외상사건에 대한 기억과 생각을 계속 회상하면 그 기억에 대한 괴로움이 조금씩 둔감해지고, 위험하지 않다는 사실을 깨닫는다.

이렇게 외상사건에 대한 기억을 되새기는 것은 점차 두려운 외상기억을 사라지게 하여 회피증상이 줄어들게 하고, 자신을 긍정적으로 인식하도록 하는 데 기여한다.

치료는 우선 호흡훈련과 같은 이완법과 트라우마 증상을 교육하는 것으로부터 시작한다. 이후 점차 외상사건을 회상함으로써 침투증상을 일으키는 상황에 자신을 노출하는 연습을 한다.

외상사건을 회상하는 것은 단순히 기억나는 외상의 부분들을 나열하는 것이 아닌 외상기억의 조각을 당시의 상황에 맞게 재정리하는 것이다. 결국 이러한 노출을 통해 경험한 외상사건이 더 이상 두려움을 주는 사건이 아닌, 단순한 하나의 사건으로 인식하고 기존 삶의 경험과도 통합이 가능하다.

노출과정은 불안을 덜 느끼는 상황에서부터 시작하여 점차 위협적인 상황으로 노출 수위를 높여간다. 그 과정에서 외상사건에 대한 조망을 새롭게 확장하며, 사건과 연관된 죄책감이나 분노, 상실감 등의 부정 감정이 사라지도록 안내한다.

2) 치료의 방법

충격적인 외상사건을 경험한 위기자에게는 복식호흡이 두려움과 불안을 감소시키고 심리적 고통을 조절하는 데 도움을 준다. 여기에 명상적인 요소까지 더하면 이완효과를 더 크게 얻을 수 있다.

근육은 긴장하거나 혹은 불안하고 두려울 때 경직된다. 근육 경직은 불안의 전반적인 주의와 경계상태에서 나타나는 신체 증상으로 이때에는 주로 근육이완훈련을 실시한다. 근육이완훈련은 시계추 원리를 이용하여 대근육군을 긴장시킨 다음, 다시 힘을 빼는 방식으로 이루어지는데, 근육에 긴장을 많이 시킬수록 더 깊은 이완이 가능하다.

충격적인 외상사건을 경험한 대부분의 위기자는 외상에 대한 두려운 기억 때문에 외상사건과 유사한 상황이나 장소를 피한다. 그렇지만 외상사건에 대한 기억으로부터 완전히 피하거나 도망가는 것은 불가능하다.

오히려 이 과정에서 불필요한 노력과 에너지가 낭비되어 치료에 부정적인 영향을 미치기도 한다. 이렇게 외상사건을 직간접적으로 경험하는 노출훈련은 외상의 충격으로 고통 받는 사람을 치료하는 데 반드시 거쳐야 하는 관문이다.

노출은 과거의 외상사건에 대한 기억이 더 이상 위험하지 않다는 것을 경험하게 하여 회피행동이 나타나지 않도록 한다. 안전한 환경에서 외상피해자에게 외상사건의 경험을 재경험하게 하여 의도적으로 불안을 일으키는데 상상노출과 현장노출의 두 가지 방법을 이용한다.

먼저, 상상노출은 위기자가 더 이상의 불안이나 고통을 느끼지 못하는 단계에까지 계속해서 두려운 사건을 상상하도록 한다. 이러한 외상기억을 회상하는 과정에서 정서적 반응이 강하게 나타나지만 시간이 지나면서 점차 둔감화되어 회피증상이 줄어든다.

현장노출은 강한 공포를 유발시키는 외상사건과 관련된 상황과 장소에 직접 노출하는 방법인데, 상상노출 훈련을 종료한 후 실시한다. 반복적인 현장노출이 성공적으로 이루어지면 위기자가 두려워하는 상황이나 장소가 더 이상 위험하지 않다는 것을 알게 되어 불필요한 회피 노력을 기울이지 않는다.

3. 안구운동 둔감화 재처리

안구운동 둔감화 재처리(Eye Movement Desensitization and Reprocessing: 이하 EMDR)는 샤피로 박사(Francine Shapiro)가 개발한 트라우마 치료방법이다. 첫

임상 연구는 1989년에 이루어졌고, 이듬해인 1990년에 인지적 재구조화가 이루어져 EMDR이라는 이름으로 지금까지 활용되고 있다.

EMDR은 수평안구운동 외에도 여러 가지 다양한 요소가 결합되어 있다. 인지행동기법과 인간중심기법이 통합되어 이루어지는데 치료단계가 표준화되어 있어 적용하기가 수월한 장점이 있다(Shapiro & Forrest, 1998, 2008).

1) 치료의 특징

EMDR은 안구나 소리 등 규칙적인 양측성 자극을 주어 대뇌의 정보처리시스템을 자극하는 치료방법이다. EMDR 치료과정을 거치면 신경학적인 기억연결망이 새롭게 변화되어 외상기억을 재처리한다. 양측성의 자극을 주면 감각적·인지적 과정이 활성화되어 부정정서 기능이 약화되고, 부정적인 외상기억과 긍정적인 삶의 기억이 새로운 연결망을 형성한다.

모든 인간은 인체 내에 생리적인 정보처리시스템을 갖추고 있다. 뇌의 정보처리시스템은 우리가 경험하는 것을 기억, 처리, 저장하는 역할을 한다. 우리의 기억은 서로 밀접하게 그물망처럼 연결되어 생각, 감정, 심상, 감각들이 서로 상호작용을 한다. 뇌에서 이루어지는 인지적 학습이란 이렇게 기억 속에 저장된 데이터 간에 새로운 연결망이 형성되고 상호작용을 할 때 이루어진다.

충격적인 외상사건을 경험하면 뇌의 충격으로 정보처리기능이 방해를 받아 교란상태에 놓인다. 그럴 경우 다른 기억 회로와 연결망이 형성되지 않아 정상적인 정보처리가 어려워진다. 그 결과 외상경험 당시의 장면, 생각, 느낌, 소리, 냄새, 신체감각 등의 고통스러운 기억이 정상적으로 처리되지 못한 채, 단편적인 형태로 신경계 안에 그대로 남아 갇힌다.

이태원 압사사고나 세월호 침몰사고와 같이 충격적인 외상사건을 경험한 사람이 외상사건의 장면, 소리, 냄새, 생각, 감정을 기억할 때, 실제 그 사건이 일어났을 때와 같은 강렬한 느낌을 받았다고 말하는 것은 모두 이와 같은 이유에서다. 고통스런 외상사건에 대한 기억은 세상을 바라보는 관점이나 다른 사람과 관계를 맺는 대인관계 방식에도 부정적인 영향을 미친다.

EMDR은 이러한 미해결된 기억을 정상적으로 처리하는데 효과적인 치료방법이다. 처리되지 않은 충격적인 외상기억을 직접 처리함으로써 고통스러운 증상을 없애준다. 외상사건에 대한 고통스러운 기억을 정상적으로 처리하여 외상경험 이전의 정상적인 기능상태가 되도록 도움을 준다(장연집, 2008).

2) 치료의 방법

외상사건과 관련한 뇌의 정보처리는 신경계에서 일어난다. EMDR 과정에서 사용하는 눈 운동은 이러한 신경계의 기능을 적극 활용하게 되는데, 이는 렘수면 단계에서 꿈을 꾸는 원리를 이용하는 것과 동일하다.

수면 중에 관찰되는 눈의 움직임은 본인이 잠자기 전까지 받아들인 수많은 정보들 중 자신의 생존에 필요한 정보만 남기고, 불필요한 정보는 조각내 없애버리는 처리과정이다. 생리학적인 관점에서는 이렇게 조각내 버려진 정보들이 서로 부딪혀 일어나는 현상이 곧 꿈이라고 말한다.

EMDR 과정에서 상담자가 하는 역할은 위기자의 안구운동이 잘 되도록 도와주는 것이다. 안구운동을 할 때는 안구가 시야 범위의 한쪽에서 다른 쪽으로 움직이도록 안내하는데, 만약 안구운동 중에 안구 통증을 느끼면 안구운동을 잠시 중지한 후 다시 시작하는 것이 바람직하다.

안구운동은 위기자의 시야가 좌우로 편안하게 움직이도록 한다. 상담자는 자신의 손가락이나 볼펜, 자와 같은 다른 물건을 사용해 위기자 눈의 초점이 이를 따라가도록 안내한다.

보통 안구운동은 손가락 2개를 붙여 똑바로 세우고 손바닥 쪽이 약 30∼40cm 떨어지게 한 상태에서 위기자 얼굴을 향하도록 한다. 안구운동이 시작되면 위기자에게 "이 정도가 괜찮겠습니까?"라고 묻는다. '아니요'라는 대답이 나오면 가장 편안하게 느끼는 위치와 거리를 조정한다.

만약, 안구운동을 하는 동안에 상담자의 손가락이 움직이는 대로 시선이 따라오지 못하면 "당신의 눈으로 제 손가락을 미는 것처럼 생각하고 따라해 보세요."하고 시행하면 효과가 있다(심윤기, 2018).

안구운동의 종류는 수평방향 외에도 여러 가지가 있다. 대각선 방향의 안구운동은 위기자의 얼굴 오른쪽 위에서 왼쪽 아래 방향(혹은 그 반대로)으로 하는 것인데, 턱 측면에서 반대편 눈썹 위치로 움직이도록 한다. 이 외에도 수직반향, 원 모양, 8자 모양 등 다양한 방법을 이용할 수 있다.

안구운동 한 세트는 수평안구운동을 주로 24회 실시하는데, 오른쪽–왼쪽–오른쪽으로의 전환이 안구운동 1회가 된다. 어떤 위기자의 안구운동은 한 세트에 24회 이상을 필요로 하는 경우도 있는데 상황을 고려하여 적절하게 실시한다.

안구운동 첫 세트를 실시한 후에는 "이제 좀 어떻습니까?"라고 질문하여 위기자 내면에서 일어나는 생각, 심상, 감정, 감각 등의 경험을 스스로 인식하도록 촉진한다.

EMDR을 실시한 후 뇌 영상을 촬영하면 기억 및 학습과 관련된 뇌 부위가 변화되어 있는 것을 알 수 있는데, 이는 과거의 고통스런 기억을 처리하는 뇌의 영역이 활성화되었다는 것을 의미한다.

CHAPTER

중독 위기상담

인간의 삶을 파탄에 이르게 하는 마약중독 범죄가 21세기에 젊은 층을 중심으로 빠르게 확산하고 있다. 다소 늦은 감은 있지만 마약류 중독 범죄의 원인을 탐색하고 예방에 관한 사회적 논의가 이루어지고 있는 것은 다행한 일이다. 그러나 아직까지 정부 차원의 정책적 대안과 중독치료 방안에 대한 준비는 미흡한 실정이다.

미디어 중독 역시도 마약 중독 못지않게 심각한 상태다. 우리가 매일 사용하는 스마트폰을 포함한 다양한 미디어는 우리 삶의 한 축으로 기능하고 있어, 중독위기에 대한 대책 마련이 그 어느 때보다 절실한 실정이다. 미디어는 새로운 유행과 아이디어, 패션에 이르기까지 다수를 따르며 살아가도록 영향을 미치는 관계로 쉽게 중독으로 이어진다.

이 장에서는 중독의 일반적인 특성과 개념을 살펴본다. 그 다음에는 마약중독의 특징과 스마트폰 중독의 원인을 알아본 후, 중독위기에 대한 대처전략을 제시하고자 한다.

제1절 이론적 배경

1. 개요

중독(Addiction)을 이해하기 위해서는 중독에 대한 개념부터 이해하고 있어야 한다. 중독은 자신의 권리를 남에게 양도하는 것을 의미하는 라틴어 'addicene'에서 유래하였다. 고대에는 감금되거나 혹은 전쟁에서 패한 뒤 노예가 된 사람을 가리키는 말로 사용되었다. 이러한 중독은 특정한 대상을 탐닉하거나 습관적으로 열중 혹은 몰두한다는 뜻을 갖고 있어 부정과 긍정의 의미를 모두 담고 있다.

중독은 의학 분야와 심리학 분야에서 지속적인 연구와 관찰이 있어 왔다. 의학적인 측면에서 정의하는 중독은 충동조절 장애와 물질사용 장애의 두 가지 차원에서 다루고 있다. 그래서 의학사전에서는 어떤 습관 특히, 약물에 의한 의존성으로 생긴 현상을 중독이라고 설명한다.

사회적 변화와 기술의 발달로 다양한 기계나 물질, 활동 등이 등장하면서 중독이 단지 약물에만 국한되지 않고 신체·정신적 위험 증상과 문제행동을 야기하는 대상으로 그 범위가 확대되었다. 술과 담배, 마약 등의 물질이 신체에 일으키는 위험 증상에만 국한하던 중독이 점차 컴퓨터와 휴대폰 등 미디어 사용에 따른 SNS 중독, 게임중독, 쇼핑과 섹스중독 등 행동과 관련한 중독으로 확장되었다.

심리학적인 관점에서 보는 중독은 물질 탐닉의 차원이 아닌 심리적 변화를 야기하는 주요 현상으로 규정한다. 자신의 욕구와 행위를 통제하고자 하는 의지가 상실된 상태로의 심리적 변화는 개인의 일상적이고 반복적인 생활태도나 습관과 같은 행위를 통해 나타난다고 언급한다.

중독은 중독의 대상이 되는 무엇인가에 의해 조절 능력이 상실되고 내성에 의해 사용이 증가한다. 금단증상과 강박적 집착, 의존 등의 문제가 나타나며 심리적·신체적·사회적·직업적인 문제를 일으킨다(심윤기, 2016).

2. 중독의 유형과 특징

1) 중독의 유형

중독은 크게 물질중독과 행위중독으로 구분한다. 하나는 독으로 지칭이 되는 유해물질에 의한 중독이고, 다른 하나는 알코올, 마약과 같은 약물 남용에 의한 정신적인 문제를 일으키는 중독이다. 물질중독은 섭취중독이라고도 하는데 의도적으로 우리 몸 안에 섭취된 물질에 의한 중독을 뜻한다. 물질중독은 몸과 마음이 물질에 대하여 의존성을 발달시키게 되는데 마약, 술, 니코틴, 카페인 등의 약물이나 어떤 특정한 음식과 같은 것이 해당된다.

특정한 약물이나 물질은 대개 기분을 전환시키는 화학적인 성분으로 이루어져 있는 것이 특징이다. 몸과 마음이 중독물질에 익숙해져 그러한 특정한 물질이 없이는 생활하기 어려운 상태가 곧 중독을 의미한다. 이러한 물질중독은 물질을 점점 더 많이 원하는 내성과 물질을 섭취하지 않으면 고통을 느끼는 금단현상으로 이어져 심각한 부적응을 초래한다.

행위중독은 사람을 집착하게 만들거나 의존하게 만드는 일련의 활동이나 상호작용에 의한 중독을 뜻한다. 이러한 행위중독은 어떤 즐거운 활동에 지나치게 몰두하며 쾌락을 과도하게 추구한다. 어떤 특별한 경험에 의존하는 성향이 뚜렷이 나타나며, 쾌락을 주는 대상이 없이는 제대로 기능하지 못한다.

행위중독은 물질중독보다 회복이 더 어렵다. 그 이유는 물질중독이 대부분 행위중독으로부터 기인하고 있기 때문이다. 행위중독에는 인간생활의 거의 모든 부분에서 발생하는데 미디어, 일, 관계, 섹스, 돈, 종교, 쇼핑, 소비, 도박, 운동 등이 이에 해당한다.

2) 중독의 특징

중독은 중독 상태를 나타내는 특징적인 양상과 그것이 가지는 공통적인 주제를 지니고 있다. May(2007)는 중독을 구분 짓는데 다음과 같은 다섯 가지 특성을 언급한다.

(1) 내성

내성(tolerance)은 만족감을 느끼기 위해 중독행위 혹은 집착의 대상을 지속적으로 더 원하거나 필요로 하는 현상을 뜻한다. 현재 내가 지니고 있는 소유나 행동에 만족하지 않고, '조금만 더 가질 수 있으면 행복할 텐데'라고 주관적으로 느끼는 것을 의미한다. 일정한 양에 익숙해지면 그 익숙함 때문에 만족감이나 충족감이 사라지고, 더 많은 것을 필요로 한다.

(2) 금단 증상

금단 증상(withdrawal phenomenon)은 중독된 행동을 중단했을 때 나타나는 스트레스 반응 내지는 역행 증상을 말한다. 스트레스 반응은 긴장과 불안, 짜증 등으로부터 극도의 공포를 동반하는 두려움과 호흡곤란에 이르기까지 다양하게 나타난다.

역행 증상은 중독된 행동 자체가 야기하는 것과 정반대의 증상을 경험하는 것을 의미한다. 자극제를 끊었을 때 나타나는 무기력, 우울, 심한 졸음 등이 대표적이다.

(3) 자기기만

자기기만은 자신의 중독된 행동을 지속하지 못하도록 만들고 중독된 행동을 제어하려는 시도를 없애기 위한 하나의 방편에 속한다. 이러한 자기기만에는 정신분석에서 말하는 부정, 합리화, 치환과 같은 방어기제를 포함하여 다양한 속임수가 있다.

가령, 흡연하면 긴장이 해소되어 일을 더 잘 할 수 있다고 말한다던지 혹은 사회적 대인관계에 많은 도움이 된다고 주장하는 경우가 이에 해당한다.

(4) 의지력 상실

의지력 상실은 중독행동을 제어하기 위한 시도나 도전의 실패를 의미한다. 의지의 한 부분은 중독으로부터 해방되기를 원하나 또 다른 측면은 중독된 행위를 계속 유지하기를 원한다. 중독행동이 지속되는 이유는 중독으로부터 해방되기를 원하는 의지보다 중독된 행위가 계속되기를 바라는 의지가 더 강하기 때문이다.

(5) 주의력 왜곡

주의력 왜곡은 다른 일에 주의력을 집중하지 못하는 것을 말한다. 마약중독과 미디어 중독자의 경우에는 온통 주의력이 마약과 미디어에 관련된 것에만 관심이 있어, 상대적으로 일에 집중하지 못하고 주의를 기울이지 못한다.

중독은 대체로 다음과 같은 공통적인 특징이 나타난다(Hart, 2007).

첫째, 중독은 진실한 감정을 느끼지 못한다.

중독은 고통으로부터 보호받기 위해 선택하는 행위로 중독자 자신과 고통스런 감정 사이를 완충하는 역할을 함으로써 현실로부터 중독자를 유리시킨다.

둘째, 중독은 중독자를 완전히 통제한다.

중독은 중독자의 합리적인 논리와 이성을 빼앗아 강렬한 중독 욕구에 지배당하게 만든다. 논리나 이성만으로 중독을 극복하기 어려운 이유는 그것의 지배력이 매우 강하기 때문이다.

셋째, 중독은 언제나 쾌감을 동반한다.

어떤 물질을 취하거나 특정 행동을 지속하는 것은 자극, 흥분, 쾌감과 같은 즐거운 감정과 기분을 느끼기 때문이다. 이러한 감정과 기분은 중독자로 하여금 자신이 그 행위를 통제할 수 있다고 착각하게 한다.

넷째, 중독은 매우 파괴적이며 건강에 해롭다.

중독은 심리·신체적 영역에 부정적인 영향을 끼친다. 인간관계를 손상시킬 뿐만 아니라, 사랑하는 사람마저 파괴하고 삶의 균형을 잃게 만든다.

다섯째, 중독은 오직 중독행위만을 중요하게 다룬다.

중독은 중독행위를 제외한 다른 것은 중요하게 생각하지 않으며 부수적인 것으로 여긴다. 중독자는 오직 중독행위라는 한 가지 주제를 놓고 삶을 계획하는 특징이 있다.

여섯째, 중독자는 자신의 중독을 인정하지 않는다.

중독자는 중독된 물질이나 행위가 자신에게 끼치는 지배력을 인정하지 않는다. 뿐만 아니라, 내가 원하기만 하면 언제든지 끊을 수 있다는 착각을 하며, 중독이 자신에게 끼치는 파괴적인 결과를 인식하지 못한다.

3) 중독의 이론적 관점

인간은 고대로부터 여러 중독된 행동을 지속해 왔다. 그렇다면 이러한 중독은 왜 생기는 걸까? 중독의 원인에 대해서는 다양한 의견이 있는데 몇 가지 모델을 통해 그 원인을 살펴보겠다.

(1) 도덕적 관점

도덕적 관점은 중독을 도덕적, 법적 규범을 어기는 일련의 비윤리적인 행위로 간주한다. 그래서 중독자는 비도덕적이며 자기통제가 부족한 사람이라는 입장을 취한다. 중독자의 변화를 위해서는 도덕적이고 양심적인 책임뿐만 아니라, 처벌과 구금이 필요하다고 주장한다.

(2) 병리적 관점

질병의 관점에서는 도덕적 모델과 달리 중독을 만성적인 질병으로 여긴다. 이 모델에서는 신체적인 측면을 강조하는데 그 이유는 유전적인 요소가 중독물질 남용과 통제력 상실을 가져온다고 보기 때문이다. 뇌의 신경학적인 변화와 생리적 의존성이 중독행동을 지속시킨다고 보며, 중독자를 질병을 가진 환자로 여긴다.

(3) 사회문화적 관점

사회문화적 관점에서는 중독행동을 유발시키는 요인을 사회문화적 환경에서 찾는다. 경제적 지위를 포함해 문화적 신념, 중독의 접근용이성, 중독행동을 규제하는 법적처벌, 가정, 부모 등 다양한 사회문화적 요인이 중독에 영향을 미친다고 주장한다.

이 모델은 중독행동이 가족, 집단, 지역 사회와의 상호작용에서 비롯된다고 여긴다. 따라서 새로운 변화를 위해서는 사회와 가족관계, 사회적 능력과 기술발달이 필요하다고 보는 입장을 취한다.

(4) 심리학적 관점

심리학적 관점은 중독행동이 정신병리, 학습의 결여, 정서적 역기능 등으로 부터 발생한다고 여긴다. 따라서 중독해결은 정신분석, 행동주의, 인지치료로 가능하다는 입장이다.

표 9-1 심리학적 모델

구분	내용
정신분석적 입장	중독은 자아의 취약성을 보상하기 위해 나타난다. 내면의 자아조절능력을 키우고 통찰을 통해 중독의 통제가 가능하다고 주장한다.
행동주의적 입장	중독행동은 학습된 결과라는 입장이다. 어떠한 행동에 보상이 주어지면 중독이 된다고 주장하며, 중독의 극복도 학습으로 가능하다고 여긴다.
인지주의적 입장	중독은 비합리적 신념체계로부터 기인한다는 입장이다. 중독치료를 위해서는 내면의 기저를 이루는 인지오류의 변화를 통해 가능하다고 주장한다.

제2절 마약 중독의 특징

우리나라는 어느 순간 마음만 먹으면 쉽게 마약을 손에 넣을 수 있는 나라가 되었다. 심각한 문제는 마약 범죄자의 연령이 지속적으로 낮아지고 있어 10대 청소년의 마약범죄 증가에 대한 사회적 불안이 날로 증가하고 있는 점이다.

10여 년 전만 해도 청소년의 약물중독은 본드나 부탄가스를 흡입하는 정도에 그쳤다. 그러나 최근 서울 강남 학원가 '마약음료' 사건이 발생하면서 국민적 관심이 높아진 가운데 청소년 마약중독의 심각성이 사회적 문제로 등장하였다.

1. 마약류 사용의 역사

마약(narcotics)은 '무감각'이라는 의미를 나타내는 용어로 그리스어 'narkotikos'에서 유래하였다. 마약은 투약과 흡입 시 환각을 통해 정신적 혼미현상을 증가시킨다. 또한 수면을 통해 통증을 완화해 주어 의료용으로 사용되는 실정이다.

마약이라는 용어는 아편과 같은 마약 이외에도 필로폰과 같은 향정신성 의약품, 대마를 총괄하는 의미로도 사용되어 왔다. 현재는 이러한 마약이라는 용어 대신 법률에 근거한 '마약류(psychoactive drugs)'라는 용어를 사용하고 있는데 마약류 사용의 역사를 살펴보도록 하겠다.

1) 서양

고대 아메리카 인디오들 사이에서는 종교의식이나 질병치료의 목적으로 페요테라는 선인장의 꽃봉오리를 다량으로 사용하였는데, 여기에는 강력한 환각작용을 하는 성분이 포함된 것으로 전해지고 있다. 아마도 그 당시에는 주술사나 샤머니즘들이 이와 같은 환각작용을 하는 식물을 먹거나 냄새 등을 흡입하여 신을 부르는 힘을 상상하거나 혹은 신과 일체가 되는 영혼 제사와 종교의식을 치르기 위해 사용하였음을 알 수 있다.

근대 이후 17세기에는 중독을 단순히 습관의 애착 정도로 생각해 왔다. 18세기에는 인간의 정신을 습관을 통해 창조적으로 만들 수 있다는 전제하에 아편을 이용해 정신개조의 가능성까지 타진하였다.

19세기 초반에는 마약중독을 강한 애착, 강한 습관 정도로 인식하였으나, 점차 시간이 지나면서 마약중독의 개념이 변화하였다. 유럽에서는 알코올의 지나친 소비와 아편중독에 대한 인식이 '개인의 습관'이 아닌 개인의 죄악으로 간주하여 금주 및 아편금지와 같은 대중적 사회운동이 일어나기도 하였다.

19세기 중반 이후부터는 알코올 및 마약중독의 개념이 죄악 또는 범죄와 같은 부정적인 의미에서 '질병'이라는 시각으로 바뀌었다. 육체적인 원인보다 심리적인 요인으로 중독이 일어나거나 혹은 유전적 요인보다 개인적 의지의 문제로 이해해야 한다는 이론이 발표되면서 마약중독을 바라보는 시각이 바뀌었다. 이와 함께 사회적 빈곤과 범죄, 알코올 및 마약중독, 도덕적 타락, 정치폭력, 동성애 등과 같은 세기말적 무질서한 사회현상에 대한 두려움과 우려가 고조되었다.

19세기 말부터 20세기 초반까지는 중독의 개념이 시대적 조류와 함께 부정적 의미가 더욱 확장하는 시기였다. 서구 의학계에서는 마약중독에 대한 진지한 고민을 본격적으로 하기 시작하였으며, 이때부터 마약중독의 개념이 병리적 관계를 의미하는 용어로 사용하기 시작하였다.

2) 우리나라

우리나라에 마약이 유입된 시기는 중국 아편전쟁이 끝난 후 처음 유입된 것으로 추정하고 있다. 마약류 사용이 사회적 문제로 대두된 것은 1945년 독립된 이후부터다. 해방 후 국내로 돌아온 교포들 가운데에는 마약중독자가 다수 포함된 것으로 알려지고 있다. 이때까지만 해도 마약은 헤로인, 모르핀, 양귀비 등을 주로 사용하였다.

1970년대에는 대마초를 사용하는 미군이 많았는데, 당시 미군부대에서는 대마초와 같은 마약류 유출사례가 자주 발생하였다. 1980년대에는 필로폰 사용이 급격히 증가하였으며, 1990년대 이후부터는 이전에 발견되지 않았던 코카인, 크랙, 엑스터시 등의 마약류 사용이 주를 이루었다.

우리나라는 아직까지 외국처럼 마피아와 같은 마약조직이 결성되거나 존재하지 않는다. 마약류 범죄도 외국보다 많지 않아 몇 년 전까지만 해도 마약과는 거리가 먼 마약 청정국으로까지 불려졌다. 그러나 인터넷과 SNS를 통한 마약밀매가 일상화되고 결제까지 가상화폐가 이용되며, 국제택배로 마약을 받는 사례까지 적발되는 등 무서운 속도로 마약류 사용이 증가하고 있다.

사용되는 마약의 종류로는 필로폰, 대마, 케타민, 합성 대마 등 일명 '엑스터시'라고 불리는 MDMA이다. 이 같은 마약류는 미국, 태국, 라오스, 베트남, 중국 등지에서 주로 밀수되고 있으며, 동남아시아 국가로부터도 마약류가 반입되고 있는 실정이다.

2. 마약류 사용 범죄

세계보건기구(WHO)에서는 마약류에 대해 다음과 같이 언급하고 있다. 마약류 사용에 대한 욕구는 의지와 상관없이 강제적이며 강한 의존성이 나타난다. 내성이 있으며, 사용을 중지하면 견디기 힘들 정도로 금단증상이 나타난다. 우리나라의 마약류 사용실태를 살펴보겠다.

1) 마약류 사용 실태

우리나라의 「마약류관리법」에 의하면 마약류의 종류는 마약, 향정신성의약품, 대마 등으로 분류한다. 마약은 양귀비, 아편, 코카인과 이러한 물질에서 추출되는 형태의 알칼로이드 및 이것과 동일한 합성품을 말한다. 향정신성의약품은 중추신경계에 작용하는 것으로 오용이나 남용했을 경우, 신체와 정신의 의존성을 일으키는 약물이나 물질을 말한다. 대마는 대마초와 수지 및 대마 등을 원료로 하여 제조된 제품을 말한다.

현행 「마약류관리법」에 의해 마약류로 지정되지는 않았지만 물질·약물·제품 중 오남용 시 보건상의 폐해가 심각할 것으로 판단되는 것은 '임시마약류'로 지정하여 「마약류관리법」에서 정한 마약류와 동일하게 관리 및 통제하고 있다

마약류 사용은 그 특성상 숨겨진 것이 많아 정확한 실체를 파악하기가 어렵다. 2022년 유엔 마약범죄사무소(UNODC)가 발표한 세계 마약보고서에 따르면 2020년 전 세계적으로 약 2억 8천 4백만여 명(15~64세)이 마약류를 사용한 것으로 조사되었다. 이는 전 세계 인구의 약 5.8%에 해당하는 인구가 마약류를 사용한 수치에 해당하는데, 10년 전과 비교해 26%나 증가한 통계에 해당한다.

우리나라의 마약류 사범은 2021년에 1만 6,153명으로 조사되었다. 이는 10년 전인 2011년 9,174명 대비 76% 증가한 수치이자, UN이 발표한 세계의 증가추세보다 약 3배 정도 높은 비율을 보이고 있다(대검찰청, 2022). 최근에는 20~30대 젊은 층의 마약류 오남용이 심각한 것으로 나타나고 있다. 2021년 단속된 마약 사범 중 20대는 5,077명으로 전체의 31.4%를 차지했고, 30대는 4,096명으로 전체 마약 사범의 25.4%로, 20~30대가 전체의 57%를 차지하는 것으로 밝혀졌다(대검찰청, 2022).

국내 인구를 연령대별로 구분해 UN의 국가마약지수 방식으로 산정해보면 젊은 층의 마약류 오남용의 심각성은 더 명확히 나타난다. 2021년 1월 기준 국내 20대 인구는 6,792,483명, 같은 해 20대 마약사범은 5,077명으로 이를 국가마약지수와 같은 방식으로 산정해 보면 국내 20대의 마약지수는 74.7로 전체 대비 2.4배 높은 수치에 해당한다.

동일한 기준으로 산정한 30대 마약지수는 59.7로 전체 대비 약 2배 가까운 수

치이다. 아직 미성년자인 10대를 살펴보면 2021년 10대 마약사범은 총 450명으로 전체 마약사범 중 2.8%를 차지하고 있는데 마약지수로는 9.4에 해당한다. 국내 10대 인구 10만 명당 약 10명이 마약류 사용 범죄를 저지르고 있다는 사실을 알 수 있다.

10대 청소년을 포함한 젊은 층의 마약류 오남용 추세가 지금과 같이 지속될 경우에는, 10년 뒤 마약류 중독자가 기하급수적으로 늘어나 국가에서 통제하기 어려운 상황을 초래할 가능성도 있음을 시사하고 있다.

2) 마약사용 범죄가 미치는 영향

마약중독은 마약의 반복적 사용으로 주기적 또는 만성적 중독 상태를 일으켜 개인과 사회에 해를 끼친다. 현재 전 세계적으로 사회적 관심을 불러일으키고 있는 마약중독의 원인이 되는 약물로는 마리화나(marijuana 大麻), 엘에스디(lysergic acid diethylamide), 헤로인(heroin), 암페타민(amphetamine), 코카인(cocaine) 등이 있다.

마약중독의 증상은 마약의 종류에 따라 약간씩 차이가 있으나 세계보건기구(WHO)에서는 다음과 같이 공통된 특징을 말하고 있다.

첫째, 약물을 계속 사용하려고 하며, 어떠한 수단을 써서라도 약물을 얻으려는 강한 욕망을 갖는다.

둘째, 사용량을 계속 증가하려는 경향성이 나타난다.

셋째, 약물에 대한 정신적·신체적 의존성이 나타난다.

넷째, 개인과 사회에 해악을 끼친다.

마약중독을 일으키는 마약의 사용과 남용에 대한 사회적 시각은 다양하다. 마약이 초자연적인 통찰력 또는 개인적 성장의 수단을 제공하는 긍정적 기능을 한다는 주장도 있지만, 대부분 사회의 정상생활에 대한 위협으로 보는 부정적 시각이 널리 받아들여지고 있다.

마약중독은 중독자 개인은 물론 사회 전체에도 해악을 끼친다. 개인적 측면에서 보면 자신의 건강을 해치고, 선천성 기형아를 낳을 가능성이 있다. 중독자는 대개 가족과 멀어지고 가정경제를 파괴하며, 도덕적으로는 강도·폭행·강간 등 각종 반사회적 범죄를 일으킨다.

사회적 측면의 해악은 약물남용으로 경제적 피해를 가져온다. 사회에 적응하지 못하게 함은 물론 근로의욕이나 윤리의식을 잃게 만들어 사회발전에 장애로 작용한다. 또한 마약류의 투약·제조·운반·공급 등의 사회적 문제 외에도 폭력·절도·강도·강간·탈세 등의 반사회적 범죄를 일으켜 사회발전을 가로막는다.

제3절 미디어 중독의 원인

1. 개요

미디어란 정보를 축적할 수 있는 매체 혹은 정보를 전송하는 역할을 제공하는 다양한 수단을 말한다. 과거에는 글이나 말로 정보를 전달하였지만 인쇄술이 발달하면서 점차 신문, 책자 등으로 정보를 전달하였다. 시간이 흘러 전화와 같은 통신기술이 발달하면서 라디오, TV와 같은 전파기제로 정보를 전달하고 있다.

미디어의 종류는 시간이 지날수록 빠르게 진화되어 이제는 음성, 문자, 그림, 동영상 등의 다양한 정보매체가 혼합된 '멀티미디어'까지 등장하였다. 미디어는 과거의 인쇄물이나 종이책 중심에서 이제는 전자미디어로 대부분 변화된 상태에 있다. 과거 인쇄된 종이로만 볼 수 있었던 책을 이제는 인터넷 등을 통하여 볼 수 있게 되었고, 만화방을 가던 어린아이들은 웹툰을 보는 세상이 되었다.

특히, 21세기에는 스마트폰의 등장으로 미디어의 발전양상은 더 급격한 변화를 가져왔다. 언제 어디서든 통신만 가능하다면 작은 기기로 인터넷 검색을 통한 정보를 찾을 수 있고, 책이나 논문 탐색이 가능하며 뉴스나 신문 등을 볼 수 있다. 영화나 드라마도 선택해서 볼 수 있고, 통화를 할 때에는 음성뿐만 아니라, 영상까지도 보면서 할 수 있게 되었다.

이렇게 미디어가 빠르게 발전하고 있는 만큼 미디어에 대한 개념 역시도 다양하게 정의되고 있다. 미디어의 유형과 형태, 기능 등에 따라 개념적 차이를 보이고, 학문의 영역 간에도 관점에 따라 개념을 달리하고 있다. 미디어는 의사소통의 기술뿐만 아니라, 감각을 확장시키는 모든 기술까지 포함하며, 인간의 상호관계와 행동을 만들어내고 제어하는 수단이라고까지 설명하고 있다.

미디어 중독은 미디어 이용자의 미디어 과다 사용으로 정신적·신체적 의존성을 갖게 하고, 개인의 조절 및 통제능력을 상실하게 하여 심리적·신체적·사회적·직업적 문제를 일으킨다. 미디어 중독은 다양한 형태가 존재하지만 본서에서는 스마트폰 중독으로 한정해 살펴보고자 한다.

2. 스마트폰 중독의 개념

스마트폰은 컴퓨터와 달리 하루 종일 소지가 가능한 휴대성과 간편성의 이점을 갖고 있다. 장소에 상관없이 접근과 사용이 가능하고 오랜 시간 동안 이용할 수 있다는 점에서 인터넷보다 중독의 위험성이 더 크다.

스마트폰 중독에 대한 정의는 학자마다 조금씩 다르게 하고 있다. 스마트폰 중독에 대한 개념도 인터넷 중독과 구분 없이 사용되는 실정이다. 인터넷 중독개념에 스마트폰을 대입하여 언급하거나, 스마트폰을 휴대폰의 진화된 형태라는 관점에서 도출된 중독개념을 사용하기도 한다. 어떤 상태의 사람을 스마트폰 중독자로 보아야 하는지에 대한 기준도 아직까지 명확하게 설정된 것이 없다.

스마트폰 중독은 인터넷 중독과 분명한 차이가 있다. 인터넷 중독과 다르게 스마트폰 중독은 대인관계에서의 외로움과 소외감을 해소하기 위한 목적으로 사용하는 것이 대부분이다. 휴대가 간편하여 장소의 제약을 받지 않는다는 점도 인터넷과 다른 점이다.

스마트폰 중독은 일반 중독증상과 동일하게 금단, 내성, 일상생활에서의 부적응과 같은 문제가 발생한다(심윤기 외, 2020). 스마트폰을 사용하지 않으면 불안과 초조 증상으로 일상생활에 지장을 준다. 화장실을 이용할 때조차도 스마트폰을 휴대하고 가야 할 정도로 스마트폰이 없으면 불안해한다.

같은 종류의 스마트폰 이용자를 만나면 스마트폰과 관련한 이야기를 나누며 많은 시간을 허비한다. 스마트폰이 고장 났을 때에는 친구를 잃은 것 같은 느낌이라고 말하는 사람도 있는데, 이는 대체로 스마트폰 중독자일 가능성이 크다.

스마트폰 중독에 대해서는 일반적으로 가상세계의 지향성과 금단, 내성, 일상생활 장애 등 네 가지 요인으로 설명한다. 이 중 가상세계의 지향은 직접 현실에서 만나 관계를 맺기보다 스마트폰을 활용해 관계를 맺는 것을 더 편안하게 인식하는 것을 말한다. 중독자는 스마트폰이 없으면 자신의 모든 것을 상실한 것 같다고 말하거나, 그 어떤 즐거움보다 스마트폰을 사용하는 것이 더 즐겁다고 반응한다(심윤기 외, 2022).

금단은 스마트폰을 과다 사용하여 스마트폰이 손에 없으면 불안과 초조를 느끼는 상태를 말한다. 내성은 스마트폰을 과도하게 사용하여 나중에는 더 많이 사용해도 만족감이 생기지 않는 상태를 의미한다. 일상생활 장애는 스마트폰을 과다 사용하여 직장이나 학교, 가정 등 여러 장소에서 혼란, 갈등, 문제를 일으키는 것을 말한다.

3. 스마트폰 중독의 원인

1) 개인적 특성

인간관계를 중요하게 생각하거나 외로움을 잘 이기지 못하는 성격의 사람과 외부로 투사되는 자신의 이미지에 민감하게 반응하는 사람일수록 스마트폰을 과다 사용하는 경향이 있다. 특히, 높은 수준의 충동성을 지니고 자기 통제수준이 낮은 사람일수록 스마트폰 중독성향이 높다. 스마트폰 중독의 원인 중 개인특성에는 다음과 같은 요인을 포함한다.

첫째, 충동성이다.

충동성은 반응시간이 매우 빠르고 행동을 제지하거나 통제하는 데 어려움을 준다. 충동성 수준이 높으면 지금 해야 하는 것과 나중에 해도 되는 것을 계획하고 판단하는 능력이 부족하며, 즉각적이고 선정적인 유혹에 쉽게 빠진다. 스마트폰을 사용하고 싶은 충동 조절이 제대로 이루어지지 않으면 일상에서 순간적인 자극과 유혹에 쉽게 빠져 현실세계에서의 중요한 일을 그르친다.

둘째, 외로움이다.

외로움은 한 개인의 사회적 관계나 인간관계가 양적이나 질적으로 부족할 때 발생하는 불유쾌한 감정이다. 외로움은 매우 보편적인 감정이지만 외로움의 경험이 지속되면 고통으로 다가오며, 정신적·신체적 건강을 해치고 자살시도에도 영향을 미친다. 외로움으로 이러지도 저러지도 못하는 상황에서 스마트폰을 과다 사용하게 되면 쉽게 중독된다.

셋째, 통제력이다.

통제력은 충동성과 반대되는 특성을 말한다. 자기통제력이 강한 사람은 현실세계에서 대인관계를 지속하고 자아효능감을 높이고자 노력하지만, 자기통제력이 약한 사람은 가상공간에서의 즉흥적인 만족에 집착한다.

일반적으로 복잡한 과제를 피하고 단순한 과제를 선호하는 자기통제력이 약한 사람일수록 스마트폰 중독의 위험성이 높게 나타난다.

넷째, 자기감시다.

자기감시는 사회적응을 위해 자기를 끊임없이 관찰하고 자기행동을 조절하며 교정하는 것을 말한다. 이러한 자기감시 성향이 있는 사람은 자신이 처한 상황에서 요구되는 조건을 충실히 이행하기 위해 노력한다.

상황에 따라 대인관계를 고려하는 관계로 타인에게 잘 보이고자 하는 마음에서 자신의 이미지에 기초한 행동을 자주 변화시킨다. 이러한 자기감시가 높은 사람은 밖으로 투사되는 자기 이미지에 민감하여 스마트폰을 과다 사용하게 되고 결국 중독으로 이어진다.

2) 기기의 특성

스마트폰 기기는 휴대전화에 인터넷 접속의 데이터 통신기능을 결합시켜 휴대전화 기능과 컴퓨터 기능을 이용할 수 있도록 만든 지능형 단말기라는 특성이다. 일반 PC와 같이 범용 운영체제를 탑재하여 다양한 앱을 자유롭게 실행할 수 있도록 만든 기기이다.

모바일 앱은 게임, 전자책, 지도와 같은 다양한 서비스를 제공하기 위해 스마트폰에 맞춤된 응용소프트웨어로서 앱스토어를 통해 자신이 원하는 다양한 종류의 앱을 선택해 이용한다. 스마트폰은 3G, 4G, LTE, Wi-Fi 등으로 시간과 공간에 관계없이 무선 인터넷에 접속 가능한 장점이 있으며, 이용자가 원하는 앱을 다운로드해 자유롭게 설치하여 사용이 가능하다. 이 같은 이유로 스마트폰은 현재 초등학생으로부터 노인에 이르기까지 대부분의 사람이 사용한다.

서비스이용 환경과 플랫폼, 콘텐츠는 모바일 앱을 사용하는 동기에 따라 원하는 앱을 직접 선택하고 설치하여 이용자 위주로 사용이 간편하다. 메신저와 음악, 영상, SNS 등 스마트폰을 활용한 모바일 콘텐츠의 이용이 늘면서 앱과 웹 중심의 모바일 라이프가 일상화되었다. 모르는 것이 있으면 바로 모바일로 정보를 검색하고, 개인이 좋아하는 콘텐츠를 이용하여 여가 시간을 보낸다. 이렇게 스마트폰은 일상생활 전반을 잠식하고 있어 중독의 위험성은 그 어느 때보다 크다.

가장 빈번하게 사용하는 앱은 카카오톡과 같은 모바일 메신저다. 모바일 메신저는 커뮤니케이션, 게임, 음악, 영상에 이르기까지 이용영역이 다양하게 확대되어, 이제는 개인의 Life Style 전반을 공유하는 플랫폼으로 자리매김하였다.

대중교통을 이용할 때는 모바일 동영상을 가장 빈번하게 보는 것으로 알려져 있다. 모바일 동영상을 자주 시청하는 이유는 스마트폰 화면이 무척 커졌을 뿐만 아니라, 무제한 요금제, LTE와 같은 빠른 네트워크, HD 등 고화질 콘텐츠로 변화되었기 때문이다.

스마트폰 사용자는 음악도 많이 듣는다. 스마트폰으로 음악을 듣는 시간은 주로 걷거나 이동 중일 때, 화장실에 있을 때, 운동할 때, 대중교통수단을 이용할 때 등 자신이 듣고 싶을 때 아무런 제약 없이 자유롭게 이용한다.

스마트폰 중독에 영향을 미치는 요인을 살펴보면 다음과 같다.

첫째, 용이한 이동성이다.

스마트폰은 언제 어디서나 즉시 온라인 접속이 가능하여 시간과 장소에 구애받지 않고 사용이 가능하다. 스마트폰의 대표적인 기능으로는 이동성, 위치기반 서비스, 휴대성이라고 할 수 있는데, 이러한 특성은 스마트폰이 기존 데스크톱 PC와 뚜렷이 구별되는 기능이다. 사용자가 시간적, 공간적 제약 없이 무선 인터넷에 접속하여 즉각적으로 정보를 획득하고, 애플리케이션을 활용하여 다양한 활동을 하는 데에는 스마트폰 이동성이 큰 기반으로 작용한다.

둘째, 사용자 편리성이다.

사용자의 편리성은 기술을 이용할 때 노력을 들이지 않는 정도를 의미한다. 스마트폰의 다양한 애플리케이션은 기기 사용에 많은 편리함을 가져다 준다. SNS를 포함해 음악, 게임, 동영상, 위치 추적 등 자신에게 필요한 애플리케이션을 다운받아 생활의 편리함을 누린다. 이렇게 스마트폰은 자신의 일상생활에 쉽게 활용이 가능하도록 사용자 환경이 간편하고 애플리케이션 설치가 용이하며, 스마트폰 사용을 위한 별도의 교육이 필요없다.

셋째, 기능적 가치성이다.

스마트폰은 기능적 가치와 사회적 가치, 감정 가치, 인식적 가치가 있다. 스마트폰을 소유한 그 자체가 사회적 관계로서의 가치를 창출하고, 자신의 감정상태를 변화시키는 가치가 있다고 해석하는데, 이 같은 요인이 스마트폰 중독에 영향을 미친다.

스마트폰은 통화나 문자보다 메신저와 SNS를 통한 실시간의 의사소통이 편리해, 좀 더 다양한 사람과의 네트워크를 형성해 대인관계를 유지한다. 대부분은 스마트폰의 여가기능과 오락 기능을 활용하고 스마트폰을 통해 자기를 표현하며, 타인과의 관계를 형성한다. 이렇게 스마트폰은 다른 사이버 기기와 달리 개인의 다양성 추구를 지원하면서 감성적인 측면을 전달하는 기능이 있어 쉽게 중독으로 이어진다.

제4절 중독위기 대처전략

1. 마약중독 치료

마약중독 치료는 정신적·육체적 의존성을 없애기 위해 시행하는 조력과정이다. 재활은 마약류를 사용하지 않고 사회생활을 건전하게 영위할 수 있도록 지원하는 사회복지적인 차원의 치료적 개념이다. 마약중독으로 인한 정신적·신체적·사회적·경제적 손실을 회복하여 건강한 상태로 사회로 복귀하는 것을 돕는 과정이 재활이다. 이렇게 마약중독의 치료와 재활은 서로 구별되고는 있지만 중독치료가 전제되지 않는 재활은 불가능하고, 재활을 목표로 하지 않는 치료 역시도 존재할 수 없다.

1) 일반적 지침

마약중독 치료는 마약중독에서 벗어날 수 있도록 마약중독에 대한 정신적·육체적 의존성이 사라지게 하고, 마약을 사용하지 않고 정상적인 생활을 영위하도록 지원하는 모든 활동과정을 말한다. 마약중독의 치료목표는 중독에서 빠르게 탈출하여 조기에 사회에 복귀토록 하는 데 있다. 마약류 사용을 차단하여 마약류로부터 완전히 벗어나 정상의 기능적인 삶으로 회복하도록 돕는다.

마약중독 치료는 개인치료와 집단치료, 재발교육 등이 주로 이루어지는데, 반드시 행동계획을 세우는 것이 필요하다. 마약류 사용에 대한 집착이 고착되지 않도록 스트레스 상황을 차단하고, 다른 중독자와 접촉이 일어나지 않도록 경계선을 유지한다.

마약중독에서 벗어난 정상적인 삶을 영위하기 위해서는 단약을 위한 동기를 부여하고, 마약류 사용에 대한 관심을 다른 데로 돌리는 것이 중요하다. 마약중독 치료 과정의 초기에는 대부분 마약사용에 대한 위기의식으로 마약사용 중단을 결심하고 일시적으로 끊는다. 하지만 얼마의 기간이 지나지 않아 다시 마약류를 재사용하는 일이 반복되는 경향이 나타난다.

따라서 마약사용을 중단해야 하는 당위성과 이유를 분명히 인식하도록 안내하고, 마약 중독자의 부모나 자녀 등 가족구성원과 친밀한 관계가 유지되도록 조력한다. 마약중독자 가정의 직업적 어려움과 경제적 문제, 마약중독자의 사회적 치료 모임과 종교적 활동에도 관심을 기울여 사회적 지원이 적극적으로 이루어지도록 한다.

마약중독 치료는 대체로 다음과 같은 몇 가지 과정을 거친다.

첫 번째 단계는 중독자임을 스스로 인식하는 과정이다.

마약중독자 스스로 중독치료의 필요성을 인식하고 치료를 적극적으로 받고자 하는 욕구가 강할 때 긍정적인 효과가 나타난다. 스스로 마약 의존성에서 벗어나기 어려워 반드시 전문가의 도움을 받아야 한다는 사실을 인식해야 순조로운 치료 과정이 이루어진다.

두 번째 단계는 몸 속의 중독 성분을 해독하는 과정이다.

중독자의 몸 속에 있는 마약류 중독 성분을 해독제를 사용하여 빼내는 일이 이루어진다. 해독하는 과정에서는 위급하고 위험한 상황이 발생할 가능성이 있으므로 이 과정은 반드시 자격을 갖춘 의료전문가의 주도로 이루어져야 한다.

세 번째 단계는 심리치료가 이루어지는 과정이다.

마약을 시작하게 된 계기가 단순한 호기심과 유혹에서 시작되었는지, 스트레스나 고통을 회피하기 위해 손을 대게 되었는지 등의 중독 원인을 심층 깊게 탐색한다. 심리상담은 대부분 인지치료, 인지행동치료, 행동요법, 합리정서행동치료 등의 방법을 활용한다. 이 같은 방법은 중독자의 잘못된 신념이나 사고방식을 탐색하고, 무엇이 문제인지를 파악한 후, 합리적이고 긍정적인 신념체계로 변화되도록 조력하여 단약 행동이 이루어지도록 하는 데 기여한다.

네 번째 단계는 금단증상을 없애는 과정이다.

알코올, 담배, 마약을 끊는 과정에는 금단증상이 나타난다. 이를 위해서는 복식호흡, 근육이완훈련, 명상 등 장·단기적 처방을 통해 금단증상을 점차적으로 줄여나가며 둔감화한다.

다섯 번째 단계는 단약모임에 참여하는 과정이다.

마약중독 치료를 받고 있거나 치료를 마친 사람들이 모인 자조집단에 참여하여, 서로의 중독경험과 중독으로부터 회복한 사례의 이야기를 나누고 공감하며 지지하는 시간을 갖는다. 마약 중독자들은 회복하는 과정에서 수없이 많은 재발의 유혹과 금단증상, 의존성 등으로 고통의 시간을 보낸다. 마약중독에서 벗어나기 위한 자조모임에 적극 참여하여 재발의 유혹을 이겨내고 단약이 유지되도록 서로를 응원하고 지지하며 격려한다.

2) NA자조모임(narcotic anonymous)

NA자조모임은 마약중독자의 단약이나 회복을 목적으로 조직하는 자발적인 모임이다. 마약의 오남용 혹은 중독과 관련한 문제행동을 통제할 수 있는 경험을 중심으로 이루어진 자조집단이다. 약물사용이라는 심각한 문제를 안고 살아가는 사람들을 위한 비영리단체 동료모임이다. 약물을 완전히 끊고 단약상태를 유지하여 중독 전 기능상태로 회복하도록 정기적으로 만나서 서로를 돕고 지지하고 격려한다.

NA자조모임 회원이 되기 위한 의무사항은 없다. 다른 어느 조직과 연대하거나 동맹관계를 맺을 필요도 없다. 가입비나 회비, 가입서약서 등도 필요없다. NA자조모임은 어떠한 정치조직이나 종교단체와도 관련이 없고, 어느 누구로부터도 감시받지 않는다. 나이, 인종, 성(性)정체성, 사상, 종교에 상관없이 누구나 모임에 참여가 가능하다.

NA자조모임은 우리가 일상생활 속에서 쉽게 실천할 수 있는 간단한 몇 가지의 원칙을 가진다. 그동안 당신이 무슨 약물을 얼마나 남용했는지, 당신의 약물 거래

처는 어디였는지, 과거에 무슨 일을 저질렀는지, 가진 것이 얼마나 되는지 등은 관심을 두지 않는다.

마약중독은 근본적으로 자기 자신은 물론 주위 사람과의 관계에게 부정적인 영향을 미친다. 가정까지도 파괴하는 무서운 힘을 지니고 있다. 이러한 마약류 사용을 끊겠다는 열망이 어느 정도인지, 마약중독 문제를 해결하기 위해 무엇을 원하는지, 우리가 서로 어떻게 도와야 할 것인지에 대해서만 관심을 갖는다.

자조모임에 규칙적으로 꾸준히 참석하는 사람이 단약에 성공한다는 사실을 집단경험을 통해서 배울 수 있는데, 대체로 다음과 같은 회복과정으로 이루어진다.

첫째, 밑바닥에서부터 회복을 시작한다.

마약중독으로 더 이상 잃을 것도 없고, 죽음이냐 회복이냐를 선택해야 하는 가장 밑바닥에서부터 회복을 시작한다.

둘째, 반항하는 일이 일어난다.

반항이란 권위와 통제에 대해 반대하고 무시하는 마음의 상태를 말한다. 대부분의 약물 중독자는 자신의 중독을 부인하고 다른 사람에게 문제가 있다고 책임을 전가한다.

셋째, 자각한다.

마약중독의 의존성 때문에 자신의 문제를 알아차리지 못하다가 세 번째 단계에 이르러서야 중독자 스스로 자신의 마약중독이 많은 문제를 내포하고 있다는 사실을 자각한다.

넷째, 인정한다.

마약중독자는 비로소 자신이 마약에 중독되었다는 사실을 인정한다. 중독자 스스로 마약을 통제할 수 있는 능력을 상실했다고 인정하고 시인한다.

다섯째, 순응한다.

자조모임 활동에 반항하거나 반박하지 않고 협조하며 동조하되 완전한 항복을 의미하는 것은 아니다.

여섯째, 용납한다.

중독자는 이 단계에 이르러서야 자신을 대신해서 중독문제를 해결해 줄 수 있는 사람이 아무도 없다는 사실을 깨닫는다. 중독회복 프로그램이 자신을 돕고 그 도움으로 회복이 가능하다는 사실을 인식한다.

일곱째, 항복한다.

마약중독 상태를 중독자 스스로 회복할 수 있는 힘이 부족해 극복할 수 없다는 사실을 인정하고 항복한다. 항복단계는 단지 마약을 하는 권리만 포기하는 것이 아니라, 지금까지 자신의 뜻대로 했던 모든 행동을 자조모임 회복단계에 전적으로 맡기는 것을 의미한다.

3) NA자조모임 프로그램

(1) 모임의 시작

- 프로그램의 시작을 알린다(육성, 핸드폰, 기타 수단)
- 그럼 지금부터 ○○년 ○월 ○일 NA자조모임을 시작하겠습니다.
  (화장실 위치 등 공지사항 알림)

(2) 명상

- 오늘 우리가 왜 여기에 모였는지 생각해 보고, 앞으로의 삶을 어떻게 살아갈
  지, 자신이 원하는 미래 삶의 아름다운 모습을 잠시 명상하는 시간을 갖도록
  하겠습니다. (대략 2~3분간)

(3) 자조모임 설명

- 이 모임은 약물 의존자를 대상으로 단약을 위한 자조 모임입니다.
- 단약을 위해 오신 분, 멀리 지방에서 오신 분, 오늘 처음 오신 분, 그리고 약
  물의 폐해에 대해 관심을 가지신 분, 이 모든 분들을 적극 환영합니다.

(4) NA자조모임 프로그램 낭독

- 나누어 드린 인쇄물을 낭독하실 때 ☆표시가 있는 데까지 읽도록 하겠습니다.
- 좌측으로 돌아가면서 낭독하겠습니다. 자, 그럼 저부터 시작하겠습니다.

(5) 처음 오신 분 소개

- 오늘 모임에 처음 참석해 주신 분들의 본인 소개를 부탁드리겠습니다.
  (이름은 밝히지 마시고 자신의 성만 말씀해 주시기 바랍니다. 중독자가 아니
  면 성과 이름 모두를 말씀하셔도 됩니다.)
- 예) 약물중독자 ○입니다. 저는 ....

(6) 주제선정 및 대화

- 대화에 앞서 오늘의 주제를 선정해 주실 분이 있으시면 말씀해 주십시오.
  - 주제가 없을 시: 그럼 각자의 경험담을 들어 보기로 하겠습니다. 짧은 시간이므로 개인 발언은 3~5분 정도로 제한 하겠습니다.
  - 주제가 있을 시: 오늘은 ~을 주제로 하자는 의견이 나왔습니다.
    이 주제에 초점을 두고 말씀하셔도 좋고, 각자의 경험담이나 현재의 심정을 이야기하셔도 괜찮습니다(발표 후 좋은 말씀을 발표해 주셔서 감사합니다).

[주제선정]

유혹, 재발, 후유증, 가족, 고통, 예방, 주위 환경, 성격, 불신, 과거, 규칙, 범죄, 성문제, 직업, 재활, 검토, 의심, 희망, 꿈, 시간, 습관, 단약, 버릇, 적응, 계획, 종교, 신앙, 실천, 약속, 삶, 스트레스, 거짓, 의지, 생활 등이 있다.

(7) 후원금 모금

- 우리는 어느 누구에게도 의지하지 않는 자조모임입니다. NA모임에 있어 필요한 책 구입 및 커피, 음료, 다과 등은 여러분이 내시는 후원금으로 충당하고 있습니다.
- 후원금은 약물로 고통 받고 있는 분들이나 교도소, 치료감호소 방문 등을 위해서도 쓰여집니다. 전 월까지의 잔액은 (   )입니다. 개인적으로 성금 사용에 궁금하신 분은 모임 후, 개별적으로 문의해 주시기 바랍니다.

(8) 연락사항 전파

- 알림사항이나 공지사항이 있으신 분은 말씀해 주시기 바랍니다.
  (모임 또는 세미나 등의 행사에 대해서, 개인의 경조사 등)

(9) 약속 지키기 낭독(개인정보보호의 중요성을 위하여)

- 이 모임에서 보고, 듣고, 말하고, 행동한 모든 것에 대하여 이 자리를 떠날 때에는 본인 마음속으로만 간직하시고 외부에 노출하지 않기를 바랍니다.

(10) 평온함을 원하는 마음의 기도(전체 일어서서 손잡고 원을 만든다.)

- 한 구절씩 할 때마다 따라해 주시기 바랍니다.

[어쩔 수 없는 것을 인정하는 평안함과 어쩔 수 있는 것을 고칠 수 있는 용기와 이 두 가지를 구별할 수 있는 지혜를 주소서!

[The Peace to accept the things I cannot change, The courage to change thethings I can, And the wisdom to know the difference]

(11) 모임 종료

● 이상으로 ○○년 ○월 ○일 NA모임을 모두 마치겠습니다. 옆 사람과 서로 악수하시고 인사를 나누시길 바랍니다.

2. 미디어중독 예방전략

우리는 새로운 유행과 아이디어, 패션, 미디어에 이르기까지 다수를 따라가며 세상을 살아간다. 이 중 미디어는 표현의 자유를 실현할 수 있다는 장점과 자신만의 독특한 개성을 잃을 수 있는 단점을 동시에 가지고 있다. 자신의 삶을 완벽하게 포장하고 싶어 하는 인간의 욕망은 현실 세계로부터 도피 만족감을 느끼게 하여 미디어 중독으로 이끈다.

1) 소셜미디어 중독예방

소셜미디어에 중독되는 데에는 나름의 이유가 있다. 과도한 학습 부담과 진학 스트레스, 여가나 취미생활의 부족, 친구관계의 변화 욕구, 사회적 스트레스를 풀기 위한 이유 등 다양하다. 소셜미디어를 통해 만들어지는 공간은 나름 삶의 비상구로 느껴질 때가 있다. 하지만 우리가 안심할 수 없는 이유는 미디어 중독으로 성적(性的) 문제나 도박의 문제가 발생할 수 있기 때문이다. 소셜미디어 중독예방을 위한 몇 가지 방안을 제시하면 다음과 같다.

첫째, 소셜미디어에 참여하고 싶은 이유를 생각하기다.

세상의 모든 일에는 목적이 있는 것처럼 소셜미디어를 사용함에 있어도 마찬가지다. 게임, 음악, 친구와의 소통, 사업 홍보 등 다양한 목적이 있을 수 있다. 이러한 다양한 목적 중 나의 목적은 무엇인지 깊이 생각해 본다. 이러한 본질적인 핵심을 탐색하면 소셜미디어 사용시간의 통제가 가능하다.

둘째, 팔로잉 하는 사람, 게시물 및 공유내용을 꼼꼼히 살피기다.

자신이 보고 '좋아요'를 누른 게시물을 바탕으로 알고리즘을 통해 맞춤 콘텐츠가 제공된다. 그렇기 때문에 필요한 정보에 노출되도록 종종 관심 없는 사람을 팔로잉 한다. 이럴 경우 자신과 의견이 다른 사람이 피드에 노출되면서 댓글 논쟁이 일어나기도 한다. 따라서 다른 사람의 의견에 지속적으로 반응하기보다는 팔로잉을 취소하는 것이 바람직하다. 또한 자신이 공유하는 것은 꼼꼼하게 확인하는 과정이 필요하다.

셋째, 스마트폰 타이머 설정하기이다.

스마트폰 타이머를 설정해 소셜미디어 사용 시간을 계획적으로 통제한다. 온라인 활동을 자주 하지 않는 연습을 하다 보면 보다 많은 여유로운 시간이 생기고, 이를 유용하게 활용할 수 있는 이점이 있다.

넷째, 알림설정 변경하기이다.

스마트폰 알림이 계속 울리면 주의가 산만해지고 하던 일에도 집중하지 못해 생산성이 저하된다. 그렇기 때문에 되도록이면 스마트폰 알림표시를 숨기거나 무음으로 변경한다. 아예 알림 기능을 끄거나 스마트폰에서 앱을 삭제하는 것도 하나의 좋은 방법이다.

다섯째, 모든 것을 게시하고 공유할 필요가 없다는 것을 기억하기이다.

어느 사람이든 현실 세계에서 일어나는 사건을 소셜미디어에 올리거나 게시해야 하는 사회적 의무는 없다. 언제든지 개인의 욕구에 따라 선택 가능한 영역이다. 자신도 모르게 게시물을 올리는 습관은 소셜미디어 중독으로 이어질 가능성이 커, 이를 스스로 금지하는 것이 적절하다.

여섯째, 스마트폰을 내려놓고 인생을 즐기기이다.

스마트폰을 사용하지 않고 일상을 즐기는 것은 소셜미디어 중독에서 벗어나는 가장 현실적인 방법이다. 우리에게 소중한 순간은 스마트폰에 있는 것이 아닌 우리의 현실세계에 존재한다. 스마트폰 카메라를 연신 사용하는 대신 삶의 의미와 가치 있는 순간을 포착하기 위해 진정한 나의 눈과 마음으로 삶의 서사를 담는다.

2) 스마트폰 중독예방

(1) 자기지도 능력을 증진한다

스마트폰의 사용시간과 사용패턴을 파악한다. 스마트폰을 과다 사용하여 나타난 좋지 않은 일이 있다면 이를 모두 글로 적고 스스로 등급을 매긴다. 그런 다음, 스마트폰의 적절한 사용이 어느 측면에서 중요한지와 스마트폰의 과다 사용으로 중요한 과업을 그르친 일 등을 구체적으로 평가한다.

스마트폰의 무분별한 반복 사용으로 삶의 좋은 기회를 놓친 일이 있다면 앞으로 자신의 삶의 서사가 어떻게 변화되어야 하는지 깊이 생각하는 시간을 갖는다. 자신도 모르게 많은 시간 동안 사용한 스마트폰이 자신의 삶에 부정적인 영향을 준다고 판단되면 자신에게 비상사태를 선포한다.

(2) 사용시간을 매일 점검한다

스마트폰을 사용하다 보면 시간왜곡의 속성 때문에 자신이 생각한 시간보다 훨씬 많이 사용했다는 사실을 뒤늦게 알게 된다. 스마트폰을 무분별하고 과도하게 사용하는 사람은 가장 우선적으로 스마트폰 사용시간을 통제하는 것이 필요하다.

자신이 좋아하는 용도에 따라 스마트폰 사용시간의 등급을 매기고 비교하는 습관을 기른다. 주로 사용하는 콘텐츠가 어떤 종류인지 구체적인 평가를 하면 스마트폰에 빼앗기고 살아가는 자신의 삶에 대한 바른 인식이 가능하다.

스마트폰 사용일지를 준비해서 하루 동안 스마트폰의 사용시간과 스마트폰 이용 내용을 매일 구체적으로 기록한다. 그런 다음, 기록된 자료를 통해 어떤 부분에 얼마나 많은 시간을 사용하고 있는지 분석하는 습관을 길러 스마트폰 사용시간을 단축한다.

(3) 과다사용의 원인을 명확히 규명한다

스마트폰을 과다 사용한 이유가 일상생활이 힘들어서 혹은 대인관계 갈등으로 또는 스트레스 때문이라고 하더라도 또 다른 원인이 존재할 수 있다. 예컨대, 고독하고 외로워서일 수 있고, 기분 전환 혹은 오락 때문일 수도 있다.

스마트폰의 과도한 사용이 진정으로 자신에게 필요한 것인지 스스로에게 물어

보고, 도박이나 성적(性的) 관심 때문에 사용하는 것은 아닌지 그 원인을 명확히 규명한다. 만약, 스트레스를 풀기 위해 스마트폰을 습관적으로 사용하는 것이라면 스마트폰 중독의 일반적인 패턴이라는 점을 인식하고 대안을 강구한다.

(4) 새로운 대안활동을 찾아 욕구를 충족한다

스마트폰을 과다 사용하는 잠재적 중독위험성이 있는 사람은 지금 스마트폰을 사용하는 것보다 다른 유익한 대안행동을 찾는 것이 필요하다. 가령, 스마트폰에 중독되기 전 즐겼던 취미활동을 다시 시도하는 것이다.

새로운 대안활동을 찾는 경우에는 스마트폰과 관련이 없는 활동이어야 한다. 운동과 같이 주로 몸을 사용하는 것이 적절하며, 가까운 사람과 함께 대안활동을 함으로써 사회적 욕구를 충족시키는 것이 바람직하다.

3) 인터넷 중독예방

(1) 개인적 차원

인터넷은 통제력이 약한 경우에 발생하기 쉽다. 인터넷 이용자 스스로 자기규제능력이나 통제력을 갖추는 것이 필요하다. 어릴 때부터 자신감과 자아존중감을 고양하고, 자신에 대한 통제력을 키우기 위한 다양한 학습경험을 갖는다.

인터넷 중독을 예방하기 위한 개인적 차원의 대책은 몇 가지의 방법이 있다. 첫 번째로는 목적 없이 웹서핑을 하지 않는 것이다. 뚜렷한 목적 없이는 웹서핑을 하지 않으며, 자신에게 주어진 일을 다 마친 후 컴퓨터를 하는 습관을 기른다. 한 시간만 게임을 한 뒤 공부를 하겠다는 생각은 중독으로 이어지는 지름길이다.

두 번째는 컴퓨터를 공개된 장소로 옮긴다. 혼자만의 밀폐된 공간에서 컴퓨터를 하지 않는다. 남에게 드러나지 않는다는 은밀성이 사이버 중독을 일으키는 원인으로 작용하므로 보다 공개된 장소, 예를 들면 거실 등으로 컴퓨터의 위치를 옮긴다.

세 번째는 불필요한 CD를 없애고 파일을 삭제한다. 컴퓨터는 업무 또는 공부 목적으로만 사용하고, 오락과 휴식의 도구로서 사용을 금한다. 컴퓨터 사용이 신체적·정신적 긴장을 유발하는 스트레스가 되지 않도록 과감하게 불필요한 게임 CD와 파일 등을 삭제한다.

특히, 모니터 앞에서는 절대로 식사하지 않는다는 규칙을 정한다. 단순히 컴퓨터를 사용하는 시간만 줄이는 데 목적을 두면 남는 시간에 할 일이 없어 또다시 인터넷을 하게 된다. 따라서 규칙적으로 땀을 흘리는 운동을 하고, 자신에게 만족감을 주는 대안 활동을 찾아 즐긴다.

(2) 가정적 차원

21세기의 가정환경은 인터넷 중독에 취약한 특징이 있다. 청소년의 인터넷 중독예방을 위해서는 부모의 관심과 가족구성과의 대화, 다양한 체험활동이나 봉사활동에 적극 참여하는 노력을 기울일 필요가 있다. 부모 스스로 인터넷의 사용방법을 익히고, 사이버문화를 이해함은 물론 인터넷 사용의 윤리적 규범을 숙지하여 자녀를 보호한다.

(3) 학교 차원

학교는 청소년의 인터넷 중독을 방지하기 위한 대표적인 사회적 기관이다. 교사는 학생이 학교생활에 어려움을 겪는 이유가 게임 때문인지 혹은 다른 이유가 있는지 잘 살핀다. 학생이 게임중독으로 무단결석을 할 경우에는 적극적으로 개입하여 학생생활에서 소외되지 않도록 지도한다. 학교에서는 게임중독 예방교육, 불건전한 정보에 대처하는 능력과 건전한 인터넷 사용에 관한 미디어 교육 등을 교과목에 편성하여 교육하는 것이 바람직하다.

(4) 사회적 차원

사회적 차원에서는 중독예방을 위한 교육프로그램을 개발하고 이를 적극 운영하여 사회구성원들의 의식 함양에 노력한다. 법적·제도적 장치를 마련하며 전문기관을 통해 인터넷 중독상담과 치료를 위한 다양한 접근방법을 개발하고 적용한다. 온라인 게임중독에 대한 상담과 치료서비스를 제공하는 기관의 확충, 상담 및 치료전문가를 양성하고, 나아가 민관교류를 통해 정보와 사례 등을 공유하고 협력사업을 강화한다.

극한 위기
집단상담 프로그램

자살 위기상담 프로그램

자살이란 도대체 무엇인가? 자살을 어떻게 이해해야 이를 막을 수 있을까? 대체로 자살은 심리적 고통에서 출발한다. 우리 각자는 심리적 욕구로 구성된 특유의 성향과 내적 참조의 틀을 갖고 살아간다. 이러한 심리적 욕구와 준거의 틀이 우리를 움직이게 하는 무엇인가를 반영한다.

사람이 죽으려고 생각할 때는 심리적 욕구가 좌절되고 꺾일 때이다. 개인이 살아가는 데 없어서는 안 되는 필수적인 욕구라고 생각했던 것이 충족되지 못하고 좌절될 때에는 실패, 압력, 고통, 긴장, 두려움, 공포 등으로 지각되어 자살을 생각하고 자살행동을 시도한다.

그렇다면 자살을 결심한 사람을 어떻게 발견할 수 있을까? 어떻게 자살을 궁극적으로 예방할 수 있을까? 어떻게 치료할 것인가? 어떻게 자살위기자의 자살생각을 바꾸게 할 것인가? 등에 대한 답은 위기개입 전문가의 의무이자 책임이다.

세상에 단 하나뿐인 나를 존귀하게 여기고, 나의 삶을 소중히 살아가도록 하는 원동력은 자신의 자아존중감, 자아효능감, 자신감 그리고 자신의 의지에 달려 있다. 자존감을 높이고 자신감을 갖도록 굳은 의지를 북돋우는 위기상담 집단과정은 새로운 도전의 아름다운 출발선이자 새 삶의 희망의 통로이다.

본 프로그램은 심윤기 등(2020)의 집단프로그램을 5회기로 내용을 일부 수정·보완하여 재구성하였다.

[프로그램의 회기별 내용]

구분	중점	세부내용
1회기	프로그램 소개 및 친해지기	· 프로그램의 목적소개 · 내 마음의 앨범 · 3분 데이트
2회기	'나'를 아십니까?	· 나의 인생 곡선 그려보기 · 고민쪽지 나누기
3회기	나의 생각 프레임 바꿔 끼우기	· 위기상황 대처 연습하기 · 위기상황 대처 적용하기
4회기	원인은 스트레스!	· 스트레스 유형 알아보기 · 나만의 스트레스 대처방법 소개하기
5회기	세상에서 가장 소중한 나	· 나의 희망 그리기 · 빈 방 채우기

[1회기: 프로그램 소개 및 친해지기]

목표	■ 집단에 참여한 구성원 간 유대감을 형성한다. ■ 집단분위기를 안정되고 편안하게 조성한다.

활동과정	진행내용	소요 시간	준비물
도입	■ 집단프로그램 지도자를 소개한다. ■ 서약서를 작성하고 프로그램을 설명한다.	10분	워크북 ☞ 1-①
전개	■ 별칭 짓기 　- 집단상담 프로그램을 하면서 어떤 별칭으로 불리고 　　싶은지 정한다. ■ 함께 지킬 약속 정하기 　- 집단에 대한 기대감 나누기 　- 프로그램을 진행하는 동안 지켜야 할 규정 정하기	25분	펜
전개	■ 내 마음의 앨범 　- 워크북(1-②)을 채운다. 　- 내가 좋아하는 사람, 나에게 가장 소중한 물건, 내가 　　가장 빛났을 때 혹은 기뻤을 때, 잊고 싶은 기억을 　　글로 써도 좋고, 그림으로 그려도 좋다고 설명한다. ■ 3분 데이트 　- 2인 1조가 되어 3분 간 서로에게 다음과 같은 질문 　　을 하며, 따뜻한 분위기를 조성한다. 　Q1. 당신의 별칭과 그 의미는? 　Q2. 취미나 성격, 버릇은? 　Q3. 내 마음의 앨범 내용 　Q4. 기타 질문사항 ■ 나의 파트너 소개하기 　- 다른 집단원에게 나의 파트너를 소개한다.	40분	워크북 ☞ 1-②
마무리	■ 오늘 프로그램에 대한 나의 감정 나누기 ■ 다음 회기의 프로그램 설명하기	15분	

생명존중 서약서

우리의 만남은 자살예방 집단상담 프로그램을 통하여 새로운 변화와 발전을 목표로 만들어진 모임입니다. 우리는 이곳에서 '나와 타인'을 깊이 있게 이해할 수 있는 자기 자신과 동료의 모습을 보게 될 것입니다. 프로그램을 진행하면서 여러 가지 감정을 느낄 수 있습니다. 우리는 이 만남을 통하여 성숙해질 수 있으며, 나의 생명을 소중하게 생각하고 존중할 것입니다.

1. 나는 나의 생명을 소중히 여기며, 스스로 나의 생명을 해하는 일은 않겠습니다.
2. 나는 나의 생명을 해하려는 생각이 구체적으로 떠오르거나 위급한 상황이 닥쳤을 때는 집단지도자 혹은 _____에게 도움을 요청하겠습니다.
3. 나는 나의 부정적인 생각을 제어할 수 없을 시에는

   주간:_____

   야간:_____에게 연락을 취해 스스로를 지키도록 노력하겠습니다.
4. 여기서 나눈 이야기는 절대로 밖에서 말하지 않겠습니다.

본인은 상기 내용에 동의합니다.

년   월   일

이름: 서명:

☞ 워크북 1-② 내 마음의 앨범

● 내가 가장 좋아하는 사람

● 나에게 가장 소중한 물건

● 내가 가장 기뻤을 때

● 이것만은 꼭 잊고 싶다!

[2회기: '나'를 아십니까?]

목표	■ 나에 대해 깊이 있게 알아본다. ■ 나의 강점과 약점을 통해 '나'를 이해한다.			

활동과정		진행내용	소요 시간	준비물
도입		■ 감사했던 일을 돌아가면서 발표한다. ■ 프로그램에 대해 설명한다.	10분	

전개		■ 색종이 게임
		  - 서로 다른 5장의 색종이를 나누어준다.
		  - 돌아다니면서 가위,바위,보를 한 후 이긴 사람은 자신이 필요한 색종이를 가져오고 자신의 색종이를 상대에게 한 장을 건네준다.
		  - 5장의 색종이가 같은 색이 되면 이기는 게임이다.
			15분	색종이

	개인
	활동
		■ 나의 인생 곡선
		  - 내가 살아온 인생을 곡선으로 표현한다.
		  - 의미 있는 사건을 표시하여 내용을 기입한다.
		  - 자신의 인생 곡선을 발표한다.
			25분	워크북
				☞ 2-①

	단체
	활동
		■ 고민쪽지 나누기
		  - 각자의 고민을 쪽지에 적는다.
		  - 집단원끼리 하나씩 뽑아서 같이 해결해 나갈 수 있는 방식을 취한다.(타인의 고민을 가볍게 여기지 않도록 주의)
			25분	워크북
				☞ 2-②

과제부여		■ 하루에 세 가지씩 감사한 일을 적어본다.		
마무리		■ 회기를 마친 후 느낌을 얘기한다.	15분	

☞ 워크북 2-① 나의 인생 곡선

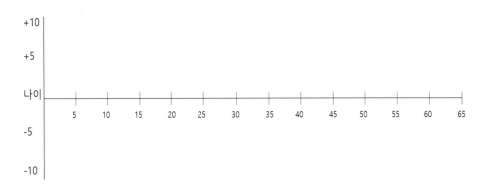

☞ 워크북 2-② 고민쪽지

나의 고민은 ....다.

왜냐하면,

· ·
· ·
· ·
· ·
· ·

나의 고민은 ....다.

왜냐하면,

· ·
· ·
· ·
· ·
· ·

[3회기: 생각의 틀 바꾸기]

목표	■ 엘리스(Eills)의 ABCDE이론을 설명한다. ■ ABCDE이론을 이해하고 연습하여 부정적인 나의 생각을 바꾼다.

활동과정	진행내용	소요 시간	준비물
도입	■ 과제로 부여한 감사한 것을 돌아가면서 발표한다. ■ 이번 회기의 프로그램을 소개한다.	10분	
전개	■ 질문 피구 60초 동안 공을 던지며 서로에게 질문하는 게임 　- 게임시작 전 벌칙을 정하고, 타인에게 물어볼 질문에 대해 생각한다. 　- 게임이 시작되면 질문을 하면서 질문상대에게 탱탱볼을 전달한다. 　- 마지막 볼을 가진 집단원이 벌칙을 수행한다. ＊ 모든 집단원이 하나 이상 질문을 하고 답을 할 수 있도록 한다. ＊ 탱탱볼을 너무 세게 던지지 않도록 한다.	15분	탱탱볼
	■ ABCDE이론에 대해 이야기한다.	15분	워크북 ☞ 3-①
	■ 위기상황 대처 연습하기 위기상황에서 나도 모르게 나오는 생각, 기분, 행동에 대해 이야기를 나눈다.	20분	워크북 ☞ 3-②
	■ 위기상황 대처 적용하기 　- 상황을 제시하고 생각, 기분, 행동을 바꾸는 연습을 한다.	15분	워크북 ☞ 3-③
과제부여	■ 스트레스 상황에서 나의 생각, 기분, 행동을 느껴보기		
마무리	■ 오늘 프로그램에 대한 느낌 나누기 ■ 다음 회기 프로그램 설명	15분	

☞ 워크북 3-① ABCDE이론 배우기

여러분이 일상생활에서 흔히 경험하는 불안은 그러한 기분을 일으키게 하는 사실 그 자체보다는 그 사실에 대해 여러분 개개인이 가지고 있는 비합리적인 생각의 결과인 경우가 많습니다. Eills는 자신이 경험하는 정서적 고통은 객관적인 사실보다 그 사실에 대한 생각, 그 중에서도 비합리적인 생각 때문이라고 주장하면서 ABCDE 이론을 제시하였습니다.

「A」 (Activating event: 사실, 선행적 사건)
: 일상생활에서 경험하게 되는 어떤 사실을 의미합니다. 즉, A는 자신의 행동 또는 그와 관련된 다른 사람의 행동 그 자체를 의미하는 것이죠.

「B」 (Belief: 신념)
: A에 대한 자신의 생각 또는 신념입니다. B에는 합리적인 생각과 비합리적인 생각이 있습니다. 합리적인 생각이란 그 목표가 어떤 것이든 그것을 달성하는데 도움을 주는 생각을 의미하고, 비합리적인 생각은 그 목표를 달성하는데 방해가 되는 생각을 의미합니다.

「C」 (Consequence: 결과)
: 사실, 즉 A의 결과로 나타나는 정서적 결과와 행동적 결과입니다.
사실에 대해 합리적 생각을 하는 사람은 적절한 정서적 결과와 적절한 행동적 결과를 경험하게 되지만, 비합리적 생각을 하는 사람은 부적절한 정서적 결과와 부적절한 행동적 결과를 경험하게 됩니다. 비합리적 생각은 자기와의 대화, 자기언어화, 자기진술 등에 의해 더욱 내면화되고 신념화됩니다.

「D」 (Disputing: 논박)
: 바람직하지 않은 정서적 고통에서 벗어나고 바람직하지 못한 행동을 하지 않도록 하기 위해 비합리적인 생각이 타당하지 않다는 점을 밝히는 것입니다.

「E」 (Effects: 효과)
: 논박의 효과를 말합니다. 논박을 하게 되면 먼저 비합리적 생각이 합리적으로 바뀌는 인지적 효과가 나타납니다. 그렇게 되면 비합리적 생각이 합리적 생각 때문에 일어난 바람직하지 못한 정서가 바람직한 정서로 바뀌는 정서적 효과가 나타납니다. 아울러 바람직하지 않은 행동이 바람직한 행동으로 바뀌는 행동적 효과가 나타납니다.

☞ **워크북 3-② 위기상황대처 연습하기**

● 가장 기억에 남는 불안하거나 화가 난 상황에 대해서 자세하게 적어보세요.

■ 언제?

■ 어디서?

■ 왜?

■ 무엇이?

■ 그때의 기분은?

■ 그래서 나는 어떻게 했나요?

☞ **워크북 3-③ 위기상황대처 적용하기**

A (선행사건)		B (신념)	
전	후	전	후
C (결과)		D (논박)	
전	후	전	후
E (효과)			
행동적 효과		정서적 효과	
전	후	전	후

[4회기: 원인은 스트레스]

목표	■ 나의 스트레스 유형을 이해한다. ■ 나만의 스트레스 대처방법을 이해하고 실천한다.		

활동과정	진행내용	소요 시간	준비물
도입	■ 지난 주 과제에 대해 이야기를 나눈다. ■ 프로그램에 대해 소개한다.	10분	
전개	■ 스트레스 증상의 정도를 측정한다.	10분	워크북 ☞ 4-①
	■ 스트레스에 대해 설명한다.	10분	워크북 ☞ 4-②
	■ 스트레스 유형 알아보기 　- 나의 스트레스 유형에 따라 그룹별로 나누어 대 　　화를 나눈다. 　Q1. 나와 비슷한가? 　Q2. 나와 다른 점은 무엇인가? 　Q3. 우리 유형의 공통점이 있다면? 　Q4. 우리 유형의 스트레스 해소법이 있다면? 　- 그룹별로 이야기를 나눈 후 전체적으로 이야기를 　　나눈다. 　- 자신만의 기발한 스트레스 대처방법에 대해서도 　　나눈다.	40분	워크북 ☞ 4-③
과제부여	■ 매일 감사한 일 세 가지 이상에 대해 일기를 써본다.	5분	
마무리	■ 프로그램에 대한 평가와 마무리를 한다.	15분	

☞ 워크북 4-① 나의 스트레스 수준검사

문항	해당여부(∨)
1. 재미있는 일이 있어도 즐기지 못한다.	
2. 커피, 담배, 술 등을 찾는 일이 늘어나고 있다.	
3. 쓸데없는 일에 마음이 자꾸 쏠린다.	
4. 매사에 집중할 수 없는 일이 자주 생긴다.	
5. 아찔할 때가 많다.	
6. 타인의 행복을 부럽게 느낀다.	
7. 기다리는 것을 참지 못할 때가 있다.	
8. 금방 욱하거나 신경질적이 된다.	
9. 잠을 깊게 자지 못하고 중간에 깬다.	
10. 때때로 머리가 아플 때가 있다.	
11. 잠들기 어렵다.	
12. 식욕에 변화가 있다.	
13. 과거에 비해 자신감이 떨어진다.	
14. 등과 목덜미가 아프거나 쑤실 때가 있다.	
15. 쉽게 피로해지고 늘 피곤함을 느낀다.	
16. 다른 사람이 내 말을 하지 않을까 두렵다.	
17. 사소한 일에도 가슴이 두근두근 거린다.	
18. 나쁜 일이 생기지 않을까 불안하다.	
19. 다른 사람에게 의지하고 싶은 마음이 강해진다.	
20. 나는 이제 틀렸다는 생각이 든다.	
해당되는 항목의 수	

∨ 5개 이하: 아무 의욕도 느낌도 가질 수 없는 상태로 관심을 요구하는 단계

∨ 6개 근접: 주의를 요구하는 단계

∨ 7개 이상: 적극적인 관리가 요구되는 단계

∨ 16개 이상: 전문가에 의한 상세한 진단과 도움이 필요한 단계

∨ 스트레스의 3D

모든 생명체는 스트레스에 대한 반응을 한다. 사람 역시 심박수와 호흡의 증가, 불안과 분노, 공격적 행동 같은 스트레스 반응을 한다. 스트레스를 받을 때 나타나는 몸, 마음, 행동상의 변화들은 태어난 후의 경험과 학습을 통해 얻어진 것이 아니라 진화와 유전의 결과물이다. 현대를 살아가는 우리는 스트레스가 가진 긍정적 측면보다는 건강과 행복에 악영향을 미치는 부정적 측면을 주로 인식하는 경향이 있다.

왜 그럴까? 대개가 심리적인 원인에서 촉발되는 현대의 스트레스는 과거와 같은 생존반응이 거의 불필요한데도, 여전히 원시시대와 같은 스트레스 반응이 유발되어 몸과 마음을 소진시키고 질병을 야기한다.

현대의 스트레스 원인을 "스트레스의 3D"로 표현한다.

더럽고(Dirty), 위험하고(Dangerous), 어려운(Difficult) 일들도 물론 스트레스겠지만, 그 3D가 아니라 불쾌감을 느끼는 상태(Discomfort), 마음을 산란시키는 자극들(Distraction), 판단과 결정을 해야 하는 압박(Decision making)이 그것이다.

∨ 스트레스를 왜 알아야 하나?

모든 병의 80%가 스트레스에서 기인한다. 스트레스가 건강하지 못한 생활습관을 불러온다. 음주, 흡연, 폭식과 같은 생활습관에서 오는 질환이 조기 사망 원인의 70~80%를 차지하는데, 이러한 생활습관의 주된 원인은 스트레스로부터 기인한다. 스트레스는 직접적인 생리적 변화를 유도하는 것 이외에도 약물남용, 위험하고 부적절한 행동 등을 유발해서 건강을 위협한다.

∨ 스트레스가 없으면 행복해질까?

"백수가 과로사 한다."라는 말을 들어본 적이 있는가? 인간은 자극이 없으면 자극을 만들어서라도 삶을 느끼고 싶어 한다. 창조적인 활동, 의욕을 불러일으키는 도전에 동반되는 스트레스를 유스트레스(eustress)라고 한다. 출산, 결혼, 취업, 승진 등은 일반적으로 좋은 유스트레스에 해당하는데 심신의 능력을 증가시키고 성장과 발전의 원동력으로 기능한다. 짜릿한 전율을 느끼게 하는 자극은 결과적으로 심리신체에 해로움보다는 유익함을 가져다준다. 이와는 반대로 심리신체에 해로움을 주는 나쁜 스트레스가 있는데, 이를 디스트레스(distress)라고 한다. 대인관계의 갈등, 부적응, 학습능력 저하 등은 디스트레스를 유발하는 단초가 되기도 한다.

☞ 워크북 4-③ 나의 스트레스 유형

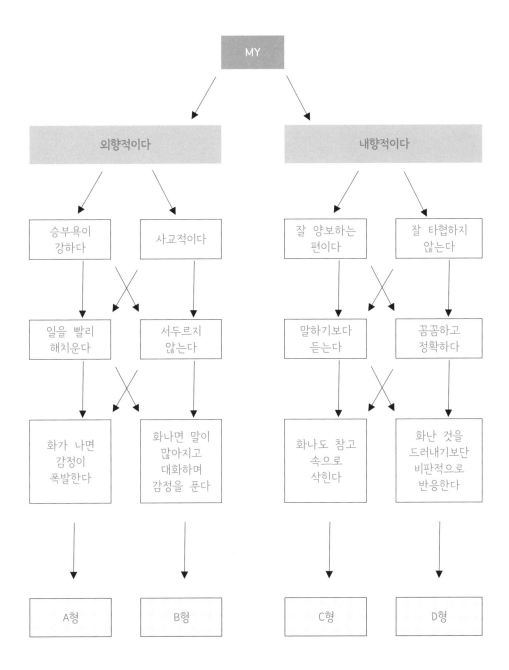

■ A유형

과도한 경쟁심, 성취욕, 공격성, 조급성, 적개심 등이 주된 특징이다. 항상 바쁘고 분주하게 움직이며, 사소한 일에도 경쟁심을 일으켜 남보다 더 빨리 끝내려고 분투한다. 말투가 빠르고 강하며, 지시적이고 단정적이다. 이야기를 들어주는 것보다 말하는 것을 더 선호한다. 따라서 자신에게 통제권이 없거나 자신이 상대방보다 열등하다고 느껴지고 목적 달성이 안 될 경우에는 불같이 화를 낸다. 화를 내고 나면 기분이 풀려 얼어붙은 분위기를 바꾸려고 한다. A 유형은 호르몬 분비의 기복이 심해 심혈관 질환이 타 유형보다 많이 발생한다. 이 유형과 친하게 지내고 싶다면 세세한 지도나 관심을 주기보다는 의사결정권을 주고 알아서 하도록 하는 것이 좋다. 또한 의견에 반하는 상황과 마주했을 시, 어느 정도 양보하는 것이 좋다.

■ B유형

서두르지 않고 사람 만나는 것을 즐겨하고 일을 하면서 심리적 만족과 즐거움을 추구한다. 마음을 터놓을 수 있는 사람도 많아 스트레스관리 차원에서 가장 유리하다고 생각되나, 때론 이러한 모습이 타인의 눈에 좋지 않게 보일 때가 있다. B유형은 집단 내 적대적인 분위기나 자신이 관심과 사랑을 못 받는 환경, 반복적이고 꼼꼼한 작업, 시간제한이 엄격한 일, 사람들과의 접촉이 적고 고립된 환경 등에서 스트레스를 받는다. 낙천적이고 매사를 긍정적으로 해석하기에 문제의 심각성을 깨닫지 못하여 일을 그르칠 때도 있다.

■ C유형

자신의 의견을 내세우지 않고 다른 사람의 의견에 잘 동조하며 협조하여 인간관계에서 갈등을 만들지 않는다. 그러나 존재감이 없고 나약해 보여서 손해를 보거나 무시를 당하는 일이 발생한다. C유형의 사람은 스트레스를 받으면 더욱 위축되고 표현이 적어진다. 감정을 억누르고 표현하지 않고 스트레스를 속에 쌓아 두어 화병에 걸리기 쉽다. 문제가 있는 상황을 적극적으로 상황을 개선하기보다는 나서지 않기 때문에 만성적인 상황으로 몰리는 경우가 잦다. 그래서 이러한 유형을 지닌 사람은 예측불가한 상황과 임기응변이 필요한 일에서 스트레스를 많이 받는다. 이들은 조용한 환경에서 스스로 안정을 찾는 것을 통해 스트레스 해소가 가능하다. C유형인 사람은 끈기, 성실함, 우직함이 장점이다.

■ D유형

D유형은 늘 생각이 많고, 머릿속에 곧 일어날 일에 대한 생각으로 쉴 틈이 없다. 무슨 일이든 결과가 자기의 목표나 기준에 미치지 못하면 스트레스를 받으며, 자의식이 강하고 완벽주의이며, 강박적인 성향이 높다. 타인의 이목과 평가에 예민하다. 그래서 작은 실수나 실패에도 자책하여 열등감에 빠진다. 이들은 자기와 무관한 주변 사람의 언행을 자신과 관련된 것으로 생각하는 관계 사고를 겪기도 한다. D유형은 남이 간섭하거나 통제하려는 상황에서 스트레스를 받고, 사생활이 침해되는 상황을 싫어한다. 일의 성과나 진행속도가 원하는 대로 진행되지 않으면 화가 부글부글 끓고 냉소적으로 반응한다. D유형의 사람은 혼자 조용히 생각할 시간을 가지고, 상황을 머릿속으로 정리하여 개인적인 해결책이 내려지면 감정이 가라앉는다.

[5회기: 세상에서 가장 소중한 나]

☞ 워크북 5-① 나의 희망그리기

목표	■ 나의 변화된 모습을 찾는다. ■ 나의 소중함을 알아본다.		

활동과정	진행내용	소요시간	준비물
도입	■ 과제로 부여한 감사한 것을 돌아가면서 발표한다. ■ 프로그램을 소개한다.	10분	
전개	■ 얼굴그리기 　- 2인 1조로 활동한다. 　- 가위, 바위, 보를 하여 이긴 사람이 화가가 되고, 진 사람이 모델이 된다. 　- OHP필름을 끼운 투명 보드판을 들고 매직으로 화가가 모델의 얼굴을 그린다. 　- 역할을 바꾸어서 진행한다. ★ 투명보드판을 모델이 자신의 얼굴 앞에 대고 있으면 화가는 얼굴을 따라 그려주는 방식으로 한다.	20분	OHP필름 투명보드판 매직
	■ 나의 희망 그리기 　- 앞으로 내가 기대하는 나의 20대부터 70대까지를 적어본다. 　- 아주 사소한 것으로부터 아주 큰 것까지 다양하게 적어본다. 　- 집단구성원들과 이야기를 나눈다. ■ 빈 방 채우기 　- 각 집단원구성원에게 필요한 물건을 방에 채워준다. 　- 롤링페이퍼 형식이며 그 사람에게 꼭 필요한 것을 선물한다. 　- 자신의 방에서 가장 마음에 드는 선물을 뽑아 이야기를 나눈다.	40분	워크북 ☞5-① ☞5-②
과제부여	■ 꿈과 희망 목록 달성하기 위해 실천한다.		
마무리	■ 소감을 나누고 마지막 회기를 마무리 한다.	10분	

∨ 앞으로 내가 기대하는 나의 희망 적어보기	
20대	
30대	
40대	
50대	
60대	
70대	

☞ 워크북 5-② 빈 방채우기

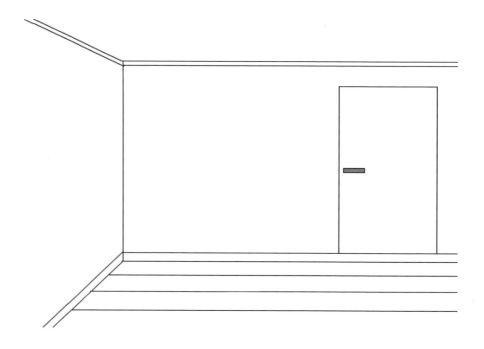

CHAPTER

성폭력 피해 위기상담 프로그램

우리 사회에서 발생하는 성폭력 범죄는 시간이 흐를수록 급격히 증가하는 추세에 있어 그 심각성을 더해 주고 있다. 타인의 동의 없이 신체를 성적(性的) 대상화하여 불법적인 촬영이 이루어지고, 상대의 동의 없이 촬영된 성적촬영물을 사이버공간에 유포협박 · 저장 · 전시 · 유통 · 소비뿐만 아니라 온라인그루밍, 몸캠피싱, 메타버스 속 사이버스토킹까지 디지털 관련 성범죄가 갈수록 교묘해지고 다양해지고 있다.

성범죄자는 대체로 인지적 왜곡으로 올바른 의사소통이 어렵고 자신의 행동, 타인의 반응과 상황 등에 대해서도 적절히 인식하지 못하는 것으로 알려져 있다. 성범죄 피해자는 사람을 만나는 대인관계에 대처하지 못할 뿐만 아니라, 가정, 직장, 친구, 활동에서도 제대로 적응하지 못해 고통 속에서 힘겨운 나날을 보내는 경우가 흔하다.

성폭력 피해자가 결혼을 했거나 사랑하는 애인을 두고 있는 경우에는 그들의 관계에 깊은 손상을 주어 피해회복이 더 느리게 이루어진다. 성폭력 피해자 가까이에 있는 가족이나 지인이 피해자의 행동을 이해하지 못하는 경우에는 부적응이 더욱 심하게 나타난다. 주위 사람들이 오히려 피해자를 비난하거나 혹은 가해자에게 보복하려고 할 때에는 성폭력 피해자의 정신적 혼란과 갈등이 더 악화되어 자살시도로까지 이어진다.

본 프로그램은 서울시(2015, 2016)의 성폭력 예방 교육과 성희롱 예방 교육(한국양성평등교육진흥원, 2016)의 자료를 참고하여 내용을 일부 수정·보완하여 재구성하였다.

[프로그램의 회기별 내용]

구분	중점	세부내용
1회기	즐거운 만남	· 프로그램 소개하기 · 자기 소개하기
2회기	성희롱에 대한 개념	· 성희롱, 성폭력, 성적 자기결정권 등의 개념 이해 · 성폭력 사례를 통한 자신의 생각정리
3회기	성폭력 주변인의 역할	· 주변인의 역할에 대해 고민 · 문제해결능력증진
4회기	액션플랜 세우기	· 성평등 문화 확산을 위한 액션플랜 · 성폭력 피해를 예방하기 위한 행동
5회기	미래를 향하여	· 사랑에 대한 자신의 생각 알아보기 · 나의 변화된 모습 찾기

[1회기: 즐거운 만남]

목표	■ 프로그램에 대한 구조화를 하고 집단분위기를 안정되게 조성한다. ■ 집단에 참여한 구성원 상호간 유대감을 형성한다.		
활동과정	**진행내용**	**소요 시간**	**준비물**
도입	■ 인사 및 강사소개 ■ 함께 지킬 약속 정하기 　- 집단에 대한 기대감 나누기 　- 프로그램을 진행하는 동안 지켜야 할 규정 알려주기	20분	워크북 ☞ 1-①
전개	■ 주의 집중 게임하기 　- 여러분 지금 화면에 보이는 그림에서 스마일을 한 얼굴 　은 몇 개인지 찾아보세요. 다 찾았나요. 몇 개인가요? 　스마일 표정을 일일이 찾아서 개수를 세어 보신 분? 　네. 수고하셨습니다. 　다른 방법으로 찾으신 분 계신가요? 　네. 찡그린 표정의 얼굴 세 개를 세어서 전체 개수에 　서 빼면 되겠죠. 　이번 집단상담 과정이 종료되었을 때는 모든 분의 　얼굴이 환한 미소를 띠기를 기대합니다.	5분	
	■ 별칭을 작성하고 소개하기 　- 자신을 자신이 직접 워크북을 활용하여 소개해도 좋 　고, 자기 짝을 집단원에게 소개하는 형식도 무방하다.	20분	워크북 ☞ 1-②
	■ '누가 누가 빨리 말하나' 게임 　- '성(性)'이라고 하면 어떤 단어가 떠오르나요? 성이 　라고 하면 떠오르는 단어들을 이어가며 이야기하는 　게임인데 팀을 나눠서 정해진 시간 10초 동안 이야 　기한다. 많이 말하는 조가 이긴다.	5분	
마무리	■ 오늘 프로그램에 대한 짧은 소감 나누기	10분	

서 약 서

우리의 만남은 성인지감수성 증진 집단상담 프로그램을 통하여 새로운 변화와 발전을 목표로 만들어진 모임입니다. 우리는 이 곳에서 한층 더 당당하고 멋진 자신의 모습을 보게 될 것입니다. 자신의 모습을 알아가면서 기쁠 수도 있겠지만 때로는 자신에게 실망하고 화가 나는 일도 있을 수 있습니다. 우리 모두는 이 모임을 통해 더 나은 자신의 모습과 새로운 가능성을 만나게 될 것입니다. 보람 있고 즐거운 만남이 되기 위해 서로를 존중하는 우리의 약속을 정해 봅시다.

1. 내 마음에 있는 생각이나 느낌을 솔직하게 표현한다.
2. 집단에 참여한 구성원이 하는 말을 편견 없이 있는 그대로 듣는다.
3. 여기서 나눈 이야기는 절대로 밖에서 말하지 않는다.
4. 집단원이 이야기할 때에는 끼어들거나 방해하지 않고 잘 경청한다.
5. 집단 모임시간을 잘 지키고 성실히 집단 활동에 참여한다.

년   월   일

이름: 서명:

☞ 워크북 1-② 나를 표현하기

나는 어떤 존재인지 생각해 보고, 자신을 무엇으로 상징할 수 있는지 개념화한다.
그리고 그 이유를 설명해 봄으로써 친밀감을 높인다.

. 나의 별칭은? 왜?
. 나를 한 단어로 표현한다면?
. 내가 태어났을 때는 어땠어?
. '성(性)' 하면 떠오르는 느낌은?
. 남자로(여자로) 사는 것은 ?

_____이다.

[2회기: 성희롱에 대한 개념]

목표	■ 성희롱의 개념, 성적자기결정권을 이해한다. ■ 성희롱 사례를 통해 자신의 생각을 정리해본다.		

활동과정	진행내용	소요 시간	준비물
도입	■ 성폭력, 성희롱, 성적자기결정권의 개념에 대해 설명한다. ■ 학습목표를 확인한다(교육의 초점은 무엇을 알게 되었는가가 아니라, 알고 있는 것으로 무엇을 할 수 있느냐에 목표)	10분	워크북 ☞ 2-①
전개	■ 사례 토의 상황 글을 읽고 자신이라면 어떻게 할 수 있을지 생각을 정리해 본다(유사한 사례를 이야기해도 됨)	10분	워크북 ☞ 2-②
전개	■ 영상보기 ▶ 태어날 예정의 딸이 아빠에게 바라는 메시지 https://www.facebook.com/100006348691020/posts/1697777727110501?s=100006348691020&v=i&sfns=mo ■ 영상을 보고 난 후 느낀 점을 발표한다. (성폭력, 성희롱을 하면 남자를 잠재적 범죄자로 취급하는 듯한 느낌이 있다. 사회문화적인 측면에서 나의 의도에 상관없이 농담으로 여기고 넘어갔던 일들에 대해 생각해 본다.) ■ 성희롱 예방교육을 통해 더 나은 자신과 후속세대의 미래를 바라보도록 한다.	20분	영상
마무리	■ 회기를 마친 후 느낌을 얘기한다.	10분	

☞ **워크북 2-① 성폭력, 성인지감수성의 개념 바로알기**

■ 성인지감수성

성인지감수성이라는 용어가 처음 등장한 것은 2018년부터다. 이 용어는 아직까지 명확한 정의가 내려지지 않은 상태에 있지만 대체로 성별 간의 차이로 인한 일상생활 속에서의 차별과 유·불리함 또는 불균형을 인지하는 것을 의미하는 것으로 사용되고 있다. 특히 성폭력·성희롱 사건에서는 가해자가 아닌 피해자의 입장에서 사건을 바라보고 이해해야 한다는 의미를 내포하고 있다.

■ 성폭력

성폭력은 개인의 자유로운 성적 자기결정권을 침해하는 범죄이며, 강간과 추행, 성희롱 등 모든 신체적·언어적·정신적 폭력을 포괄하는 광범위한 개념이다. 상대방의 의사를 침해하여 이루어지는 성적인 접촉은 모두 성폭력에 해당한다. 강간분만 아니라 성추행, 성희롱, 성기노출, 음란전화, 온라인 성폭력 등 상대방이 원하지 않고 거절하는데도 불구하고 불쾌한 성적 언어나 행동으로 상대방에게 굴욕적인 감정, 신체적 손상, 정신적인 고통을 느끼게 하는 행위는 모두 성폭력이다.

사회적 지위와 신체적인 우월한 조건을 이용하여 남성이 여성의 성적 자기결정권을 침해하는 행위도 성폭력에 해당하며, 동성 간 이루어지는 성적 자기결정권 침해와 한 가정에서 어느 일방에 의해 강제적으로 행해지는 성적 행위도 성폭력이다. 상대방으로 하여금 막연한 불안감이나 공포감을 조성하고, 그로 인한 행동 제약을 유발시키는 것 또한 간접적인 성폭력에 해당한다.

■ 성적자기결정권

인간은 다른 사람의 권리를 침해하지 않는 대신 자신의 생각대로 결정하고 행동할 권리를 가진다. 이러한 자기결정권은 인간이면 누구나 지닌 것으로 성(性)과 관련한 부분에 있어서도 예외가 되지 않는다. 성적 자기결정권은 이성과의 관계에서 평등하고 주체적으로 관계를 만들어 갈 수 있는 능력을 말한다.

다른 사람이나 사회의 간섭 또는 강요 없이 자신의 의지와 판단에 따라 자율적으로 성적 행위를 결정할 수 있는 권리이자, 자신이 원하지 않는 성적 행위에 대해서는 분명하게 거부하고 저항할 수 있는 권리를 의미한다. 상대방의 말이나 행동으로 성적 수치감이나 모욕감을 느끼는 경우에 이에 대하여 분명하게 반대 의사를 밝히는 것이 곧 성적 자기결정권을 행사하는 것이다.

성적 자기결정권을 행사할 때는 나의 성적 자기결정권이 소중한 기본 권리로 존중되어야 하듯, 타인의 성적 자기결정권도 이와 동등하게 존중되어야 한다는 점을 명확히 인식하는 것이 중요하다.

☞ **워크북 2-② 사례**

> 군대에서 일어난 사례이다
>
> 이번 달부터 야간당직 근무에 투입되는 박 일병은 근무투입 전부터 머리가 아프다. 악명이 자자한 김 원사 때문이다. 부사관들 중 가장 선임인 김 원사는 본인의 당직근무일에 같이 근무하는 당직병에게 근무를 서는 밤새 온갖 사적인 질문을 하는 것으로 유명하다.
> "다 네가 동생 같아서 하는 말이야.", "편하게 누나라고 생각해라."라는 말로 시작하여 여자 친구는 있는지, 언제 헤어졌는지 등의 질문을 아무렇지도 않게 한다. 심지어는 여자 친구와 잠자리는 가져봤냐고 까지 물어본다. 성적인 수치심을 느꼈다는 선임들의 이야기를 듣는 박 일병은 당장 다음 주에 김 원사 밑에서 당직병으로 근무하는 것이 두렵기만 하다.

☞ **워크북 2-③ 느낀 점 발표하기**

영상을 보고 느낀 점	

[3회기: 성폭력 주변인의 역할]

목표	■ 성폭력 주변인의 역할을 숙지한다. ■ 실제 발생한 사례를 통해 문제해결능력을 증진한다.		

활동과정	진행내용	소요 시간	준비물
도입	■ 성폭력에 대한 올바른 관점 갖기 ■ 주변인의 역할에 대해 알기	5분	
전개	■ 성폭력에 대한 올바른 관점 갖기 　- 폭력에 대한 민감성 필요 　- 행위자의 의도와 상관없이 동의 없는 성 행위는 성폭력임을 인지하기 　- 피해자의 관점으로 성폭력 바라보기 ▶ 주변인의 역할 성적인 대화나 행동을 목격했다면 적극적으로 개입한다.　성차별적 농담에 웃지 않는다. 오히려 이것을 진지하게 다룬다. 주변인의 역할 고민 피해자를 정서적으로 지지하고 가해자에 대한 판단을 자제한다.　과도한 행동으로 본인이 사건을 해결하려고 하지 않는다. ・ 성폭력 피해자 증언에 의하면 2차 피해가 더 심각한 트라우마를 남긴다. 성폭력 피해자를 마주하게 되었을 때 주변인으로써 할 수 있는 역할에 대한 고민이 필요하다. ・ 피해자의 이야기를 경청하고 함부로 피해자의 대처에 평가하지 않으며, 당신의 잘못이 아니라고 말해야 한다. ・ 성폭력 사건은 신속한 대처가 중요하므로 빠른 시일 내에 전문기관의 도움을 받아 신고할 수 있도록 안내한다.	10분	워크북 ☞ 3-①

	■ 사례를 가지고 주변인, 피해자, 가해자의 입장을 가지고 토의(현장에서 나오는 사례를 한 가지 더 나눈다)	20분	워크북 ☞ 3-②
	■ 강의를 마무리하며 폭력에 대한 경각심을 가질 수 있는 짧은 영상 시청 -1 is 2 MANY (단 한 번도 너무 많다. One is toomany) ■ 영상을 보고 느낀 점을 작성한 후 돌아가며 발표한다. (조용한 음악을 틀어주거나 충분한 시간을 준다) https://youtu.be/XXox6ma1gtE	10분	동영상 시청
마무리	■ 회기를 마친 후 느낌을 얘기한다.	10분	

☞ 워크북 3-① 대처방안

1. 가해자로 지목되었을 때 대처방안
■ 의도가 어떠하였든 상대방이 성희롱으로 불쾌감을 느꼈다면 이를 받아들이고 사과한다.
■ 분쟁의 조정 중에는 성실하게 내용을 받아들이고 피해자의 요구 사항을 이행한다.
■ 징계를 받을 시, 자신의 언행과 지속성에 비추어 징계가 합당한지 확인하고 수용한다.
■ 행위자가 된 경우 상대방의 불쾌감인 거부의사를 받아들이고 진심으로 사과한다.

2. 성희롱 발생 시 피해자가 할 수 있는 적절한 조치
■ 문제인식(성희롱을 경험했을 때)
  - '문제'가 발생했다는 사실을 인정하는 것이 가장 중요하다.

■ 분명한 의견표출
  - 행위자에게 문제라는 사실을 인지시키고 그만 둘 것을 요청한다.

■ 주변에 도움요청
  - 동료 등 주변의 신뢰할 만한 사람들에게 조언과 도움을 요청한다.

■ 기록 및 증거 수집
  - 본인의 감정과 의견을 포함, 사건에 관한 모든 것을 육하원칙에 따라 정확하게 기록
    하고, 증거가 될 자료들을 확보한다.

■ 기관 내 고충처리기구에 신고
  - 경고에도 불구하고 상대방의 행위가 지속되면 기관 내 고충처리기관에 신고한다.

■ 조사협조 전문상담원 또는 공식 조사자에게 적극적으로 협조하고 자신의 의사를 분명히
  전달한다.

☞ 워크북 3-② 사례토의

1. 상황 글을 읽고 피해자, 가해자, 주변인의 역할을 생각하며 자신의 생각을 정리해 본다.

> 소방관의 사례이다.
> A소방관은 매일 일과를 마치고 샤워장에 갈 때마다 스트레스를 심하게 받는다. 샤워할 때 마다 자신을 놀리고 장난치는 상급자 B소방관 때문이다. 샤워장에 갈 때마다 상급자 B소방관은 옷걸이를 들고는 "A소방관 이리 와봐. 차렷. 부동자세에서 움직이면 어떻게 된다?" 라고 하며 A소방관을 세워놓고 생식기에 옷걸이를 걸려고 하며 장난을 친다. A소방관은 성적으로 수치심이 들고 매우 불쾌했지만 B소방관의 행동을 제지하거나 나무라는 사람은 아무도 없다.

1) 내가 피해자라면 어떻게 할 것인가?

2) 내가 가해자라면 어떻게 할 것인가?

3) 피해자가 나에게 도움을 요청하고 있다. 내가 주변인이라면 어떻게 할 것인가?

2. 사례의 글에 대해 자신의 생각을 말해 본다.

> 조직구성원들 중에서 나온 이야기를 가지고 토론한다.

1) 내가 피해자라면 어떻게 할 것인가?

2) 내가 가해자라면 어떻게 할 것인가?

3) 피해자가 나에게 도움을 요청하고 있다. 내가 주변인이라면 어떻게 할 것인가?

[4회기: 액션플랜 세우기]

목표	■ 성 평등의 문화를 확산하기 위한 액션플랜을 세운다. ■ 성희롱 피해자가 되지 않기 위해 해야 할 행동을 알아본다.		

활동과정	진행내용	소요 시간	준비물
도입	■ 성폭력을 당한 피해자들은 사후 대처를 어떻게 할까? 실제 조사결과, '참았다'고 답한 비율이 높은 비율로 나타나고 있다. 행위자가 상급자일 경우 불이익이 우려되어 침묵하는 경향이 있다. ■ 액션플랜의 필요성: 우리는 위기상황이 오기 전에 매뉴얼을 준비해서 위기상황이 왔을 때 그대로 적용해 봄으로써 상황을 극복해 나간다.	5분	
전개	■ 성희롱, 성폭력을 비롯한 인권침해 예방을 위해 우리 주변에 문제는 없는지, 어떤 변화와 행동이 필요한지 세 가지 이상의 액션플랜을 마련해 본다. ■ 액션플랜 짜기(1) 최근 단톡방에서 수위 높은 성희롱적 발언이 논란이 되고 있다. 사람들 사이에 성희롱을 하지 않는 문화를 어떻게 만들 수 있을지, 이런 상황이 발생한다면 어떻게 대처할지 플랜을 짠다. ■ 액션플랜 짜기(2) [사례] A병장은 중대에서 소위 '왕고'다. A병장은 '왕고'가 된 뒤로 중대에 신병이 전입해 올 때마다 못된 장난을 친다. PX에서 판매하는 대형 소시지를 사 뒀다가 저녁점호가 끝나고 취침 소등을 한 뒤 신병을 앉혀놓고 눈을 감고 입을 벌리고 있으라고 시킨다. 그리고는 그 앞에서 일부러 하의를 벗는 척 소리를 내고는 신병의 입에다가 사 둔 소시지를 집어넣고 신병이 소스라치게 놀라는 것을 보고 낄낄거리곤 한다. ■ 액션플랜 짜기(3)	30분	워크북 ☞ 4-①
	■ 성폭력 피해자가 되지 않기 위해 해야 할 행동에 대해 이야기를 나눈다.	10분	워크북 ☞ 4-②
마무리	■ 회기를 마친 후 느낌을 이야기한다.	5분	

☞ 워크북 4-① 사례를 토론한 뒤 각 사례별로 액션 플랜을 세 개씩 적어보기

> - 성폭력 피해자의 입장에서 바라보기. 피해자가 겪는 2차 피해가 어떤 것이 있을까?
> - 내가 속해 있는 단톡방에서 이런 일이 벌어진다면 나는 어떻게 행동할 수 있을까?
>   (불편함을 말할 수 있을까? 말하지 못한다면 왜 그런 걸까? 어떻게 대처해야 할까?)
> - 제3자로써 우리가 행하는 행동을 돌아보고, 이런 사례가 우리 주변에서 발생한다면 우리
>   는 어떻게 행동해야 할지 액션플랜을 적어본다.

사례1) 액션플랜	
사례2) 액션플랜	

■ 액션플랜 짜기(3)

A는 대학생 여자 친구로부터 임신했다는 연락을 받았다. 이 상황을 예상해보고 이야기를 나눈다(이 사례는 성폭력과는 상관이 없으나 개인적 큰 고민으로 다가올 수 있으므로 의견을 나눠본다).

아이를 낳아야 할까? 말아야 할까?

낳기로 했어!	낳지 않기로 했어!
. 아이를 낳을 때 좋은 점은? . 예상되는 어려움은? . 앞으로 어떤 삶을 살까?	. 아이를 낳지 않을 때 좋은 점은? . 예상되는 어려움은? . 앞으로 어떤 삶을 살까?

☞ 워크북 4-②

[성폭력 피해자가 되지 않기 위해 해야 할 행동]

1. 자신의 의사표시를 분명히 한다.
2. 내 생활주변에 성폭력이나 희롱이 받아들여질 수 없는 분위기를 조성하고, 친구 간의 음담패설 대화에 참여하지 않는다.
3. 음란한 사진이나 동영상을 보는 행위에 대해 이의를 제기하고, 성희롱을 당한 친구를 비난하지 않으며 공동으로 대처한다.

이밖에 우리가 할 수 있는 것에 대해 이야기를 나눈다.

[5회기: 미래를 향하여]

목표	■ 친밀감이 형성된 관계에서 발생하는 성폭력에 대해 알아본다. ■ 사랑에 대한 자신의 생각을 알아본다. ■ 프로그램을 통해 변화된 자신의 모습을 찾는다.		

활동과정	진행내용	소요 시간	준비물
도입	■ 데이트폭력을 정확히 이해한다. 데이트폭력이란 교제중인 연인이나 배우자가 강압적·폭력적 행동으로 파트너를 지배하려는 것을 의미한다. 친밀감이 형성된 관계에서는 서로가 폭력을 폭력으로 인식하지 못하고 폭력적인 관계를 지속해 나가는 경우가 흔하게 나타난다.	10분	영상
전개	■ 교제중인 연인과의 관계를 알아보는 검사를 진행한다. Sternberg의 사랑의 삼각형 이론에 대해 소개하고, 자신이 무엇을 선호하는지 알아본 후, 서로의 생각을 나누어 본다. 자신에 대해 알아봄으로써 오해가 생길 수 있는 부분을 예방할 수 있다(나는 헌신이 사랑이라고 생각하나 상대는 친밀감을 사랑이라고 생각한다 등).	10분	워크북 ☞ 5-①
	■ 나에게 일어난 변화를 찾아 적어보기 작은 변화일지라도 어떤 변화가 있었는지 혹은 어떤 변화가 기대되는지 작성하고 소개하기 ■ 동료 집단구성원에게 일어난 변화에 대해 칭찬하기 아주 작은 변화라도 지지하고 격려하기 ■ 영상시청 https://youtu.be/97sFK_Jg00I "it's simple as tea" ▶ 동의는 동등한 힘의 관계에서 이루어져야 한다. 동의를 했다 하더라도 중간에 철회할 수 있어야 한다. 한 번의 동의는 지속적인 동의를 의미하지 않는다. 동의는 반드시 명시적인 동의여야 한다.	20분	워크북 ☞ 5-② 영상
마무리	■ 소감을 나누고 마지막 회기를 마무리 한다.	10분	

워크북 5-① 사랑의 삼각형(열정, 친밀감, 헌신) 그려보기

각 문장을 읽고 연인과의 관계를 잘 나타내는 척도에 ∨로 표시하세요.
1. 전혀 그렇지 않다 2. 매우 그렇지 않다 3. 약간 그렇지 않다 4. 중간이다
5. 약간 그렇다 6. 상당히 그렇다 7. 매우 그렇다

문항	1	2	3	4	5	6	7
1. 나는 그/그녀의 행복을 적극 지원한다.							
2. 나는 그/그녀와 따뜻한 관계를 맺고 있다.							
3. 그/그녀와 나의 모든 것을 공유할 의향이 있다.							
4. 그/그녀로부터 상당한 정서적 지지를 받고 있다.							
5. 나는 그/그녀에게 상당한 정서적 지지를 주고 있다.							
6. 내 인생에서 그/그녀는 매우 중요하다.							
7. 그/그녀에게 친밀감을 느낀다.							
8. 그/그녀와의 관계는 편안하다.							
9. 나는 그/그녀를 정말 이해하고 있다고 느낀다.							
10. 나는 그/그녀가 나를 정말 이해하고 있다고 느낀다.							
11. 나는 그/그녀를 보기만 해도 흥분된다.							
12. 그/그녀와 나의 관계는 정말 낭만적이다.							
13. 나는 그/그녀가 매우 매력 있다고 생각한다.							
14. 그/그녀는 나의 이상형이다.							
15. 그/그녀만큼 나를 행복하게 해 주는 사람은 없다.							
16. 나는 다른 사람보다도 그/그녀와 함께 있고 싶다.							
17. 이 세상에 그/그녀와의 관계보다 더 중요한 것은 없다.							
18. 나는 그/그녀와 신체적 접촉하는 것을 특히 좋아한다.							
19. 나는 그/그녀 없는 인생은 생각할 수 없다.							
20. 나와 그/그녀와의 관계는 열정적이다.							
21. 그/그녀와의 관계를 지속하기 위해 최선을 다하고 있다.							
22. 그/그녀와의 관계가 흔들리지 않을 것임을 확신한다.							

23. 그/그녀에 대한 나의 사랑은 평생 지속될 것이다.						
24. 그/그녀에 대한 나의 사랑은 확고하다.						
25. 그/그녀와 관계가 끝나는 것은 상상할 수도 없다.						
26. 그/그녀와의 관계가 영원히 지속될 것이라고 생각한다.						
27. 그/그녀와 사귀기로 한 결정은 잘한 것이다.						
28. 그/그녀에 대한 책임감을 느낀다.						
29. 그/그녀와의 관계를 지속할 작정이다.						
30. 그/그녀와의 갈등이 생긴다 해도 우리의 관계를 계속 유지할 생각이다.						

☞ 워크북 5-② 나와 집단 동료에게 일어난 변화를 적어보고 이야기를 나눈다.

변화하고 싶은 내 모습	
나에게 일어난 변화	
동료에게 일어난 변화 칭찬할 점	

극한 스트레스 위기상담 프로그램

우리는 삶을 살아가면서 "아, 스트레스 받아!"라는 말을 자주 한다. 그만큼 스트레스는 피할 수 없는 삶의 일부가 되었다. 스트레스를 좋게 생각하는 사람은 없겠지만 스트레스에 대해서는 거의 모든 사람이 이미 자신만의 특별한 인식의 틀을 갖고 살아간다.

어떤 처지에 놓여 있건 혹은 스트레스의 정도가 크던 작던, 그 원인이 외부에 있건 내부에 있건 간에 스트레스를 받으며 생활한다. 스트레스를 받아 뭔가 압박이 느껴지면 바로 스트레스라고 생각하며, 자신만의 대처방법을 떠올린다.

우리의 일상을 지배하는 것이 이러한 스트레스라는 것은 틀림없는 말이지만 그렇다고 스트레스를 이기지 못할 대상도 아니다. 우리의 생각에 따라 스트레스의 노예가 될 수도 있고, 스트레스를 통제하고 조절하는 주인이 될 수도 있다. 스트레스는 인생을 사는 내내 맞닥뜨려야 하는 감정이지만, 스트레스를 극복한 경우에는 정신적으로 한층 더 성숙해지기도 한다.

본 프로그램은 김자현(2016)의 인지행동스트레스관리 집단상담프로그램과 김태현 등(2013)의 집단상담프로그램을 참고하여 내용을 일부 수정·보완해 5회기로 재구성하였다.

[프로그램의 회기별 내용]

구분	중점	세부내용
1회기	극한 스트레스 인식하기	· 극한 스트레스에 대해 이해하기 · 현재 나의 스트레스 자극에는 어떤 것들이 있는지 확인하기
2회기	나를 화나게 하는 것들	· 나의 감정 느껴보기 · 분노에 대해 이해하기 · 분노에 대한 나의 반응 살펴보기
3회기	생각 멈추기	· 자신의 생각을 통제하기 · 생각 멈추기(Thought stop)
4회기	분노 조절하기	· 생각 바꾸기 · 행동으로 변화시키기 · 부적절한 감정언어 표현 조절하기
5회기	호흡법과 심상법 활용하기	· 호흡법, 심상법 배우기

[1회기: 극한 스트레스 인식하기]

목표	■ 극한 스트레스를 이해하고 스트레스 상황에 대해 이야기를 나눈다.		

활동과정	진행내용	소요 시간	준비물
도입	■ 프로그램 소개하기: 목적과 과정에 대해 소개 ■ 규칙 안내하기: 비밀보장, 구체성, 진실성, 경청하기 ■ 서약서 작성하기	5분	워크북 ☞ 1-①
전개	■ 자기 소개하기 　- 이름이나 성격에 맞는 형용사를 사용하여 기억하기 　　쉽게 자기를 소개한다. ■ 프로그램에 대한 기대감 나누기 　- 참여하게 된 이유, 내가 기대하는 변화, 이 집단에 　　바라는 점 등에 대한 이야기를 나눈다.	20분	
	■ 극한 스트레스에 대해 이해하기 　- 스트레스의 양면성, 스트레스의 특성에 대해 알아본다. ■ 나의 스트레스 사건 알아보기 　- 최근 나에게 있었던 극한 스트레스 사건을 적어보 　　고 그때의 느낌에 대해 적어본다. ■ 가장 심각했던 상황이나 나누고 싶은 스트레스 사건에 　대해 이야기를 나눈다(2-3명씩 짝을 지어 시행).	20분	워크북 ☞ 1-② 워크북 ☞ 1-③
	■ 나의 극한 스트레스 반응 알아보기 　- 스트레스 반응에 대해 배워본다. 　신체반응, 정서반응, 행동반응, 사고반응에 대해 알아 　보고, 내가 극한 스트레스를 받았을 때 어떤 반응을 　하는지 적어 본다. ■ 나의 극한 스트레스 반응에 대해 2-3명씩 짝을 지어 　이야기를 나눠본다. 　- 다른 사람의 반응에 대해서 이해하고 공감한다.	30분	워크북 ☞ 1-④
과제부여	■ 자신이 정한 바람직한 스트레스 대처방법을 알아본다.	5분	
마무리	■ 회기를 마친 후 느낌에 대해 공유하고 정리한다.	10분	

서 약 서

    우리의 만남은 극한 스트레스 해소 집단상담 프로그램을 통하여 새로운 변화와 발전을 목표로 만들어진 모임입니다. 우리는 이 곳에서 한층 더 당당하고 멋진 자신의 모습과 동료들의 모습을 보게 될 것입니다. 자신과 동료의 모습을 알아가면서 기쁠 수도 있겠지만 때로는 동료의 언행에 실망하고 화가 나는 일도 생길 수 있습니다. 그러나 이 모임을 통해 더 나은 자신의 모습과 새로운 가능성을 만나게 될 것입니다. 보람 있고 즐거운 만남이 되기 위해 서로를 존중하는 우리의 약속을 정해 봅시다.

1. 내 마음에 있는 생각이나 느낌을 솔직하게 표현한다.
2. 동료들이 하는 말을 비판이나 편견 없이 있는 그대로 받아 들인다.
3. 여기서 나눈 이야기는 절대로 밖에서 말하지 않는다.
4. 동료가 이야기할 때에는 끼어들거나 방해하지 않고 잘 경청한다.
5. 집단 모임의 시간을 엄수하고 성실히 참여한다.
6. 부여된 과제는 성실히 수행한다.

년　　월　　일

이름:　서명:

☞ 워크북 1-② 극한 스트레스 바로 알기

---

1. 스트레스의 양면성

(1) 긍정적 측면: 높은 성과와 도전 욕구

어려운 상황을 극복할 수 있도록 성취의지를 높여준다. 생활의 활력소가 되고 어떤 일을 해나가는 추진력이 된다.

예) 내일 시험을 보는데 아무런 걱정이나 스트레스가 없다면 공부할 수 있겠는가

예) 운전을 해서 이동 중인데 긴장이나 걱정이 없으면 방어운전을 하지 않고 과속하기도 하여 사고로 이어진다.

(2) 부정적 측면: 사기와 능률 저하, 심리 · 신체적 건강 악화, 자존감 저하 등

(3) 우리가 어떤 일을 수행하는 데에 있어 최상의 기능을 발휘하려면, 적절한 수준의 스트레스가 필요하다. 지나치게 높은 수준의 스트레스는 긴장과 불안을 유발하고 지나치게 낮은 스트레스는 의욕 상실과 무기력감을 느끼게 하여 일의 능률을 떨어지게 만든다.

2. 스트레스의 특성

(1) 스트레스가 지속되면 삶을 지치게 만든다.

(2) 어떤 과제수행에 직면하여 이를 잘 해결할 능력이 없다는 것을 스스로 예측하게 될 때 그것이 스트레스로 작용한다.

(3) 스트레스란 대처하기 어려운 상황이다.

(4) 스트레스는 외적, 내적 압력으로부터 올 수 있다.

예) 외적: 가족의 죽음, 경제적 손실, 불편한 인간관계, 사소한 사건들 등

내적: 질병의 증상, 나쁜 영양 상태, 수면 부족, 권태감, 열등감 등

(5) 스트레스는 긍정적일 수도 있고 부정적일 수도 있다. 적절한 수준일 때 긍정적이며, 과도할 때 부정적으로 작용한다.

(6) 스트레스가 몸에 작용하면 몸은 스트레스에 적응하거나 대응하기 위해 반응한다.

예: 심장이 빨리 뜀, 땀이 남, 불안, 초조함 등을 일으키는데 이러한 반응은 자연스럽고 정상적인 것이다.

☞ 워크북 1-③ 나의 극한 스트레스 사건 적어보기

날짜	스트레스 사건	스트레스 느낌

☞ 워크북 1-④ 나의 극한 스트레스 반응 알아보기

1. 신체반응

얼굴이 화끈 달아오름, 땀이 남, 입 마름, 숨이 가쁘거나 자주 쉼, 오한, 가슴이 답답함, 맥박이 빨라짐, 두근거림, 혈압상승, 불규칙한 호흡, 두통, 한숨, 복통, 현기증, 실신, 구토, 설사, 몸이 뻣뻣함, 손 떨림, 몸살 등

2. 정서반응

안절부절, 공포감, 우울감, 쉽게 피로함, 흥분함, 막연한 걱정, 불안감, 통제력의 상실, 두려움, 집중력의 약화, 죽음에 대한 공포, 사회적 고립에 대한 두려움 등

3. 행동반응

일과가 불규칙함, 술을 자주 마심, 식욕저하, 담배를 자주 피움, 과식, 불평을 많이 함, 울기, 수면의 변화, 화를 냄, 악몽, 시간관념이 없어짐, 이갈이, 손톱 물어뜯기, 반복적 행동을 보임 등

4. 사고반응

의심, 쉽게 잊어버림, 부정적으로 생각하기, 자기비하, 열등감, 극단적인 생각, 다른 사람비난하기, 자책감 등

[나의 반응]

신체반응	
정서반응	
행동반응	
사고반응	

[2회기: 나를 화나게 하는 것들]

목표	■ 일상생활 중 경험한 분노와 미움의 감정을 인식한다. ■ 상처와 분노의 감정을 있는 대로 받아들이며 표현하고 평가한다.		
활동과정	진행내용	소요 시간	준비물
도입	■ 지난 회기에서 다룬 내용에 대해 이야기를 나눈다. ■ 프로그램을 설명한다.	5분	워크북 ☞ 2-①
전개	■ 나의 감정 느껴보기 - 서로 마주 볼 수 있도록 앉는다. - 자신이 알고 있는 감정에 대한 표현을 최대한 적어본다. - 자신들이 적은 느낌을 표정으로 나타내 본다. (2명에게 발표시킴) - 자신이 적은 느낌을 신체언어로 나타내 본다.	15분	워크북 ☞ 2-②
	■ 분노에 대해 이해하기 ■ 분노의 컵 게임하기 - 지시문: 종이컵을 들고 최근에 화가 났던 일들을 상상해 보고 하나씩 연필로 컵에 구멍을 낸다. 그런 다음 각자는 자신의 컵에 대해 이야기할 수 있는 기회를 가진다. [여러분 중 일부는 집단에서 공유하고 싶지 않은 구멍들이 있을 수도 있습니다. 자신과 대화하는 시간을 통해 나의 분노를 생각해 봅시다).	15분	워크북 ☞ 2-③
	■ 나의 분노 상황에 대해 이해하기	15분	워크북 ☞ 2-④
	■ 분노에 대한 나의 반응을 살펴보기	15분	워크북 ☞ 2-⑤
마무리	■ 소감을 나누고 회기를 마무리 한다.	5분	

☞ 워크북 2-① 강의

모든 사람은 행복하고 평온하게 살아가고 싶어 한다. 하지만 사람은 자신도 모르게 하루에
도 몇 번씩이나 분노를 경험하는데 이러한 감정은 별로 반갑지 않은 것이다. 분노는 사람들
사이에서 서로 간의 관계를 소원하게 할 뿐만 아니라, 자기 자신에게 또는 다른 사람에게
연쇄적으로 부정적 영향을 미칠 위험이 있어 다른 감정보다도 더 주의와 조절이 필요하다.
우리들은 일상생활 중에 발현되는 불안감과 긴장, 대인관계에서의 어려움, 폐쇄적 직장생활
로부터 오는 불편감 등으로 스트레스를 받는다. 이번 프로그램은 일상생활 중 내가 경험한
분노를 중심으로 살펴보려고 한다.

☞ 워크북 2-② 나의 감정 느껴보기

내가 알고 있는 감정 언어 적어보기(예: 기쁘다, 슬프다, 억울하다)
일상생활 중에서 가장 기뻤던 일은 무엇입니까?
일상생활 중에서 가장 화났던 일은 무엇입니까?

☞ 워크북 2-③ 분노의 원인과 미치는 영향 알아보기

분노는 왜 생긴다고 생각하십니까?
분노는 나에게 어떤 영향을 미칩니까?(예: 누군가를 때리고 싶다.)

☞ 워크북 2-④ 나의 분노 상황 이해하기

최근에 화가 났던 상황을 생각해 보고 적어 봅시다.
◎ 화나는 상황 1)
◎ 화나는 상황 2)
◎ 화나는 상황 3)
내가 분노를 느끼는 경우는 주로 어느 때인지 자세히 적어 봅시다.

☞ 워크북 2-⑤ 분노에 대한 나의 반응 알아보기

화가 났을 때 어떤 감정이 지배적이었습니까?

_____
_____
_____

화가 났을 때 내 몸은 어떻게 변했습니까?

_____
_____
_____

화가 났을 때 어떤 생각이 들었습니까?

_____
_____
_____

화가 났을 때 어떻게 행동했습니까?

_____
_____
_____

[3회기: 생각 멈추기]

목표	■ 자신의 생각을 스스로 통제할 수 있는 능력을 기른다.		

활동과정	진행내용	소요시간	준비물
도입	■ 지난 한 주간 받았던 극한 스트레스에 대해 이야기를 나눈다.	15분	
전개	■ 부정적인 생각에 대해서 알아보기 　- 부정적인 생각의 종류에 대해서 알아보고 나는 어떤 종류의 부정적인 생각을 하고 있는지 알아본다. ■ 자신의 부정적인 생각의 성향에 대해서 나눠본다. 　- 나는 어떤 성향의 부정적 생각을 하고 있는가?	20분	워크북 ☞ 3-①
	■ 생각 멈추기 시도하기 　- 자신이 원하지 않는 생각이 떠오를 때 그만 이라고 속으로 말하거나 다른 방법들을 사용하여 원하지 않는 생각을 지워버리고 원하는 생각으로 대치하는 기법. 　(1) 부정적인 생각을 탐색한다. 　(2) 부정적인 생각을 떠올린다. 　(3) 그만! 하고 큰소리로 말한다. 　(4) 바람직한 생각으로 대치한다.	20분	워크북 ☞ 3-②
	■ 생각 멈추기 　- 워크북 3-③을 사용하여 생각 멈추기를 시도한다. 　- 빨간색, 초록색 카드를 준비하여 진행한다. 　- 반복 연습을 통해 사고의 전환을 시도한다. 　- 모두가 잘 집중하고 있는지 살펴보고 상황에 집중할수 있도록 진지한 자세로 실시한다.	25분	빨간색카드 초록색카드 워크북 ☞ 3-③
과제부여	■ 생각 멈추기 연습을 시간이 날 때마다 반복한다.	5분	워크북 ☞ 3-③
마무리	■ 회기를 마친 후 느낌에 대해 공유하고 정리한다.	10분	

☞ 워크북 3-① 부정적인 생각에 대해 알아보기

1. 부정적으로 생각하는 것
   : 어떤 상황의 부정적인 측면을 과장하고 긍정적인 측면은 축소하거나 걸러내는 것으로, 주로 "안 될 거야", "할 수 없어" 등이라고 표현.

2. 극단적으로 생각하는 것
   : 모든 일을 '흑-백', '선-악'으로 양극단과 이분법적으로 판단한다. 중간입장을 생각하지 않는다.

3. 최악의 경우를 생각하는 것
   : 최악의 사태를 예견, 걱정하며 "만약"이라는 생각이 끝이 없다.

4. 과잉 일반화하기
   : 어떤 한 가지 사건이나 작은 일만 보고 모든 일에 일반화를 한다. 만약 나쁜 일이 한 가지 일어나면, 그러한 사건이 반복해서 계속 일어날 것으로 생각한다. "아무도 나를 사랑하지 않는다", "모두, 아무도, 늘" 등의 표현을 자주 한다.

5. 비난하기
   : 일반적으로는 자신의 책임을 타인에게 전가하는 경우가 많은데 자신에게도 비난한다. 언제나 타인이 자신에게 잘못하며, 자신은 아무런 잘못이 없다고 생각한다.

6. 자기와 관련짓기
   : 다른 사람들이 행동하고 말하는 모든 것이 자신의 행동과 어떤 관련이 있다고 생각한다. 자신의 주위에서 발생하는 모든 일에 자신을 관련시키는 왜곡된 사고를 한다.

7. 나는 항상 옳다고 생각하는 것
   : 자신의 견해와 행동이 늘 올바르다는 점을 증명하기 위해 지속적으로 노력하며 다른 의견에는 관심이 없다. 따라서 자신의 의견에는 거의 변화가 없고 새로운 사실들이 자신이 이미 갖고 있던 신념과 다른 경우 그러한 정보를 무시한다.

☞ **워크북 3-② 생각 멈추기**

생각 멈추기는 자신이 원하지 않는 생각이 떠오를 때 '그만'이라고 말하거나 다른 방법을 사용하여 원하지 않는 생각을 지워버리고 바람직한 생각으로 대치하는 기법

1. 부정적인 생각을 탐색한다.
 : 현재 경험하고 있는 많은 스트레스 상황을 상상해본다.

2. 생각을 떠올린다.
 : 기억된 상황 중 한 가지 부정적인 생각을 떠올린다.

3. '그만'이라고 말한다.
 : 생각을 하다가 스스로 '그만'이라고 말하고 생각을 멈춘다.

4. 바람직한 생각으로 대치한다.
 : 부정적인 생각을 멈춤과 동시에 즐거운 생각을 떠올린다.

☞ **워크북 3-③ 생각 멈추기 연습하기**

먼저 눈을 감고 자신의 경험 중에서 즐겁고 행복했던 사건, 상처가 된 사건이나 화가 났던 일 등을 순서대로 떠올려 보고, 그때의 기분과 신체적 느낌은 어떠한지 생각해 보세요. 이제 눈을 떠보세요.
생각 멈추기를 연습하기 위한 준비로 어떤 생각을 구체적으로 떠올리고 그때의 상태를 경험해보는 연습을 하겠습니다.

자, 그럼 생각 멈추기를 연습해 봅시다. 먼저, 가장 즐겁고 행복했던 일을 한 가지 생각해 놓으세요. 그리고 슬프고 기분 나빴던 일을 한 가지 생각해 놓고, 제가 지시할 때 머리에 떠올리세요.
자, 시작합니다. 빨간색 종이를 제시할 때는 부정적인 생각을 떠올리고 잠시 후, '그만'이라는 말과 함께 초록색 종이를 제시하면 그 생각을 멈추고 동시에 여러분이 앞에서 생각해 놓은 좋았던 일을 생각하시는 겁니다.

[4회기: 분노 조절하기]

목표	■ 분노 조절과 대처기술 익히기 ■ 화가 난 상황에서 자동적으로 나오는 비합리적 사고가 무엇인지 알아보기		
활동과정	진행내용	소요 시간	준비물
도입	■ 지난 시간 과제에 대해 이야기를 나눠본다. ■ 프로그램에 대한 소개를 한다.	10분	
전개	■ 분노 응급처치 　- 주먹을 꽉 쥔다. 　- 발가락을 꽉 쥔다. 　- 어깨를 위로 으쓱한다. 　- 이를 깨문다. 　- 그대로 꾹 참는다. 　- "후~" 하고 내쉬면서 푼다. 　- 화난 생각까지 다 토해 낸다(3번 반복).	10분	
	■ 부적절한 감정어 표현을 조절하는 연습하기 　- 부적절한 감정어 표현을 적절하게 고쳐보기	20분	워크북 ☞ 4-①
	■ 생각 바꾸기 　- 당위적인 생각 변화시키기 　- 이분법적인 생각 변화시키기 　- 극단적인 생각 변화시키기	20분	워크북 ☞ 4-②
	■ 행동 변화시키기 　- 분노조절을 할 수 있는 행동은 어떤 방법들이 　　있는지 모색하기	20분	워크북 ☞ 4-②
과제부여	■ 생각 바꾸기 실천하기		
마무리	■ 회기를 마친 후 느낌에 대해 공유하고 정리한다.	10분	

☞ 워크북 4-① 부적절한 감정언어 표현을 조절하는 연습하기

(예) 사무실 정리 상태가 좋지 않아 상급자에게 혼이 난 경우 "진짜 사람 미치겠네."　　　　　→ "사람 정말 열 받게 하네."　　　　→ "속이 확 뒤집힌다."　　　　　　→ "정말 짜증나서 직장생활 못 하겠다."　→ "미치고 환장하겠다."　　　　　　→

☞ 워크북 4-② 생각 바꾸기

당위적인 생각을 찾아보고 바꾸어 봅시다.	
이분법적 생각을 찾아보고 바꾸어 봅시다.	
극단적인 생각을 찾아보고 바꾸어 봅시다.	

☞ 워크북 4-③ 행동 변화시키기

구분	분노조절을 위해 할 수 있는 방법
1	예) 운동을 한다.
2	
3	
4	
5	
6	

[5회기: 호흡법과 심상법 활용하기]

목표	■ 호흡법과 심상법을 배워 실제 일상생활 속에서 이를 적용한다.

활동과정	진행내용	소요 시간	준비물
도입	■ 지난 시간에 내준 과제에 대해 이야기를 나눈다. ■ 프로그램에 대한 소개를 한다.	10분	
전개	■ 스트레스 대처방법 배우기 ■ 호흡법에 대해 배운다. 　- 스트레스를 경험할 때 빠르고 가쁜 호흡에서 느리고 깊은 호흡으로 바꾸는 기법을 배운다. 　- 워크북 5-①을 설명한다. 　- 지도자가 편안한 마음으로 진행하는 게 좋다. 　- 여유를 가지고 반복적으로 호흡한다.	30분	워크북 ☞ 5-①
	■ 심상법에 대해 배운다. 　- 워크북 5-②를 설명한다. 　- 지도자가 여유를 가지고 단계마다 효과성을 높일 수 있도록 차분하게 진행한다. 　- 즐겁고 편안했던 경험을 머릿속에 떠올림으로써 그때의 즐거웠던 기분을 재 경험하게 하여 신체도 그때의 기분을 느끼게 한다.	25분	워크북 ☞ 5-②
과제부여	■ 일주일에 한번 이상 명상으로 심리적 안정을 가진다. ■ 스트레스에 취약한 상황이 생길수록 호흡법을 한다.		
마무리	■ 회기를 마친 후 느낌에 대해 공유하고 정리한다.	10분	

☞ 워크북 5-① 호흡법 배우기

스트레스를 경험할 때의 바르고 가쁜 호흡을 느리고 깊은 호흡으로 바꿈으로써 긴장을 감소시키고 몸과 마음을 편하게 하는 기법이다.

1. 편안하게 앉거나 누워서 목, 허리 등, 자세를 바르게 하고, 어깨에 힘을 빼고 손은 편안하게 내려놓는다.
2. 눈을 감고 자신의 호흡에 집중한다.
3. 4초간 숨을 들이마신 후 2초간 멈추었다가 6초간 천천히 내쉰다.
4. 평온하게 호흡하는 것만 생각하며 긴장이 사라질 때까지 반복한다.

[자~ 마음을 편안히 안정시켜 보세요.
한 손은 가슴 위에, 다른 한 손은 배 위에 놓고 편안하게 숨을 쉬어 보세요.
가슴 위에 놓은 손은 움직이지 않도록 하시고, 배 위에 놓은 손만 움직이도록 하면서 숨을 쉬어 보세요.
내쉬는 숨은 가능한 한 천천히 부드럽게 내쉬도록 합니다. 처음부터 너무 천천히 호흡하거나, 공기를 너무 많이 마시려고 하지 마시고 편안하게 숨을 들이쉬고 내쉬도록 해보세요.
배 위에 있는 손이 오르내리는 것에 집중해 봅니다. 숨을 들이 쉴 때 마음속으로 '아~ 나는 편안하다.'라고 생각하면서 숨을 내쉬도록 합니다.]

☞ 워크북 5-② 심상법 배우기

심상법은 명료하게 기억하는 즐겁고 행복했던 순간을 머릿속에 떠올림으로써 그때의 기쁨과 즐거웠던 기분을 재 경험하게 하여 신체도 그때의 기분을 느끼게 하는 것이다. 즉, 무서웠거나 화가 났던 사건을 기억하면 마치 그 사건이 일어난 것같이 불안하고 심장이 두근거리는 반면, 즐겁고 이완되었던 경험을 기억하면 마음이 편안해지고 신체도 이완된다.

1. 편안한 자세에서 눈을 감고 심호흡을 한다.

2. 자신의 경험 중 가장 이완되고 조용하고 행복했던 어떤 장소를 마음에 그린다.
   단순히 떠올려 관찰하는 것이 아니라 생생하게 느끼도록 한다. 그 장면의 색깔이 무엇 인지, 편안한 마음과 신선한 공기, 주위 사람들, 촉감, 소리 등 오감을 통한 경험을 느껴본다.

3. 자신만의 독특한 방법으로 각자의 특별한 상황을 경험하고 즐길 수 있어야 한다.

4. 마음의 눈으로 본 것과 느낌을 즐기며 심호흡을 하고 이완한다.

[자~ 편안한 상태에서 두 눈을 감아보세요.
손은 무릎 위에 편안히 두세요. 이제 서서히 여러분의 몸이 편안해질 겁니다. 여러분의 몸에 집중해보세요. 호흡이 편안해지고 몸이 이완되고 있습니다. 점점 더 깊고 편안히 이완되어 아주 고요한 휴식상태로 들어가고 있습니다.

하나~,
둘~,
셋~,
넷~,
다섯~,

이제 아주 깊은 휴식 상태가 되었습니다.

편안한 이완 상태를 유지하면서 조용히 복식호흡을 해보겠습니다.
'지금 이 순간 나에게 가장 편안한 장면을 떠올려보세요?' 여러분을 편안하게 하는 것이라면 어떤 것이든지 상상해 보세요.
바닷가 모래 위에 따뜻한 햇살을 받으며 앉아 계십니까?
부드럽고 따뜻한 모래가 느껴지고, 파도 소리가 들리실 겁니다.
파도가 밀려왔다가 부서지고 또 파도가 왔다가 부서지는 것이 보입니다.

싱그러운 바다의 냄새도 느껴집니다.
따뜻한 햇살이 온몸을 따뜻하게 합니다.
지금 여러분을 방해하는 것은 아무 것도 없습니다.

자, 이제 다섯에서 하나까지 세어 볼 건데요

둘에 눈을 떠 주시고요.

하나를 셀 때는 평소의 각성상태로 돌아오게 됩니다.

다섯~,

넷~,

셋~,

둘~,

하나~.

자, 이제 깊은 심호흡을 하시고 기지개를 펴보도록 하겠습니다.]

CHAPTER

재난 트라우마 위기상담 프로그램

2022년에 발생한 이태원 압사사고를 지켜본 우리 국민은 피해자 가족과 함께 슬퍼하고 그들의 심리적 고통을 함께 나누었다. 국가적 재난이 발생한 이후 이루어지는 피해자에 대한 위로와 지지, 격려, 심리상담 등은 재난을 경험한 사람들의 심리적 안정에 중요한 역할을 한다.

재난 위기상담 프로그램은 현재의 심리상태에 대한 위기평가 결과를 반영한 인지행동치료, EMDR, 게슈탈트치료, 최면치료 등 다양한 방법을 활용한다. 이 중 인지행동치료는 인간의 사고에 따라 인간의 정서와 행동이 달라진다는 점을 바탕으로 이루어지는 방법론이다. 한 사람의 행동은 그가 세상을 구조화하는 방식에 따라 결정된다는 인지에 기초를 두고, 역기능적이고 비합리적인 사고를 수정하여 현재의 문제를 해결하는 데 초점을 둔다.

본 프로그램은 인지행동치료를 통해 스스로 자신의 행동을 통제하고, 감정 변화를 적절히 조절하는 능력을 증진하는 것에 목표를 두고 있다. 심윤기 등(2022)의 프로그램을 일부 내용을 수정·보완하여 재구성하였다.

[프로그램의 회기별 내용]

구분	중점	세부내용
1회기	프로그램 소개하기	· 재난 트라우마 교육 및 프로그램 설명
2회기	외상경험 노출하기	· 재난 트라우마 경험일지 작성 및 발표
3회기	인지 재구조화하기	· 트라우마 경험 발표 / 인지 재구조화(A-B-C)
4회기	인지오류 이해하기	· 트라우마 경험 발표 / 인지오류교육
5회기	불안상황 인식하기	· 트라우마 경험 발표 및 불안위계목록 작성하기
6회기	상상 노출하기	· 불안 위계에 의한 상상 노출훈련 실시
7회기	현장 노출하기	· 불안 위계에 의한 현장 노출훈련 실시
8회기	대처전략 개발하기	· 트라우마 대처전략 교육 및 공유

[1회기: 프로그램 소개]

1) 개요

목표	재난 트라우마의 이해와 프로그램 절차 숙지
도입	■ 진행자 및 참가자 소개 ■ 집단상담프로그램 설명 ■ 프로그램 진행 시 지켜야 할 유의사항 설명 ■ 근육이완훈련 실시

2) 진행요령

① 재난 트라우마와 PTSD에 대한 이해

트라우마와 PTSD의 진단, 원인, 증상, 미치는 영향 등을 설명한다.

② 인지행동치료의 절차와 전체 프로그램 개관

인지행동치료의 이론적 근거를 설명하고 전체 프로그램 진행을 개관한다.

③ 근육이완훈련

근육이완훈련에 들어가기에 앞서 이완에 방해가 될 수 있는 시계나 안경 같은 물건을 풀어 놓는다.

근육이완훈련 지시문

자~ 지금부터 제가 말하는 대로 따라해 봅니다.

■ 오른쪽 손에 주먹을 힘껏 쥐어봅니다.

손에 긴장이 느껴지나요? 손가락, 엄지, 손목, 팔까지 긴장이 어떻게 느껴지는지 주의를 기울여봅니다. 손가락, 엄지, 손목에 긴장을 준 다음, 이완을 하고 그 차이를 느껴보는 겁니다. 당신의 손가락이 딱딱하게 느껴지다가 이완에 들어가면 근육이 따뜻하게 느껴지기도 합니다. 또 어떤 사람은 긴장이 사라지면서 근육이 가벼워진다고도 말합니다. 자, 이제 당신이 어떻게 느끼는지를 주목하고 이 느낌들을 간직해 보십시오. 당신이 근육에 긴장을 주었을 때 근육이 어떻게 느끼는지와 지금 이완을 할 때 어떻게 느끼는지를 비교합니다. 이완의 파도가 모든 근육을 만지고 당신의 팔을 휘감는다고 상상해 봅니다. 파도는 썰물이 되어 나가고 이때 모든 긴장이 함께 빠져나간다고 상상합니다. 긴장과 이완의 차이를 느끼고 느낌을 간직해 봅니다.

■ 오른손 위쪽 팔의 근육으로 주의를 옮겨 봅니다.
오른쪽 손을 들어 어깨를 만져봅니다. 그리고 위쪽 팔의 근육, 이두박근과 삼두박근을 긴장시켜봅니다. 위쪽 팔에 긴 근육에서 긴장을 느껴봅니다. 위쪽 팔 주변에서 밴드가 꽉 조여서 긴장을 만들어 낸다고 상상해 봅니다. 모든 근육이 어떻게 느끼는지를 주목하면서 그 긴장에 집중한 후 이완을 합니다. 그 차이를 느껴보세요. 당신이 긴장했을 때 근육이 어떻게 느끼는지와 지금 어떻게 느끼는지를 비교해 봅니다. 이완의 느낌은 오른손과 아래쪽 팔로 뻗쳐나가서 이완의 느낌이 전달된다고 상상해보십시오. 당신의 팔은 무겁고 따뜻하게 느낄 것입니다. 변화에 집중해보세요. 긴장되었을 때 근육이 어떻게 느껴지는지와 이완되었을 때 어떻게 느껴지는지 그 차이에 주목하고, 이 느낌들이 커지는 것을 상상해봅니다.

■ 자, 이제 왼손에 주의를 옮기겠습니다.
왼손에 주먹을 쥡니다. 손가락, 엄지, 손목을 통해서 아래쪽 팔까지 긴장을 느껴봅니다. 긴장의 느낌에 주목해 봅니다. 손가락, 엄지, 손목에서 다시 팽팽함에 집중합니다. 모든 근육에서 긴장을 느껴봅니다. 그리고 이완합니다. 차이를 느껴보세요. 손가락은 얼얼하고 따뜻하게 느껴질 것입니다. 변화에 집중해보세요. 당신이 어떻게 느껴지는지 주목하고 이 느낌들을 간직해봅니다. 긴장했을 때 근육이 어떻게 느껴지는지, 지금 어떻게 느껴지는지 비교해보세요. 이완의 파도는 다시 모든 근육을 어루만지며 당신의 팔을 휘감는다고 생각해봅니다. 이완을 깊이 하며 파도는 썰물이 되어 모든 긴장을 쓸어간다고 상상해봅니다.

■ 이제 우리는 왼손 위쪽 팔의 근육으로 주의를 옮겨봅니다.
왼쪽 손을 들어 어깨를 만져봅니다. 그리고 위쪽 팔의 근육, 이두박근과 삼두박근을 긴장시켜봅니다. 위쪽 팔에 긴 근육에서 긴장을 느껴봅니다. 위쪽 팔 주변에서 밴드가 꽉 조여서 긴장을 만들어 낸다고 상상해 보십시오. 모든 근육이 어떻게 느끼는지를 주목하면서 그 긴장에 집중해봅니다. 그리고 이완하고 그 차이를 느껴보세요. 당신이 긴장했을 때 근육이 어떻게 느끼는지와 지금 어떻게 느끼는지를 비교해보세요. 이완의 느낌은 왼손 아래쪽 팔로 뻗쳐나가 이완의 느낌이 전달된다고 상상해봅니다. 당신의 왼 팔은 무겁고 따뜻하게 느껴질 것입니다. 변화에 집중해보세요. 이완의 파도는 당신의 팔을 적시고 썰물처럼 빠져나가는 것을 느껴질 것입니다. 깊고 완전한 이완을 가져오는 것을 느껴보세요. 이 느낌들을 간직해보세요. 고요하고 평온한 느낌입니다. 긴장되었을 때 근육이 어떻게 느끼는지와 이완되었을 때 어떻게 느껴지는지 그 차이에 주목해봅니다.

■ 이제 우리는 얼굴과 어깨 근육으로 주의를 옮기겠습니다.
이마의 근육과 눈부터 긴장을 시작합니다. 눈썹을 조이고 눈을 찌푸리면서 이마 근육을 아래쪽으로 눌러보세요. 눈 주의의 모든 근육에 긴장을 느껴봅니다. 여기에는 얼굴표정을 만드는 많은 근육이 있는데요, 이 근육을 모두 느껴봅니다. 관자놀이와 눈 주변을 잡아당기면서 이마에서 긴장을 느껴보세요. 그리고 이완해보세요. 긴장을 모두 밖으로 내보내고 차이에 주목해봅니다. 이마의 조임이 점점 풀리고 이완되면서 이마가 편안해지는 것을 느낄 것입니다. 얼얼하거나 따뜻하게 느껴질 수도 있습니다. 어떤 변화가 생겼던 간에 그 변화에 주목하고 간직해보세요. 긴장이 빠져나가고 이완이 깊어짐에 따라 눈이 이완되는 것을 느껴보세요. 긴장되었을 때 눈 주위의 근육이 어떻게 느껴지는지와 지금 어떻게 느끼는지를 비교해봅니다. 자, 다음은 볼과 턱으로 주의를 옮기겠습니다. 어금니를 꽉 깨물고 입 꼬리를 잡아당기고 찡그린 얼굴을 합니다. 가능하면 혀로 입천장이나 위 치아를 누르는 것이 좋습니다. 그 긴장을 유지하면서 어느 곳이 팽팽한지를 느껴보세요. 그리고 멈춰보세요. 그리고 이완해보세요. 모든 긴장이 빠져나가게 하고 그 차이에 주목해봅니다. 턱이 완전히 이완되면 사실상 입이 벌려진 채로 턱은 매달려 있는 상태로 느끼게 될 겁니다. 그대로 완전히 이완해보세요. 당신 얼굴에 있는 모든 근육은 이제 이완되었으며 이마, 눈, 볼, 턱도 완전히 이완된 느낌을 기억합니다.

■ 이제 우리는 목과 어깨근육으로 주의를 옮기겠습니다.
우리 몸 어떤 부분이 다쳤거나 아픈 곳이 있다면 그 부분을 너무 긴장시키지 마십시오. 긴장했을 때와 긴장이 풀렸을 때 근육이 어떻게 느끼는지만 알면 됩니다. 목 뒤쪽에서 근육을 긴장시키면서 머리를 부드럽게 뒤로 젖힙니다. 동시에 어깨에 있는 근육이 서로 꽉 묶여서 매듭지어진 것처럼 느껴지도록 어깨를 올려봅니다. 긴장을 유지한 채 근육이 얼마나 탄탄하게 느껴지는지를 느껴보고 그 긴장을 느껴봅니다. 그리고 이완해보십시오. 머리가 편안한 자세에 있도록 해서 그곳이 긴장되지 않도록 합니다. 어깨를 이완해보세요. 근육은 느슨해지고 편안해집니다. 또한 나른해집니다. 따뜻하고 편안해집니다. 아무런 힘도 들이지 않고 따뜻함과 편안함이 온 몸으로 퍼져나가 온 몸이 이완되는 것을 느껴봅니다.

■ 이제 우리는 가슴과 뒤쪽 등의 근육으로 주의를 옮기겠습니다.
여기서 우리는 약간 다른 방식으로 긴장감을 만들어 보겠습니다. 시작하기 전에 숨을 들이마시고 잠시 멈춘 후에 숨을 내쉬면서 이완해 보겠습니다. 준비가 되면 숨을 깊게 들이마시고, 잠시 멈춘 후에 가슴과 뒤쪽 등 근육을 긴장시킵니다. 숨을 멈춘 상태에서 근육의 팽팽함을 느껴봅니다. 긴장과 팽팽함이 어디서 어떻게 느껴지는지를 기억합니다. 그리고 이완해봅니다. 숨을 내쉬면서 긴장도 함께 내보냅니다. 호흡은 느리고 편안하게 합니다. 신선한 공기를 들이마시고 다시 내쉬면서 긴장도 날숨과 함께 내보냅니다. 숨을 쉴 때마다 점점 더 평온해지고 더욱 깊이 이완되는 것을 느껴봅니다. 아주 평온하고 평화로운 느낌을 느껴봅니다.

■ 이제 우리는 복부와 복부 뒤쪽 허리 근육으로 주의를 옮기겠습니다.
숨을 들이마시면서 가슴의 근육을 긴장시키고 숨을 멈췄다가 다시 숨을 내쉬면서 이완합니다. 준비가 되면 깊게 숨을 들이마셔서 폐에 공기를 가득 채우고, 아랫배를 바깥쪽으로 밀어 등과 아랫배 사이의 공간을 확장시키고, 복부와 옆구리와 아래쪽 등에서 팽팽함을 느껴봅니다. 숨을 참고 팽팽함을 느껴봅니다. 그리고 이완해봅니다. 숨을 내쉬어 가슴과 아랫배가 들어가게 해봅니다. 다음 호흡을 하면서 신선한 공기가 폐에 가득 차는 것을 느끼고 아랫배가 부풀어 오르도록 합니다. 숨을 내쉴 때마다 당신의 몸이 쿠션으로 깊이 빠져든다고 상상해봅니다. 당신의 모든 근육이 느슨해지는 것을 느껴봅니다. 힘을 빼고 쿠션에 몸을 맡겨보세요. 아무런 긴장을 느끼지 않고 숨을 쉬는 어린 아기처럼 당신의 아랫배는 부드럽게 올라온다고 느끼며, 위쪽 전체 몸으로 이완이 퍼져나가는 것을 느껴보세요. 평온하고 평화로운 느낌을 느껴봅니다. 숨을 내쉴 때마다 이완이라는 단어를 생각하고, 당신의 몸이 가는 대로 내버려둡니다.

■ 이제 우리는 엉덩이와 위쪽 다리 근육으로 주의를 옮기겠습니다.
여기서는 근육을 긴장시킬 때 근육이 어떻게 느껴지는지와 이완할 때 어떻게 느껴지는지의 차이에 초점을 두면서, 근육들을 조였다가 이완하도록 하겠습니다. 엉덩이, 대퇴부, 위쪽 다리 근육을 조이면서 시작합니다. 엉덩이와 위쪽 다리를 조이면서 팽팽함을 느껴보세요. 팽팽함을 느끼고 긴장을 느끼고, 긴장을 잡아두세요. 그리고 이완합니다. 그 차이를 느껴보세요. 다시 따뜻하고 편안한 판도가 당신의 근육들로 타고 들어오는 것처럼 느껴질 것입니다. 긴장이 풀리면서 당신은 쿠션으로 빠져듭니다. 이완의 파도가 다른 부분으로 넘어가 그곳의 모든 긴장을 침식시키는 것을 상상해보십시오.

■ 이제 우리는 아래쪽 다리와 발로 주의를 옮깁니다.

발가락을 위쪽으로 올려서 발가락과 발과 발목과 종아리가 긴장을 느끼도록 합니다. 팽팽함을 느끼고 모든 근육이 어떻게 느껴지는지에 주목합니다. 이제는 완전하게 이완해보세요. 모든 긴장이 아래쪽으로 흘러내려가 발로 빠져 나가는 것을 상상해보세요. 이완은 온몸을 씻어내고 따뜻한 느낌이 충만하도록 해줍니다. 모든 근육에 평온함이 깊어집니다. 긴장과 이완의 차이를 비교해봅니다. 그리고 이 느낌을 간직해봅니다. 어떻게 느꼈는지 기억하고 그 근육의 기억을 간직해봅니다.

■ 이제 각각의 근육 군을 다시 연습할 것입니다.

이번에는 근육을 긴장시키지 않을 것입니다. 근육이 언급될 때 조금 더 이완만 하면 됩니다. 자, 발과 아래쪽 다리 근육에서 이완을 느낍니다. 위쪽 다리와 엉덩이... 평온하다... 편안합니다. 아랫배와 허리... 이완되고 있습니다. 당신의 호흡은 평온하고 평화롭습니다. 가슴과 뒤쪽 등... 조용하고... 따뜻하고... 무겁습니다. 어깨와 목... 느슨합니다... 그리고 평온합니다. 얼굴, 아래쪽 이마, 눈 사이, 볼과 턱 아래... 느슨하고... 무겁습니다. 그리고 팔, 위쪽 팔, 아래쪽 팔, 그리고 손과 손가락. 평온하고. 평화롭게 느껴집니다.

■ 이제 마음으로 이완하면서 전체 몸을 연습합니다.

근육이 더 이완할 수 있다고 느낀다면 그 근육에 주의를 기울이고 이완을 깊게 합니다. 아무런 힘이 들지 않고 단지 평온하게 느껴집니다. 그리고 다음 다섯 번의 호흡에 집중해봅니다. 부드럽고 평온하게 숨을 쉬는 데 집중해봅니다. 하나부터 다섯까지 세는 동안 숨을 들이쉬고 내쉬면서 이완이라는 단어를 생각합니다. 숨을 쉴 때마다 당신 자신이 더 평온하고 더욱 이완되고 있다는 것에 주목해봅니다. 몇 분간 이러한 감각을 즐겨봅니다. 이제 이완의 단계에서 다시 평상의 삶으로 돌아올 시간입니다. 마음속에서 3에서부터 1까지 거꾸로 셀 겁니다. 각 숫자를 세면서 당신 자신이 평온하고 편안한 채로 조금씩 깨어나는 것을 발견할 것입니다.

셋~. 당신은 여전히 평온하고 편안합니다.
둘~. 당신은 조금씩 깨어납니다.
하나~. 자. 이제 천천히 눈을 뜨고 깨어납니다.

☞ 과제부여: 근육이완훈련을 매일 2회 실시
☞ 마무리: 프로그램 후 느낌 나누기, 다음 회기의 프로그램 소개

[2회기: 트라우마 경험 노출하기]

1) 개요

목표	트라우마 경험일지를 작성한 후, 발표하여 기억을 촉진한다.
도입	1주일간의 경험을 공유한다.

2) 진행요령

① 트라우마 경험일지 작성

여러분이 경험한 충격적이고 끔찍한 재난에 대한 경험일지를 작성해 보겠습니다. 경험일지 내용은 사건의 사실 자체에 대한 것이라기보다 여러분이 그 사건에 대해 어떻게 기억하는지에 대한 내용을 쓰는 것입니다. 무슨 일이 일어났는지, 왜 일어났는지, 어떻게 그 일이 일어나게 되었는지를 쓰고, 여러분이 기억하고 있는 재난과 관련한 생각, 이미지, 소리, 냄새, 느낌까지도 모두 써 봅니다.

이 과정은 재난사건에 대한 여러분의 기억과 관련한 정보를 수집해서 여러분을 돕기 위한 것이기 때문에 문법이나 문장에 대해서는 걱정하지 않으셔도 됩니다. 재난 트라우마 경험일지를 쓰는 것은 여러분 스스로 부정적인 증상에 대처하고, 여러분을 불편하게 만드는 외상기억에 직면하기 위하여 제일 먼저 하는 과정입니다. 외상사건을 경험한 세부사항과 사건을 경험할 당시의 생각, 정서에 집중해서 작성하면 됩니다(질문을 자주 하여 기억을 촉진한다).

② 트라우마 경험일지 발표

자. 다 쓰셨으면 이번에는 작성된 경험일지를 발표하는 시간을 갖도록 하겠습니다(경험일지를 발표하지 못하고 침묵하고 있다면 "재난 경험일지를 써보시니 여러분들 어떤 기분이 드세요?", "표정이 불안해 보이시는데 그 사건에 대해 어떤 감정을 가지고 계신지 말씀해 주시겠어요?"라고 격려한다.

트라우마 경험일지 발표를 마치면 신체 및 정서적 반응에 대해 "지금 여러분 몸이 어떤 느낌입니까?", "지금 어떤 기분이세요?"와 같이 질문한다. 그리고 재난사건에 대해 어떻게 대처했는지에 대해서도 이야기하도록 격려한다. 불안을 일으킨 장면을 회피하는 것은 정상적인 반응이지만, 이에 대한 경험노출은 심리적 회복을 위한 대처방법으로 매우 중요한 과정임을 이해시킨다.

☞ 과제부여: 근육이완훈련과 복식호흡 매일 2회 실시, 외상경험일지 매일 3번 읽기
☞ 마무리: 프로그램 종료 후 느낌 공유 및 다음 회기 프로그램의 간단한 소개

[3회기: 인지 재구조화하기]

1) 개요

목표	인지 재구조화를 통해 부정적 감정을 해소한다.
도입	■ 트라우마 증상과 관련한 1주일간의 경험을 공유하기 ■ 트라우마 경험일지를 읽고 지난 시간과 느낌이 어떻게 다른지 느껴보기

2) 인지 재구조화 A-B-C 설명

일반적으로 우리는 나를 불안하게 만드는 사건(A: Activating 사건) 때문에 내가 불안(C: Consequences 감정적 · 육체적 결과)하게 느낀다고 생각합니다. 그러나 자세히 살펴보면 어떤 사건이나 사람 때문에 불안한 것이 아니라, 그 사건에 대해 우리가 가지고 있는 생각, 특히 비합리적인 믿음 때문에 불안하게 느끼는 경우가 많습니다. 이는 비합리적인 생각이나 사고가 우리의 정서나 행동에 좋지 않은 영향을 미치고 있다는 것을 나타내줍니다.

홍수 재난피해를 입은 사람을 예로 들어보겠습니다. 예) 비가 온다(A) → 또 홍수가 날거야. 나는 지난 번 홍수에서 죽을 고비를 넘겼는데, 그런 사고가 또 발생할 수 있을 거야(B) → 불안(C)이 발생합니다. 이렇게 내가 지닌 신념으로 인해 불안한 나의 감정(C)이 발생하는 것입니다. 이 말은 나의 신념(B)이 어떤 내용이냐에 따라 나의 감정(C)이 달라질 수 있다는 얘기입니다. 이처럼 두려움, 분노, 죄책감, 상실감, 좌절, 무력감, 열등감 등 우리를 괴롭히는 정서는 거의 대부분 우리의 비합리적인 사고방식에 의해서 생겨나고 있음을 알 수 있습니다.

우리가 느끼는 정서는 우리 자신이 생각한 결과입니다. 사고와 느낌은 분리되어 있지 않습니다. 우리가 합리적인 사고방식을 가지면 우리의 마음이 편안하지만, 반면에 경직된 사고방식을 가지면 우리의 마음도 피곤해집니다. 우리가 자신의 어떤 문제 때문에 또는 어떤 경험 때문에 필요 이상으로 힘들고 피곤하다면 그것은 우리가 그러한 사고방식이 있음을 나타내 주는 증거입니다. 이제부터 과거에 우리를 불안하게 했거나 화나게 했던 경험을 떠올려 보고 A, B, C로 나누어 생각해 보겠습니다.

☞ 과제부여: 근육이완훈련 매일 2회 실시, 트라우마 경험일지 매일 3번 읽기
☞ 마무리: 프로그램 후 느낌 공유, 다음 회기 프로그램의 간단한 소개

[4회기: 인지오류 이해하기]

1) 개요

목표	나의 인지오류 찾기
도입	■ 트라우마 경험일지를 읽고 지난 시간과 느낌이 어떻게 다른지 느껴보기 ■ 재난경험 노출과정이 트라우마 회복을 위해 무척 중요함을 설명하기 ■ 정서의 A, B, C 내용에 대한 복습과 구체적인 예를 들어 설명하기

2) 인지오류 설명

- **당위적 생각(반드시 ~해야만 한다)**
- – 나는 무슨 일이 있어도 꼭 1등을 해야 해
- – 재난을 경험했지만 나는 강하니까 아무 일도 없었던 것처럼 보여야 돼

- **흑백논리(이것 아니면 저것이라는 생각)**
- – 1등하지 못하면 그것은 실패한 인생이야
- – S대학이 아니면 다 삼류대학이야

- **극단적 생각**
- – 나는 이번에 실연을 당했어. 여자들은 아무도 나를 좋아하지 않아
- – 이번 일에 실수를 했어. 나는 항상 실수만 하고 사는 병신이야

- **개인화**
- – 자신과 관련이 없는 일을 자신 때문에 생긴 일이라고 생각
- – 경기에서 패한 것은 모두 나 때문이야

- **자기비하적인 사고**
- – 잘못된 행동 하나로 자신을 평가 절하함
- – 시험 성적이 떨어졌어, 나는 이것 밖에 안 되는 인간이야

☞ 과제부여: 근육이완훈련, 복식호흡 매일 2회 실시, 경험일지 매일 3번 읽기
☞ 마무리: 프로그램 후 느낌 공유, 다음 회기 프로그램의 간단한 소개

[5회기: 불안상황 인식하기]

1) 개요

목표	재난경험 노출을 통해 트라우마 회복하기
도입	■ 트라우마 증상과 관련한 1주일간의 경험을 공유하기 ■ 트라우마 경험일지를 읽고 지난 시간과 느낌이 어떻게 다른지 느껴보기 ■ 재난경험 노출 절차가 충분한 회복을 위해 중요함을 설명하기

2) 진행요령

① 불안상황 기록하기

자, 여러분에게 가장 큰 불안을 야기하는 하나의 상황을 적어보도록 하겠습니다. 그 상황은 자주 또는 적어도 1주에 한번 이상은 일어나며, 불안하고 두려워서 피하고 있는 상황입니다.

- 불안상황 기록하기
  자, 이제부터는 다음 질문에 대해 구체적으로 답해 보시기 바랍니다.
- 이 상황에서 당신은 어느 정도의 불안을 경험하셨습니까? 그 상황에서 당신이 느낀 불안점수를 기록해 보십시오(10점 척도에서 0은 전혀 불안이 없음을 의미하는 것이고, 10은 최고의 불안 수준을 나타낸다). 당신의 불안수준(0-10)은 얼마입니까?
- 당신은 이러한 불안상황을 얼마나 자주 경험하십니까?(1주일에 몇 번 이러한 상황을 경험하는지를 적는다). 당신의 불안상황 발생 빈도는 1주일에 몇 번입니까? (   )번
- 이러한 불안상황이 지속되는 시간은 얼마입니까?(불안이 일반적으로 얼마나 지속되는지를 적는다). 당신의 불안 지속시간은 얼마입니까? (   )분
- 이 상황에서 불안이 당신의 삶을 얼마나 방해합니까?(10점 척도 상에서 0점

은 전혀 방해가 없음을 뜻하고, 10은 아주 많은 방해를 받는 것을 나타낸다). 당신 삶의 방해정도(0 – 10)는 얼마입니까?

② **불안위계목록 작성하기**

최근 일주일간 자신의 행동을 돌아보고 불안을 느낀 상황 다섯 가지를 기록해 보겠습니다. 그런 다음 열 가지 상황을 불안수준 척도(0 – 10점)로 평정하여 가장 불안이 작은 것부터 큰 순서대로 기록해 보겠습니다. 그리고 하루 동안 경험한 불안 횟수와 가장 불안을 회피하고 싶었던 이유도 기록해 보겠습니다.

- 불안이 낮은 것부터 높은 순으로 5가지 불안상황 기록하기:
- 하루 동안 경험한 불안 횟수 기록하기:
- 가장 불안을 회피하고 싶었던 이유 기록하기:

☞ 과제부여: 근육이완훈련 매일 2회 실시, 트라우마 경험일지 매일 3번 읽기
☞ 마무리: 프로그램 후 느낌 공유 및 다음 회기 프로그램의 간단한 소개

[6회기: 상상노출하기]

1) 개요

목표	상상노출훈련을 통해 재난 트라우마 증상을 제거하기
도입	■ 재난 트라우마 증상과 관련한 1주일간의 경험을 공유하기 ■ 트라우마 경험일지를 여러 사람 앞에서 읽은 후, 느낌이 어떻게 다른지 느껴 보기 ■ 상상노출 절차가 트라우마 증상회복을 위해 중요함을 설명하기

2) 진행요령

① 노출치료의 원리 교육

유인물을 이용하여 노출치료의 원리를 이해하도록 설명한다.

노출치료의 원리

노출치료는 두 개의 큰 구성요소로 되어 있습니다.

첫 번째는 상상노출입니다. 상상노출은 마음속에 있는 상처를 계속해서 되새기는 것입니다. 두 번째는 현장노출을 하는 것인데 재난사고 이후에 두려움 때문에 피하는 상황을 직면하게 하는 방법입니다. 재난을 경험한 사람들은 재난과 관련된 생각이나 감정을 피하려고 합니다. 또한 불안으로 인해 재난을 회상할 수 있는 그러한 상황, 장소, 활동을 피하려고 합니다. 그렇지만 피하는 것은 잠시 동안은 좀 편할 수 있지만 결국 장기적으로 보아서는 도움이 되지 못하고 오히려 두려움이나 공포 등의 극복을 방해합니다. 상상노출과 현장노출은 이러한 문제를 해결할 수 있도록 도와줍니다.

노출치료가 효과를 거두게 되는 것은 무엇 때문일까요? 비교적 안전한 상황에서 공포스러운 기억을 차근차근 직면하면 다음과 같은 현상이 일어납니다. 첫째, 기억을 되살리는 것은 재난 경험을 감정적으로 처리할 수 있게 해줍니다. 둘째, 재난 경험을 직면하여 기분이 나빠지는 것이나 불안해지는 것이 위험한 것이 아니라는 것을 알게 해줍니다. 셋째, 재난을 떠올리게 하는 다른 상황에 대해서도 조금씩 덜 공포감을 느끼게 합니다. 넷째, 공포와 불안을 잘 처리하는 방법을 배우게 되고, 자기 자신에 대해서도 보다 나은 느낌을 갖게 합니다. 다섯째, 그동안 회피해 왔던 기억이나 상황을 반복적으로 직면하게 되면서 공포와 불편감이 점차로 감소하는 것을 알게 됩니다.

다시 말해, 불안한 상황에 대해서 조금씩 편해진다는 것입니다. 이것을 습관화 또는 둔감화 현상이라고 합니다. 습관화는 불안이 차츰차츰 가라앉는 과정을 말하는데, 안전한 상황에서 불안에 노출되는 과정을 자꾸 반복하면 조금씩 덜 불안을 느끼게 됩니다. 몇 번 넘어지면서 자전거 타는 법을 배우는 것과 비슷합니다. 몇 번 넘어졌다고 자전거 타는 것을 멀리한다면 자전거를 영영 못 탈 수 있습니다. 그러나 불안한 상태이지만 자전거를 계속 탄다면 결국은 두려움이 사라집니다.

습관화는 공포스러운 기억에도 똑같이 작동합니다. 외상사건에 대한 기억을 피하는 것보다 자꾸 그 기억을 떠올리면 그 기억에 대해서 조금씩 덜 괴롭게 느껴지고, 그 기억이 위험하지 않다는 것을 알게 됩니다. 고통스러운 기억을 폭로하는 것. 즉, 그 사건을 상상으로 되새기는 것은 그런 기억을 조절할 수 있게 해줍니다. 이렇게 되면 공포스러운 기억은 점차 사라지게 됩니다.

큰 사건을 겪고 나면 사람들이 자기 자신이나 세상이 변했다고 믿게 됩니다. 자신을 둘러싼 상황이나 세상을 위험하게 보게 되는 것이지요. 사람에 대한 태도가 부정적으로 변하고, 자기 자신에 대해서도 부정적으로 생각하기도 합니다. 이러한 이유로 치료하는 기간 동안에 재난 사건과 자기 자신 그리고 다른 사람과 상황에 대해서 어떻게 생각하는지 자주 논의가 필요합니다. 재난 사건과 관련된 변화가 감정에 어떠한 영향을 주었는지 트라우마와 관련된 생각의 변화를 자주 알아보게 되는 것입니다.

상상노출 및 현장노출은 처음에는 어렵게 느껴질 수 있습니다. 실제로 많은 재난사건의 피해자들이 이것에 참여하는 것을 두려워합니다. 그러나 시간이 지나면서 이러한 치료가 정말로 효과가 있다는 것을 깨닫게 됩니다.

② 상상노출훈련

상상노출훈련은 30분 정도 시행하되 재난사건 하나에만 국한하여 실시한다. 재난경험을 현재 시제로 바꾸어 진행한다(노출강도를 약하게 약 5분 노출, 점차 노출의 강도와 시간을 증가). 재난피해자는 눈을 감고 그때의 재난 사건을 그려보고 느낌과 생각에 머무르도록 한다(노출강도를 강하게 약 25분간 노출). 이에 충분히 머무르도록 지도자는 피해자의 기억에 대해 세부적인 것을 질문하고, 세심하게 탐색함으로써 기억을 더 생생하게 만들 수 있도록 돕는다.

생각과 감정, 신체적 지각에 집중할 수 있도록 격려하고 조력한다(예를 들어, 눈을 뜨라든지, 과거시제를 쓰라든지, 조금 더 이야기하는 식으로 재현하라든지, 혹은 더 몰입할 수 있는 방법을 이용해서 도와주는 것 등이 포함됨). 재난피해자의 불안감이 올라가고 힘들어한다면 상상노출을 제대로 시행하고 있다는 증거이다. 계속 그 상상에 머물러 있도록 격려하다가 불안감을 줄여야 할 필요가 있을 경우에는 이완훈련을 실시하고 휴식 시간을 가진다.

상상노출 기록지	
일자	
성명	
회기 수	
상상노출 회수	
상상노출 내용	

③ 상상노출의 처리

상상노출이 끝난 후에는 그 과정이 어떠했는지, 어떻게 느꼈는지 소감을 나누는 시간을 20분 이상 충분히 갖는다.

☞ 과제부여: 상상노출 목록을 스스로 작성하여 연습한다.

☞ 마무리: 프로그램 후 느낌 공유 및 다음 회기 프로그램의 간단한 소개

[7회기: 현장노출하기]

1) 개요

목표	현장노출훈련을 통해 재난 트라우마 극복하기
도입	■ 재난 트라우마 증상과 관련한 경험을 공유하기 ■ 현장노출훈련 전, 불안위계 하위 5단계에서 상위 1단계까지 상상노출을 한 후, 근육이완훈련, 복식호흡을 한다. ■ 실제 현장노출을 한다.

2) 진행요령

① 현장노출 목록 작성

재난 관련 회피자극과 상황을 이끌어 내고, 5-7개 정도의 현장노출 목록을 작성한다.

구분	항목	불안감 수준
1		
2		
3		
4		
5		

② 현장노출 지시문

다음의 예)가 현장노출 과제를 만드는데 도움이 된다. 적어도 30분 이상 버텨야 한다.

[예: 시장에 가기]

- 누군가와 함께 시장에 가서 함께 걸어 다니기
- 누군가와 함께 시장에 가서 혼자 서 있다가 혼자 걸어 다니기
- 누군가와 함께 시장에 가서 혼자 서 있다가 어느 가게에 혼자 들어가기
- 누군가와 함께 시장에 가지만 그 사람은 주차장에 있고 나 혼자 시장 보기
- 누군가와 함께 시장에 가지만 30분 후에 데리러 다시 오고 혼자 시장 보기
- 누군가가 집에서 전화 연락이 되는 곳에 있고 혼자 시장에 가기
- 아무에게도 이야기하지 않고 혼자서 시장에 가기

③ 현장노출의 처리

현장노출이 끝난 후에는 그 과정이 어떠했는지, 어떻게 느꼈는지 소감을 나누는 시간을 20분 이상 충분히 갖는다.

☞ 과제부여: 현장노출 장면을 스스로 선정하여 연습한다.
☞ 마무리: 프로그램 후 느낌 공유 및 다음 회기 프로그램의 간단한 소개

[8회기: 대처전략 개발하기]

1) 개요

목표	극한 스트레스 대처에 대한 교육 및 실천할 수 있는 대처전략 세우기
도입	■ 재난 트라우마 증상 회복과 관련한 1주일간의 경험 공유하기 ■ 대처전략이 트라우마 증상회복을 위해 중요함을 설명하기 ■ 현재까지의 치료과정에서 나타난 증상의 변화에 대한 이야기 나누기

2) 진행요령

① 트라우마에 대한 교육 및 실천할 수 있는 대처전략 세우기
- 지지 구하기: 친구에게 전화 걸어 이야기하기/가족과 이야기하기
- 이완운동: 점진적인 근육이완/복식호흡
- 사고중지: 산책이나 운동을 하며 좋지 않은 생각 버리기
- 일기쓰기: 불안상황과 자신의 감정을 글로 적어 보기
- 자기대화: 자신이 잘 해낸 것을 생각하고 부정적 사고를 인식하기
- 규칙적인 운동: 걷기, 수영, 자전거 타기, 스트레칭 등
- 매일하는 활동/의식 지속: 같은 시간에 일어나서 하루를 시작하기, 규칙적으로 식사하기

매일·매주·매월 하는 기분전환 활동 지속

■ 자기보상: 자신을 위해 작은 선물, 특별한 시간 등을 내어 보상하는 방법 찾기, 긍정적인 활동을 통한 기분전환 하기(영화, 운동 등)

② 도움이 되었던 트라우마 대처전략 공유하기

앞서 언급한 트라우마 대처전략 리스트 외에 평소 자신이 스트레스 상황에서 도움이 되었던 대처전략을 공유한다.

☞ 과제부여: 가정이나 직장에서 실천한다.
☞ 마무리: 회기를 종결한다.

CHAPTER

PTSD 위기상담 프로그램

일반적으로 인간이 감당하기 어려운 재해, 성폭력, 전쟁 등 심각한 스트레스를 받는 외상사건을 경험한 후 나타나는 병리적인 증상을 PTSD라고 한다. 정서적·심리적 충격을 주는 외상사건은 인류 역사 이래 끊임없이 발생해 왔고, 앞으로도 계속 일어날 것이다. 최근 우리나라에서 발생한 이태원 압사사고, 튀르키예에서 발생한 대형 지진과 같은 큰 규모의 사건들이 지구촌 곳곳에서 끊임없이 일어나 PTSD 환자는 더욱 증가할 것으로 예측된다.

PTSD 치료는 주로 인지치료와 노출치료 등 두 가지 방법을 이용한다. 인지치료는 외상사건을 경험한 자신의 어떤 생각이 스트레스를 유발하고 증상을 악화시키는지를 이해하는 것으로부터 출발한다. 외상사건과 주변 환경에 대한 자신의 생각이 자신을 불안하고 혼란스럽게 하는지 알 수 있도록 도움을 주는 방법론이다. 외상피해자는 집단지도자의 도움을 받아 자신의 생각을 좀 더 합리적이고 긍정적으로 대치하는 방법을 익히는 데 기여한다.

노출치료는 외상사건과 관련된 생각이나 감정을 회피하려는 외상피해자를 치료하는 방법이다. 외상을 경험한 사건을 회피하는 것은 잠시 동안은 편안함을 가져다 줄 수 있으나, 장기적인 측면에서는 오히려 치료를 더 어렵게 만든다.

본 프로그램은 국가보훈처(2010)에서 만든 프로그램과 심윤기(2018)의 프로그램을 일부 내용을 수정·보완하여 재구성하였다.

[프로그램의 회기별 내용]

구분	중점	세부내용
1회기	시작하기	· 프로그램과 치료과정 개관 · 자율신경계 이해하기
2회기	외상사건에 직면하기	· 직면의 중요성 이해 및 스트레스에 직면하기
3회기	플래시백 다루기	· 플래시백과 외상스트레스 유발자극 다루기
4회기	상상노출하기	· 상상노출 목록을 작성한 후 노출훈련 실시하기
5회기	현장노출하기	· 현장노출 장소를 선정한 후 노출훈련 실시하기
6회기	부정정서 조절하기	· 화와 분노, 죄책감 다루기
7회기	긍정강점 찾기	· 자신의 강점 찾기와 미래 인생설계
8회기	마무리하기	· 삶의 의미 찾기

[1회기: 시작하기]

1) 치료목표

집단지도자와 외상피해자 간 신뢰관계를 형성하고 치료과정을 이해한다.

2) 진행요령

① **신뢰관계를 형성한다**

외상사건을 겪은 피해자에게는 무엇보다도 지도자의 안정적이고 지지적인 모습이 필요하다. 이를 위해 지도자는 방어적이거나 경계의 자세가 아닌 모든 가능성을 열어두는 개방적인 자세를 보여야 한다. 외상피해자를 향하여 몸을 약간 기울이면서 그의 말에 관심을 기울이고 있다는 자세를 취하고, 피해자가 말하는 순간순간 시선을 맞춰 '당신에게 관심을 기울이고 있습니다', '당신의 입장을 공감합니다.'라는 의미를 전달한다.

뿐만 아니라, 집단지도자는 지나치게 조심하거나 긴장하는 표정을 짓는 것은 바람직하지 않다. 편안하게 이완된 자세를 취하며, 전문가로서 치료에 대한 신뢰감을 주는 모습을 보일 수 있어야 한다. 그리고 상담과정에서 다루어지는 내용은 반드시 비밀이 보장됨을 주지시킨다.

② 프로그램을 개관한다

집단지도자는 외상스트레스 증상을 겪는 피해자에게 상담 전반에 대한 내용과 진행과정, 기대효과에 대해 설명하는 것이 필요한데, 다음과 같은 내용을 강조한다.

- 집단지도자는 피해자와 함께 치료를 목표로 협력하고 도움을 주는 사람이다.
- 외상피해자는 자신의 생각과 감정을 적극적으로 탐색하고 상담절차를 따른다. 특히, 상담시간을 엄수하고 과제를 꼭 해온다.
- 상담과정에서 지도자와 피해자는 서로 신뢰관계를 유지한다.
- 지도자는 프로그램에 대해 다음과 같은 자료를 준비하여 설명한다.

[PTSD 및 상담프로그램 개관]

PTSD는 심신의 충격을 경험한 후 극도의 공포와 불안과 같은 정서적 혼란스러움이 재경험 되는 장애입니다. 신경계가 과각성되어 매우 예민해지고, 충격과 관련 있는 자극을 회피하는 등 심리적 고통을 받는 장애이기도 합니다. 따라서 집단상담과정 초기에서는 PTSD가 무엇이고, 왜 일어나는지를 알아보고, 불안을 감소시키는 훈련이 이루어져야 합니다. 상담과정 중반에 불안이 감소되면 자신의 고통을 차분히 바라볼 수 있으므로 외상스트레스에 대한 이해를 통해 자신감을 회복하는데 중점을 둡니다. 상담과정 후반부에는 과거 자신의 극한위기극복 경험이나 갈등극복 경험을 되돌아보고, 자신 안에 있는 강점을 찾아 향후 인생을 재설계해 봄으로서 새롭게 태어나는 계기가 되는 시간을 가질 것입니다.

[상담과정]

집단상담과정은 총 8회기로, 매 회기마다 60~90분 정도 소요됩니다. 매 회기 주제가 다르고, 그 회기에 다룬 내용을 충분히 학습하고 숙련될 수 있도록 연습과제를 줄 것입니다. 이후 숙제를 통해 훈련 경험과 노력에 대해 서로 이야기를 나누는 시간을 갖도록 하겠습니다.

[연습과제와 노력]

연습과제는 상담실이 아닌 가정이나 직장 등에서 이루어질 수 있도록 연계된 내용이므로 충실하게 따라야 효과를 얻을 수 있습니다. 본인 자신을 위해서 노력할수록 자신에게 도움이 된다는 것을 인식해야 할 것입니다.

③ 외상스트레스에 대해 설명한다

이 세상 사람은 누구 할 것 없이 스트레스를 받고 살아갑니다. 스트레스가 전혀 없는 삶이란 있을 수가 없지요. 스트레스가 전혀 없다면 사람은 아무 일도 하지 않을 것이고, 자극에도 반응하지 않는 무기력한 사람이 될 것입니다. 내일 자격증 시험이 있는데 아무런 긴장을 하지 않는다면 제대로 시험을 치룰 수 있겠습니까? 과속하는 차가 내 앞으로 밀고 들어오는데 피하지 않는다면 어떻게 되겠습니까? 적당한 스트레스는 우리가 살아가는 데에 꼭 필요한 것입니다. 우리는 이를 정상적인 스트레스 반응(normal stress response)이라고 부릅니다.

스트레스를 받으면 우리의 몸과 마음은 다양한 방식으로 반응을 합니다. 신체적 반응으로는 맥박이 증가하고, 근육이 긴장되거나 얼굴이 붉어지고 땀이 나지요. 정서적 반응으로는 불안, 공포, 분노가 생길 수 있습니다. 행동적 반응으로는 그 상황과 맞서 싸우려고 하거나 또는 상황으로부터 도망가려고 합니다. 이것들은 모두 정상적인 반응입니다. 긍정적인 스트레스는 유-스트레스(eustress)라고 하는데요, 이것은 우리의 생명을 보호하고 위급 상황에서 긍정적인 반응을 유발합니다. 따라서 유-스트레스 반응은 우리를 보호하는 역할을 합니다.

그러나 스트레스 반응이 너무 강하거나 과도하면 부정적인 스트레스가 나타나는데요, 우리는 이를 디-스트레스(distress)라고 합니다. PTSD는 과도한 디-스트레스로 인해 나타나는 장애입니다. 디-스트레스는 과도한 긴장으로 몸을 피로하게 하고 위급 상황에 올바르게 대처하지 못하게 하는 등 우리의 신체, 정서, 사고, 관계적인 측면에 부정적인 영향을 줍니다.

④ PTSD에 대한 정보제공교육을 한다

PTSD의 증상은 첫 번째로 외상사건에 대한 침투 증상이 나타납니다. 외상사건을 경험한 것과 관련된 기억, 이미지, 생각들이 밀려와 악몽으로 재경험하고, 순간순간 과거의 장면이 스쳐지나가는 플래쉬백 형태로 나타나기도 합니다.

두 번째로는 외상사건과 관련 있는 자극을 회피합니다. 외상사건과 관련 있는 침투적 사고가 떠올라 너무나 불안하고 두렵기 때문에 외상사건을 떠올릴 수 있는 장소, 사람, 자극을 피하게 되는 것이지요. 외상사건과 관련된 자극을 피하기 위해 사회활동을 하지 않고 집에만 머무른다거나, 고통을 잊기 위해 알코올이나 약물에 의존하기도 합니다. 일부에서는 외상사건에 대한 일시적 기억상실이나 해리를 경험하기도 하고, 정서적 마비 상태에 빠지기도 합니다.

세 번째는 인지 및 감정의 부정적 변화입니다.

네 번째는 각성과 반응성의 변화가 찾아옵니다. 작은 자극에도 쉽게 흥분하고 예민해지거나 소스라치게 놀라고 겁에 질릴 수 있으며, 지나치게 조심하는 경계상태를 가집니다. 또한 위험상황에 대한 분노, 수치심, 불안, 우울 등 정서적 흥분과 충동조절의 어려움을 느끼게 됩니다. 이 외에도 외상사건으로부터 자신을 방어하지 못했다는 자책감을 가질 수도 있고, 동료가 위험상황에 처해 있는데 아무런 도움을 주지 못했고 또 자신만 살아남은 것에 대한 죄책감과 수치심을 느끼기도 합니다.

⑤ 호흡이완훈련을 진행한다

호흡이완훈련은 일반적으로 복식호흡과 비슷하다고 생각하면 쉽게 이해할 수 있습니다. 이 훈련은 예민해진 우리의 자율신경계를 둔감화하고 안정시킬 수 있는 효과적인 방법입니다. 이를 익숙하게 연습하여 몇 주 동안 지속한다면 불안 증상의 감소, 불면증 감소, 스트레스 수준의 감소를 얻을 수 있습니다. 깜짝깜짝 놀라는 증상과 심장 박동의 증가, 호흡 곤란, 식은 땀, 몸의 떨림 증상을 감소시킬 수가 있습니다.

[이완훈련 전 준비사항]

① 가능한 산만하지 않은 조용한 장소에서 하는 것이 좋다.

② 바닥에 담요를 깔고 편안하게 눕는다. 꽉 끼는 옷은 느슨하게 풀어놓는다.

③ 마음에 떠오르는 복잡한 생각을 버린다.

④ 행복했던 기억을 생각하면서 근육의 긴장을 늦춘다.

[호흡이완훈련 연습]

① 바닥에 담요를 깔고 누운 자세에서, 무릎을 당신을 향해 굽히고, 양발은 8인치 정도 떨어지게 하며, 발가락은 바깥을 향하도록 한다. 척추는 가능한 곧게 편다.

② 전체 몸 중에서 긴장되는 곳을 찾는다.

③ 한 손은 복부에 한손은 가슴 위에 얹는다.

④ 코에서 배로 숨을 천천히 들이마셔서 손이 위로 올라오는 것을 느끼게 한다. 이때 가슴은 약간만 움직여야 한다. 다섯을 세면 잠시 숨을 멈춘다.

⑤ 살짝 미소를 지은 후, 가능한 오랫동안 입으로 숨을 내쉰다. 내쉬는 동안 쉬이-소리가 나게 한다.

⑥ 이것을 다섯 번 반복한다. 심호흡하는 시간을 5분에서 10분으로 점차 늘려간다.

⑦ 연습이 끝나면 다시 전체 몸을 지각하여 긴장된 곳이 남아있는지 확인한다.

⑧ 익숙해지면 몸에서 긴장을 느낄 때마다 앉아서 또는 서서 계속한다.

3) 평가 및 과제

Q1. 오늘 배운 점은 무엇인가?

Q2. 오늘 몸과 마음에 어떤 도움이 되었는가?

◉ 과제: 매일 아침 15분, 저녁 15분, 하루 두 차례 호흡이완훈련을 연습한다.

[2회기: 외상사건에 직면하기]

1) 치료목표

직면의 중요성 이해하고 외상에 직면하는 방법을 숙달한다.

2) 진행요령

① 불안의 조건화와 직면의 중요성을 이해한다

외상사건을 경험한 후 극도의 불안이 왜 오래 지속되는지 그 이유에 대해 설명 드리겠습니다. 불안은 흔히 조건화과정으로 설명할 수 있습니다. 생명이나 생존을 위협하는 자극은 자연적으로 불안이나 공포 반응을 일으킵니다. 원래는 생존과 관련 없는 일반적인 상황이나 장면, 시간, 냄새, 그림과 같은 자극들은 아무런 정서 반응을 일으키지 않지만, 이들 자극이 생명을 위협하는 자극과 연합되면 불안이 확산합니다. 그래서 충격적인 사건을 경험하여 불안, 공포를 느끼는 것은 자연스러운 반응입니다.

그러나 이때 충격적인 사건과 다른 자극(외상 당시 보았던 차량, 소총, 냄새 등)이나 그와 유사한 자극(가해자와 유사한 얼굴, 걸음걸이, 목소리 등)이 연합되면 병리적인 불안으로 확산될 수 있습니다. 이때 충격적인 사건과 관련 있는 유사한 자극만 보고도 불안, 공포를 느끼기 때문에 회피하게 되지요. 외상과 유사한 상황을 회피하면 단기적으로는 불안이 감소하겠지만, 장기적으로는 유사한 자극들이 무해하다는 것을 인식하지 못하여 오히려 자극에 더 예민하게 반응하게 됩니다. 따라서 불안에 대한 치료는 불안을 일으키는 장면과 이완자극을 반복적으로 연합시키는 역조건화의 원리를 이용하여 불안을 상쇄시켜야 합니다.

불안을 유발하는 자극이나 상황을 직면해야 불안정하게 처리된 정서를 재처리할 수 있습니다. 그렇지 않으면 외상사건이 이미 종료되었음에도 불구하고 불쑥불쑥 외상사건이 떠오른다거나 외상사건과 유사한 자극들을 자꾸 회피하게 됩니다. 따라서 오늘 저와 함께 외상사건 당시의 기억을 떠올리면서 해결하지 못한 감정들을 정리해 보겠습니다. 오늘은 ○○년도 ○월 ○일입니다. 지금 여기에 제가 여러분과 함께 있다는 것을 명심하십시오. 그 전에 먼저 긴장된 근육들을 풀어보는 훈련을 해보도록 하겠습니다.

② 근육이완훈련을 연습한다

교감신경계의 과각성을 줄이는 방법으로는 호흡이완훈련과 근육이완훈련이 있습니다. 지난 시간에 호흡이완훈련을 배웠고 연습과제로도 실천하였는데 오늘은 근육이완훈련을 배우도록 하겠습니다. 연습과제의 핵심은 이완에 대한 주관적 감각에 주의를 기울이는 것입니다. 연습을 통해서 우리는 깊고 빠르게 이완하는 방법을 배울 수 있습니다.

이것은 매우 중요한 일인데요, 일단 빠르게 이완하는 방법을 배우게 되면 불안을 가져다주는 어떤 상황에도 이 기술을 적용할 수 있습니다. 만약 우리가 불안을 이완으로 이길 수만 있다면 우리는 스트레스를 쉽게 견뎌낼 수 있고 통제할 수 있습니다.

이완을 배우는 최적의 방법은 하루 두 번씩 연습하는 것입니다. 아침에 한 번 하고, 저녁에 한 번 하여 하루에 두 번 이상 연습하면 좋습니다. 체계적이고 규칙적인 연습을 통해 우리 몸의 자율신경을 조절하는 기술을 배우는 것이니까요. 처음에는 다음과 같이 온 몸의 근육을 11개 부분으로 나누어서 긴장과 이완을 연습합니다. 이것을 매일 연습하여 1주일 후에 익숙해지면 온 몸의 근육을 8개 부분으로 나누어 연습하고, 나중엔 4개 부분으로 구분하여 연습할 수 있습니다.

이완 순서

오른손과 아래 팔 → 오른손 위 팔 → 왼손과 아래 팔 → 왼손 위 팔 → 이마와 눈 → 아래 얼굴과 턱 → 목과 어깨 → 흉부와 흉부 뒤쪽 등 →복부와 복부 뒤쪽 허리 → 엉덩이와 위쪽 다리(오른쪽 다리) → 아래쪽 다리와 발

이완을 위한 장소로는 기댈 수 있는 곳이나 침대, 의자 또는 베개로 편하게 받혀진 곳이면 좋습니다. 머리와 목을 지지해주는 것이 좋으며, 안경이나 콘택트렌즈를 착용하지 않고 꼭 끼는 옷은 헐렁하게 풀어줍니다. 시작할 때 근육을 긴장시키고 5-10초간 이 상태를 유지합니다. 긴장할 때는 스스로 자신이 얼마나 긴장하고 있는지를 인식해야 합니다. 목표는 긴장과 이완 사이의 차이를 충분히 느낄 만큼

긴장을 하는 것인데, 이를 통해 근육 이완의 느낌을 확실히 알도록 연습합니다.

③ 트라우마 기억을 다룬다

외상피해자를 괴롭히는 증상이 어디에서 비롯되는지 아는 것이 중요하다. 외상 사건을 경험한 것이 두렵고 고통스러운 것이지만 자기에게 무엇이 어떻게 일어났는지 정확하게 알아야 됨을 강조한다.

첫째, 외상피해자 자신의 주관적 불편감을 알아본다.

주관적 불편감을 알아보는 척도(subjective unit of disturbance scale: 이후 SUDS)는 가장 적은 스트레스부터 가장 많은 스트레스에 이르기까지 11점 척도로 구성되어 있다. 외상피해자가 어느 척도 위치에 해당하는지를 평가하는 것이 중요하다. 측정한 결과 스트레스가 10을 넘어서는 경우가 있을 수 있는데, 이렇게 높은 수준의 SUDS는 더 많이 이완하고 쉬어야 할 필요가 있다는 것을 나타낸다.

주관적 불편감 척도(SUDS)

1. 나는 스트레스가 없고 완전히 이완되어 있다. 나는 깊이 잠든 것처럼 편안하다.
2. 나는 매우 이완되어 있다. 나는 깨어 있지만 선잠을 자는 것 같다.
3. 나는 깨어 있지만 긴장을 느끼지 않는다.
4. 나는 약간의 긴장을 느낀다.
5. 나는 약간의 스트레스, 걱정, 두려움 또는 불안, 신체 긴장을 느낀다.
6. 나의 스트레스는 어느 정도 불쾌하지만 참을 수 있다.
7. 나는 중간 수준의 스트레스와 불쾌한 감정을 느끼고 있다. 나는 어느 정도 걱정하고 있다.
8. 나의 몸은 상당히 긴장되고 불쾌하지만 참을 수 있고 명확하게 사고할 수 있다.
9. 나는 높은 수준의 불안, 두려움, 걱정과 함께 상당한 스트레스를 느끼고 있다.
   나는 오랫동안 이것을 참아낼 수 없을 것 같다.
10. 스트레스가 너무 심해서 사고하는 데 영향을 준다. 나는 논리적으로 사고할 수 없다.
11. 나는 극심한 스트레스 상태에 있다. 나는 완전히 공포로 가득 차 있고, 온 몸이 극도로 긴장되어 있다. 이것은 내가 상상할 수 있는 최악의 공포와 두려움이다. 나는 아무 생각도 할 수가 없다.

둘째, 외상사건 경험에서 무엇을 보고 느꼈는지 경험 일지를 쓴다.

① 먼저, 외상피해자가 기억하는 외상스트레스 경험을 상세하게 기술한다.

- 외상사건 당시 떠오르는 감각 경험(냄새, 장면, 촉감, 소리 등)을 기술한다.
- 외상사건 당시 혹은 외상과 관련하여 떠오르는 생각을 기술한다.
- 외상사건 당시의 신체반응은 어땠는지 기술한다.
- 그때의 감정, 기분은 어땠는지 기술한다.
- 그때 강하게 원하거나 소망했던 것은 무엇이었는지 기술한다.
- 그래서 당신은 무슨 행동을 했는지 기술한다.
- 상황이 어떻게 종료되었는지 기술한다.

② 문장구조, 맞춤법에 대해서는 신경 쓰지 않고 작성한다.
③ 작성하다가 감정이 일어나면 그 감정을 충분히 표현하고 정상 반응임을 주지시킨다.
④ 일지를 쓰다 신체적 과각성이 일어나면 쉽게 이완할 수 있는 복식호흡부터 실시하고 심하면 근육이완을 실시한다.
⑤ 주관적 불편감이 5수준 이하이면 경험일지를 계속 쓰도록 격려한다.
⑥ 경험일지를 다 썼으면 과거의 지각을 현재의 지각으로 옮기는 작업을 한다.

셋째, 현실 지각력을 높이는 이중 지각훈련을 실시한다.

① 외상사건 당시의 주관적 불편감 척도를 체크하여 수준을 확인한 후, 지금 트라우마 경험을 상세히 설명할 때의 주관적 불편감 척도를 다시 체크하여, 이 둘 간의 수준을 비교해 보고 이야기를 나눈다.
② 차이가 별로 없이 둘 다 높은 경우에는 외상사건 경험을 기억하고 설명하는 것만으로도 주관적으로 위험하다고 느끼고 있음을 암시해준다. 그러나 지금은 결코 위험한 상황이 아님을 다시 언급하고, 외상피해자가 자신의 기억에 두려움을 느끼고 있음을 인식하도록 조력한다.
③ 차이가 많이 나는 경우에는 외상사건 경험 당시와 비교해 지금은 주관적 불

편감이 낮음을 확인했으므로, 이제부터는 더욱 구체적인 기억을 회상하고 처리하여 작은 불편감마저도 감소시켜 나가자고 격려한다.

3) 평가 및 과제

Q1. 오늘 배운 점은 무엇인가?
Q2. 오늘 배운 것이 어떤 도움이 되었는가?

◉ 과제: 외상경험 일지를 작성해 온다. 그 당시 본 것, 떠오른 생각, 느꼈던 감정, 원했던 바람, 자신의 행동 순으로 기술하되, 그때마다 내용은 달라도 상관없다. 단, 주의할 점은 작성하는 장소와 시간을 정해서 하고, 작성 후에는 현실적인 지각으로 돌아오도록 연습한다. 매일 호흡이완훈련이나 근육이완훈련 중에 하나를 특정 시간에 연습한다.

[3회기: 플래시백 다루기]

1) 치료목표

플래시백과 외상 유발자극을 다루어 증상을 완화한다.

2) 이론적 배경

① 플래시백이란?

PTSD의 네 가지 주요 증상 가운데 침투 증상이 있는데, 3회기는 침투 증상을 다루는 방법을 알려준다. 이 기술은 다음과 같을 때 사용한다.

- 외상에 관한 기억이나 생각이 갑자기 떠오를 때
- 외상에 관한 악몽을 계속 꾸게 될 때
- 외상사건 경험과 연합되어 있는 냄새, 소리, 날짜 등의 자극이 플래시백을

일으킬 때(갑자기 과거의 사건이 영상처럼 떠올라 다시 그 사건을 경험하는 것 같은 느낌)
- 외상사건과 유사한 상황이 느껴져 불편할 때

플래시백은 과거 사건이 현재로 침입해서 지금 여기에서 실제로 발생하는 것처럼 느끼도록 만든다. 플래시백은 강한 감정을 동반하는 갑작스럽고 생생한 외상사건의 회상을 의미한다. 플래시백은 번쩍하고 나타나거나 전체 경험의 기억으로 나타날 수 있는데, 일반적으로 플래시백은 예측 불가하다.

플래시백이 발생할 때면 외상사건을 다시 경험하는 것처럼 느끼게 된다. 플래시백이 나타나는 동안은 기억이 사라지거나 의식을 잃지는 않지만, 현재의 시간으로부터 일시적으로 떠나있게 된다. 잠자는 동안 발생하는 플래시백은 악몽이나 생생한 꿈으로 나타날 수 있다. 플래시백은 침투 사고나 재경험 또는 강한 감정으로도 나타날 수 있다. 플래시백이 나타나는 동안 외상기억은 더욱 강하게 재생된다.

심지어 어린아이조차도 플래시백을 겪는다. 그러나 아이들은 말로 표현하기보다는 행동으로 표현하는 경향이 많으며, 때로는 타인이 그에게 했던 행동을 따라하기도 한다.

② 외상 유발자극이란?

플래시백과 같은 재경험 증상은 갑자기 아무 일 없이 나타나는 경우도 있지만 일반적으로는 유발자극이 있은 후에 나타난다. 유발자극은 현재의 경험 속에서 과거 외상을 상기시켜주는 자극을 말한다. 우리의 뇌는 어떤 감각이나 경험을 할 때 그와 연관된 과거의 기억을 상기시키는 작용을 하는 기능을 한다.

예를 들어, 따뜻한 베개의 감촉이 어린 시절의 기억을 불러일으키거나, 맛있는 음식의 향기가 어머니의 추억을 상기시키기도 한다. 같은 원리로 외상과 관련이 있는 감각이나 경험은 우리에게 외상의 기억을 상기시키고, 자율신경계의 과각성과 두려운 감정을 불러일으킨다. 외상 유발자극은 불쾌함과 두려움을 가져다주며, 플래시백을 일으키거나 불안, 공포, 공황, 분노, 혼란, 반응마비를 일으킨다.

일반적으로 외상 유발자극은 회피하기 쉬운데 회피한다고 해결되는 것은 아니다. 회피는 두려움을 강화시키는 효과가 있다. 외상 유발자극을 우리가 잘 알고 이를 조절할 수 있으면 이런 증상을 감소시킬 수 있는데, 이를 위한 방법으로 유발자극 목록을 만드는 것이 도움이 된다.

3) 진행요령

① 플래시백을 다룬다

플래시백의 예를 들어보자. 철수는 아파트에서 살고 있다. 위층의 이웃은 밤늦게까지 음악을 틀어놓는다. 철수가 경비에게 항의하자 위층 사람은 밤중에 일부러 쿵쿵대고, 철수의 차를 긁어서 보복을 했다. 철수는 2년 전 군대에서 선임병사에게 가혹행위를 자주 당했던 경험이 있다. 아파트 위층 사람의 이런 보복 행동이 이전 군대에서의 기억이 되살아나, 2년 전 군대 선임의 가혹행위가 자꾸 머릿속에 떠오르고, 다시 경험하는 것 같은 플래시백을 일으킨다. 그는 많이 괴로웠고, 위층 사람을 만나게 될까봐 가슴이 떨리고 전전긍긍한다. 그의 몸은 벌써 보복에 대비하기 위해 과도한 경계상태에 들어간다.

대체로 플래시백은 외상사건과 관련된 감각과 감정을 포함한다. 플래시백이 나타날 때 전체 신경 체계가 관여한다는 의미이다. 신경체계는 외상 유발자극에 노출될 때 과도하게 각성된다. 플래시백은 기억의 부분으로 나타나기도 하는데, 그럴 때는 다음과 같은 질문을 스스로에게 하는 것이 좋다.

- 플래시백, 너는 내게 무얼 이야기하려고 하는가?
- 내가 더 보아야 할 무엇이라도 있는 건가?
- 내가 더 느껴야 할 무엇이라도 있는 건가?
- 내가 더 들어야 할 무엇이라도 있는 건가?
- 내가 더 배우거나 받아들여야 할 것이 있는가?

플래시백 다루기

- 지난 2주 동안 당신이 경험했던 플래시백에 대해서 생각해본다.
- 플래시백과 당신이 경험한 것에 대해 설명해 보라.
- 과거에 유사한 플래시백이 있었는가?만약 그렇다면 언제 그리고 어떤 상태에서였는가?

- 플래시백의 냄새, 느낌, 소리는 무엇인가? 누가 관련되어 있는가?
- 실제 트라우마 경험의 냄새, 느낌, 소리는 무엇인가? 누가 관련되어 있는가?
- 플래시백과 과거의 트라우마 상황은 어떻게 다르고 어떻게 같은가?
- 플래시백이 발생했을 때 어떤 행동이 기분을 좀 좋게 해줄 수 있는가?
- 플래시백이 발생했을 때 현재로 당신을 어떻게 다시 돌아오게 할 수 있는가?

이 연습과제는 당신이 경험한 플래시백에 적용할 수 있다.

② 바깥쪽으로 고개 돌리기

플래시백을 다루는 또 하나의 방법은 세상을 향해 고개를 돌리는 것이다. 외상피해자의 괴롭고 고통스러운 마음에서 벗어나도록 세상 밖의 이야기를 나눈다. 또한 외상경험 일지를 작성하고 외상과 관련된 내용으로 그림을 그리는 등 다른 방식으로 재현해 본다. 만약 플래시백에 대하여 이야기하는 것을 기꺼이 들어줄 지지적인 사람이 있다면, 그 사람과 가까이 지내면서 되도록 많은 이야기를 나누도록 하는 것이 좋다.

플래시백에 대해 이야기를 나누는 것은 플래시백에 대한 고통을 줄이고, 플래시백이 발생하는 횟수를 줄여주는 효과가 있다. 이것은 이중지각 연습과도 비슷하다. 경험하는 자기와 관찰하는 자기를 조화시킴으로써 플래시백 현상을 빠르게 멈추도록 할 수 있다.

이중지각 연습하기

다음의 문장을 자신에게 큰 소리로 말하고 빈칸을 채운다.
- 지금 나는 (현재의 감정: 예, 분노_____)을 느끼고 있다.
- 내 몸은 (현재 몸의 감각, 적어도 세 가지: 예, 통증ㆍ악취ㆍ굉음_____)을 느끼고 있다.
- 나는 (외상사건: 예, 화재____)을 기억하기 때문에 (힘들다: 예, 공포감____)느낀다.
- 그러나 동시에 나는 (지금의 날짜___), (지금의 장소___)에서 주의를 둘러보고 있다.
- 나는 (지금 여기에서 볼 수 있는 것_____)을 볼 수 있다.
- 나는 (어떤 외상___)이 지금 여기에서 더 이상 발생하지 않는다는 것을 안다.

③ 다른 방식으로 플래시백 다루기

플래시백을 물리치는 방법은 다음과 같이 다양하다.

- 손뼉 치기
- 심호흡하기
- 눈동자 돌리기
- 편안한 음악 듣기
- 바닥에 발자국 찍기
- 찬물로 세수하기
- 자신에 대해서 긍정적으로 말하기
- 마음속의 안전한 장소로 가는 심상을 사용하기
- 주변에 있는 물체의 이름을 큰 소리로 말하기
- 플래시백 종이에 그려서 버리거나 태우거나 묻기
- 플래시백 용기에 담기(실제로, 종이로, 또는 마음속에서 상징적으로)
- 플래시백이 사라질 때까지(상상의) 클렌저 스프레이로 기억 위에 뿌리기

4) 평가 및 과제

Q1. 오늘 배운 점은 무엇인가?
Q2. 오늘 배운 점으로 어떤 도움이 되었는가?

◉ 과제
① 각각 본인에게 해당되는 것의 연습문제를 플래시백이 나타날 때마다 기록해 오기
② 증상이 나타날 때 주관적 불편감 척도(SUD)로 측정하는 것을 습관화하기
③ 트라우마 유발 자극에 대한 연습문제를 실제 상황에 맞추어 작성하기
④ 매일 호흡이완훈련이나 근육이완훈련 중에 하나를 특정한 시간에 연습하기

[4회기: 상상노출하기]

1) 치료목표

상상노출훈련을 통해 외상 후 스트레스 장애 증상을 완화한다.

2) 진행요령

① 이완상황 상상노출

상상노출은 평화롭고 편안한 이미지를 떠올리는 이완 방법으로 다음과 같이 실시합니다. "자, 이제부터 눈을 감고 제 말을 따라 상상해 보십시오(잔잔한 배경 음악을 틀어주고, 조용하고 편안한 목소리로 말한다). 자, 우리 모두 이렇게 상상해 봅니다. 나는 한적한 바닷가에 있다. 아무도 없는 모래밭을 조용히 거닐고 있으며, 바다 저 멀리에서는 갈매기들이 평화롭게 날아다니는 모습을 보고 있다. 바닷가는 나 이외 아무도 없고 파도 소리만 들리고 있다. 나를 방해하는 것은 아무것도 없고 오로지 평온함만이 나를 감싸고 있다."

이후, 1분 정도 침묵하고 나서 "자 이제 깨어날 시간이 되었습니다. 천천히 현실 세계로 돌아오도록 다섯부터 하나까지 숫자를 셀 건데요, 둘을 세면 눈을 뜨시고, 하나를 세면 처음의 각성상태로 돌아옵니다. 다섯... 넷... 셋... 둘... 하나...

네~ 아주 잘 하셨습니다. 모두들 상쾌한 기분이시죠? 지금까지 우리는 상상노출 훈련을 해 보았는데요, 그 느낌이 어땠는지 서로 이야기를 나누어 보도록 하겠습니다."

② 불안상황 상상노출

이번에는 이완상황으로의 상상노출이 아닌 불안상황으로의 상상노출을 해보겠습니다. 이전 시간에 작성하였던 불안위계표의 하위 5단계에서 부터 1단계까지 상상노출을 하겠습니다. 5단계의 상상노출을 실시한 후 복식호흡을 3분 정도 하고 나서, 4단계, 3단계, 2단계, 1단계로 높여가며 진행하겠습니다.

3) 평가 및 과제

Q1. 오늘 이 시간에서 배운 점은 무엇인가?

Q2. 오늘 배운 점으로 인해 몸과 마음에 어떤 도움이 되었는가?

◉ 과제: 이완 훈련 후 상상노출만 1일 1회 실시하기

[5회기: 현장노출하기]

1) 치료목표

실제 현장노출을 통해 외상 후 스트레스 장애 증상을 제거한다.

2) 진행요령

① 실제 현장노출

실제 외상사건 현장을 방문하여 유사한 환경을 경험해 보도록 한다. 엘리베이터에서 성폭력을 경험한 피해자는 엘리베이터가 실제 현장이다. 아파트에서 화재를 경험한 피해자는 실제 화재가 일어난 아파트가 현장이 된다. 불안위계표에 따라 5단계부터 노출시키며, 각 단계별 노출 후에는 이완하도록 시간을 충분히 제공한다. 심하게 불안을 느끼면 반드시 휴식을 취하고, 다시 이완한 후 시작한다.

불안위계표 작성(예: 엘리베이터에서 성폭행 피해자)

- 1단계: 실제 성폭행을 당한 아파트 엘리베이터를 탄다.
- 2단계: 실제 성폭행을 당한 아파트 엘리베이터 앞까지 간다.
- 3단계: 실제 성폭행을 당한 아파트 입구까지 간다.
- 4단계: 이웃동네의 아파트 엘리베이터를 탄다.
- 5단계: 이웃동네의 아파트 엘리베이터 앞까지 간다.

---

② 소감 나누기

실제 현장노출을 통한 자신의 경험을 이야기하고 느낌을 공유한다.

3) 평가 및 과제

Q1. 오늘 배운 점은 무엇인가?
Q2. 오늘 배운 점으로 어떤 도움이 되었는가?

◉ 과제: 상상노출 후 현장노출 1일 1회 실시하기

[6회기: 부정정서 조절하기]

1) 치료목표

화와 분노감, 죄책감 등의 부정정서를 제거한다.

2) 이론적 배경

① 화와 분노

화는 못마땅하거나 언짢아서 생기는 노엽고 답답한 감정으로 그 자체가 문제가 되는 것이 아니다. 어떻게 표현하는가가 문제가 된다. 화를 부적절하게 표현하는 것은 자신에게 좋지 않은 영향이 돌아오기 때문에 연습을 하는 것이 필요하다. 화는 주위 사람을 힘들게 하는 부정적인 측면이 많지만 긍정적인 측면도 있다. 그 이유는 지금 상황이 별로 좋지 않아 뭔가 변화가 필요한 때라는 것을 알려주는 신호가 되어주기 때문이다. 그러므로 이런 신호에 따라 화를 적절하게 다루어 더 좋은 상황을 만드는 것이 필요하다.

분노는 분개하여 크게 화를 내는 과각성 증상의 하나로 외상스트레스의 부산물이다. 외상사건을 경험한 피해자는 타인, 사건, 환경에 대해 부정적 감정을 쏟아붓는 경향이 있다. 외상사건이 발생했는데 왜 그것이 나에게 발생했는지에 대한 이유가 충분히 설명되지 않을 때 두려움과 슬픔, 상실, 실망, 수치, 죄책감과 같은 감정이 생기면서 분노가 일어난다. 외상사건의 가해자를 알고 있다면 분노는 직접적으로 그 사람에게 향하게 되는데 때로는 사건과 관련 없는 주위 사람에게 분노를 표출하기도 한다.

② 죄책감

충격적인 외상사건을 경험한 사람은 자신에게 그 일에 대한 책임이 있건 없건 상관없이 수치심과 죄책감을 느끼게 된다. 또한 죄책감을 없애기 위해 자해 등의 자기 파괴적인 행동을 시도하기도 한다. 죄책감은 외상스트레스 극복을 어렵게 한다. 따라서 집단지도자는 외상피해자의 책임이 실제로 얼마만큼이 있는지, 어느 정도의 죄책감을 가지는 것이 적절한지, 또한 파괴적이지 않은 방법으로 죄책감을 줄일 수 있는 방법은 어떤 것인지 등을 다루어야 한다.

3) 진행요령

① 화와 분노감 다루기

첫째, 나는 어떤 때에 화가 나는가?

- 사람들이 외상사건을 경험한 자신을 비난할 때
- 내 자신도 모르게 부정적 증상이 나타나서 괴롭힐 때
- 도박에서 돈을 잃을 때, 과소비하여 지출이 많을 때, 일이 많을 때
- 나의 주변에 있는 현상이나 사물에 대한 이해가 부족할 때
- 외상사건 가해자나 관련자에게 보상을 받지 못하는 자신의 무능력 때문에
- 외상스트레스를 겪게 한 사회 또는 책임자를 처벌하지 못하는 법체계 때문에
- 자신을 보호하지 못한 행동과 외상사건을 막지 못한 한심한 자신의 능력 때문에

이러한 이유 중 외상피해자에게 해당하는 것은 어느 것인가 체크해 본다.

둘째, 화는 어떻게 표현하는가?
다음 연습과제는 화를 부적절한 방법으로 표현하고 있는 예에 해당한다. 자신

의 경우는 어떤지 체크해본다. 많은 문항에 체크할수록 나의 화내는 방법은 건강하지 못한 것이다. 따라서 화를 표출하는 다른 방법을 배울 필요가 있다.

해당하는 항목에 체크하기!

1. 나는 타인에 대해서 권위적으로 의견을 강요한다.
2. 나는 타이밍을 맞춰서 타인을 공격한다. 다른 사람이 어떤 것에 약하거나 피곤해할 때 또는 보호할 수 없을 때 공격한다.
3. 내게는 지지 않은 논쟁 방법이 있다. 대화를 독점하거나, 다른 사람의 감정을 무시하거나, 다른 사람 말을 듣지 않거나, 내가 말을 많이 해서 다른 사람이 말하기를 포기하게 한다.
4. 나는 내게 저지른 사소한 잘못을 잊어버리지 않고 쌓아두었다가 화를 폭발시킨다.
5. 나는 화가 났을 때 소리치거나, 물건을 던지거나, 때리거나 폭력적이 된다.
6. 화가 나면 밖으로 나가거나 말을 하지 않는다. 그러면 다른 사람과 싸울 일이 없다.
7. 화가 났을 때 다른 사람에게 상처가 될 말을 하거나 빈정거린다.
8. 나는 다른 사람에게 죄책감을 느끼게 한다.
9. 나는 결코 사과를 받아들이지 않는다. 필요하다면 몇 년이고 인색하게 한다.
10. 가능한 모든 것을 싸움하는 데 사용한다. 몇 년 전에 나를 화나게 했던 것도 끄집어낸다.
11. 나는 다음 싸움을 위해 공격 수단을 비밀리에 수집한다. 이후에 다른 사람들에 대항하여 이 정보를 사용한다.
12. 나는 내가 화난 것에 대해서 대화하지 않는다. 대화는 시간 낭비다.
13. 화가 날 때 상처를 주거나 주워 담지 못할 말을 한다.
14. 나의 화는 추악하다. 만약 화를 표현한다면 다른 사람이 나를 나쁘게 생각할 것이다.
15. 나는 다른 사람이 내게 화를 내는 것을 피해야 한다.
16. 나는 기어코 화를 보이지 않도록 한다.
17. 다른 사람이 내게 화가 났다면 나는 모든 것을 바로 잡아야 한다.

셋째, 화를 이해하고 풀어버린다.

화와 관련된 다음의 사항을 숙지한다.

- 화는 자연스러운 나의 일부분이다.
- 화는 내 주변에서 무엇이 발생할지를 알려주는 신호다.
- 화는 자신에 대해 더욱 잘 알게 한다.
- 화는 나를 보호하도록 알려준다.
- 화는 변화가 필요하다는 것을 알려준다.
- 화의 원인은 나에게 중요한 사람들과 공유할 수 있게 해준다.

화를 풀기 위해 해야 할 것들!

1. 왜 화가 났는가를 객관적으로 살핀다. 그 일이 화를 낼만큼 그렇게 중대한 일이었는가?
2. 그 문제가 해결가능한 문제인지 살피고 해결한다.
3. 일반적으로 화는 두려움이나 상처의 표현이다. 화의 내면에는 자기의 상처가 있다.
   누가 그 상처를 건드렸는가? 그가 당신을 해치기 위해 그리하였는가?
   화에 대한 적절한 대상이 있는가? 만약 그러하다면 그 대상은 누구인가?
4. 화를 내는 것은 좋은 것이지만 화를 표현하는 방법은 남을 공격할 수 있다.
   자신의 화의 표현에 대해서 책임감을 가진다.
5. 화의 이면에 있는 감정들을 드러내기 위해서 화를 단어나 그림으로 표현한다.
   만약 화에 대해서 쓴다면 화가 나도록 자극한 것이 무엇이었는지, 신체지각은 어떤지,
   누가 관련되어 있는지를 글로 써본다.
   이것은 당신 자신이나 타인을 해치지 않고 화를 표현하는 안전한 방법이다.
6. 화의 이면에 놓인 치유되지 않은 상처를 살펴본다. 이 상처는 과거로부터 온 것이다.
   상처를 살펴보기 전에 자기를 우선 어루만져 준다.
7. 화를 밖으로 끄집어낸다. 다시 자신에게 화를 내거나 자신에 대해서 나쁘게 생각하지
   않는다. 당신을 해쳤던 사람을 공격하지 말고 당신이 화난 이유를 차분히 알린다.
   발생한 사건에 대해서 그들이 말하는 것을 듣는다.

② **죄책감 다루기**

만약 외상피해자가 경험한 사건에 대해서 자신에게도 책임이 있다고 생각한다면 죄책감을 느낄 가능성이 있다. 또한 자신의 행동이 나쁘다고 생각하는 것도 죄책감을 갖게 한다. 예를 들어, 외상사건 피해자가 운전하던 차가 사고를 당해 옆에 함께 타고 있던 다른 누군가가 죽었다면 죄책감을 느끼고 이를 괴로워 할 수 있다. 따라서 자신의 죄책감 여부가 타당한지 그 이유를 찾아보는 것이 중요하다. 아래 연습과제를 통해 이를 구체적으로 다룬다.

나의 죄책감(연습과제1)

1. 당신에게 일어난 외상사건에 대해 죄책감을 느낀다면 그 이유를 적어본다.

   ① _____
   ② _____
   ③ _____

2. 외상사건의 상황을 살펴보자. 당신이 한 일 때문인가 혹은 하지 않은 일 때문에 일어났는가?(사건을 조사하고, 실제 이야기를 작성하는 기자처럼 당신 자신을 대한다)

   ① 무슨 일이 일어났는가?

   ② 왜 일어났는가?

   ③ 왜 나에게 일어났는가?

   ④ 그 당시 왜 내가 그렇게 행동했는가?

   ⑤ 사건 발생 이후로 나는 어떻게 변했는가?

   ⑥ 만약 사건이 다시 일어난다면 나는 어떻게 행동할 것인가?

   나는 다른 행동을 하길 원하는가? 다른 행동을 할 수 있는가?

이 연습이 당신의 행동에 대해 무엇을 가르쳐 주었는가?

나의 책임(연습과제2)

1. 앞의 연습에서 당신이 썼던 것을 다시 보고, 당신이 기억하는 외상사건을 1인칭으로(나는) 다시 정리해 본다.

2. 현재 시점에서 당신이 생각하는 사건에 대한 당신의 책임은 얼마나 되는가?
    - 나는 일어난 사건에 대해 (   )%의 책임이 있다.
    - 당신의 책임 비율에 대해 확신하는가? (네 / 아니오)
    - 책임이 더 많거나 적을 수 있는가?
    - 사건과 그로 인한 결과가 당신의 단순한 실수 때문인가? 당신의 무능력 때문이었는가?
    - 당신의 무지 때문이었는가? 당신이 부주의 때문이었는가? 당신의 부도덕 때문이었는가?

3. 이제 당신이 처음에 자신에게 부여한 책임 정도를 다시 보자. 당신의 책임은 (   )%이다. 이제 당신이 기술했던 것에 근거해서 당신이 실제로 (   )%의 책임이 있다고 다른 사람을 납득시킬 수 있겠는가? 당신의 책임 비율을 어떻게 수정할 수 있겠는가?

4. 트라우마 사건과 관련된 다른 사람들에 대해 생각해 보자. 각 사람의 역할은 무엇인가? 각 사람의 책임은 (   )%인가?

5. 만약 다른 사람이 어느 정도의 책임이 있다면 당신 자신의 책임은 무엇인가?
   만약 당신이 어떤 행동을 하거나 하지 않았다면 사건을 막을 수 있었겠는가?
   트라우마를 겪고 있는 동안에 당신이 하거나 하지 않았던 것들, 당신이 할 수 있었던 것과 할 수 없었던 것들을 다시 생각해 보고, 당신의 책임 수준을 결정해 보라.
   나의 총 책임은 (   )%이다. 그 이유는 (   )이다.
   그렇다면 여전히 책임을 느끼는 이유는 무엇인가?

6. 만약 당신이 여전히 책임을 느낀다면 당신의 사고나 행동으로 이미 충분히 벌을 받았다고 볼 수 있지 않은가?
   얼마나 더 당신이 고통을 받아야 하는가?
   당신에게 자기용서는 매우 긴 과정일지 모르지만 그것은 사건 발생에 대한 당신의 실제 책임에 달려있다.
   당신이 자신의 책임에 대해 용서할 수 있는지를 스스로에게 물어보는 것이 중요하다.
   당신이 스스로 용서하기 위해서 필요한 것이 무엇인지 답을 적어보라.

7. 만약 당신이 여전히 외상사건에 대한 책임을 져야 한다고 생각한다면, 자기 파괴적이지 않은 방법으로 책임지는 방법을 생각해 보라.

4) 평가 및 과제

Q1. 오늘 배운 점은 무엇인가?
Q2. 오늘 배운 것은 어떤 도움이 되었는가?

◉ 과제: 화가 나고 죄책감이 드는 상황에서 어떻게 하였는지 기록해오기

[7회기: 긍정강점 찾기]

1) 치료목표

긍정적 자기대화를 통한 자신의 강점 찾기, 미래의 인생 설계하기

2) 이론적 배경

① 긍정심리학

과거 철학으로부터 독립된 심리학은 부정적인 증상을 줄이거나 제거하는 데에 초점을 맞추어 왔다. 그 결과 인간의 긍정적인 심리적 특성에 대한 관심은 적었다. 그러나 2000년대로 접어들면서 인간의 강점과 긍정적 특질을 찾아내 향상시킨다면 좀 더 행복한 생활을 할 수 있다는 견해가 확장되었다. 이런 전제로 강점과 긍정적 특질을 연구하고 이를 향상시키는 것을 목적으로 한 새로운 심리학의 조류가 탄생하게 되었는데 이것이 바로 긍정심리학이다.

지금까지의 외상극복 프로그램은 트라우마의 증상을 줄여서 불편감을 감소시키는 방향으로 많은 노력을 기울여 왔으나, 여기에서는 외상피해자가 지닌 강점을 찾고 이를 확장하는 노력을 해보려고 한다.

② 트라우마와 연관된 요인

외상사건을 경험했다고 해서 모든 사람이 트라우마 증상이 나타나는 것은 아니다. 그렇다면 외상사건을 경험하고도 ASD나 PTSD로 이어지지 않는 사람은 어떤 특징이 있는 사람일까? 지금까지 이루어진 연구결과를 살펴보면 다음과 같은

긍정적 특질이 있는 사람이 트라우마에 대한 저항력이 높게 나타났다.

- 사회적 지지가 잘 갖추어진 사람
- 자기 연민에 빠지지 않은 사람
- 수동적이기보다는 능동적으로 사건 해결에 노력한 사람
- 고통에서 의미를 발견한 사람 등이다.

McCrae(1996)와 같은 학자는 역경에 대처하는데 도움이 되는 성격특질이 있다고도 주장하였다. 주요 성격특질은 외향성과 개방성, 내적통제의 위치(internal locus of control), 응집력(sense of coherence), 의지력 등이라고 설명하였다. 외상피해자가 외상사건에 대처해야 하는 동기와 낙관적 태도를 지니고 있으면 위기극복을 잘 하는 것으로 알려졌다. 능동적이고 도전적인 능력을 바탕으로 다른 위기사건을 성공적으로 해결했던 경험이 있는 사람 역시도 외상사건에 잘 대처한 것으로 보고되었다(Kobasa 1982).

3) 진행요령

① 자신의 일반적인 강점을 찾는다

자신도 모르게 '잘 안될 것 같아', '해 봤자 소용없지'와 같은 부정적인 자기 대화는 위급한 스트레스 상황에 대한 통제력을 약화시킵니다. 그러나 나는 과거에 성공했던 경험도 있고, 스트레스를 잘 극복했던 경험도 있습니다. 호랑이 굴에 들어가도 정신만 똑바로 차리면 살 수 있다는 속담이 있듯, 나 자신의 능력을 믿고 헤쳐 나와야 합니다.

스트레스를 직면하더라도 긍정적인 자기대화는 상황을 통제할 수 있는 힘과 지혜를 줍니다. 과거에 성공했던 경험, 자부심을 느꼈던 경험, 즐거운 경험, 성취감을 느꼈던 경험과 같이 자신 안에 긍정적인 경험을 찾아보도록 합시다.

· 과거에 내가 성공했던 것은 (   )이다.
· 과거에 나는 (   )에서 자부심을 느꼈다.
· 내가 즐거웠던 과거의 경험은 (   )이다.
· 과거에 내가 성취감을 느꼈던 것은 (   )이다.

② 외상사건 당시에 대처한 나의 능력

외상사건 피해자는 그동안 힘든 생활을 하였고 지금도 하고 있다. 그렇지만 외상사건 이후에도 여전히 가정과 사회의 소중한 존재로 살아간다. 외상피해자가 지닌 능력 중 긍정적인 능력은 트라우마에 대처하는 데에 큰 도움이 된다.

트라우마에 대처하는 자신의 능력을 찾아보자. 먼저, 외상사건 이전의 자신의 원래 모습을 생각해 본다. 그때 어떠한 경험을 했는지, 그때의 생각, 그때의 감정, 그때의 신체반응, 그때의 바람, 그때의 행동에 대해 이야기하면서 자신 안에 긍정적인 힘을 느껴보는 시간을 가진다.

외상에 대처하는 나의 능력(연습문제)

다음의 문장에서 자신에게 해당된다고 생각하는 것을 체크해 봅시다.

· 나는 희망이 있다.
· 나는 생각하는 힘이 있다.
· 나는 유머감각을 지니고 있다.
· 나는 새로운 경험에 개방적이다.
· 나는 타인에게 호감을 줄 수 있다.
· 나는 훌륭한 도전을 좋아하고 다시 일어선다.
· 나는 내가 하는 일에 성실하다(나는 끝까지 한다).
· 나는 개인적 역량의 원천이 내 안에 있다고 믿는다.
· 나는 적극적으로 내 삶의 계획을 세우려고 노력한다.
· 나는 내게 발생한 일에서 의미를 찾으려고 노력한다.
· 나는 나쁜 상황을 의미 있는 부분으로 나누려고 노력한다.
· 나는 내 삶에서 발생한 문제를 해결하려는 동기가 있다.
· 나는 다른 사람의 느낌이나 생각에 대해서 개방적이다.
· 나는 외향성이 높다(나는 사람과 함께 있기를 좋아한다).
· 나는 내가 상황에 대처할 능력을 가지고 있다고 확신한다.
· 나는 내가 삶에서 경험했던 나쁜 것을 극복하기 위해 노력한다.
· 내게는 훌륭한 사회적 지지가 있다. 내게 도움을 줄 사람들이 있다.
· 세상에는 내가 할 수 있는 것과, 내가 할 수 없는 것이 있음을 안다.

- 나는 새로운 것을 시도하거나 새로운 방식으로 바라보는 것을 좋아한다.
- 나는 전반적으로 긍정적인 사람이다. 나는 부정적이기보다는 긍정적으로 바라본다.
- 나는 행동 지향적인 사람이다. 나는 앉아서 고민하기보다는 행동하기를 좋아한다.

☞ 몇 개가 체크되었는가. 당신이 체크한 것과 체크하지 않은 것들의 패턴을 알겠는가?
   더 많이 체크할수록 당신에게 발생한 외상을 극복하기 위해 더 많은 행동을 하는 것이다.
☞ 당신은 앞서 언급한 여러 문장을 읽으면서 당신에 대해서 무엇을 관찰하였는가?

③ 자존감 높이기

트라우마는 자신에 대한 좋은 느낌과 사고를 위협할 수 있고 부정적인 생각과 무가치함, 경멸의 정서를 가져올 수 있다. 자신이 흠이 있거나 나쁘거나 피해를 입었다고 믿을 수도 있다. 또한 자신의 존재가 다른 사람을 더럽힌다고 생각하거나, 나의 존재로 인해 다른 사람의 삶을 고통스럽게 할 것이라고 생각할 수도 있다. 이렇게 낮은 자존감은 자기혐오, 절망, 냉소 등 다른 사람들을 피하게 하는 원인으로 작용한다.

만약, 자신을 가치 있다고 여긴다면 좋은 자존감을 가진 사람이다. 높은 수준의 자존감은 자기존중으로부터 나온다. 자기 자신을 유능하게 보고 있다면, 스트레스를 더 잘 다룰 수 있고, 위기를 도전으로 받아들일 수 있다. 자존감을 세우는 방법은 자신이 이룬 성공, 자신이 해결한 문제, 위기극복 경험을 시각화하는 것이 유용하다. 긍정적인 대화기술을 연습하여 증진시키거나, 하고 싶은 취미를 찾거나, 다른 사람을 위해 봉사하는 것도 자존감을 높이는 하나의 좋은 방법이다.

쓸데없이 자신에 대한 자책이나 비현실적인 기대는 자존감을 낮아지게 한다. 자존감은 자기 자신에 대한 무조건적인 가치와 무조건적인 사랑의 느낌에 기초한 자기수용임을 잊지 말자.

나의 자존감 확신(연습과제)

몸을 이완시킨 후, 자존감에 대한 확신을 가져본다.
그것이 모두 사실인 것처럼 그것을 자세하게 시각화하면서 소리 내어 자신에게 말해보자.

- 나는 최선을 다하고 있다.
- 나는 가치 있는 사람이다.
- 나는 나를 자랑스럽게 느낀다.
- 나는 매력적이고 유능하다.
- 나는 내 삶을 의미 있게 생각한다.
- 나는 내 자신을 조건 없이 사랑한다.
- 나는 변화할 수 있고 성장할 수 있다.
- 나는 더 이상 무기력한 사람이 아니다.
- 나는 나 자신으로부터 사랑을 받을 만하다.
- 나는 나 자신으로부터 존중을 받을 만하다.
- 나는 다른 사람으로부터 사랑을 받을 만하다.
- 나는 다른 사람으로부터 존중을 받을 만하다.
- 나는 다른 사람들의 삶을 중요하게 생각한다.
- 나는 다른 사람과 비교하지 않고 있는 그대로를 존중한다.

4) 평가 및 과제

Q1. 오늘 배운 점은 무엇인가?
Q2. 오늘 배운 점으로 어떤 도움이 되었는가?

◉ 과제: 오늘 연습한 과제들을 일상생활에서 실천해 본다. 이를 위해 다음과
같은 자존감에 관한 연습과제를 하나 더 제시한다.

다음의 질문에 대해 답해 보세요.

- 나의 소망과 꿈은 무엇인가?
- 나는 어디에서 희망을 찾는가?
- 나는 어떤 상황에서 유머감각을 갖는가?
- 나는 나 자신을 정서적으로 어떻게 보살피는가?
- 나 자신을 위한 나의 현실적인 기대는 무엇인가?
- 나 자신을 위한 나의 비현실적인 기대는 무엇인가?
- 나는 언제 그리고 어떻게 사랑과 애정을 표현하는가?
- 나는 나 자신에게 언제, 어떻게 그리고 무엇을 보상해 주는가?
- 나는 나의 신체적 자기(나의 몸)를 보살피기 위해 무엇을 하는가?
- 나는 어떤 상황하에서 나의 느낌들에 대해 개방적이고 정직한가?
- 나는 언제 그리고 어떻게 나 자신을 가치절하하거나 평가를 낮추는가?
- 나는 나 자신에 관해 무엇을 좋아하는가? 또는 무엇을 가치 있게 여기는가?
- 나는 내 자신이 부정적으로 느낄 때도 다른 사람을 긍정적으로 도울 수 있는가?

[8회기: 마무리]

1) 치료목표

프로그램을 정리하고 집단상담 과정을 종결한다.

2) 진행요령

① 치료프로그램 총 정리

지금까지 외상 후 스트레스 증상에 대처할 수 있는 다양한 방법을 배웠다. 불안할 때나 잠이 오지 않을 때, 혼란스러울 때와 같은 상황에서 자신의 심리적 안정을 유지하는데 도움을 줄 수 있는 근육이완법을 배웠다. 또한 외상사건에 대한 기억을 정리하고 직접 공포를 다룰 수 있게 하는 노출훈련기법도 배웠다. 분노감과 죄책감에서 벗어나고, 자신의 강점을 향상시켜 외상 후 스트레스 증상을 극복하는 방법도 배웠다. 이번 시간은 마지막 시간으로 프로그램의 효용성을 종합적으로 평가해보고, 일상에서 지속적인 활용을 다짐하는 시간을 갖고자 한다.

Q. 그동안 프로그램에 참여하면서 배운 것이 어떤 도움이 되었는가?

② 앞으로의 치료

본 프로그램으로 치료가 완전히 끝날 수도 있고 더 필요할 수도 있다. 이는 외상피해자와 지도가 함께 증상의 호전과 성과를 상의하여 결정해야 하는 문제다. 남은 문제가 있다면 본 프로그램에서 배운 것을 이용하여 해결이 가능하다.

③ 삶의 의미 찾기

삶의 의미를 찾는 것은 외상의 충격 때문에 잠시 동안 잊고 살았던 삶의 목표와 가치를 떠올리고 새로운 출발의 원동력이 될 수 있게 하는 데 기여한다. 내가 진정 원하는 것이 무엇인가에 대해 스스로에게 물어 봄으로써 삶의 의미와 가치, 목적 등을 발견할 수 있다.

3) 연습과제

① 삶의 의미와 목적 바로세우기

첫째, 삶의 의미와 목적을 바로세우기 위해서는 무엇보다 먼저 불안을 이해해야 합니다. 20세기 유명한 심리학자인 구스타프 칼융(Carl Jung), 롤로 메이(Rollo May), 그리고 빅토르 프랑클(Viktor Frankl)은 삶의 의미와 삶의 목적이 불분명해서 생기는 불안에 대해 설명하였습니다. 이 주제에 대해서 가장 깊은 생각을 한 사람은 아마도 빅토르 프랑클일 것입니다. 프랑클은 제2차 세계대전 당시 포로수용소에서 상상할 수도 없는 잔인하고 끔찍한 고문과 고통을 당했음에도 불구하고 끝까지 참아내고 생존한 사람입니다.

그는 포로수용소에서의 포로경험을 통해 삶의 이유, 인생의 의미와 목적을 가진 사람이 고통을 더 잘 견딘다는 것을 알게 되었습니다. 그는 가장 비참한 곤경

속에서도 동료를 돕는 것에서 기쁨을 느끼는 몇몇 사람을 보고 매우 충격을 받았습니다. 프랑클 자신도 사랑하는 아내를 그려보면서 그리고 자신이 포로수용소에서 깨달은 것을 후에 다른 사람들에게 알리는 것을 상상하면서 비참한 포로수용소생활을 이겨냈습니다. 사람은 철조망 사이로 떠오르는 해를 바라보는 것과 같은 소소한 일상에서도 더 없는 기쁨을 느끼는 존재라는 것을 알게 되었지요.

사람의 신체는 구속할 수 있지만 자유와 고난에 대한 사람의 태도까지 빼앗을 수 없다는 것을 깨달았습니다. 독일이 전쟁에서 패한 후 그는 사람들이 인생에서 의미를 찾는 것을 돕는 의미요법(logo therapy)이라는 심리치료를 제안했습니다. 삶의 의미와 목적을 찾도록 다른 사람을 돕는 것에 커다란 의미를 두었던 겁니다. 그는 사람이 정말로 필요로 하는 것은 불안이 없는 상태가 아니라, 삶의 목표를 위한 노력과 분투라고 강조하였습니다.

둘째, 삶의 의미와 목적을 다시 발견하는 것입니다.

모든 사람은 자기 자신 안에 위대한 삶의 의미와 목적이라는 씨앗을 가지고 있습니다. 그 씨앗을 잘 싹트게 하고 기를 수 있는 방법이 있습니다. 다음의 질문에 대해 깊이 생각해보고 대답하는 시간을 가지는 것이 중요합니다.

- 무슨 목적을 위해 살아가고 있는가?
- 왜 포기하지 않고 자살하지 않았는가?
- 왜 무엇 때문에 계속 살아가고 있는 것인가?
- 무엇이 내 인생을 살아갈 가치가 있게 만드는가?

위의 연습은 다음과 같은 것을 생각해 보도록 도울 것입니다.
- 인생이 당신에게 무엇을 주었는지에 대한 깨달음
- 희망, 꿈, 인생의 즐거움을 경험하는 것에 대한 기대
- 당신은 누구에게 중요한 사람인가에 대한 깨달음
- 도움이 되는 사람이 될 수 있을 것이라는 기대
- 나는 더 큰 의미와 더 많은 즐거움을 찾을 수 있을 것이라는 믿음
- 나는 내 고통이 해결될 것이라는 미래에 대한 긍정적인 믿음
- 자기 자신의 높은 가치에 대한 믿음

- 나는 나에게 가치가 있다는 것을 안다. 나는 포기하는 사람이 아니다.
- 나는 나를 믿는다. 나는 내가 경험한 외상을 극복할 자신이 있다.
- 나는 절망적인 상황을 경험해 보았다. 이제 나는 어떤 상황에서도 이겨 낼 수 있다.

② 삶의 목표 바로세우기

삶의 의미와 목적을 이해하고 바로세운 후에는 삶의 목표를 새로 수립하는 것이 중요합니다. 이를 위해서는 다음과 같이 합니다.

첫째, 나의 삶의 목표를 새롭게 세웁니다.
둘째, 삶의 목표를 수립하는데 도움이 되는 다음의 질문에 답해 봅니다.

- 당신의 일은 당신에게 충분한 만족감을 주고 있나요?
- 공부를 새로 하거나 계속하기를 원하는 분야가 있나요?
- 배우고 싶거나 계속 하기를 원하는 취미나 관심거리가 있나요?
- 당신 삶의 좌우명은 무엇인가요?
- 내년에는 어떤 일을 성취하고 싶은가요?
- 5년 안에 성취하고 싶은 것이 있다면 무엇인가요?
- 10년 안에 성취하고 싶은 것이 있다면 무엇인가요?
- 당신에게 가장 중요한 가치는 무엇이고, 큰 의미를 주는 것은 무엇인가요?
- 당신 삶의 목표를 위해 바꿀 수 있다고 생각하는 부분은 어떤 것인가요?

셋째, 앞서 언급한 연습과제를 실시하고 난 후의 소감을 말해봅니다.

4) 평가 및 과제

Q1. 오늘 배운 것은 무엇인가?
Q2. 지금까지 배운 것이 어떤 도움이 되었는가?

CHAPTER

15

미디어중독 위기상담 프로그램

21세기의 디지털미디어는 정보화 시대를 살아가는 현대인에게 없어서는 안 될 귀중한 필수품으로 자리매김하였다. 미디어 중에서도 스마트폰은 휴대전화 기능을 탑재한 포터블 컴퓨터라고 말할 정도로 시공간을 초월하여 사용되고 있다. 언제 어디서나 SNS, 정보검색, 음악, 게임, 쇼핑, 금융, 동영상 시청, 회사의 업무를 보는 데까지 간편하게 이용하고 있다.

휴대폰 기능과 PC 기능을 동시에 할 수 있어 전 연령층에서 가히 혁명적이라 할 만큼 급속한 확산과 대중화가 이루어졌다. 이렇게 스마트폰 사용이 늘어남에 따라 사회적 문제도 동시에 나타나고 있다. 스마트폰에 대한 과의존을 넘어 심리·신체적 건강의 문제, 인간관계의 문제, 중독의 문제 등 사회적 부작용을 낳고 있다.

미디어의 급속한 변화의 흐름에 적절히 대처하여 우리의 정신건강을 지키고, 사회적 문제를 해결할 수 있는 보다 전문화되고 체계적인 상담프로그램의 개발이 절실히 요구되고 있는 실정이다.

본 프로그램은 스마트폰 중독예방을 위해 만들어진 집단상담 프로그램이다. 성미애(2015)의 프로그램을 일부 내용을 수정·보완하여 5회기로 재구성하였다.

[프로그램의 회기별 내용]

구분	중점	세부내용
1회기	프로그램 소개 및 친해지기	· 프로그램 목적에 대한 이해 · 스마트폰 중독 경향성 예측척도
2회기	나의 스마트폰 습관 알아보기	· 나의 스마트폰 사용 정도 · 스마트폰 사용시간 조절계획 세우기
3회기	스마트폰을 사용할 때의 나는?	· 스마트폰 사용 시 나의 감정 알기 · 감정 조절 방법 알기
4회기	스마트폰 없는 나의 세상	· 대안활동 탐색 · 시간관리 연습
5회기	새롭게 흘러가는 나의 시간	· 변화된 모습 탐색 · 버킷리스트

[1회기: 즐거운 만남]

목표	■ 프로그램 성격과 목적을 이해한다. ■ 프로그램 구조화와 집단분위기를 안정되게 조성한다.

활동과정	진행내용	소요 시간	준비물
도입	■ 지도자와 참여자를 소개한다. ■ 서약서를 작성하고 프로그램을 설명한다.	10분	워크북 ☞ 1-①
전개	■ 함께 지킬 약속을 정한다. 　- 집단에 대한 기대감 나누기 　- 프로그램을 진행하는 동안 지켜야 할 규정 알기 ■ 별칭 짓기: 서로의 별칭을 지어주는 게임 　① 동그랗게 앉아서 진행한다. 　② 첫 번째로 별칭을 지을 집단원을 정한다. 　③ 첫 번째 집단원의 오른쪽에 있는 집단원이 첫 번째 　　 집단원에 대한 첫인상을 형용사나 명사를 사용하여 　　 그 옆 집단원에게 귓속말로 전달한다. 　　 (예: 미남, 나비, 형사, 군인, 자연미 등) 　④ 그 옆 사람은 형용사나 단어를 듣고 떠오르는 단어 　　 를 전달한다.	30분	펜
	■ 스마트폰 중독 경향성 측정하기 　- 질문지를 통해 나의 스마트폰 중독경향성에 대해 알 　　 아본다[워크북 1-②] 　- 채점 기준[워크북 1-③] ■ 스피드 퀴즈 　- 스마트폰 관련 문제를 알아맞히는 게임으로 팀별로 　　 진행한다[워크북 1-④]	40분	워크북 ☞ 1-② 워크북 ☞ 1-③ 워크북 ☞ 1-④
마무리	■ 오늘 프로그램에 대한 짧은 소감 나누기	10분	

서 약 서

우리는 스마트폰 중독위기극복 집단상담 프로그램을 통하여 새로운 변화와 발전을 위해 만나게 되었습니다. 우리는 이 프로그램을 통하여 자신의 스마트폰 사용 충동을 조절하고 자신의 조절능력을 기르면서 시간을 조금 더 효율적으로 쓸 수 있는 방법을 알아갈 것입니다. 프로그램을 진행하면서 자신과 집단원의 모습을 알아갈 수 있어 기쁠 수도 있겠지만, 때로는 집단에 참여한 동료에게 실망하고 화가 나는 일도 생길 수 있습니다. 그러나 이 모임을 통해 더 나은 자신의 모습과 새로운 가능성을 만나게 될 것입니다. 보람 있고 즐거운 만남이 되기 위해 아래의 사항을 지킬 것을 약속합니다.

1. 내 마음에 있는 생각이나 느낌을 솔직하게 표현한다.
2. 동료들이 하는 말을 비판이나 편견 없이 있는 그대로 듣는다.
3. 여기서 나눈 개인적인 이야기는 절대로 밖에서 말하지 않는다.
4. 동료가 이야기할 때에는 끼어들거나 방해하지 않고 잘 경청한다.
5. 집단모임 시간을 잘 지키고 성실히 집단 활동에 참여한다.
6. 개인에게 부과된 과제는 성실히 수행한다.

년   월   일

이름: 서명:

☞ 워크북 1-② 스마트미디어 중독경향성 예측 척도

번호	질문	전혀 그렇지 않다	그렇지 않다	그렇다	매우 그렇다
1	평소 불안을 느낀다.				
2	평소 외로움을 경험한다.				
3	가족과 이야기하는 것이 즐겁다.				
4	직장 상사로부터 인정과 지지를 받는다.				
5	주의 깊게 생각하기보다는 순간적 기분에 따라 결정하는 편이다.				
6	자신의 이익을 위해 규칙을 어기거나 남을 속인 적이 있다.				
7	스마트폰을 이용할 때 자신의 이용 패턴에 따라 이용 경로나 콘텐츠를 자유롭게 변경하거나 새로 만들어낸다.				
8	스마트폰을 통한 미디어 환경에 몰입해 빠져들기도 한다.				
9	인간관계 유지 및 다른 사람들과의 의사소통을 위해 스마트폰을 이용한다.				
10	별 생각 없이 시간을 보내기 위해 스마트폰을 이용한다.				
11	현실에서 벗어나거나 현실의 문제를 잊기 위해 스마트폰을 이용한다.				
12	스마트폰을 통해 스트레스나 불쾌한 기분이 해소될 수 있다고 생각한다.				
13	스마트폰을 통한 온라인 게임을 자주 이용한다.				
14	하루에 모바일 메신저(스마트폰 앱을 통한 메신저, 문자 등)를 얼마나 자주 이용하십니까?	(이용 횟수)			
15	1회 이용 시 모바일 메신저(스마트폰 앱을 통한 메신저, 문자 등)를 얼마나 이용하십니까?	(이용 시간)			

*출처: 한국정보화진흥원 스마트쉼센터(2014)

☞ 워크북 1-③ 성인 스마트폰 중독경향성 측정 채점

채점 방법	[1단계] 문항별	전혀 그렇지 않다: 1점, 그렇지 않다: 2점, 그렇다: 3점, 매우 그렇다: 4점 ※ 단, 3, 4번은 다음과 같이 역채점 실시 〈전혀 그렇지 않다: 4점, 그렇지 않다: 3점, 그렇다: 2점, 매우 그렇다: 1점〉 ※ 14번에서 이용횟수가 10회 미만이면 1점, 11회 이상-20회 미만이면 　2점, 21회 이상-30회 미만이면 3점, 30회 이상이면 4점으로 채점 ※ 15번에서 이용시간이 2분 이하이면 1점, 3분 이상-5분 이하이면 2 　점, 6점 이상 9분 이하이면 3점, 10분 이상이면 4점으로 채점
	[2단계] 총점	총점: 1~15번 합계
고위험군	총점 41점 이상	
	현재 스마트폰을 통한 모바일 메신저 이용시간 및 횟수가 과도한 수준입니다. 또한 스마트폰을 통한 게임 이용도 높은 수준입니다. 주로 소통을 목적으로 스마트폰을 이용하며 별 다른 목적 없이 시간을 보내거나 현실의 문제를 잊기 위해 이용하고 있습니다. 일상생활에서 외로움과 불안을 높게 경험하며 성격적인 측면에서 충동성이 높고 정직성이 낮은 편입니다. 스마트폰을 통해 스트레스나 불쾌한 기분이 해소될 수 있다는 강한 신념을 지니고 있습니다. 직장에서의 지지 경험이 제한적이며 가족 간의 상호작용도 낮은 편입니다. ▶ 예방적 접근: 스마트폰 중독 발생 가능성이 높아 전문 치료기관에서 스마트폰 이용에 대한 치료 및 상담 받기를 권합니다.		
잠재적 위험자군	총점 39점 이상~40점 이하	
	스마트폰을 통한 모바일 메신저 이용시간 및 횟수, 게임 이용 수준이 비교적 높은 수준입니다. 주로 소통을 목적으로 인터넷을 이용하며 별 다른 목적 없이 시간을 보내거나 현실의 문제를 잊기 위해 스마트폰을 종종 이용하고 있습니다. 일상생활에서 외로움과 불안을 다소 높게 경험하며 성격적인 측면에서 충동성이 다소 높은 편입니다. 스마트폰을 통해 스트레스나 불쾌한 기분이 해소될 수 있다는 신념을 지니고 있으며, 직장에서의 지지경험과 가족 간의 상호작용이 다소 낮은 편입니다. ▶ 예방적 접근: 스마트폰 중독 발생 가능성이 다소 높습니다. 스마트폰 이용에 대한 예방적 차원에서 상담 받기를 권합니다.		

	총점 38점 이하
일반적군	스마트폰 이용량을 적절히 조절할 수 있으며 목적에 맞게 이용할 수 있는 수준입니다. 일상생활의 부정적 정서 경험은 낮은 편이며 적절한 자기조절 능력을 지니고 있습니다. 주변의 지지와 가족 상호작용도 양호한 편입니다. ▶ 예방적 접근: 스마트폰 중독 발생 가능성이 낮습니다. 건강한 스마트폰 이용을 위해 지속적인 점검과 예방이 필요합니다.

*출처: 한국정보화진흥원 스마트쉼센터(2014)

☞ 워크북 1-④ 스마트폰 관련 퀴즈

1. 여러 선택의 갈림길에서 결정을 내리지 못하고 뒤로 미루거나 타인(댓글/후기/앱)에게 결정을 맡겨버리는 선택 장애를 무엇이라고 할까요?
① 스마트폰 로미오 증후군 ② 스마트폰 햄릿 증후군 ③ 스마트폰 줄리엣 증후군
④ 스마트폰 캣 증후군

2. 스마트폰을 눈에서 떼지 못해 걸음이 느리고 주위를 살피지 않는 것이 특징이고, 앞이나 옆에서 오는 사람 및 자동차를 보지 못해 보행자보다 사고 당할 확률이 70%나 높은 이들은 뭐라고 부를까요?
① 여피족 ② 딩크족 ③ 프루브족 ④ 스몸비족

3. 전체적으로 목의 전반이 소실되어 고개가 앞으로 빠진 자세가 일으키는 증상으로 나이가 들수록, 근육이 없을수록 잘 생기지만 컴퓨터나 스마트폰을 많이 하는 요즘에는 연령, 성별에 관계없이 발생하는 이 증상은 무엇일까요?
① 대상포진 ② 터널증후군 ③ 거북목 증후군 ④ 안구건조증

4. 첨단 디지털기기에 익숙한 나머지 뇌가 현실에 무감각 또는 무기력해지는 현상은 무엇일까요?
① 디지털원주민 ② 팝콘브레인 ③ 디지털 치매 ④ 스마트폰 중독

5. 휴대폰을 가지고 있지 않으면 불안감을 느끼는 증상은 무엇일까요?
① 노모포비아 ② 케모포비아 ③ 소셜포비아 ④ 에크로포비아

6. 디지털 홍수에서 벗어나 심신을 치유하는 일은 무엇일까요?
① 디지털 노마드 ② 아날로그 테라피 ③ 데이터 스모그 ④ 디지털디톡스

7. 쉬기 위하여 게임을 한다는 논리로 자신에게 보상을 준다는 생각을 무엇이라고 할까요?
① 자기불구화 전략 ② 합리화 ③ 억압 ④ 승화

8. 스마트폰 과다사용으로 기억력이 감퇴되고, 웹사이트의 ID나 비밀번호가 잘 기억나지
않는 것으로 장기기억력 감퇴로 나타나는 일종의 치매는 무엇일까요? (디지털치매)

9. 반복적인 손가락 사용이 발병의 원인으로 손가락이 부어오르고 굽혀지거나 펴지지 않는
증상을 말한다. 방아쇠 소리와 유사한 딸각거리는 마찰음이 나는 이 증상은 무엇일까요?
(방아쇠수지증후군)

*출처: 한국정보화진흥원 스마트쉼센터(2019)

[2회기: 나의 스마트폰 사용습관 알아보기]

목표	■ 자신의 습관을 알아보고 통제력을 키운다. ■ 스마트폰 사용계획을 스스로 세우고, 자신에게 맞는 사용법을 익힌다.

활동과정	진행내용	소요 시간	준비물
도입	■ 지난 일주일 동안 스마트폰 사용에 대한 이야기를 나누어 본다. ■ 프로그램을 소개한다.	10분	
전개	■ 아이엠그라운드 게임 ① 자기소개 게임을 진행한다. ② 지난시간 정했던 별칭을 다시 한번 상기시키기 위하여 게임을 진행한다. * 골고루 이름이 돌아갈 수 있도록 한다.	10분	
	■ 나의 스마트폰 사용정도에 대해 자세히 적어본다. [워크북 2-①] ■ 스마트폰(미디어)를 생각하면 어떤 것들이 떠오르는 지 탐색해본다. [워크북 2-②] ■ 스마트폰 사용으로 나에게 오는 득과 실을 적어본다. [워크북 2-③]	35분	워크북 ☞ 2-① ☞ 2-② ☞ 2-③
	■ 스마트폰 사용 조절계획을 세운 후 나에게 주고 싶 은 선물을 정해본다. ■ 21일 습관계획표에 대해 설명한다.	15분	워크북 ☞ 2-④
과제부여	■ 21일 습관계획표 작성		워크북 ☞ 2-⑤
마무리	■ 오늘의 프로그램에 대한 짧은 소감 나누기	10분	

☞ 워크북 2-① 나의 스마트폰 사용 정도

★ 잘 생각해서 적어보도록 합시다.

1. 나는 평일에 하루 평균 스마트폰을 얼마나 이용하나요?

2. 나는 주말에 평균적으로 스마트폰을 얼마나 이용하나요?

3. 현재 내가 사용하고 있는 어플리케이션은? (사용에 따라 세분화 해보세요)

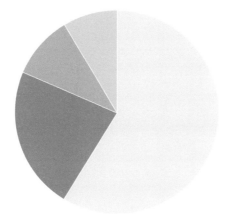

4. 스마트폰을 하면서 새로 생긴 좋지 못한 습관이 있나요?

5. 스마트폰을 이용하면서 드는 비용이 있나요? 있다면 어떻게 마련하나요?

☞ 워크북 2-② 내 머릿속에는?

  ∨ 스마트폰을 생각하면 떠오르는 것을 적어보세요.

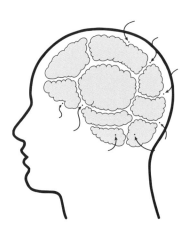

☞ 워크북 2-③ 스마트폰을 사용하면?

☆ 스마트폰을 사용하면 얻는 것은?	☆ 스마트폰을 사용하지 않으면 얻는 것은?
★ 스마트폰을 사용하면 잃는 것은?	★ 스마트폰을 사용하지 않으면 잃는 것은?

☞ 워크북 2-④ 스마트폰 사용 조절계획표

애플리케이션 사용시간 그래프로 나타내기

```
시간
4.5

4

3.5

3

2.5

2

1.5

1

0.5
```

| | | | | 자주 사용하는
애플리케이션 |

내가 세우는 나의 계획표

1. 나는 하루에 스마트폰을 (   )시간 (   )분

   (   ) 할 때 사용하겠다.

2. 내가 세운 스마트폰 사용 목표보다 더 많이 사용하고 싶은 마음이 생기면

   (   ) 하겠다.

3. 위의 두 가지 목표를 한 달간 꾸준히 지키면 나는 나에게

   (   ) 선물을 하겠다.

☞ 워크북 2-⑤ 21일 습관계획표

행복한 삶을 위해서 하루에 3분 좋은 습관을 위해 투자하라.

습관들	첫째 단계			확인	둘째 단계				확인	셋째 단계															확인
	3				7					14							21일의 기적								
날짜	1	2	3		4	5	6	7		8	9	10	11	12	13	14	15	16	17	18	19	20	21	

[3회기: 스마트폰 사용할 때의 나는?]

목표	■ 스마트폰을 사용할 때의 나의 감정에 대해 알아본다.
	■ 머리를 비우고 한 곳에 집중함으로써 편안한 상태가 되어 본다.

활동과정	진행내용	소요시간	준비물
도입	■ 지난 시간의 과제에 대해 이야기를 나눈다. ■ 프로그램에 대한 소개를 한다.	10분	
전개	■ 병뚜껑 멀리 날리기 게임 생수병의 병뚜껑을 손가락으로 튕기는 게임으로 적절한 힘의 조절, 거리의 조절을 필요로 한다. [적절한 선을 정하여 그 선에 가장 가까운 병뚜껑이 이기는 방식이다]	15분	
	■ 스마트폰을 하면서 나의 감정은? 스마트폰을 하면서 나의 감정이 조절되지 않았던 적이 있었는지 경험을 나눈다. 　－ 있었다면 감정과 행동에 대해 이야기한다. 　－ 없었다면 감정뿐 아니라 시간조절 등의 자기조절이 　　　되지 않았던 적이 있었는지 이야기를 나눠 본다.	15분	
	■ 곡물 만다라 　－ 다양한 곡물과 접착 풀, 일회용 접시를 준비한다. 　－ 원하는 만다라 모양을 선택하여 천천히 만다라 　　　를 꾸민다.	40분	워크북 ☞ 3-①
과제부여	■ 21일 습관표 작성하기		
마무리	■ 회기를 마친 후 느낌을 이야기한다.	10분	

☞ 워크북 3-① 만다라 도안

[4회기: 스마트폰 없는 나의 세상]

목표	■ 대체활동 목록을 작성하며 시간 관리에 대해 알아본다. ■ 유용한 시간관리를 통해 나의 미래계획을 세운다.		

활동과정	진행내용	소요 시간	준비물
도입	■ 지난 주 과제에 대해서 이야기를 나눈다.. ■ 프로그램에 대한 소개를 한다.	10분	펜
전개	■ 정서조절 긴장이완법 프로그램 시작 전 긴장이완법을 통해 온 몸의 긴장을 풀어준다.	10분	워크북 ☞ 4-①
	■ 대안활동 목록 작성하기 　- 스마트폰 사용 대신에 내가 할 수 있는 대안활 　　동에 대해 자세하게 적어본다. 　- 시행요일, 함께 할 사람, 준비물, 비용을 구체 　　적으로 적어 봄으로써 현실 가능한 계획이 되 　　도록 한다.	20분	워크북 ☞ 4-②
	■ 시간관리 　- 시간에 관해 이야기를 나누어 본다. 　- 시간관리 중요성에 대한 이야기를 읽어본다. 　- 나의 시간계획을 직접 세워본다. 　- 집단원과 이야기를 나눈다.	40분	워크북 ☞ 4-③ ☞ 4-④
과제부여	■ 대안활동에 기록한 것 실제로 진행하기		
마무리	■ 프로그램에 대한 평가와 마무리를 한다.	10분	

긴장 이완법

두 눈을 감고 세 번 심호흡합니다.

오른쪽 주먹을 꽉 쥐었다가 서서히 이완하면서 편안하게 합니다.

왼쪽 주먹을 꽉 쥐었다가 서서히 이완하면서 편안하게 합니다.

양쪽 주먹을 꽉 쥐었다가 서서히 이완하면서 편안하게 합니다.

오른쪽 팔꿈치를 구부려서 팔의 근육에 힘을 준 뒤 서서히 펴서 편안하게 합니다.

왼쪽 팔꿈치를 구부려서 팔의 근육에 힘을 준 뒤 서서히 펴서 편안하게 합니다.

이마에 주름을 잡아 찌푸리며 힘을 준 뒤 서서히 이완합니다.

두 눈을 아주 꽉 감았다가 서서히 뜹니다.

윗니와 아랫니를 악물었다가 편안히 풀어줍니다.

혀를 입천장에 대고 세 개 누른 뒤 혀가 천천히 제자리에 오게 합니다.

입술을 다물고 앞으로 쑥 내밀어 오므렸다가 입술을 제자리로 오게 합니다.

목을 젖혀서 오른쪽으로 돌립니다.

목을 젖혀서 왼쪽으로 돌립니다.

목이 가슴에 닿을 정도로 앞으로 축 늘어뜨립니다.

오른쪽 어깨가 귀에 닿도록 힘 있게 추켜올렸다가 편안하게 내립니다.

왼쪽 어깨가 귀에 닿도록 힘 있게 추켜올렸다가 편안하게 내립니다.

양쪽 어깨가 귀에 닿도록 힘 있게 추켜올렸다가 편안하게 내립니다.

숨을 깊게 들이마셨다가 푸욱 내쉽니다.

배를 앞으로 힘껏 내밀었다가 다시 배를 편안하게 합니다.

허리를 앞으로 구부렸다가 편안하게 폅니다.

양쪽 무릎을 구부렸다가 편안하게 폅니다.

발과 발가락으로 땅을 대고 세게 누른 후 천천히 이완합니다.

발뒤꿈치를 땅에 대고 세게 누른 후 천천히 이완합니다.

온 몸과 팔을 활짝 펼치면서 두 차례 숨을 크게 내쉽니다.

☞ 워크북 4-② 대안활동목록 만들기

구분	대안활동	시행요일	소요시간	함께 할 사람	준비물	비용
1						
2						
3						
4						
5						

☞ 워크북 4-③ 시간관리(1)

내가 생각하는 시간이란?
시간의 소중함을 느꼈던 것이 있었을 때를 적어보세요.

매일 아침 당신에게 86,400원을 입금해 주는 은행이 있다고 상상해 보세요.
그러나 당일이 지나면 86,400원은 남아 있지 않습니다.
매일 저녁, 당신이 그 계좌에서 쓰지 못하고 남은 잔액은 그냥 지워져 버리죠.
당신이라면, 어떻게 하시겠습니까?
당연히!!! 그날 모두 인출해야죠.

시간은 우리에게 마치 이런 은행과도 같습니다.
매일 아침에 86,400초를 부여받고, 매일 밤 우리가 좋은 목적으로 사용하지 못하고 버려진
시간은 그냥 없어져 버릴 뿐이죠. 잔액은 없습니다. 더 많이 사용할 수도 없어요.
매일 아침 은행은 당신에게 새로운 돈을 넣어주죠.
매일 밤, 그날의 남은 돈은 남김없이 불살라집니다.
그날의 돈을 사용하지 못했다면 손해는 오로지 당신이 보게 되는 거죠.
돌아갈 수도 없고, 내일로 연장시킬 수도 없습니다.
단지 오늘 현재의 잔고를 갖고 살아갈 뿐입니다.
건강과 행복과 성공을 위해 최대한 사용할 수 있을 만큼 뽑아 쓰십시오.
지나가는 시간 속에서 하루는 최선을 다해 보내야 합니다.

1년의 가치를 알고 싶으시다면 학점을 받지 못한 학생에게 물어보세요.
한 달의 가치를 알고 싶다면 미숙아를 낳은 어머니를 찾아가세요.
한 주의 가치는 신문 편집자들이 잘 알고 있을 겁니다.
한 시간의 가치가 궁금하면 사랑하는 이를 기다리는 사람에게 물어보세요.
일분의 가치는 열차를 놓친 사람에게,
일초의 가치는 아찔한 사고를 순간적으로 피할 수 있었던 사람에게,
천분의 일초의 소중함은 아깝게 은메달에 머문 육상선수에게 물어보세요.
당신이 가지는 모든 순간에 있습니다. 이를 소중히 여기십시오.
당신에게 너무나 특별한, 그래서 시간을 투자할 만큼 그렇게 소중한 사람과 시간을 공유했기
에 그 순간은 더욱 소중합니다.

시간은 아무도 기다려주지 않는다는 평범한 진리,
어제는 이미 지나간 역사이며, 미래는 알 수 없습니다.
오늘이야말로 당신에게 주어진 선물입니다.
그래서 우리는 현재(present)를 선물(present)이라고 말합니다.

☞ 워크북 4-⑤ 시간관리(3)

1. 스티븐 코비의 시간관리 매트릭스: 시간관리 4사분면

시간을 계획하고, 우선순위를 정하고, 효율적으로 일하고, 다른 사람에게 일을 넘겨주는 법을 아는 것을 의미한다. 이는 시간을 최대한 활용할 수 있도록 돕는 방법이다.

구분	긴급한 일	긴급하지 않은 일
중요한 일	우선적! But, 계속된 긴장감으로 금방지침 EX) 마감에 임박한 프로젝트, 관리가 중요한 일	자기계발, 운동 등 삶에 가장 많은 영향! 꾸준히 하는 것이 성공적인 방법 EX) 인간관계 유지, 체력관리, 자기계발
중요하지 않은 일	대부분의 사람들이 많은 시간을 소요 Because, 마음이 편하기 때문 EX) 중요하지 않은 전화, 이메일 답신	불필요한 잡담 무의미한 TV시청

2. 나만의 시간관리 매트릭스 만들어보기

구분	긴급한 일	긴급하지 않은 일
중요한 일		
중요하지 않은 일		

[5회기: 새롭게 흘러가는 나의 시간]

목표	■ 변화된 나의 모습을 찾아본다. ■ 미래에 대한 계획을 직접 세워본다.		

활동과정	진행내용	소요 시간	준비물
도입	■ 지난 시간의 과제에 대해 이야기를 나눈다. ■ 프로그램을 소개한다.	10분	

전개	■ 나에게 일어난 변화를 찾아 적어보기
	   - 작은 변화일지라도 어떤 변화가 있었는지 혹은 어떤 변화가 기대되는지 작성하고 서로 소개하기
	 ■ 칭찬 샤워
	   - 동료에게 일어난 변화에 대해 칭찬하기
	   - 동료에게 일어난 변화 중 내가 도전해 보고 싶은 것이 있다면 이야기하기
	   - 아주 작은 변화라도 적극적으로 지지하기
		40분	워크북
			 ☞ 5-①

	■ 버킷리스트 작성하기 ① 빙고판 가운데(중앙) 날짜를 정해놓고 큰 카테고리 네 가지를 정한다. ② 그 기한 내에 내가 이뤄야 할 것을 적는다.	40분	워크북 ☞ 5-②
과제부여	■ 버킷리스트를 습관화 한다.		
마무리	■ 소감을 나누고 마지막 회기를 마무리 한다.	15분	

☞ 워크북 5-① 나에게 일어난 변화 찾기

나에게 일어난 변화 (생각)	
나에게 일어난 변화 (기분)	
나에게 일어난 변화 (행동)	

☞ 워크북 5-② 버킷리스트 작성하기

	여행		자기계발	
	독서		운동	

참고문헌

강진령(2006). 집단 상담의 실제. 서울: 학지사.

강진령, 이종연, 유형근, 손현동(2009). 상담자 윤리. 서울: 학지사.

경찰청(2013). 경찰 질병건강연구. 연세대학교 산학협력단.

경찰청(2020). 데이트 폭력 신고 및 유형별 현황 통계 발표.

국가보훈처(2010). 외상 후 스트레스 장애 발생 시 대응관리체계구축. 환자 전달체계 및 치료 프로그램 개발에 대한 연구보고서. 가톨릭대학교 산학협력단.

김광일, 김재환, 원호택(1984). 간이정신진단검사 실시요강. 서울: 중앙문화사.

김동일, 김은하, 김은향, 김형수, 박승민, 박종규, 신을진, 이명경, 이영선, 이원이, 이은아, 이제경, 정여주, 최수미, 최은영(2014). 청소년 상담학 개론. 서울: 학지사.

김소현(2021). 상담자의 친족성폭력 피해자상담 경험에 관한 현상학적 연구. 박사학위논문. 한세대학교 대학원.

김자현(2017). 인지행동적 스트레스관리프로그램이 응급실 간호사의 사회심리적 스트레스, 스트레스 대처방식에 미치는 효과. 고려대학교 대학원. 석사학위 논문.

김태현, 이정원, 임익순(2013). 장병을 위한 군 상담 프로그램. 파주: 교문사.

김환(2000). 외상 후 스트레스 장애: 충격적 경험의 후유증. 서울 : 학지사.

김환, 이장호(2006). 상담면접의 기초. 서울: 학지사.

김환(2010). 외상 후 스트레스 장애: 충격적 경험의 후유증. 서울: 학지사.

남보라(2008). 한국판 외상 후 스트레스 진단 척도의 신뢰도 및 타당도 연구. 석사학위논문. 고려대학교 대학원.

대검찰청(2022). 2021년 마약류 범죄백서

박경애(2004; 2008). 인지. 정서. 행동치료. 서울: 학지사.

박성희(1994). 공감, 공감적 이해. 서울: 원미사.

박종삼(1991). 위기개입의 이론과 실제, 단기상담과 위기개입. 한양대학교 학생생활연구소, 제4회 학술세미나, 23~46.

소방청(2018). 보건통계자료. 소방청 보도자료.

소방청(2020). 마음건강 설문조사결과. 소방청 보고서.

서울시(2015). 성희롱 사건처리 매뉴얼.

서울시(2016). 대학생을 위한 성폭력 예방교육

성미애(2015). 스마트폰 중독 잠재적 위험군 고등학생의 스마트폰 중독 예방을 위한 집단상담 프로그램 개발. 석사학위논문. 한국교원대학교 대학원.

심윤기(2013). 군 장병의 자기복잡성과 자아탄력성이 군 복무적응에 미치는 영향. 상담학연구, 14(2), 1265-1284.

심윤기(2014). 군 병사의 자기복잡성과 심리적 디스트레스의 관계: 개인자존감과 집단자존감의 매개효과. 상지대학교 일반대학원. 박사학위논문.

심윤기, 김완일, 정기수(2014). 군 병사용 자살위험성 척도 개발 및 타당화. 한국심리학회지: 상담 및 심리치료, 상담학연구, 26(4), 929-952.

심윤기(2016). 군 상담학의 이해와 적용. 서울: 창지사.

심윤기, 정구철, 정성진, 전영숙, 주희헌(2017). 군 집단상담의 기초. 서울: 창지사.

심윤기(2018). 외상후스트레스 장애와 심리치료. 서울: 창지사.

심윤기, 정구철, 정성진, 김복희, 김재희, 김현숙(2020). 군 위기상담의 실제. 서울: 창지사.

심윤기, 정구철, 정성진, 박효진, 손정미, 차보연(2021). 병영문화와 군 특수상담. 서울: 창지사.

심윤기, 김관형, 김수연, 나 경, 박성철, 박재숙, 박희성, 원진숙, 최혜빈(2022). 특수상담 매뉴얼. 서울: 박영사.

심윤기, 김수연, 김현주, 나 경, 박성철, 손정미, 송지은, 우성호, 주지향, 주희헌, 원진숙, 최혜빈(2023). 군 상담학 개론. 서울: 창지사.

은헌정, 권태완, 이선미, 김태형, 최말례, 조수진(2005). 한국판 사건충격척도 수정판의 신뢰도 및 타당도 연구. 신경정신의학, 제44권, 제3호.

이수정(2006). 범죄심리학. 서울: 북카페.

이인혜(2005). 현대인의 정신건강. 서울: 대왕사.

이홍식 등(2009). 자살이해와 예방. 서울: 학지사.

장연집(2005). 죽음에 대한 실존적 불안과 고통완화를 위한 통합적인 심리적 접근 가능성. 심리치료, 5(1), 23-41.

정원식, 박성수(1983). 카운슬링 원리. 서울: 교육과학사.

채규만(2000). 성피해 심리치료. 서울: 학지사.

천성문, 박명숙, 박순득, 박원모, 이영순, 전은주, 정봉희(2006). 상담심리학의 이론과 실제. 서울: 학지사.

통계청(2021). 자살실태조사.

한국성폭력상담소(2021). 2021년 상담통계.

한국양성평등교육진흥원(2016). 다 함께 즐겁게 군 생활하는 우리부대 만들기.

한국형사정책연구원(2017). 성의 상업화가 성의식 및 성폭력에 미치는 영향. 서울: 한국형사정

책연구원

한재희(2006). 상담패러다임의 이론과 실제. 서울: 교육아카데미.

Berg, I.k., & Miller S. D. (2001). 해결중심적 단기가족치료. (가족치료연구모임 역. 원제: Working with the problem drinker: A solution−focused approach). 서울 하나의학사.

Bickel, W. K., & Marsch, L. A. (2001). Toward a behavioral economic understanding of drug dependence: delay discounting processes. *Addiction, 96*(1), 73−86.

Brems, C. (2001). *Basic skills in psychotherapy and counseling.* Belmont, CA: Wadsworth.

Callahen, J. (1994). Defining crisis and emergency. *Crisis, 15,* 164−171.

Caplan, G. (1964). *Principle of preventive psychiatry.* NY: Basic Books.

Clinbell, H. (1991). 성장그룹. 서울: 교문사.

Corey, G. (2012). *Theory and Practice of Grouop Counseling,* (International Edition 8th Edition). (김명권 등 공역). 서울: 학지사.

Darves−Bornoz, J. M., Alonso, J., de Girolamo, G., et al. (2008). Main traumatic events in Europe; PTSD in the European study of the epidemiology of mental disorders survey. *Journal of Traumatic Stress, 21*(5), 455−462.

De Jong, P., & Berg, I. K. (1996). Solution−building conversation: Co−constructiog a sense of competence with clients. *Families and society, 77,* 376−391.

Durkheim, E. (2008). 자살론. 황보종우 역. 경기: 청아출판사.

Ellis, A., & Dryden. W. (1987). *The Practice of rational emotive therapy.* Springer Publishing Company: New York.

Emilio, C. U., & Monica, D. U. (2008). Sexual Relationship Power as a Mediator Between Dating Violence and Sexually Transmitted Infections Among College. *Journal of Interpersonal Violence, 27*(9), 539−565.

Foa, E. B., & Riggs, D. S. (1993). Post−traumatic stress disorder in rapevictims. In J. Oldham, M. B. Riba, & A. Tasman (Eds), *Annual Review of Psychiatry. 12* (pp. 273−303). Washington DC: American Psychiatric Association.

Freud, S. (1915). *The unconscious.* The standard edition of the complete psychological works of Sigmund Freud, volume XIV.

Gilliland, B. E., & James, R. K. (1997). *Crisis Intervention strategies* (3rd ed.). Pracific Grove, CA: Brooks/Cole.

Gilliland, B. E., & James, R. K. (2000). *Crisis intervention strategies (*4th ed.). Belmont, CA: Wadsworth/Thomson Learning.

Hackett, S., & Masson, H. (2006). Young people who have sexually abused: What do they (and their parents) want from professionals?. *Children and Society, 20*(3),

183−195.

Hart, Archibald, D. (2007). 참을 수 없는 중독. 온누리 회복사역본부 역. 서울: 두란노.

Horowitz, M, J. (1986). Stress response syndromes: A review of Post−traumatic and adjustment disorders. *Hospital and Community Psychiatry, 37,* 241−249.

Janoff−Bulman, R. (1989). Assumptive worlds and the stress of traumatic events: Applications of the schema construct. *Social Cognition, 7,* 113−136.

Joiner Jr, T. E., Conwell, Y., Fitzpatrick, K. K., Witte, T. K., Schmidt, N. B., Berlim, M. T., & Rudd, M. D. (2005). Four studies on how past and current suicidality relate even when "everything but the kitchen sink" is covaried. *Journal of Abnormal Psychology, 114*(2), 291−303.

Lyman, M. D. (2013). *Drugs in society: Causes, concepts, and control.* Routledge.

Mowrer, O. H. (1960). *Learning theory and the symbolic processes.* New York: Wiley.

Reynolds, W. M. (1998). *Suicidal ideation questionnaire:* Professional manual. Odessa, FL: Psychological Assessment Resources.

Rogers, C. R. (1951). *Client−centered therapy.* New York: Houghton Mifflin.

Rogers, C. R. (1961). *On becoming a person. Boston.* N.Y.: Houghton Mufflin.

Shapiro, F., & Forrest, M. S. (1998, 2008). 눈 운동 민감소실 및 재처리: 불안, 스트레스, 충격적 사건을 극복하기 위한 치료법. 강철민 역. 서울: 하나의학사.

Skinner, B. F. (1977). Why I am not a cognitive psychologist. *Behaviorism, 5,* 1−10.

Terr, L. C. (1991). Childhood traumas: an outlin and overview. *American Journal of psychiatry, 148*(1), 10−20.

UN/ISDR(United Nations International Strategy for Disaster Reduction). (2004). *Living with Risk: A Global Review of Disaster Reduction Initiatives.* UN/ISDR, Geneva.

Williams J. T., & Best, L. G. (1990b). *Sex and Psyche−Gender and Self Viewed Cross−Culturally,* Newbury Park, C. A.: Sage.

Williams, M. B., & Poijula, S. (2002). *PTSD workbook.* Oakland, CA: New Harbinger Publications.

Vogel, D., & Wester, S. (2003). To seek help or not to seek help: The risks of self−disclosure. *Journal of Counseling Psychology, 50,* 351−361.

찾아보기

저자 소개

심 윤 기
· 상지대학교 교육학 박사(상담심리전공)
· 현) KCCI 한국위기상담협회 부회장
· 현) 육군지상군연구소 리더십분과 연구원
· 현) 삼육대학교 군상담학전공 교수

강 소 현
· 삼육대학교 상담심리학 박사과정
· 위기상담사(1급), 심리상담사(1급)
  EAP전문상담사(1급) 등
· 현) KCCI 한국위기상담협회 전문상담원

김 관 형
· 삼육대학교 상담심리학 박사(수료)
· 위기전문상담사(1급), EAP전문상담사(1급)
  군전문상담사(1급) 등
· 현) 삼육대학교 웰빙건강심리연구소 연구원

김 현 주
· 삼육대학교 상담심리학 박사과정
· 위기전문상담사(1급), EAP전문상담사(1급)
  중등정교사(2급) 등
· 현) 삼육대학교 웰빙건강심리연구소 연구원

손 정 미
· 삼육대학교 상담심리학 박사 /
  한양대학교 영어교육학 박사 /
· 심리상담사(1급), 청소년상담복지사(1급)
  EAP전문상담사(1급) 등
· 현) 정화예술대학교 교양학부 강의전담교수

원 진 숙
· 상지대학교 사회복지학 박사(수료)
· 위기전문상담사(1급), 인성교육지도사(1급)
  미술심리상담사(1급) 등
· 현) 송호대학교 사회복지학과 겸임교수

조 현 지
· 삼육대학교 상담심리학 박사과정
· 위기전문상담사(1급), 심리상담사(1급)
  EAP전문상담사(1급) 등
· 현) 파인드심리상담센터장

주 지 향
· 삼육대학교 상담심리학 박사(수료)
· 심리상담사(1급), 진로적성상담사(1급)
  분노조절상담사(1급) 등
· 현) 공군 교육사령부 교수

주 희 헌
· 삼육대학교 상담심리학 박사(수료)
· 심리상담사(1급), 진로상담사(1급)
  전문상담교사(2급) 등
· 현) 육군 병영생활전문상담관

차 보 연
· 삼육대학교 상담심리학 박사(수료) /
  한국외국어대학교 국제관계학 박사
· 심리상담사(1급), 진로상담사(1급)
  EAP전문상담사(1급) 등
· 현) KCCI 한국위기상담협회 전문상담원

최 봉 희
· 삼육대학교 상담심리학 박사과정 /
  경북대학교 문학치료학 박사
· 독서심리상담사(1급), 문해교육전문강사(1급)
  휴먼케어독서전문가(1급) 등
· 현) 독서치료연구소 알움 대표

최 혜 빈
· 삼육대학교 상담심리학 박사(수료)
· 위기전문상담사(1급), EAP전문상담사(1급)
  군전문상담사(1급) 등
· 현) 삼육대학교 웰빙건강심리연구소 연구원

위기상담의 이론과 실제

초판발행   2024년 1월 1일

지은이   심윤기 · 강소현 · 김관형 · 김현주 · 손정미 · 원진숙 ·
              조현지 · 주지향 · 주희헌 · 차보연 · 최봉희 · 최혜빈
펴낸이   노   현

편 집   배근하
기획/마케팅   박부하
디자인   BEN STORY
제 작   고철민 · 조영환

펴낸곳   ㈜ 피와이메이트
              서울특별시 금천구 가산디지털2로 53 한라시그마밸리 210호(가산동)
              등록   2014. 2. 12.   제2018-000080호
전 화   02)733-6771
f a x   02)736-4818
e-mail   pys@pybook.co.kr
homepage   www.pybook.co.kr
ISBN   979-11-6519-473-4   93330

정 가   28,000원

박영스토리는 박영사와 함께하는 브랜드입니다.